广东省管理会计师协会系列丛书

广州市中晟宏大教育科技有限公司独家资助出版

中级管理会计师能力认证考试用书

管理会计师职业能力综合

《管理会计师职业能力综合》编写组　编著

中国财经出版传媒集团
经济科学出版社
Economic Science Press

图书在版编目（CIP）数据

管理会计师职业能力综合 /《管理会计师职业能力综合》
编写组编著 . —北京：经济科学出版社，2020.3
（广东省管理会计师协会系列丛书）
ISBN 978-7-5218-1392-0

Ⅰ.①管… Ⅱ.①管… Ⅲ.①管理会计 Ⅳ.①F234.3

中国版本图书馆 CIP 数据核字（2020）第 041414 号

责任编辑：杜 鹏 刘 悦
责任校对：隗立娜
责任印制：邱 天

管理会计师职业能力综合

《管理会计师职业能力综合》编写组 编著
经济科学出版社出版、发行 新华书店经销
社址：北京市海淀区阜成路甲 28 号 邮编：100142
编辑部电话：010-88191441 发行部电话：010-88191522
网址：www.esp.com.cn
电子邮箱：esp_bj@163.com
天猫网店：经济科学出版社旗舰店
网址：http://jjkxcbs.tmall.com
固安华明印业有限公司印装
787×1092 16 开 26 印张 530000 字
2020 年 5 月第 1 版 2020 年 5 月第 1 次印刷
ISBN 978-7-5218-1392-0 定价：59.00 元
（图书出现印装问题，本社负责调换。电话：010-88191510）
（版权所有 侵权必究 打击盗版 举报热线：010-88191661
QQ：2242791300 营销中心电话：010-88191537
电子邮箱：dbts@esp.com.cn）

前　言

管理会计是一门实践性非常强的运用学科。在西方市场经济国家，尤其是美国和英国，管理会计已经完全职业化。所谓管理会计职业化，通俗地说，就是会计从业人员将管理会计作为一种谋生的职业。这样，管理会计职业化的主体就是从事管理会计工作的从业人员即管理会计师（management accountants）。

2010年，中共中央、国务院发布了《国家中长期人才发展规划纲要（2010~2020年）》，对中国当前和未来一个时期内的人才发展做出了总体部署。2010年，为落实人才强国战略，全面提升会计人才工作总体水平，促进经济社会又好又快发展，财政部制定并发布了《会计行业中长期人才发展规划（2010~2020年）》，统筹推进会计人才队伍建设。2014年，财政部发布的《关于全面推进管理会计体系建设的指导意见》使管理会计成为会计发展的重点。2016年，财政部发布的《会计改革与发展"十三五"规划纲要》更是明确地提出"到2020年培养三万名精于理财、善于管理和决策的管理会计人才"的宏伟目标。

2016年，中共中央办公厅、国务院办公厅印发的《关于改革社会组织管理制度促进社会组织健康有序发展的意见》强调"支持社会组织提供公共服务""结合政府职能转变和行政审批改革，将政府部门不宜行使、适合市场和社会提供的事务性管理工作及公共服务，通过竞争性方式交由社会组织承担"。财政部发布的《关于全面推进管理会计体系建设的指导意见》也明确提出"探索管理会计人才培养的其他途径"。

基于国家人才战略与政策驱动，中国有必要启动由民间组织主导的管理会计师能力认证工作，加快培养胜任管理会计工作的管理会计师，推进管理会计的人才培养，实现会计强国的"中国梦"。

正是基于上述背景，广东省管理会计师协会经过广泛调研和充分酝酿，决定逐步推出包括初级管理会计师、中级管理会计师和高级管理会计师在内的管理会计师能力认证资格考试。为了配合管理会计师能力认证资格考试，广东省管理会计师协会专门成立"管理会计师能力框架研究小组"，致力于"管理会计师能力框架"的研究，向社会各界发布"GAMA能力框架"。根据"GAMA能力框架"，广东省管理会计师协会组织专家制定各级别管理会计师能力认证资格考试大纲，并据此编写、出版相应的考试用书系列。

广东省管理会计师协会组织编写的考试用书系列具有以下主要特色：

第一，强调知识转化为能力。尽管"考证"是中国的特色，但对"考证"的争议却从未间断。"考证"备受指责的关键问题在于考试能力与工作能力背离，"持证者"的工作能力，未必就强，存在"高分低能"。为了克服"考证"存在的这种弊端，将单纯的"考证"转化为"考证"与"考能"相结合，"高分低能"向"高分高能"转变，根据"GAMA能力框架"，围绕"多技能、善沟通、会管理、有远见、敢担当"的基本素质要求，广东省管理会计师协会组织编写的系列考试用书强调知识转化为能力并贯穿始终，致力于锻造管理会计师的工作能力。

第二，立足于中国管理情境。与财务会计不同，管理会计具有技术（technical）、组织（organizational）、行为（behavioral）和情境（contextual）等四个维度。后三个维度统称为"管理情境"，具有鲜明的"本土化"特征，体现中国管理情境。即便是技术维度（管理会计技术方法的现实运用），也强烈地受到组织、行为与情境的影响。从宏观层面看，管理会计师必须"懂中国国情、察中国政情、明中国社情、通中国人情"，从微观层面看，管理会计师必须深刻地理解中国企业的战略、行业特征和商业模式，身临其境地把握其业务流程和管理情境。有鉴于此，广东省管理会计师协会组织编写的考试用书系列始终强调"中国元素"，特别强调管理会计在中国管理情境的现实运用。

第三，培养科技理工艺术素养。管理会计不是单纯意义上的会计，而是会计与管理的有机结合。因此，管理会计师必须立足管理会计，但又超越管理会计。根据管理会计的性质，基于数字化时代，借鉴美国的STEAM（science即科学、technology即技术、engineering即工程、Art即艺术、mathematics即数学）教育理念，广东省管理会计师协会组织编写的系列考试用书力图构造STEAM理念，打破学科领域边界，培养科技理工艺术素养，整合STEAM的知识与技能，力求培养能够解决企业管理会计实践问题的能力。

第四，注重职业精神与道德。人才，必须先成人，后成才，先学会做人，再学会做事。有才无德，害人害己。生意的本质是一种道德选择。基于数字化时代，职业精神与职业道德越来越重要。一位合格的管理会计师必须有良好的职业精神与职业道德，诚实守信、忠诚敬业、精益求精、保守秘密。因此，职业精神与职业道德、通用技能和专业技能，"三位一体"，构成管理会计师能力的三维框架。广东省管理会计师协会组织编写的系列考试用书特别凸显了职业精神与职业道德，突出了社会主义核心价值观。

尽管广东省管理会计师协会力图做好系列考试用书的编写工作，但是，由于水平与时间限制，难免存在不妥之处。敬请各位读者批评指正。

胡玉明
2020年4月

目 录

第一章 经营分析 / 1
 第一节 商业分析 / 1
 第二节 会计分析 / 19
 第三节 财务分析的应用 / 29
 第四节 财务预测与估值 / 57

第二章 法律法规 / 72
 第一节 法律法规概述 / 73
 第二节 企业合规管理 / 80
 第三节 企业经营相关国内法律法规 / 98

第三章 大数据分析与信息技术 / 133
 第一节 大数据分析及其在财务中的应用 / 133
 第二节 大数据分析方法 / 142
 第三节 ERP 与财务管理 / 167
 第四节 财务共享服务 / 171
 第五节 人工智能与财务信息安全 / 185

第四章 管理沟通与领导力提升 / 198
 第一节 沟通、人际沟通与管理沟通 / 198
 第二节 管理沟通 / 210
 第三节 管理沟通策略与领导力提升 / 217
 第四节 团队建设与团队沟通 / 240

第五章 职业道德 / 256
 第一节 商业伦理与管理会计职业道德规范 / 256
 第二节 管理会计职业面临的道德挑战 / 270

第三节 道德的治理、责任与管理 / 273
第四节 道德决策的应用：商业伦理决策 / 287

第六章 营运管理 / 297
第一节 营运管理概述 / 297
第二节 库存管理 / 304
第三节 供应链管理 / 314
第四节 业务流程再造 / 323
第五节 生产管理 / 331

第七章 项目管理 / 353
第一节 项目管理概论 / 353
第二节 项目范围与时间管理 / 367
第三节 项目成本管理 / 369

第八章 质量管理 / 374
第一节 质量管理体系 / 374
第二节 全面质量管理 / 382
第三节 质量成本管理 / 395

第一章

经营分析

第一节 商业分析

商业分析构成了企业财务报表分析的基础。公司的发展不仅取决于管理层与员工的努力,同样受制于整体的宏观环境与行业状况。由于外部环境的有利或不利变化通常需要经过一段时间才能在企业的财务报表上反映出来,因此,对于经营环境的分析有利于更为及时地形成对于公司未来财务报表的预判。同时,对于外部环境及公司业务的了解,有助于深入了解财务报表及其表现出的各种特征。通过深入分析企业所处的经营环境和业务活动,商业分析有助于形成对公司战略和竞争优势的判断,在此基础上,结合历史财务数据的趋势,建立对公司未来财务状况与业绩的预测。

商业分析通常遵循自上而下,从宏观至微观的逻辑顺序。本节的内容将遵循如图1-1所示的分析框架。

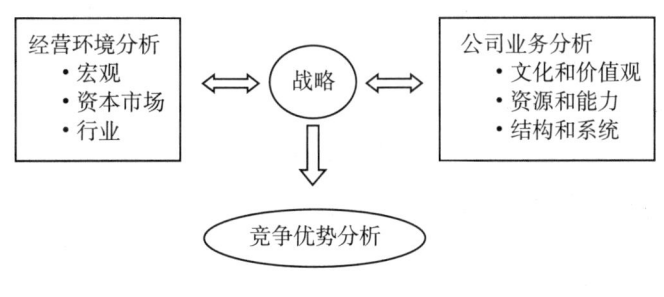

图 1-1 商业分析框架

一、宏观环境分析

宏观环境影响所有的行业和企业。对宏观环境因素做分析,不同行业和企业由于其自身特点的差异，分析的重心与具体内容会有不同，但一般可借助于 PEST 分析框架，从政治（political）、经济（economic）、社会（social）和技术（technological）四大类因素进行分析。

（一）政治法律环境因素

政治法律环境是指一个国家或地区的政治制度、体制、方针政策、法律法规等方面。这些因素常常制约、影响企业的经营行为，尤其是影响企业较长期的投资与经营行为。在短期的分析中，尤其需要关注政府的方针政策与管制变化，比如强化与放松管制、法规政策调整等。从企业的经营来讲，中国的政治法律环境的影响可以归结为以下三个主要方面。

一是国有经济在经济体系占据着主导性地位，多种经济成分并存，不同类型企业的竞争格局存在比较大的差异。

二是政府对于经济的管制渗透于企业经营的方方面面，甚至影响财务报告的编制过程。这一点可以从政府对上市公司的监管鲜明地体现出来。从公司的上市、上市后的再融资以及退市，政府监管部门采取了许多严格的措施来保证政策的实施，其中最为硬性的就是关于企业业绩水平的要求。比如我国《公司法》明确规定，公司如果向社会公开发行新股或上市，必须最近 3 年内连续盈利；上市公司如果连续 3 年亏损，并在限期内未能消除的，将终止上市。在创业板上市的公司同样必须符合一定的业绩要求，比如最近两年连续盈利，营业收入增长率均不低于 30% 等。在这种特定的制度安排下，争取上市、避免退市，或达到再融资要求，就构成了公司上市之前或之后比较重要的盈余管理或财务操纵动机。相应地，政府监管政策的任何变动都将直接影响企业的财务行为。

三是政治与经济体系处于不断转轨过程中，政策与法规变化频繁，缺乏可预测性，给企业的经营和投资者的预期增加了大量的不确定性，也直接削弱了企业历史业绩的持续性，加剧了财务预测的难度。

以上三点意味着政治法律因素将是任何经营于中国的企业所必需谨慎面对的外部环境，也是我们进行财务报表分析时不可忽视的重要影响变量。

（二）经济环境分析

作为经济活动最重要的主体，企业直接受制于社会经济总体状况和国家经济政策的影响。概括来说，企业的经济环境主要由社会经济结构、经济发展水平、经济体制和宏观经济政策等四个要素构成。其中，国家经济政策是国家履行经济管理职能，调控国家宏观经济水平、结构，实施国家经济发展战略的指导方针，对于上市公司财务报表具有最为直接的影响。它既包括综合性的全国经济发展战略和产业政策，也包括国民收入分配政策、价格政策、劳动工资政策、对外贸易政策等。

分析企业的经济环境要结合具体的行业和企业，从各个方面进行分析，以准确地判断宏观经济环境对企业的影响。在此过程中，我们尤其需要关注环境变化或政策调整所带来的动态影响。例如，国家最低工资水平的上调将导致社会整体劳动力成本的上升，其中，劳动力密集型的行业或企业受到最为不利的影响。同时，由于工资刚性所带来的人工成本固化，企业在不确定性的经济条件下所面临的经营风险也将大幅度上升。

在分析经济环境变化对企业的影响时，如果能有意识地从企业的财务数据中寻找经济政策与企业财务状况或业绩之间的历史联系，将可以更为准确地把握影响的具体方向和程度。

（三）社会文化因素分析

社会文化环境包括一个国家或地区的社会性质、人们共享的价值观，人口状况、教育程度、风俗习惯，宗教信仰等各个方面。对于企业来说，社会文化的变迁具有缓慢、长期而深入的影响。这就需要企业的领导者高瞻远瞩，具有把握社会变革趋势的能力，从而顺应时代发展的要求，积极作出战略上的调整，这也要求分析者密切关注生活方式、流行趋势以及人口统计分布的变化，从中辨析出长期的作用力量。

从影响企业战略制定的具体因素来看，社会文化环境可主要分解为文化、人口两个方面。人口因素及其变化对不同行业的生命周期和企业的发展具有重大而直接的影响。例如，人口总数直接影响着社会生产和需求的总规模；人口的性别比例、年龄与城乡结构在一定程度上决定了社会需求与供给结构，进而影响企业的运营；人口的教育文化水平与人才的素质结构直接影响着企业的人力资源状况等。

文化环境对企业的影响虽然间接，却是不可忽视的。一个社会的文化不可避免地受到历史传统的影响，但也在外来文化的冲击和自身政治经济的发展中得以演变。它不仅潜在地影响着企业自身的文化环境或其所处的行业竞争环境，其不断变化的本身也在创造着新的市场机会。例如，中国传统酒文化过去一直支撑白酒企业业绩稳定的增长，但人们对于健康的关注也使得红酒消费取得了显著的增长。另外，当人们可以有更多的闲暇和收入用于旅游、文娱等活动时，文化等服务产业的市场机会也就到临了。

（四）技术环境分析

企业的技术环境反映了一个国家和地区的科技水平、科技政策、科技创新能力以及技术发展动向等。分析者在进行企业技术环境分析时需要考虑一系列关键性问题。

（1）与企业产品有关的科学技术的现有水平，发展趋势及发展速度如何？从技术的发展历史来看，一些行业保持着技术相对稳定的发展，行业的后来者很难撼动领导者的位置，而另外一些行业则变革迅速，呈现出"城头变幻大王旗"的格局，这时技术的变革越应该作为环境分析的重要因素。

（2）行业与企业本身是否因为新技术的产生而趋于没落呢？技术的进步通常意味着创造性的"破坏"，一种新技术的发明和应用在带动一批新行业兴起的同时，也可能损害甚至破坏另一批行业。对于处于这些行业中的企业来说，将很可能经历发展的挫折甚至失败。正如克莱顿·克里斯滕森在《创新者的困境》一书中所提出的，即使是那些以精于管理著称的大公司，在面对一些超越技术渐进变迁的突破性技术变化（意味着人们用以评价产品的标准发生变化）时，也无法保持其在各自行业中的领先地位，常规的解决企业问题的良好方案和管理实践，可能会使问题更加恶化。这是因为公司原来的成本结构以及资源分配格局不仅无法应对新技术的要求，而且可能成为公司适应新技术的内在障碍。

（3）市场是否接受新技术的创新呢？技术的创新不仅存在很大的研发失败风险，而且许多技术角度的成功创新也不一定能得到市场的认可，比如新产品的成本过高。只有那些对客户的需求意愿、购买能力及其发展趋势具有敏锐感知的技术创新成果才能为企业带来真正的现金流量，并为进一步的技术开发提供资金支持。

（4）企业在新技术应用方面的投资将会在多大程度上扩大企业的产品市场份额、提升企业盈利、增强企业的技术领先优势？分析者一方面需要从数量上关注企业的研发费用投入规模及其相对于收入的比重，这是企业技术创新的基础和必要条件；另一方面需要从投入的成效上关注研发是否为企业带来了新的收入和利润增长空间（可以采用新产品在收入或利润增长中的贡献比例来衡量）。

（五）宏观环境分析中的注意事项

上述四个方面为我们进行宏观环境分析提供了一个相对完整的分析框架，但在实际的分析实践中，还需要注意如下三点。

（1）PEST 模型只是分析宏观环境的框架之一，在着眼于财务报表分析时，我们不能只局限于框架本身，而需要尽可能地考虑所有潜在的影响因素，比如国外因素的影响在上述框架中就被一定程度忽视了，但在世界经济一体化的今天，无论企业是否从事跨国融资、投资或经营，该因素都将产生越来越重要的影响。

（2）影响企业的宏观因素可谓包罗万象，但对外部因素的分析仅仅停留在罗列各种影响因素上是不够的，它需要抓住影响行业或企业发展潜力的关键性因素，并在这些因素和财务报表之间建立起一定的因果联系。

（3）宏观环境因素对于企业经营及财务报表的影响具有间接、模糊、滞后及不确定性强的特点。宏观因素通常涉及面广，影响的传导链条漫长，牵涉利益主体复杂，牵一发而动全身。对于财务报表的分析者而言，由于专业、知识结构与经验的限制，要对宏观环境进行全面深入的分析通常是非常困难的。即使试图借鉴相关专业人士的分析结论，我们可能也会发现，针对同一事实，不同人的论断也会大相径庭。然而，这些信息所提供的多样化观察视角，对于财务分析者来说依然是非常有用的。当然，我们更应该关注隐藏在这些结论之后的背景假设、分析的逻辑起点及潜在的利益倾向，尽量避免被个人化的情绪、利益与偏见所误导，客观得出自己的判断，同时保持对宏观环境变化的密切关注，不断修正与反思先前的分析结论。

二、资本市场环境分析

经过20多年的发展，资本市场在中国经济与企业运营中的影响越来越大。目前，上市公司总的市值、资产、收入与利润总额相对于国民经济总量已经占据举足轻重的地位。相对于非上市公司，这些公司在治理规范性、财务状况、经营业绩以及行业中的地位等方面都体现出一定的优势。资本市场不仅为企业提供了丰富的融资渠道，在促进治理结构、信息披露、投资者保护以及会计准则的完善等方面都起着积极的作用。另外，本章所引用的财务分析案例绝大部分为上市公司，即使在进行非上市公司的财务分析时，上市公司的信息也很可能为我们提供一定的借鉴。因此，资本市场环境的影响将是我们进行财务报表分析时不可忽略的一环。下面，我们从三个方面介绍与资本市场密切相关的一些环境因素。

（一）监管与政策法规环境

作为市场经济改革的一个新兴产物，中国的资本市场从一开始就受到各种政策法规与证券监管政策的影响，以至于股票市场被直呼为"政策市"。政府管制一定程度上保证了市场的稳定运行，但也产生了许多的不利后果，比如市场的运行机制与企业的正常运营被干扰，一些利益寻租行为滋生。因此，资本市场在法律以及监管政策上的变动很可能影响我们对企业财务风险、投融资等问题的判断。

涉及资本市场的政策法规比较多，其中和上市公司财务比较密切相关的主要包括以下三个方面。

（1）上市公司的融资监管，其核心是首次公开发行（IPO）制度，具体来说又包括发行审核制度，股票发行方式以及定价机制等，三个方面的内容。其中，我国股票发行制度先后经历了审批制、核准制以及保荐制的演变，贯穿形式变化的是股票发行过程中的浓厚行政管理色彩。在目前的体制下，证监发行监管门不仅承担着形式审核的责任，还担负着为投资者挑选所谓优质上市公司的职责（科创板在这一点上有所淡化）。然而，企业的经营状况是动态的，现在的成绩并不能代表未来持续的成功；信息不对称的存在和从业人员的素质，也限制了审核机构有效辨别发行企业的质量。受制于这样的制度安排，选择国内上市的企业很可能为了迎合监管者的要求，刻意操纵公司的财务状况。另外，由于无论是股票的发行、再融资还是定价，通常都和公司的业绩以及增长密切相关，这就导致了融资过程中的大量财务粉饰行为。

（2）并购监管。与上市公司并购相关的法规包括《上市公司收购管理办法》以及其他一些与重大资产重组相关的规定。伴随着经济、产业结构的调整，上市公司的并购浪潮愈演愈烈。虽然资本市场对于公司的并购重组行为总是给予热切的关注，但站在财务报表的角度，并购重组需要特别的注意：第一，并购重组意味着会计主体的大幅度变动和会计业绩前后期可比性的下降，从而削弱了纵向比较的意义，也降低了历史数据的预测价值。第二，并购重组将极大地改变我们对公司未来财务报表的预期。国内外的统计结果显示，企业收购的失败概率整体上超过50%。企业并购重组意味着我们在预测和估值时，将面临更大的不确定性。第三，公司也可能通过不断的并购重组来掩盖成长过程中的经营与财务问题。显然，并购重组相关政策与法规的变化，不仅影响着上市公司这类活动的频率与风险，也对财务报表分析提出了挑战。

（3）信息披露政策。财务分析与预测的准确度很大程度上依赖于我们对于分析对象信息的掌握。资本市场的有效性程度也直接取决于相关信息的传播。我国资本市场的发展过程就是信息披露日益丰富和及时的过程。现在上市公司不仅向投资者提供越来越及时和细致的财务信息，例如分布报告、业绩预告，也提供了越来越多的非财务信息，例如公司治理、内部控制报告等。这些信息都可能为我们的财务分析提供一些借鉴性线索。

（二）资本市场微观结构与有效性

1. 资本市场微观结构。一个资本市场的微观结构体现于金融资产的交易机制及其价格形成过程。在一个不完全竞争的市场中，由于交易费用、信息不对称等问题的存在，资本市场的微观结构将对证券的估值产生重大的影响。例如，有研究表明，由于不同证券交易所的报价机制和交易安排不同，上市公司在不同地点上市可能导致股价和融资成本的差异。具体来说，微观结构将可能通过以下两个方面影响我们的分析判断。

一是交易成本的高低。一个市场的交易成本，既包括契税、交易佣金等直接的成本，也包括价格涨跌停限制等间接的成本。交易成本的上升，一方面将导致金融资产流动性的下降，加大投资者的风险评估，提高其要求的回报率；另一方面则可能阻碍信息的便捷流动，降低价格的信息含量。

二是投资者的交易策略。任何一项金融资产的价格实际上都体现了不同交易策略的博弈结果，在这其中，积极交易策略与消极交易策略，对冲交易策略与量化交易策略等，各显本事。但在任何一个具体时点，由于主导型交易策略的不同，价格的形成机制就可能存在本质的不同，从而直接影响会计信息在资本市场作用的发挥。正如证券分析的先驱格雷厄姆所说，在投机或者主要靠运气发挥作用的领域，财务分析最多起到辅助的作用，而无法发挥指导性的作用。反过来说，只有当价值投资、长期投资的理念为投资者所接受时，财务报表分析的意义才能真正得到体现。

2. 资本市场有效性。自从20世纪60年代末有效性理论由尤金·法玛提出以来，它就对金融市场的研究与实践产生了深远的影响。资本市场的有效性代表了证券价格对于信息的反映程度。根据证券市场的三种信息层次（历史的信息、公开信息与所有信息），一般相应地将市场效率也分为三个不同的层次：弱式有效市场、半强式有效市场和强式有效市场。当然，这只是关于有效性一个非常粗糙的刻画，真实的有效性状态更多表现出一种连续渐进的动态过程，而且受到市场微观结构改变、投资者以及套利者的行为等的影响。事实上，关于市场有效性的判断，无论是学术界还是实务界，都存在极大的争议。早期的金融理论认识和后期的行为金融学理论观点鲜明对立，坚持指数投资者和追寻积极投资策略者似乎也很难说服对方。巴菲特则认为："市场经常是有效的这一观察是正确的，但由此得出结论说市场永远是有效的，这就错了。"无论争议如何，市场有效性同样是我们进行财务报表分析不可忽视的一个因素。

一是对于市场有效性的判断，直接影响财务报表分析本身的价值。抛开强式有效市场不说，即使是在一个半强式的有效市场中，由于包括盈利预测、年度报告等在内的财务信息已经完全反映在价格之中，基于公开信息进行财务分析、预测与估值，很难超越市场的判断，这时财务报表分析的价值将是相当有限的。

二是对于有效性的判定，直接影响我们对公司证券价格信息和其他分析工具的利用。作为公司的基本面因素之一，股票价格除了可能影响公司的融资成本和管理者的股权激励利益之外，在一个相对有效的市场中，股票价格的变动还可以向我们传递市场其他投资者甚至内部人关于公司业绩变化的信息，用来强化或修正我们的判断。另外，在我们计算股权融资成本时经常用到的CAPM模型，评价公司资本结构时的MM理论等，很大程度上都是建立在有效市场的基础之上。

3. 资本市场的走势。资本市场走势对于财务报表分析的意义表现在两个方面。

首先，资本市场作为经济的"晴雨表"，往往体现了投资者整体对于经济发展的未来水平与风险预期，借助资本市场的冷暖变化，分析者可以提前感知宏观经济与行业因素对于公司未来业务的影响。尽管自改革开放以来，我国国民经济总量一直保持快速增长,但资本市场仍然呈现大起大落的走势,其根本原因在于:总量增长的背后是经济结构的严重分化,许多传统产业因为产能过剩而陷入衰落,一些新的产业在技术创新的支持下蓬勃发展,资本市场的起落某种程度上正是对于这种结构调整所蕴含的投资机会与风险的适应性反应。

其次,资本市场牛市熊市交替趋势所带来的股价涨跌构成了公司基本面最重要的影响因素之一。当资本市场整体处于颓势时,股价的低迷将给那些财务资源丰富的公司提供大量收购的机会。对于那些希望通过定向增发进行整体上市的公司来说,股价的低迷也降低了其资产注入的成本。而当资本市场处于高估值状态时,为了降低融资成本,公司更有动力进行公开增发,或者以股份为对价进行外部的资产或股权收购。

三、行业分析

行业一般是指按生产同类产品或具有相同工艺过程或提供同类劳动服务等标准划分的经济活动类别。相对于宏观环境与资本市场,行业的特征与竞争环境对于企业具有更为直接的影响。

在具体进行行业的分析之前,我们先应明确行业的划分。行业的划分标准因国家、部门以及数据库而存在很大的区别。在我国,国家统计局1994年颁布了《国民经济行业分类与代码》,中国证监会则针对行业分类混乱的现状在2001年颁布了《中国上市公司分类指引》。Wind等数据库也提供了自己的行业分类标准。在编码方法上则一般分为门类、次类、大类、中类四个层次。以格力电器为例,按照证监会标准,其门类属于制造业,次类属于电气机械及器材制造业;在Wind分类中,门类则属于可选消费业,次类属于耐用消费品与服装,大类属于家庭耐用消费品,中类则属于家用电器。无论采用哪种标准,划分为一类行业中的公司都必然具有某些共同的特征。在进行会计与财务分析的时候,行业类公司在各方面的可比性越强,进行会计政策、财务指标等比较的意义就越大。

(一)行业特征分析

1. 行业生命周期。如图1-2所示,行业的生命发展周期主要包括四个发展阶段,分别是初创期、成长期、成熟期与衰退期,在每一个阶段,收入与利润的增长呈现显著的差异。处于初创期的行业,产品的市场接受程度值得怀疑,存在对流动资金和固定资产的大量需求,同时来自经营的现金流量不足以支撑行业内企业自身的发展。这一时期,行业的系统性风险比较高,企业很容易破产。这一阶段的行业构成了天使基金的主要关注与分析对象。

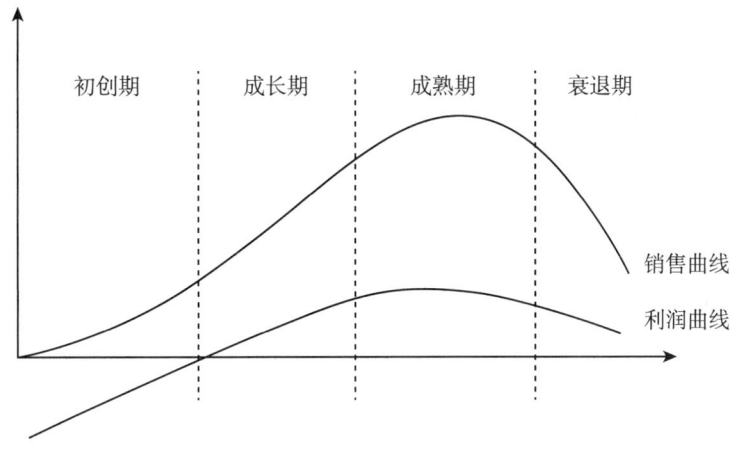

图 1-2 行业生命周期

当产品已经被市场接受,销售额和盈利迅速增长时,行业就进入了成长期。这时,分析者关注的最大的问题是高速成长还能持续多久?风险投资基金往往愿意在这一时期进入该行业。一旦行业趋势开始与总体经济趋势趋同,行业就跨入成熟期阶段,这时市场的参与者只能在稳定的行业中争夺市场份额。上市公司中相当一部分行业正处于该阶段。

行业进入衰退期表现在,消费偏好的改变和新技术的出现使产品的需求逐步减少,破产公司增加,剩余的参与者纷纷进行合并。分析者这时需要关注公司是否存在进行主动性并购或被其他企业收购的可能。

借助行业的生命周期认识,我们固然可以有意识地规避一部分风险,发掘一些潜在的机会。但图 1-2 所展示的仅是一种非常理想化的情景。事实上,一个行业即使在整体向上的发展过程中,也可能由于发展的无序或产能的过度扩展而陷入一定时期的低迷。同时,在行业发展过程中,由于技术的升级换代以及市场的不确定性,行业的整个生命周期以及每一个阶段的长短都是非常不确定的,一些行业可能需要经历非常漫长的培育过程,一些行业也可能在很长时期保持缓慢的成长,而有些行业在非常短暂的时间内就经历了从兴起到衰退的过程。由于宏观环境的差异,上述过程在不同国家或地区之间还可能无法完全进行类比。因此,分析者在预测行业的生命周期演变时,除参考历史的经验外,更要深入分析行业的竞争环境。

2. 行业对经济周期的反应方式。无论是世界经济还是中国经济,都表现出明显的周期性特征。在经济扩张与紧缩交替更迭的过程中,不同行业的收入和盈利波动特征不一。比如一些行业的销售收入和利润独立于经济周期而超额增长,例如医药等行业,一些行业则在经济周期的上升和下降阶段经营状况都很稳定,例如公用事业、烟草业等。

不同于前面的增长性行业和防御性行业,绝大部分行业的收益随经济周期的变化而变化，呈现出明显的周期性特征，比如我国的化工产业、美国的汽车业。值得注意的一点是，许多周期性公司的收入或盈利变化与经济活动总水平关系不大，而与其他经济变量的发展趋势密切相关。例如，证券公司的盈利以股票指数为基础呈现周期性，资源性企业的收益往往随着资源本身的价格而大幅波动。

在利用行业分类进行分析时，需要注意如下三个方面的问题。

（1）在一个新的行业进入人们的视野时，分析者通常会将其与过去同类行业相比较，并由此推断出其未来的收入、盈利和价值。在这一过程中，行业间的细微而本质的差别可能被忽略。

（2）一旦分析人员将某一行业定义为某一类别，他就倾向于采纳那些符合该类别特征的事实，而对那些可能导致行业类别变化的冲突性事实视而不见。行业的特征并不是一成不变的。一个处于成长期的行业，其收入或利润可能在一段时间内表现出超越周期的增长性特征，但在进入成熟期后，则可能表现出强烈的周期性。另外一些行业，由于我们的视野受限，当其在比较长时期内持续增长时，就可能导致分析者忽略它的周期性特征。

（3）分析者很可能根据行业的某一分类特征而对行业内的所有参与者作出一视同仁的判断。事实上，当我们将行业生命周期或周期性的判断直接应用公司业务的预测时，将面临比较大的风险。例如，一个处于成长期或增长性行业的公司，也可能由于管理的失误而导致无法抓住增长的机会，甚至发生经营的失败，而陷入破产。而在一个相对成熟的行业中，即使整个行业保持相对缓慢的成长，公司由于经营模式的创新或有效的成本控制，也可能会有一个或多个实现收入和利润持续快速的增长。同时，一个处于衰退期行业的企业也可能通过并购或战略转型，改变公司的发展前景。

除上述两个方面的特征外，行业其他的一些经济特性也可能影响我们对公司财务报表的判断，比如行业技术变革的速度、规模经济对成本的影响程度、分销渠道类型等。显然，在一个规模经济效应比较明显的行业，产能的提升很可能导致其毛利率的上升。另外，在某些行业中，价格竞争占统治地位；而在其他行业中，竞争的核心却可能集中在产品质量或性能上，或集中在品牌形象与声誉上。这些因素要求我们在分析和利用财务指标时需要关注行业的差异性。

（二）行业竞争环境分析

一个行业的竞争环境及其变化趋势往往决定了该行业未来的利润前景，在那些产能严重过剩或经营严重受限于上下游的行业中，最好的公司可能也难获得满意的利润；相反，在那些具有强烈的垄断或资源优势行业中，弱小的公司也可能取得良好的经营业绩。行业的竞争环境很大程度上取决于行业的具体结构。根据SCP（structure、conduct、 performance）的分析框架，这种结构决定着行业内企业可能采取的应对措施，最终影响公司的市场份额、产品成本、经营利润额等。因此，了解行业的竞争环境也是判断一个企业是否能够取得持续的竞争优势，获得超额盈利能力的最重要因素之一。

分析行业竞争环境，可以借助波特的五力分析模型。该分析模型通过确定竞争的五种主要来源，即供应商和购买者的讨价还价能力，潜在进入者的威胁，替代品的威胁，以及来自目前同一行业的公司间的竞争来分析一个行业的基本竞争态势。例如，当一个行业产品购买者的总数较少，而每个购买者的购买量较大，占了行业销售量的很大比例时，其在产品定价上的力量可能会比较弱。电力设备行业正是这样的典型，其下游客户的强势地位决定了这些企业在销售上的弱势，在财务上的一个直观表现是，该行业内的公司应收账款占款通常都比较高，而周转率非常低。反过来，对于外部分析者来说，我们也可以通过一个行业的整体财务特征来判断其竞争环境的状况。

在特定的时间内，波特模型所描绘的行业结构保持相对静止稳定的状态。然而，当外部环境或行业内部竞争者的行为发生变化时，行业结构也会发生变化。为了更好地预判未来，分析者更应该关心行业结构可能的变化及其对财务报表的影响。同时，利用一些财务指标的变化趋势，我们也可以对行业竞争环境的发展态势进行更为细致的描述。

行业分析的深入依赖于分析者对于行业特点、发展趋势与规律的透彻理解，因此，具有一定的行业从业背景或相关专业知识将有利于分析者更好地理解财务数据背后的经济实质和变化趋势。然而，一个行业的分析者如果仅把眼光局限于目前的行业现状，就可能忽视来自其他行业的先进经验，也可能对外部冲击所带来的颠覆性风险缺乏足够的敏感性。

四、公司业务分析

充分了解公司业务，既是理解和评价公司战略的必要环节，也是进行进一步的会计和财务分析的基础。由于企业的业务层面众多，因此，在下面的内容中，我们先进行企业业务概览的介绍，然后从财务分析的视角，讨论三个需要特别关注的方面。

（一）公司业务概览

对于分析者来说，以下信息应尽量有所了解。

1. 历史沿革。上市公司通常在这一点上有比较清晰的描述，在这其中，可能包含了企业产权变更、主营业务变化、公司行业知识及战略转移等重要的信息。

2. 企业所处的生命周期阶段。与行业发展类似，一个企业同样存在从创立、成长、成熟到衰退的生命演化周期。对于企业生命周期的判断，很大程度上决定着我们对一个企业财务指标的判断,比如30%的收入增长率对于一个处于成长期的企业来说,也许是很正常的,但对于一个处于成熟期的企业,则非常可喜。

3. 公司主营业务与主要产品。分析者不仅需要了解基本信息(主要业务类别及产品系列),更要了解不同业务分部或产品在总收入的比重。即使是划分为同一行业的公司,也可能在业务或产品结构上存在比较大的差异。

4. 客户基础。相关的信息既包括市场份额,也包括主要客户(通常为前五大客户)及主要客户收入占总收入的比重。客户的稳定性、客户的类别、对大客户的依赖性以及客户本身的财务状况都可能影响我们对分析对象财务状况的判断。

5. 公司营销。相关信息涉及产品特点/差别性、品牌认同程度、产品的地理覆盖范围、营销成本占收入比重等。

6. 产品生产。这一点可以关注企业的成本结构、生产经营的灵活性、生产能力等。

7. 基本财务状况。通过初步浏览企业财务报表,了解企业收入、利润、资产及负债等的总体及增长情况,可以据此大体判断公司业务处于增长(缓慢、稳定或者快速)、周期性的底部还是困境状态。

其他资料也可能具有一定的信息含量,比如公司的注册地址。由于各地在经济发展水平、市场化程度以及政府干预经济等方面存在差异,公司也可能在财务状况上呈现一定的地域特征。如果是上市公司,还需要了解上市时间,总股本,自上市以来的融资、分红及股价走势情况。

除上述基本情况外,以下对一些需要了解的重要侧面进行介绍。

(二) 企业文化与价值观

企业文化是指企业在生产经营实践中逐步形成的、为团队所认同并遵守的价值观念、行为准则和企业精神,是一个企业处理其事务的内在理念与哲学。企业文化不仅体现在挂在墙上的口号、写于文件的条文等企业所宣传的价值观和原则之中,更体现于企业领导者及员工持有的占主导地位的价值观、遵循的道德行为规范、员工的精神风貌、相互交往的行为方式以及企业成员与客户或其他外界人员打交道的准则等无形方面。

企业文化首先影响企业战略的制定。管理者对未来发展目标的选择和对追求目标的方法的选择受到公司所坚持的价值观的影响和束缚。积极的企业文化可以促进企业长远发展战略的实现,提升企业的核心竞争力。托马斯·彼得斯等对那些在较长时间内取得过卓越成就的公司进行研究后发现,其"研究的所有优异公司都很清楚他们的主张是什么,并认真建立和形成了公司的价值准则",一个公司缺少明确的价值准则或价值观念不正确,则可能导致员工丧失对企业的信心和认同感,企业缺乏凝聚力和竞争力,其经营上的成功也很难得到长久的保证。其次良好的企业文化本身就是企业内部控制的一部分，因而可以为内部控制有效性提供有力保证。事实上，如果一个企业缺乏诚实守信的经营理念，就很可能导致经营和财务舞弊事件的发生，造成企业损失，影响企业信誉。企业文化与价值观的塑造很大程度上受到企业领导人的影响。良好的企业文化背后离不开企业家对于高标准价值观的坚守。而企业管理者道德感和人文关怀意识的缺乏，则可能将企业引入致命的危机之中。

站在外部财务分析的角度，我们对企业文化的评价更多依赖于企业在经营与传递信息过程中所表现出来的行为方式，如在产品质量发生问题的情况下是否诚恳地面对问题和消费者、财务报告是否足够清晰透明、重大事项的信息披露是否及时充分、在投融资的决策中是否合理考虑其他利益相关者的权益等。其中，财务舞弊的发生尤其传递着企业文化方面的缺陷，不仅财务信息的可靠性值得怀疑，而且也反映了企业在公司治理或内部控制方面的重大风险。

（三）公司资源和能力

公司资源的特征在于为企业所拥有或控制，并能为企业在未来带来经济利润。没有了资源，企业的发展就是无源之水。能力的大小直接影响着公司经营目标的实现。缺乏能力，不仅公司的资源与市场的机会难以得到有效的利用，公司的战略也将变成空中楼阁。

1. 公司资源。公司的资源主要包括以下三种。

（1）财务资源。财务资源首先体现于资产负债表的资产项目，例如货币资金、存货、投资，固定资产等也可能构成企业的重要财务资源。对于分析者来说，除关注资源的流动性与构成之外，更要关注资源的质量，如是否存在被高估的存货、应收账款、是否存在被低估的房产或地产等。其次财务资源还体现于公司未被充分利用的融资渠道等。比如比较低的资产负债率，潜在的股权再融资机会等。事实上，很多非上市企业之所以愿意"借壳"严重亏损的上市公司，就是看中了其上市资格所蕴含的股权融资机会。财务资源的多少直接影响着我们对企业的风险与增长机会的评估。例如，一个拥有充足财务资源的公司更有可能通过并购等投资方式来实现公司的快速发展。

（2）人力资源。在企业的各种可支配资源中，人力资源是最具能动性的，也是最难进行评估的。在企业的不同发展阶段，往往对人力资源具有不同的要求。在企业的初创阶段以及战略转型阶段，领导者的毅力与远见卓识将起着关键性作用，而在企业成长与成熟阶段，具有比较丰富管理经验的职业经理人可能会发挥比较重要的作用。例如，对企业并购的研究显示，经验是成功的重要前提。绝大部分并购取得成功的企业，拥有在过去5年里操作过3次以上并购的经理人。同时，在不同类型的企业中，人力资源发挥的作用是不一样的。在强调研发与技术创新以及强烈依赖于人力资源的文化、体育等产业类公司中，人力资源是最宝贵的，对其价值的评估直接影响企业价值的高低。值得注意的是，企业人力资源的价值认可基于对其能力的有效利用基础之上，一旦企业的人力得不到有效利用甚至被闲置，也很可能演变为企业的现实负债。

（3）无形资源。随着市场风险的上升、技术的变革与产业的转型，企业资产轻型化的趋势越来越明显，无形资源在其中发挥着越来越重要的作用，例如企业的技术、声誉和品牌、销售渠道与客户资源等，虽然这一部分资源基本上没有在现行的财务报表中得到反映。对于这些资源价值的判断，一方面需要结合企业所处具体行业的特点，比如日用消费品行业声誉和品牌无疑是最重要的；另一方面需要借助财务报表评价企业的财务资源投入。技术的积累离不开研发的持续投入，品牌的建立通常离不开大量的广告支出。观察企业在这些方面的实际资源配置有利于我们对企业的性质作出更准确的评判。

2. 公司能力。一个公司的能力体现在企业经营的方方面面，对其细致深入的评价，可以根据公司的职能领域划分或价值链链条，对其每一环节的能力进行分析。比如在产品研发方面，最重要的是技术创新与产品设计能力，在市场营销方面，关键性的能力包括识别市场趋势并作出反应，品牌管理等。

对各个环节能力的整合就形成企业的组织能力，即通过整合各种资源承担或完成某一具体经营活动的能力。例如"精益生产"系统，就要求非常复杂的组织能力，以实现大量的组件生产、装配、供应链管理、质量控制以及存货控制等方面的协同控制。

通过观察企业的资源利用效率，我们可以对一个企业真实的能力作出评价。资源利用效率在过去表现突出的企业，我们有理由相信当面临新的挑战时，企业也更有能力去迎接挑战。也有一些上市公司喜欢以令人眼花缭乱的新技术、新战略的术语或者并购题材来吸引投资者的目光，然而如果仔细检查其历史的业绩，我们可能会发现再好的机会放在他们的面前，这些企业管理者也难抓住。

（四）公司结构和系统

内在结构与系统构成了一个企业经营的平台，反映了企业在成长速度、效益（盈利性）以及风险三个方面的权衡和抉择。一个设计糟糕的公司结构，就像一辆飞速奔跑的汽车，虽然发动机性能良好，却没有任何的安全措施，一旦碰到突然障碍，就可能导致致命的后果。

对于公司结构与系统的关注，主要是看公司的治理结构。作为一套系统的制度安排，公司治理结构体现了投资者、经理人、雇员以及其他利益相关者之间权利与利益的分配方式，比如如何配置和行使控制权；如何监督和评价董事会、高层经理人员；如何设计和实施激励机制等。公司治理机制的重要性在于，通过事前的制度设计影响或改变着利益相关者的行为动机和方式。一个公司的治理机制不仅受到宏观层面的影响，而且因公司自身的经营目标、所处的发展阶段、行业以及所面临的现实财务状况而不同。例如，完全集权式的治理模式在企业发展的初期可以最大限度地发挥经营的灵活性，应付市场的迅速变化；随着企业的逐步发展，权力将被分解或稀释，以吸引其他利益主体进入企业，或者调动企业内部员工的积极性与主动性，在这一过程中，企业的规模得以迅速壮大，抵御市场风险的能力也得到加强。同时，权力的分解程度和方式也造就了现代企业制度下治理结构的各种形态，以及相伴而生的代理问题。

另外值得关注的是企业的管理模式、内控制度与信息系统等，比如采用集权还是分权的管理模式（前者有利于提高决策与执行的效率，而后者则有利于提高下属员工的积极性），是否存在重大的内部控制权限（可能影响到我们对企业经营风险的评价），信息系统是否完善等。不过，对于任何一个给定的公司来说，尽管业务的发展受到非常多因素的影响，但通常只有一个或几个因素具有特别的重要性，即使这一因素在行业中并不普遍，分析的目标就在于找出这些因素。

值得注意的是，对于企业业务的深入了解须置于整个宏观环境及行业竞争环境中进行比较分析。同时业务分析虽然基于历史事实，却不能拘泥于现状，而是需要从动态的视角去考察环境及公司业务。所谓"将不通于九变之利者，虽知地形，不能得地利矣"，只有通晓变化趋势，才能准确把握公司业务的变化及其对公司未来财务状况及业绩的潜在影响。

五、企业战略与竞争优势分析

（一）理解和评价企业战略

1. 企业战略评价。战略体现了管理者基于现实状况和未来趋势综合分析对企业长期经营的一种目标规划，一个合理的战略是在企业外部环境与内部特点之间找到最佳契合点。一个企业，可能因为缺乏明确的战略或战略实施不到位，丧失发展的机遇和动力；也可能因为战略过于激进，脱离企业实际能力或偏离主业，导致企业过度扩张，甚至经营失败。因此，成功的战略，必须与公司的外部一致，与公司的价值观、资源和能力、组织和系统一致，并有利于形成企业的竞争优势。

进行企业战略的评价有两种途径：一是借鉴各种战略分析工具，在充分理解外部环境与公司业务的基础上，形成我们的最佳战略判断，然后与企业的现行战略进行对比，找出其中的问题。典型的战略分析工具包括SWOT分析（核心在于通过分析企业的内外部条件，找出企业的核心竞争力之所在，形成不同的策略组合。其中，S代表优势；W代表弱势；O代表机会；T代表威胁）以及波士顿矩阵等。这些方法的问题在于，一外部的分析者很难保证自己比公司更了解战略制定的约束条件，尤其是在对公司内部的认识上。

因此，更为可行的策略是，对照公司所提出和实施的战略，结合我们对外部环境和公司业务的理解，找出其中可能存在的重大不一致的地方。比如任何的战略都需要特定的价值观、经营理念和行为准则相支持，因此，我们可以检视公司的战略是否与其文化和价值观相一致。通常，倡导节俭的价值观会非常有利于成功实施和执行低成本领导地位的战略；支持创造性、变化和挑战现状的价值观则有利于实施和执行一种支持产品革新和技术领导地位的战略。这也就意味着，传统上强调低成本战略的大部分中国企业如果转向创新战略，将面临企业文化的巨大挑战。同样，企业快速成长的战略，就需要建立在现金流、管理团队及运营能力等资源与能力的支持之上。很多企业之所以在发展的过程中昙花一现，就是因为忽视了这些内在的约束，违背了经营管理最基本的原则。

2. 企业战略与会计分析。公司所处的宏观环境、行业特征和自身的竞争战略选择决定了公司的成功要素和所面临的主要风险。因此，财务报表中反映这些成功要素和风险的关键性项目及其会计政策就应当成为财务报表分析的重中之重。例如，在以下情形中，企业战略就与企业特定的报表项目具有非常密切的关系：

产品差异化战略的企业，通常注重技术研发或品牌的维护，因此，我们就需要关注企业的研发费用、营销费用及其资本化与费用化的处理。

成本领先战略的企业，存货管理是关键之一，需关注与存货相关的会计政策，如存货的库存金额及其变化、存货跌价准备的计提、存货计价方法的选择等。

强调市场份额的企业，销售策略与应收账款管理是关键，因而需要关注与收入相关的会计政策，例如收入的确认方法、应收账款坏账准备的计提等。

对于商业银行等金融机构来说，利息及信贷风险管理是关键，因而需关注利息收入的确认、贷款分类方法、贷款准备金计提等会计政策。

3. 企业战略与财务分析。战略的选择同样影响财务指标的选择。从长远来看，公司的价值取决于其风险水平、成长性和盈利能力，而这些因素的大小往往取决于企业的经营、融资与投资策略。为了更好地理解财务比率、指标及其变化的意义，我们应使各财务比率尽可能与上述战略相联系。例如，苏宁等连锁零售企业通常执行低毛利率的策略，企业需要提高资产的运营效率才能获得满意的收益。因此，对此类企业进行财务分析时资产周转率指标非常重要，资产周转率的下降往往意味着公司产品的销售情况恶化。而对于茅台等拥有强势品牌的企业来说，在高毛利的策略之下，更需要关注的是其产能扩展与价格提升所带来的收入增长率。

（二）商业模式分析

商业模式通俗地讲就是企业为了获取收入和盈利而构建的整个商业体系，它体现了一个企业如何具体贯彻和执行自己的战略。亚历山大·奥斯特瓦德等在《商业模式新生代》提出了一个画布模型，用以描述和刻画公司商业模式的内在逻辑。在这个画布上，商业模式被划分为九个基本模块，分别是客户细分（CS，企业服务的不同人群和组织）、价值主张（VP，为客户创造价值的系列产品和服务）、渠道（CH，接触客户而向传递其价值主张的方式）、客户关系（CR，与客户建立的关系类型）、收入来源（RS，从客户群体获取收入的方式）、核心资源（KR，主导商业模式的最重要因素）、关键业务（KA）、重要合作（KP，供应商和合作伙伴的网络）、成本结构（CS）。模块之间的关系如表1-1所示。借助于画布模型，我们可以从业务和财务、内部和外部等方面全面地了解一个企业的商业模式是如何运作的。

表1-1　　　　　　　　　　　　商业模式分析

重要合作 (key partnerships)	关键业务 (key activities)	价值主张 (value propositions)	客户关系 (customer relationship)	客户细分 (customer segments)
	核心资源 (key resource)		渠道 (channels)	
成本结构 (cost structure) 投入（效率）			收入来源 (revenue streams) 产出（价值）	

彼得·德鲁克说："当今企业之间的竞争，不是产品之间的竞争，而是商业模式之间的竞争。"成功的商业模式不一定是技术上的创新，也可能是对企业经营某一环节的改造，或是对原有经营模式的重组、创新，甚至是对整个游戏规则的颠覆。事实上，所有成功的大企业都是从小企业秉持成功的商业模式一步步走过来的。

那么如何评价一个商业模式的优劣呢？长期从事商业模式研究和咨询的埃森哲公司认为，成功的商业模式首先应该能够向顾客提供独特的价值，如新的思想、通过产品和服务独特性的组合使得客户能用更低的价格获得同样的利益，或者用同样的价格获得更多的利益等。例如，余额宝的商业模式本质上就是借助互联网的技术优势，通过集合资金的优势，扭转了单个客户在商业银行活期储蓄上的谈判劣势，从而为客户创造了更高的投资收益。另外，该商业模式难以模仿。商业模式本身的运作通常很容易为人所了解，但商业模式的有效执行依赖于企业的资源和能力。因此，一个企业可以借助于自己与众不同的资源（如余额宝对于支付宝的嫁接）、无与伦比的战略实施能力等来提高行业的进入门槛，从而保证利润来源不受侵犯。

每一次商业模式的革新都能给公司带来一定时间内的竞争优势。但是随着外部环境的变化以及公司战略的调整，公司必须不断重新思考它的商业设计。一个公司的成败与否最终取决于它的商业模式是否迎合了客户的需求及其变化，并在与对手的竞争中占据优势。因此，对于企业商业模式的分析，不仅要评估其现行模式的优劣，更要对商业模式的潜在变化进行预判，一方面根据外部环境判断其商业模式所面临的挑战；另一方面结合公司内部的资源和能力，预测其适应环境变革的前景。

（三）竞争优势评价

商业分析的最终目的在于形成关于公司竞争优势的判断，外部环境的分析、企业资源、战略与商业模式的评估将为这一判断提供基础。企业竞争优势是指一个企业超越其竞争对手的能力，这种能力决定了企业能否在激烈的市场中能否维持生存、实现盈利与获得成长。只有当企业相对于其对手具有一定的竞争优势，并能在一定期间维持这种竞争优势时，企业的业绩才具有一定的持续性，基于历史业绩的判断和预测才具有经济的合理性。

对于一个企业竞争优势的判断，可以在前面分析的基础上，从以下三个步骤进行。

（1）评估公司历史上的盈利能力，判定公司是否具有竞争优势。如果历史业绩显示出这家公司拥有持续而稳定的超额盈利能力，那么公司的竞争优势及其获取与维持竞争优势的能力就得到了确实的证明，而不是停留于空中楼阁。在中国的资本市场上，概念的炒作层出不穷，一些上市公司也在乐此不疲的追逐中希望向投资者传递光明的前景，但分析者必须清晰地意识到，一个过去业绩平平，未曾在所处的任何行业中获得持续竞争优势的企业，也很难期望其在未来突然创造奇迹。

（2）分析竞争优势来源。如果历史数据显示了企业一定的竞争优势，那么就需要分析其竞争优势来源，即判断是什么因素使得公司能够阻挡或超越行业竞争者。这些因素通常包括以下几类：通过出众的技术或特色创造真实的产品差异化，比如苹果的智能手机；通过一个信任的品牌或声誉创造可感知的产品差异化，比如贵州茅台在白酒消费者心中的品牌地位；降低成本并以更低的价格提供相似的产品和服务，这是目前大多数公司通常采取的做法，中国制造能在世界产品市场立足也主要基于这一点；通过创造高的转换成本锁定消费者，如 Windows；通过建立高进入壁垒把竞争者阻挡在外面，例如拥有特许专营权、专利权、网络效应等，阿里巴巴、腾讯等的发展是这一竞争优势的鲜明体现。

（3）评估竞争优势在未来的持续时间。企业的竞争优势可能因为宏观环境的变化、行业竞争的加剧或企业内部管理的失误而减弱，甚至消失。比如，政府自 2012 年下半年以来对公务消费的限制在一定程度上削弱了高端白酒的竞争优势，中国人工、环境成本的上升则使得中国制造的竞争优势相对于东南亚国家有所降低。在这一过程中，不同企业可能展示出不同的竞争优势维持能力。以格力电器为例，公司通过产品的研发和技术的创新不仅缓解了人力成本的不利影响，而且通过抢占其他竞争对手的市场迅速地扩大自身，获得了更大的规模经济。因此，对于潜在的重大风险因素以及企业的应对能力进行评估，有助于我们更为准确地评价企业竞争优势持续时间。

一般而言，在公司的招股说明书或年度报告中都会有关于公司所处行业的发展及竞争格局、公司行业地位以及自身竞争优势的评述内容，这些信息也可以构成分析者判断上市公司竞争优势的参考依据。由于竞争优势的评价许多方面都存在着主观因素，一般而言，上市公司都会尽可能地突出自身的竞争优势，而对自己的劣势往往一笔带过。分析者对于管理层的意见应尽可能地反映事实（比如公司历史的业绩表现），而非想象（比如基于公司夸大其词的宣传或管理者自我表述的判断）。

第二节 会计分析

会计分析的目的在于评价会计信息对于企业实际经营状况的反映程度。通过了解会计信息生成环境的透明度以及会计信息质量的可靠性，分析师就能够对会计信息进行评估。如果财务报表达不到基本的质量要求，进一步的财务分析将由于失去了坚实的基础而没有意义。会计分析的根本目的在于，重新调整企业的会计数据以消除会计信息失真，提高会计信息的可比性与相关性，为进一步的财务分析做好准备。

一、会计生成环境分析

巴菲特在总结自己的投资经验说，"我们努力固守于相信我们可以了解的公司。这意味着他们的业务本身通常具有相当简单且稳定的特点，如果企业很复杂而产业环境也不断在变化，那么我们就实在是没有足够的聪明才智去预测其未来的现金流量"。从财务分析来说，如果企业的业务和产业等外部环境很复杂，则会计信息的质量也很难得到保证。

最近几年，中国资本市场财务舞弊大案频发，比如康美药业、康得新、信威集团等，这些案件的背后是大量投资者财富的灰飞烟灭。依赖会计信息进行决策的投资者如果期待获得满意的回报，首先就必须勉力避开每一个充满诱惑的"会计陷阱"。对于投资人来说，在深入了解会计信息背后的财务技巧之前，先需要借鉴巴菲特的智慧，需要明白哪些公司的会计信息我们是可以信任的，哪些公司的会计信息即使再靓丽，也是我们需要敬而远之的。就像我们走进一家餐馆，不能只看菜的色香味，还需关注就餐环境，比如服务员是否注意卫生等，如果可能，最好去厨房看一看。对于公司来说，如果想要建立起投资者对会计生成结果的信赖，一个有效的措施就是建立一种相对透明的会计信息生成环境，使得会计信息的生成过程能为投资者所透视，就像一些餐馆把菜的准备与制作以各种公开可见的方式摆放在食客面前一样。

那么，会计信息的生成环境由哪些要素构成呢？大致来讲，可以包括以下方面：宏观环境、行业与地域环境、公司治理环境与经营环境等。宏观环境决定了一个国家整体水平的会计信息透明度，主要取决于该国政治、相关法规及相应的司法体系、金融监管、新闻媒体等。另外，发达的媒体市场有助于形成会计信息质量监督的重要力量，国内外大量的财务舞弊案例最先都是由财经媒体揭发或披露，显示了媒体治理对于改善会计信息质量的积极意义。

一个国家内公司之间会计信息透明度的差异则依赖于公司所处的行业、地域、公司治理环境（公司的所有权结构、董事会组成、薪酬激励机制等）与具体经营环境。这些因素都可能影响会计信息的产品质量。以下分别予以说明。

1. 行业特征。许多研究都表明，会计舞弊的发生具有一定的行业集中度，即某些行业的舞弊可能性相对更高。例如，国外研究发现，计算机制造及数据处理业、科学和医药仪器制造业等行业的会计舞弊比较集中。这些行业之所以从舞弊的群体"脱颖而出"，自然有其背后的逻辑。从我国信息披露违规的上市公司占其所属行业的比率来看，农林牧渔类上市公司信息披露失真的现象异常严重。受自然风险影响而产生的操纵业绩压力，行业产品在会计交易、确认、计量上所提供的便利机会，以及行业之间很难找到相互可比的公司使得造假行为不易被暴露，都构成了农林牧渔行业频频发生财务操纵的重要原因。另外，在一个充分竞争的行业中，由于行业竞争对手比较多，我们可以通过行业对手的信息对公司盈余的可靠性进行判断，而在一个垄断性或新兴的行业，由于可资参照的公司很少，往往就很难用其他替代性的信息来源对公司会计信息进行验证分析。

2. 地域特征。所处地域环境构成了人们判断一个企业经营可持续性以及会计信息可信度的重要依据。企业经营必然依托一定的所在地，该地的政商关系（密切的政商关系可能纵容甚至鼓励企业的财务操纵行为）、法制化与市场化水平、财政状况甚至地方文化等直接影响着企业的会计信息透明度。

3. 公司内部治理。会计数据的背后是利益，利益的分配取决于公司的权力安排，即公司治理。大量研究表明，公司治理机制的具体安排和公司违规、财务操纵等联系密切，比如股东集中程度较高，董事长兼任总经理，内部董事占比过高，机构持股比例比较低，管理层薪酬或其他利益安排与会计数据挂钩密切等。其中，尤为值得关注的是控股股东的角色。控股股东可以为下属公司提供支持，但也可能向下传递自己的风险。2018年，一些上市公司的控股股东由于陷入财务困境，影响了上市公司的正常经营，甚至出现非法挪用上市公司货币资金的情形，典型如康德新。如何判断控股股东可能存在比较大风险，从而可能影响下属投资企业的经营稳定性和会计信息质量呢？以下信息可以用来辅助判断。

(1) 控股股东股权质押比重过高；

(2) 控股股东频繁对外投资、收购，形成大量的控股、参股公司；

(3) 控股集团或个人资产负债率过高；

(4) 控股股东介入非商业的政治漩涡，比如存在某些敏感的政商关系、涉及行贿或者把政治背景作为自身宣传的亮点等；

(5) 控股股东出现债券或其他债务违约，比如进入失信人或失信被执行人名单；

(6) 控股股东股权被司法冻结；

(7) 控股股东涉足房地产或金融业，比如小额贷款、PE 投资等；

(8) 涉嫌市值管理，包括发行员工持股计划，大股东兜底；和上市公司成立并购基金，通过关联交易进行利益输送；通过隐蔽的关联股票账户，间接托市等。例如，康美药业在 2016~2018 年，使用虚假银行单据、伪造业务凭证等方式将多达数十亿元的资金转入关联账户，买卖本公司股票。

4. 公司的组织架构。一个企业既可以作为比较单一的主体进行经营，也可以采用更为复杂的控股架构。从财务报表来看，前一种类型的公司收入主要集中在母公司，后一类公司的收入则主要体现在子公司。在家电行业，格力电器和美的电器可以说是两种类型公司的典型代表。我们很难说两种组织架构谁更具有经营优势，但从会计信息的生成环境来看，后者的透明度显然更低。首先复杂的控股公司涉及一系列的合并报表编制问题，比如哪些子公司应该纳入合并报表，内部交易如何抵消，合并商誉如何进行减值测试等，这些问题在理论与准则上就缺乏完美的解决方案，具体到实践中，公司的判断误差以及人为操纵就很容易扭曲合并报表所反映的经济事实；其次从会计信息的披露来看，控股公司的主要收益与风险来源于子公司，但目前分部报告的披露基本上是以行业和地区为分类标准，对子公司的信息披露基本上缺失。最后层层控股所带来的管理问题也加大了公司的内在风险。比如广东国投在破产之前，连下设有多少子公司都不清楚，该公司自报共有 132 家境内外子公司及控股企业，但最后清查却发现约有 240 家。

5. 公司的投资战略。公司在发展过程中，可以采用专业化战略，也可以采用多元化战略，目前，这方面的公司的都有经营成功的代表。在中国，走多元化道路的公司相对更多，这既意味着中国存在大量的投资机会，但也反映了公司过于追求短期化收益的趋向。在多元化经营的情况下，公司将面临更为复杂多变的经营环境，资源的投入更为分散，各经营单位在不同行业的投资风险、获利水平和发展前景等方面出现较大差距，而基于分部报告的信息披露远远不如专业经营的公司完整清晰，同时，多元化公司的内部交易更为频繁，内部转移定价难以观测，这些因素都大大增加了投资者判断公司盈利水平与财务状况的难度，从而降低了公司会计信息的透明度。国内外的研究表明，行业多元化水平相对较高的公司产生折价可能性更高，会计信息的透明度不够，很可能是一个解释因素。

6. 与母公司、子公司的关联交易状况。由于上市公司与母公司的关联交易在合并报表中得不到体现，两者的交易越多，对真实盈余信息的了解越困难，公司越可能遭遇信任危机。

案例　无可奈何花落去

在香港联交所上市的汉能薄膜发电公司2015年5月20日遭遇做空危机，股票暴跌近47%，并被停牌。在这之前，公司绝大部分收入都来自向母公司汉能控股的设备销售。在整个2013财年，汉能控股及其附属公司甚至是汉能薄膜唯一的客户。随后，香港证监会对汉能薄膜发电进行调查，并以披露有关母公司汉能控股的活动、业务、资产、负债、财务表现及前景的详细资料作为股票复牌的条件之一。但该公司最终未能满足上述条件，并选择2019年6月从香港证券交易所退市，显然汉能薄膜电力终究不愿意公布自己的母公司财务情况。

在上述案例以母公司为主要客户的情况下，公司的业绩完全取决于其母公司的定价政策。外部人既无法准确判断这些关联交易的合理性，也不可能对这些价格的未来改变进行预测，甚至不清楚上市公司卖给母公司的产品是否已真正销售给客户，当然就不可能对公司的财务状况及业绩作出准确的判断。

公司与子公司关联交易通常不会影响合并报表的状况，但如果使用者获得的只是母公司报表（PE机构所面临的创新创业企业不一定会编制合并报表），就需要关注母子公司购销行为的影响大小。但即使对于上市公司来说，合并报表虽然会对关联交易进行抵消，但在公司存在非全资控股子公司的情况下，如果两者之间的关联交易缺乏公允性，则这种交易也可能通过"少数股东损益"项目影响合并的"归属于母公司所有者的净利润"。典型案例可以参见乐视网的相关信息。

7. 海外交易份额。目前，通过"一带一路"等倡议和战略，中国政府正积极鼓励有条件的企业全方位开展跨国经营和海外投资。事实上，经过改革开放40年的发展，中国不少初具规模的企业都已不同程度地走向跨国经营，一些公司更被联合国列入来自发展中国家最大的50家跨国公司行列。跨国经营固然有利于我国企业扩大市场，降低要素成本，增强自身竞争实力，在全球范围内获得超额利润，但也大大增加了企业所面临的经营风险和财务风险。对于上市公司的投资来说，这种风险如果不能在财务报表中得到适当的反映，则其投资将面临更大的不确定性。同时，由于与跨国经营活动相关的消息披露承受的各种外部监督相对更弱（比如企业的年度审计师更难以进行应收账款函证与存货盘点，新闻媒体记者的现场调查成本更高，感兴趣的投资者也无法通过企业的产品市场直接感知企业的销售状况），这就给相关的企业掩盖跨国经营过程中的不利状况，或利用海外市场的销售虚增公司业绩提供了可能。事实上，从中国资本市场早期的"中川国际"资产负债表日后事项披露事件，到"银广夏"财务舞弊案等，日益增长的跨国经营背后始终不乏财务报告的欺诈与信息披露的滞后。这也就意味着跨国经营某种程度上恶化了会计信息的生成环境，加剧了会计信息的不透明度。

8. 资产结构。资产结构主要体现为长期资产与短期资产的比重，站在会计信息生成环境的角度，长期资产的比重越高（包括房地产企业的存货等按照经营周期划分列入流动资产，但周转时间远远超过一年的资产），信息透明度可能越低。相对于应收账款、存货等流动资产，固定资产、无形资产（土地使用权除外）、商誉等的价值评判更难。而长期股权投资、其他权益投资等金融工具的价值往往依赖于其他会计主体的财务状况与业绩，在无法获得充分信息的情况下，我们对这些资产的价值的认识只能是雾里看花。这也意味着，长期资产留给管理者操纵的余地更大，同时更难被察觉。在蓝田股份（现改名为生态农业）的案例中，公司把虚构的现金流量转换为公司的固定资产，由于这些资产大部分为鱼塘，包括审计师在内的外部人根本无法判定其真实性与价值。但从财务数据的对比来看，公司舞弊曝光之前的长期资产比重高达85%，而处于同一地区的武昌鱼股份有限公司同期的数值仅仅为22.97%，显然公司资产结构的不正常。

如果说会计准则是照相机，财务报告是照片，那么会计信息的生成环境就是照相的背景环境。没有好的照相机固然照不出好的照片，但即使照相机很高级，如果照相的环境很差，同样很难照出真实、清晰的照片。因此，对于会计信息质量的关注离不开对其生成环境的评价。

二、会计信息的可靠性

会计信息的可靠性反映了财务报表数据在多大程度上受到管理层的操纵。这里的操纵分为两个层次，一是在遵循会计准则的基础上，管理层通过对会计收益信息进行有意识地调整或控制，以达到自身利益最大化的行为，学术界通常称为盈余管理。二是明显违背会计准则及有关法律规章对会计信息进行篡改或虚构的行为，一般称为财务欺诈。在对会计信息的扭曲程度、对投资者的危害性以及违法、违规性质的严重性方面，会计信息欺诈远甚于盈余管理。

财务操纵给财务分析带来了挑战，也为其提供了机遇。所谓挑战是指，一旦盈余失去了可靠性的基础，许多基于会计账面数据的财务指标或比例的计算就失去了意义，甚至可能产生一定的误导性。而机遇则在于，财务操纵的存在使得深入的财务分析成为必要，为后者带来了发掘潜在投资对象，及时规避风险的价值。以下我们对财务操纵的主要手法以及如何识别公司的财务操纵行为进行简要的介绍。

（一）财务操纵的基本模式

任何的财务操纵，都是为了一定的经济动机，而这种动机又往往和特定的盈余操纵后果相结合。将这些最终的后果与未受操纵的盈利数据比较，我们可以将财务操纵划分为以下四种基本模式。

（1）"大洗澡"（big bath）模式，主要表现为尽量地增大亏损，通常发生管理层变更、资产重组以及不得不亏损的情况之下。

（2）收益最小化，主要表现为公司尽量减少收益，但不一定导致公司亏损，采用这一模式的通常动机是为了减少税收，有时可能也是为了暂时压低股价等。

（3）收益最大化，主要表现为公司尽量增加收益，采用这一模式的通常动机是为了获取更高的薪酬，有时可能也是为了抬高股价或达到某些监管的要求。

（4）收益平滑，在手法上表现为上述两种模式的结合，但其动机通常尽量减少收益的波动性，降低奖金的波动性或违反债务契约的可能性，也可能是用来传递关于企业未来持续盈利能力的内部信息。

除了以盈余作为主要的操纵对象外，企业还可能以资产负债表、现金流量表（具体分析见第三节的现金流分析）作为操纵对象，比如为了掩盖不利的财务状况，低计负债；在某些国企股权转让的过程中，为了降低转让的价格，尽量压低净资产等[①]。

（二）财务操纵的主要手法

1. 会计政策选择。该手法主要是通过采用某一特定的会计方法，或改变会计方法与会计估计，达到财务操纵的目的。常见做法包括以下八种。

（1）采用有利的账龄认定方法或坏账准备计提方法。在商业信用高度发展的市场经济条件下，伴随企业的销售行为发生而形成的应收账款已成为企业报表中最重要的资产之一，然而赊销在为企业带来销售收入增加的同时，不可避免地导致坏账的发生。然而，如何认定一笔应收账款的账龄，如何合理估计不同账龄应收账款的可回收情况，企业有比较大的调控空间，从而可能影响企业的利润或财务状况。

[①] 根据相关规定，国有股权的转让价格一般不得低于最近一个会计年度经审计的每股净资产值。

（2）变更存货的计价方法。作为企业在生产经营过程中为销售或耗用而储存的重要有形资产，存货的计价方法对企业损益、资产总额、所有者权益和所得税数额都能产生一定影响。公司若采用不适当的方法计价或任意分摊存货成本，就可能降低销售成本，增加营业利润。例如，南洋实业的1997年报显示，由于发出存货的计价方法由原来的加权平均法改为先进先出法，公司的销售毛利率由1996年的17.6%上升到1997年的18.9%。由于销售毛利率的变化，使得公司1997年的主业利润增加了2 474万元，而当年公司营业利润才1 024万元。

（3）变更折旧方法和折旧年限。在钢铁、航空航运等重资产的企业报表中，固定资产往往占据了相当大的比重，折旧方法、折旧年限以及净残值的稍微调整都可能对资产负债表、利润表产生显著的影响。

（4）利用无形资产会计处理方法的选择空间影响企业报表。随着一些高科技或现代服务企业的兴起，无形资产的比重越来越高，相应地，这些资产的会计处理对报表的影响也越来越大。这些会计处理的选择包括具体摊销方法的选择、摊销时间的判断、研发费用资本化比例的选择以及是否提取减值准备等。例如，对于视频网站来说，视频版权的会计处理方式是无形资产管理中的重头戏。对于影视版权的摊销，一般认为，版权分销收入和视频服务收入并不是每年平均实现的，通常在取得版权后几个月后收入会明显下降，后几年的收入相对第一年的收入占比比较低，所以优酷网、爱奇艺等视频网站均采用加速摊销法，然而，乐视网却按照直线进行摊销。可以说正是这一方法的采用，使得在各大视频网站都承受亏损的情况下，乐视网财报显示了正的净利润，并支撑了乐视网2010年在创业板的上市。

（5）预提费用、专项储备等的计提与转回。预提费用是指企业从成本费用中预先列支但尚未实际支付的各项费用，例如预提的产品售后责任准备金、广告费、租金、保险费以及返利支出等。这一费用一般列示在"其他流动负债"项目中，很容易被分析者忽视。但由于预提金额可能和实际支额不一致，预提费用很容易形成企业利润的"蓄水池"，也就是说公司在经营景气的年份多计提一些，而在经营比较差的年份通过转回的方式避免业绩过于难看。煤炭企业等计提的用于维持矿区生产以及设备改造等相关支出的"专项储备"项目同样可以达到类似的效果。

（6）资产减值准备计提与转回。这是自1999年开始广泛实施资产准备政策后被上市公司广泛采用的一种方法。现行的会计准则将减值准备扩大到几乎所有以公允价值计量以外的资产，理论上这有利于挤去企业资产的"水分"，能为使用者提供更加稳健、可靠的会计信息。但是，资产减值准备的确认和计量要求进行较多的专业判断，这使得公司在对外报告中，可以通过操纵一些资产减值的计提和转回实现利润在不同会计期间的转移。例如在资产实质上发生减值的情况下，不予以计提或计提不充分。根据企业会计准则的规定，流动资产的减值准备，以前减记的影响因素已经消失的，减记的金额应当予以恢复，并在原已计提的准备金额内转回，转回的金额计入当期损益。因此，就不排除企业当期一次性多计提资产减值准备而在未来通过转回增加未来收益的可能。对于长期资产来说，虽然资产减值损失一经确认，在以后会计期间不得转回，但公司可以在未来年度通过处置资产的方式实现转回的目的。

（7）人为操纵收益性支出与资本性支出的划分。根据支出的效益局限于本会计年度还是超过一个会计年度，支出可以划分为收益性支出和资本性支出。两者划分是否合理恰当，与企业财务状况的真实与净收益的确定有着密切的关系。如果一笔应属于收益性的支出被视为资本性支出，就会增加企业资产，减少当期费用，增加当期的净收益。虽然大部分支出的收益期限是比较确定的，但也有许多支出收益期限或分布方式比较模糊，比如广告费用、研发投入等，给企业提供了比较大的操纵利润空间。

（8）其他会计政策与会计估计的选择与变更，包括收入或费用确认时点的选择，预计负债、亏损合同的确认与计量，投资性房地产后续计量方法的选择，金融工具公允价值的确定与评估等。例如，一些公司所销售的产品，需要实施、安装与服务，销售过程持续时间长，需要在某一时间段内进行收入的确认。如果涉及跨年度的销售，还需要在年度间分配收入的实现。分配的标准通常采用履约的进度，但是在具体的计量方法上，企业可以选择采用产出法或投入法，在履约进度不能合理确定的情况下，可以按照已经发生的成本金额确认收入。不同的方法选择直接影响最终的收入金额。

2. 交易安排。通过会计政策的选择或变动可以帮助企业实现一些相对比较小的财务操纵目标。但如果希望满足某些大的目标，同时不为使用者所知，就需要借助交易配合的手段。这些交易主要包括两种类型。

第一类主要是与大股东以及其他关联方的交易，具体包括关联购销、受托经营、费用分担、资产重组、债务重组等方式，通过这些交易，公司可以很容易达到操纵利润的目的。比如上市公司通过资产置换的手段将自身的固定资产和其他企业的资产进行交换（通常表现为上市公司将不良资产或债务与关联公司的优质资产进行置换），既可以在会计上确认资产出售收益，减少不良资产带来的经营损失，也可以在以后年度获得置换进来的优质资产的收益。

第二类是借助于关联方或非关联的第三方，通过特定的交易结构安排，实现预定的财务目的。例如，某上市公司对其投资的最重要一家公司持股比例为19.9%，剩余的股份为大股东以及其他关联方所持有，这个比例显然不是偶然的。相对权益法的会计处理，通过这样一个股权结构安排，被投资公司的真实业绩无法被外部人看透。同时，还可以通过现金股利的分配任意操纵上市公司的业绩。

在第二类的交易中，财务型的并购效果最为立竿见影。通过出售亏损的子公司或资产，收购具有一定的盈利水平的资产或股权，可以马上改善企业的财务状况，虽然长期内这些并购并不一定给企业创造价值。

3. 项目分类管理（报表结构操纵）。除了试图影响报表项目的具体金额外，企业也可能为了特定的目的，利用报表项目界定的模糊性，在报表项目分类上进行操纵，比如将非经营活动现金流入列为经营活动流入，其中最为主要的方式是进行盈余的分类转移管理，即在不改变公司净利润的前提下，将经常性项目和非经常性项目进行误导性分类，如将公司经营费用分类转移到营业外支出或特殊损失项目，将营业外收入分类转移到营业收入或其他经常性收益，从而实现夸大企业核心盈余的目的。

企业之所以有动力操纵盈余结构，主要有三种原因：一是由于市场对核心收益和非经常性损益的反应不同，操纵盈余结构有利于改进分析师或投资者对于盈利质量的评价。二是为了迎合监管的需求。我国资本市场的多项监管政策都将扣除非经常性损益后净利润作为监管利润指标，包括 IPO、公开发行证券、特别处理、恢复上市等多项资本市场行为的监管，比如被暂停上市的公司要恢复上市，最近一个会计年度经审计的扣除非经常性损益前后的净利润必须均为正值。因此，上市公司有动机通过分类转移操纵扣非后净利润的指标来达到相应的政策要求。三是为了避免违反相关契约的要求。许多契约（比如并购或投资中的业绩承诺）的内容常常以财务报告中的净利润为参考，而且会对净利润的内涵进行界定（一般会要求剔除非常项目的影响），相关契约方为了避免支付违约成本，很可能会通过改变盈余性质的方式美化公司业绩。

（三）财务舞弊的主要手法

1. 违反收入确认原则或者虚构收入。收入是企业因销售商品、提供劳务等日常活动而形成的经济利益总流入，也是形成企业利润的最重要来源，对于企业报表的重要性不言而喻。根据"权责发生制"的原则，企业应当在履行了交易合同中的履约义务，即在客户取得相关商品控制权时确认收入，然而在何种条件下、什么时候、以多少金额进行收入确认都是企业在面临一项收入交易时需要考虑的具体因素。虽然会计准则对于上述因素都作出了原则性规定，但为了实现多计或少计收入的目的，企业就可能在实际操作中，违反相关的原则，甚至直接虚构收入。比如 2015 年 12 月，中兵红箭在未实际发货、会计凭证后仅附发票及销售部门单方面开具的产品出库单、未见由购货方签字盖章确认收货的发货清单的情况下，将不符合收入确认条件的四家客户的相关经济业务确认为销售收入，并于 2016 年冲回，导致 2015 年度虚增收入 1 864.79 万元，虚增利润 1 586.46 万元。

当然更为恶劣和严重的是虚构收入。在大的财务舞弊案例中，这已是屡见不鲜的一招。例如，银广夏在（现更名为西部创业）1998～2001 年，通过伪造购销合同、出口报关单，虚开增值税专用发票，伪造免税文件和伪造金融票据等手段，虚增主营业务收入

10.50亿元，虚增利润7.45亿元。提供互联网金融信息服务的大智慧在2013年提前确认有承诺政策的收入8 744.69万元、利用与广告公司的框架协议以及业务合同分别虚增收入93.34万元以及1 567.74万元。公司2013年度的净利润为1 166.14万元，如果剔除虚构收入、费用的影响，公司2013年必将巨亏。由于公司2012年已经亏损，这也意味着，凭借虚假的财务数字，大智慧逃过了因连续两年亏损被"披星戴帽"的命运。

2. 虚增或虚减成本费用。收入的虚假确认有时需要外部人的配合，甚至需要额外承担一定的税收支出，成本费用的舞弊则相对容易。成本的舞弊通常表现在两个方面：一是企业在通过虚构销售等方式虚增收入的同时，为了让交易显得更为真实性，还可能通过虚构采购、生产、研发费用、产品运输费用方式虚增营业成本、研发费用和销售费用；二是违反成本费用的确认原则，虚减成本费用。比如中兵红箭公司2014~2015年在计提应收账款坏账准备时，年底在所有客户真实应收账款账龄的基础上，将部分1~2年、2年以上应收账款的账龄人为调整为1年以内，不予计提坏账准备，导致公司2014~2015年分别少计提坏账准备93.7万元、1 144.43万元。有时，企业为了避免费用的确认，甚至通过交易予以配合。

在会计实践中，由于成本核算的复杂性，大量企业利用存货计价方式减少销售成本。如有的企业采用定额成本法计算产品成本时，将产品定额成本差异在期末在产品和库存产品之间分摊，本期销售产品却不分摊，以降低本期销售成本。此外，故意少结转已销售产品的成本或隐瞒存货的短缺或毁损，也可达到虚增本期利润的目的。

3. 通过虚构交易、伪造单据等方式，掩盖资产、负债失真。企业虚增收入、利润的过程往往导致企业相关资产的虚增，为了掩盖这些失真的资产，尤其是为了面对事务所的审计，虚假交易、伪造单据等方式就成为企业的应对之策。例如，康美药业在2016年1月1日至2018年6月30日，通过财务不记账、虚假记账，伪造、变造大额定期存单或银行对账单，配合营业收入造假伪造销售回款等方式，虚增货币资金超过200亿元。当然，企业也可能为了粉饰自己的资产质量或负债水平，而进行财务的操纵。比如为了减少应收账款期末数额，实现上市融资的目的，欣泰电气从2011~2013年，在期末将借入的款项、公司自身银行存款以及虚假的银行单据伪装成客户应收账款清偿，虚减应收账款，然后在下期初进行红字冲销，将应收账款余额调回。在安然等舞弊案件中，则存在利用结构化主体进行表外融资，隐匿真实负债状况的情形。

4. 通过并购、资产重组等手段，虚增企业利润。随着控制权市场的日益发展，许多公司收入或利润的增长很大程度上来自积极的对外收购，然而，大多数的收购未能给收购方的股东带来真正的收益，公司管理层也可能通过持续的收购掩盖潜在的财务问题，而且，公司还可能通过操纵并购日期、交易内容和会计方法的选用，伪造利润和收入增长的假象。

第三节 财务分析的应用

一、财务状况与风险分析

财务状况反映了企业在某一时刻资金的来源和分布状况。分析企业的财务状况,有助于投资人等外部使用者了解某一时点上各类资产和负债的规模、结构及其数量对应关系,对资产质量、资产及负债结构的合理性、企业经营风险与财务风险等作出判断,也有利于辅助管理管理者进行优化结构、降低风险和提高运营效率的决策。

(一)资产结构及质量分析

资产是指企业由历史的交易或者事项形成的、由企业拥有或有控制的、预期会给企业带来经济利益的资源,包括各种财产、债权和其他权利。资产是企业进行生产经营活动、创造经营收入和利润的物质基础和必备条件。对于资产的分析,一方面要了解资产的总体结构及其合理性;另一方面要仔细分析各项资产的质量。

1. 资产结构分析。资产的结构,是指企业资产各组成部分相对于资产总额的比例关系。一般来说,我们可以把资产划分为流动资产、非流动资产两个大的类别,每个类别又可以做进一步的划分。比如,流动资产分为货币资金、交易性金融资产、应收票据、应收账款、预付账款、存货等。这些资产项目在分析时还可以做进一步的细分,比如房地产企业的存货分为已完工开发产品、在建开发产品、拟开发产品及原材料等。分析这些不同层次的资产所占的比重以及同一层次内的资产构成可以实现以下三个方面的目的:

一是通过资产结构的分析,可以把注意力集中于比较重要的资产类别或资产项目上。通常来讲,所占比例越高的资产对企业财务状况的影响越大,也越应引起分析者的注意。

二是有助于判断资产结构的合理性。这种合理性的判断一方面是基于与行业可比公司的对比;另一方面是基于与公司历史结构数据的比较。如果在比较中发现比较大的差异或变动,则需要分析背后的原因及可能的影响。比如流动资产中应收账款占流动资产的比重上升过快,就需要结合行业竞争环境、公司战略等进行判断:公司放松了营销政策?客户的流动性紧张?抑或公司提前确认收入甚至虚构收入?如果企业的存货占比远远超过同行业的平均水平,我们就需要分析企业是否存在少结转成本,库存商品/产成品中是否存在冷背呆滞、残损变质的可能。

三是通过资产结构的分析可以判断企业的商业模式与经营风险。比如所谓的重资产、轻资产商业模式，实际上体现为资产结构的差异。重资产企业，往往投入大笔的资金进行固定资产的配置，如购置生产土地、修建厂房等，又或者作业的劳动工具价值量巨大（制造业的生产设备，运输业的交通工具等）。相对地，轻资产模式的企业更多地投资于营运资本、广告、研发等方面。轻资产和重资产模式的划分主要取决于企业的战略选择而非所处的行业。比如，服装行业中有些企业集设计、生产、物流、销售于一身，就是明显的重资产商业模式，而现在的品牌服装公司一般都把生产、物流、分销这些重资产剥离出去，专注于核心的研发设计、品牌经营和市场推广，就是轻资产商业模式。因此，通过比较固定资产或非流动资产在总资产中所占的比重，可以判断企业商业模式选择的差异，通过比较这一比重前后的变化，可以看出企业战略的演变。表1-2列示了四家零售企业的非流动资产占比。从中可以看出，无论是传统零售企业还是电商企业，都呈现明显的重资产化趋势。其中，沃尔玛的经营模式一开始就明显地区别于一般零售业，具有强烈的重资产特征。

表1-2　　　　零售公司的非流动资产占比（2005~2018年）　　　　单位：%

年份	苏宁易购	京东	沃尔玛	亚马逊
2005	10.82	—	68.29	20.75
2006	8.53	—	69.19	22.69
2007	16.21	—	70.90	20.37
2008	20.49	—	70.05	25.94
2009	15.75	—	71.69	29.07
2010	21.48	—	71.28	26.87
2011	27.37	6.58	71.58	30.81
2012	29.85	12.34	70.49	34.58
2013	34.95	13.57	70.12	38.68
2014	38.38	24.89	68.94	42.52
2015	35.56	31.35	69.82	44.27
2016	39.94	33.32	70.99	45.11
2017	44.16	37.50	70.83	54.16
2018	33.95	49.87	71.77	53.83

资料来源：Wind 数据库。

包括土地使用权、固定资产在内的非流动资产比重决定了固定性经营成本在营业成本中的比重高低，从而决定了企业经营杠杆的差异。在较高经营杠杆的情况下，当业务量减少时，利润将以经营杠杆率的倍数成倍减少，业务量增加时，利润将以经营杠杆率的倍数成倍增长。反之，经营杠杆率越低，利润变动越平稳，企业的经营风险越小。经营杠杆本身的高低无所谓好坏，关键是判断其资产结构是否适应外部经济环境的变化，是否有利于发挥企业的核心竞争力。

2. 主要资产质量分析。资产质量分析，是指通过对资产负债表中的各项资产进行分析，以了解企业资产的质量状况，确定各项资产的实际价值和变现能力，并分析是否存在变现能力受限的情况，例如呆滞资产、坏账、抵押、担保等。资产质量的优劣直接影响和制约着企业经营的成败和兴衰。通过对企业资产质量进行分析和评价，可以使各利益相关者对企业的经营状况有一个更全面、清晰的了解和认识，也有利于更好地理解盈利能力，并最终影响到对企业价值的判断。

资产质量分析的核心在于评估资产的账面价值和实际价值的差异。资产的账面价值和实际价值之间并不完全相符，具体来说包括三种情形：两者基本相符，比如正常情况下的货币资金、具有保本属性的理财产品等；账面价值低于实际价值，这通常表现为资产准备计提不足；账面价值高于实际价值，比如在房地产价格上涨的趋势下，按历史成本计价的房屋以及土地使用权等。

在进行资产质量分析时，不同行业所需要重点关注的资产质量领域是不同的，例如汽车行业需要重点关注是否存在存货的积压、生产能力过剩问题以及固定资产的折旧质量如何；影视行业需要重点关注无形资产的摊销是否合理；房地产行业需要重点关注不同完工状态下的存货可变现净值；计算机软件业需要重点关注资本化研究和开发费用的质量、售后服务合约及应收账款质量等。

（1）货币资金质量分析。为了满足交易、预防、投机动机的流动性要求，企业必须保持一定数量的现金。企业货币资金的多少，表明企业现金的充裕程度。如果上市公司定期报告中货币资金余额较少，说明企业的货币资金短缺、经营比较困难，甚至存在债务违约的可能。当然，现金持有水平也不是越高越好，过多的冗余现金意味着企业的资金利用效果不好，或者是可能存在比较严重的代理问题。

在分析现金质量时，需要注意如下四点：①高质量的现金必须是不受限制的手持现金和存款，也就是说，必须是能够不受妨碍地用于偿付流动性债务的现金和存款；②限于偿还特定短期债务的现金，往往仍然被反映为流动资产，但通常会同时揭示其限制用途，在确定企业的短期偿债能力时，必须将此类现金与相关的短期债务数额一并剔除；③短期借款的补偿性存款（商业银行在向企业贷款时，要求其在银行账户中保持的最低存款余额，这种补偿性存款余额的多少，因银行和借款企业的不同而各异，但许多银行要求借款企业至少必须保持相当于信贷限额15%的存款余额），一般也列为流动资产，但它实际上减少了企业（即借款人）可用于偿还债务的现金量，因此，在进行现金质量分析时可以考虑予以剔除；④康美药业、康得新等的舞弊案例表明，许多公司的货币资金的真实性也是存疑的。这时需要结合公司的利息收入与存款利率水平、是否同时存在大量的银行贷款、是否存在债券或信用违约等特征进行判断。

现金质量分析一般与针对现金流量表的现金流分析结合起来进行,这样会使得我们所做的分析更具有说服力。如果企业有比较稳定的经营现金净流入,可以缓解企业对保持大量现金水平的需求。

财眼看问题:审计师为什么无法发现货币资金舞弊

理论上,货币资金是最容易核实的报表科目之一,但在大量的案例中,审计师为什么没有发现企业现金的舞弊呢?

审计师对于现金的审计,可以查验企业的现金和银行日记账,抽样或者实质检查原始凭证,核对银行对账单。账簿属于企业内部证据,可靠性比较弱。银行对账单,虽然属于第三方证据,但是审计师不掌握取得该证据的过程,如果被审计单位伪造,审计师也未必有能力确定对账单的真假。

为了弥补上述证据的不足,尽职的审计师需要独立向银行取得证据:向银行发询证函或亲自去银行打印对账单。一些事务所为了省事起见,将询证函交给客户,由客户帮着寄出,回函寄到企业后由企业转交会计师,这个过程其实是完全失控的,审计质量也是没有保证的。因此,为了保证回函的可靠性,注册会计师写好询证函交给被审计单位盖章后,应亲自将询证函寄出,并由银行直接寄回事务所(为避免审计项目负责人与企业串通,一些事务所甚至会要求直接寄回内核部门等)。然而,上述过程也可能失控,比如在一些案例中,公司通过收买寄送、收取函证的快递员来掩盖舞弊行为。审计师亲自去银行现场打印对账单,虽然是最为有效的控制,但如果审计师不够谨慎或经验不够充足,也可能导致银行盖章的对账单被调包。

更为严重的是,如果银行、审计师或审计师事务所配合企业的现金舞弊行为或有意疏忽,则货币资金的真实性更无法保证了。

(2)应收票据与应收款项质量分析。应收票据按承兑人不同分为商业承兑汇票和银行承兑汇票。其中,特别需要注意的是商业承兑汇票,它是基于出票人信用基础之上进行的交易,商业承兑汇票到期后,如果出票人账户没钱,或者公司倒闭的话,那么收款人将得不到具体的付款,存在着极大的风险。因此,分析者应该关注对应企业的商业背景、财务与信用状况。

应收账款是建筑业、制造业等行业公司最重要的资产类别之一,通常按扣除"坏账准备"后的净值反映。一般认为,应收账款周转率和应收账款收款天数指标可以反映出公司的应收账款质量和收账业绩。应收账款周转率越高、应收账款收款天数越短,说明企业的应收账款变现速度越快、资产的流动性越高、坏账损失越少、收款成本越低、在应收账款上的资金占用越少、管理效率越高，对企业就越有利。但是，有时过快的应收账款回收速度表明企业的赊销政策对客户过于严格，可能会导致潜在客户的丧失，影响企业的市场占有率，可见，应收账款周转速度与营销政策应该统筹考虑。

在具体对应收账款的质量进行考察时，首先需要关注上市公司报表附注中关于应收账款的账龄、比例、金额大小以及坏账计提等方面的说明。一般来说，信用期或1年以内的应收账款风险较小，回收的可能性较大，可以认为是比较优质的资产；超过1年以上的应收账款则存在比较大的回收风险；2~3年的应收账款回收的可能性较小，发生坏账损失的可能性较大；至于3年以上的应收账款基本上可以确认为100%的不良资产，其回收的可能性几乎为零。其次需要关注企业应收账款债务人及其集中度。经营比较稳定或资金实力比较强的企业客户欠款一般回收风险比较小，比如国有银行、证券公司、知名企业等。这就需要结合债务人的性质、区域、规模等进行信用分析。同时，如果客户过于集中，一旦某一客户生产经营发生恶化，也会对企业业绩造成很大冲击。

在对应收账款质量进行分析时，需要特别注意结合行业可比水平进行比较。应收账款与行业特点密切相关，比如制造业的应收账款占比通常比较大，零售业的应收账款回收天数则比较少。因此，通过行业的对比，有利于发现公司的应收账款异常。还要特别注意分析对象公司的赊销与现金销售之比：这一比例的变化（如同一公司不同年度之间）或差异（如不同公司之间）常常会导致前述指标产生严重的不可比性；外部分析虽然不易得到公司赊销与现金销售比例的具体资料，但是分析者通常可以根据企业的经营业务特征来加以判断。

如果企业的应收账款质量存在问题，常常会伴随以下现象的发生：①相对于收入规模，应收账款占比过高；②应收账款增长速度高于收入增长速度，导致应收账款平均收账期的不正常延长；③与行业可比公司相比，应收账款周转率或坏账准备计提比例过低；④不正常变更账龄的认定与坏账准备计提政策；⑤大量的销售失败等。

(3) 预付账款质量分析。预付账款所反映的是企业为购买原材料、设备等原因而预先支付的款项。一般来说，预付账款的账龄应当在一年以内，超过一年的预付账款一般都属于非正常购货业务。因此，从实务角度来说，正常预付账款的期限应当在3个月以内。如果超过3个月对方企业仍未交货的话，预付账款的回收将会存在一定风险，应给予必要关注。在财务舞弊案件中，预付账款经常被用来掩盖资金的挪用或虚增的货币资金。这时需要从商业的正常逻辑、供应商的谈判能力、预付账款的对象合理性等方面予以判断。

(4) 其他应收款质量分析。其他应收款的分析方法与应收账款的分析方法类似。不过，在对其他应收款进行分析时，需要重点关注那些金额较大的其他应收款的实质业务内容、账龄和金额等，尤其是对关联方之间发生的应收款项要给予特别的关注。

其他应收款金额通常不应该过大，但如果一家上市公司的其他应收款金额和比例不断增长，那么需要分析这些交易背后的原因。如果主要是由大股东和关联方借款形成，则可能是控股股东挪用公司资金，或个人股东为了避免分红形成的个人所得税，以挂账方式将公司盈利转移出去。

（5）存货质量分析。在资产负债表中，存货是房地产业、建筑业、制造业等行业公司最重要的资产类别之一。出于稳健性原则的考虑，存货一般按成本与市价孰低法计价。反映存货营运和质量状况的衡量指标主要为存货周转率或存货周转天数。存货周转率可以反映企业的存货管理效率和销售能力。存货周转率越高、周转速度越快、周转天数越短，说明企业的经营效率就越高；反之，存货周转率越低，则表明存货中可能冷背残次货品居多，不能适应销售需求，或者表明存货积压，不能有效地运营资金，增加冷背的风险。可见，存货周转率变低往往意味着企业的存货质量下降，可能存在一系列的隐患。

在对存货质量进行分析时，需要特别注意结合行业特征进行分析。首先，不同行业的存货周转状况存在比较大的差异，比如目前房地产行业的平均存货周转天数将近4年，零售业的存货周转天数仅仅2个月。因此，只有将分析对象的存货周转水平与行业指标相比较，才能得出合理的评估。其次，存货本身的特质差异导致不同行业的存货质量分析需要区别对待。例如，酱香型白酒企业的存货通常随着时间的延长而增值，服装、电子类企业的存货则会因为时尚、技术的变化而快速的贬值。最后，处于周期性行业的公司很可能在原材料价格比较低的时候多囤积一些存货，而在原材料价格比较低的时候减少库存的数量。

值得注意的是，在产品生产、销售过程中，成本的归集、分配与结转具有相当大程度的隐蔽性，加上很多存货的盘点、价值确认难度比较大，存货成为财务操纵的集中爆发领域之一，而且影响巨大。如果企业的存货质量存在问题，常常会伴随如下现象的发生：①存货增长速度高于业务增长速度，导致存货周转时间的不正常延长；②与行业可比公司相比，存货占比过高，存货周转率过低，企业毛利率过高；③不定期地计提大额存货减值准备等。

（6）长期资产质量分析。在对长期资产的质量进行分析时，主要关注固定资产、在建工程、无形资产和商誉等。

固定资产是航空、电力、高速公路、钢铁、芯片制造等企业最重要的资产类别。就固定资产来说，主要关注三个方面的问题：一是固定资产更新速度的快慢；二是固定资产的折旧政策是否合理（包括折旧方法、折旧年限以及净残值率等），折旧计提是否准确恰当；三是由固定资产所形成的产能是否得到有效的利用，减值准备计提是否充分。在考察第一个问题时，我们可以通过计算固定资产成新率（当期平均固定资产净值/当期平均固定资产原值）来反映。一般来说，企业固定资产的更新速度越快，其持续发展的能力就越强。在考察第二个问题时，我们要关注公司的折旧政策与水平是否与行业保持一致，并对特殊行业所采用的折旧方法给予特别的关注，例如，高速公路公司大多采用车流量法，所以我们要考察原来预测的车流量是否与现实相比存在较大差距，公司是否根据实际的变化情况进行了相应的调整；对于生产化工类产品的公司来说，由于其设备的受腐蚀程度比较严重，因而其固定资产的使用年限相对较短，折旧率较高。如果我们发现某家公司的折旧计提明显偏低的话，通常要根据该公司所处行业的平均折旧率水平来测算其少提的折旧金额，并根据折旧金额在利润总额中的比重来确定该公司的实际经营业绩。第三个问题的产生是由于市场的竞争或技术环境的变化导致公司无法有效地利用产能。对于该问题，我们可以采用固定资产周转率（销售收入/平均固定资产净值）这一指标来分析。比率越高，说明厂房、设备等的利用率越高，运营水平越好。如果固定资产周转率与同行业平均水平相比偏低，则说明企业对固定资产的利用率较低。后一情况下将导致企业固定资产的长期闲置、市价的下跌，如果固定资产的可收回金额低于账面价值，企业应当就其差额提取固定资产减值准备。这时，我们应当重点关注资产减值准备的合理性、及时性以及充分性。

就在建工程来说，它反映了公司未来的收入和利润增长点。一般来说，上市公司要在其年报附注中披露与在建工程项目有关的项目名称、预计投资金额、已投入金额及完工进度等各方面内容。在建工程大致分为经营性在建工程和非经营性在建工程两大类，我们可以通过对经营性在建工程的相关内容及数据进行分析，结合投资项目的行业特点和市场前景，来初步评价在建工程的未来发展潜力。首先可以分析在建工程规模的大小，这将决定公司未来利润增幅大小。其次可以分析在建工程建造过程，在建工程建成投入营运的时间决定上市利润增长的进程。一般来说，如果在建工程能够顺利完工并投入运营，通常会给企业带来新的增量收入和增量利润，促使公司进一步发展。

然而，在建工程也可能存在异常情况，需要我们保持谨慎与合理的怀疑，比如相对于目前固定资产投资，在建工程数目巨大，且迟迟不转入固定资产科目。这时主要存在以下四种可能。

一是企业缺乏完成在建工程的后续资金，因而在建工程迟迟不能完工转入固定资产。此种情况一般伴有企业资金紧张的现象，需要配合企业的货币资金、长短期负债以及总体负债率等情况进行分析。

二是在建工程其实已经完工，并投入使用，但公司为了避免大额折旧，推迟借款费用的费用化，美化当期利润，故而不将其转入固定资产。

三是可能存在利用在建工程掩盖资金挪用或虚构收入、利润形成的虚假现金，导致在建工程项目被高估。其主要手段是，企业通过虚开的项目建设发票，将资金转移给虚构或关联的供应商。如果发生这种情况，可以关注企业的在建工程规模是否符合正常商业逻辑，比如公司产能未得到完全利用，却依然进行大额投资，项目投资金额远远超过行业可比水平或当地正常水平等。这时，需要注意企业突然计提大额的在建工程减值准备或发生意外损毁。

四是在投资建设过程中，市场环境发生变化，企业不愿意再追加新的投入，或者发现其他机会，项目发生变更。从投资的角度来说，需要关注原有投资的潜在损失以及新项目的合理性。

随着现代服务业以及高新技术企业的兴起，无形资产越来越成为许多企业的核心资产之一，对增强企业的竞争实力、维持可持续发展能力起着越来越重要的作用。具体来说，无形资产主要包括两类：一是与有形资源相关的合同性权利或其他法定权利，例如土地使用权、采矿权、探矿权、球员服务合同等；二是知识产权型资产，例如特许权、软件、商标域名、专利权、非专利技术、版权等。就无形资产的分析来说，我们需要特别关注以下四点。

一是根据无形资产准则的规定，与自创无形资产相关的研究支出和开发支出中的不确定部分已列为期间费用，只有符合条件的开发支出才可以资本化处理。因此，报表中的"无形资产"主要反映的自行研发并接近成功的无形资产成本及外购无形资产的价值，重视研发的企业可能存在大量的账外无形资产。在报表分析中应额外考虑。与之类似的是，许多企业的发展依赖于良好的品牌效应，持续有效的广告支出有利于企业长期品牌的建立，但会计惯例一般将这部分支出费用化，使得相关资产的价值无法在资产负债表上得到体现。

二是无形资产本身的特点决定了其价值的不确定性。在分析时，要详细阅读报表附注，了解企业无形资产的主要类别、性质等。不同项目的无形资产属性相差悬殊，其价值的影响因素也各不相同：一般来说，土地使用权资产由于采用历史成本计量，在土地价格持续上升情况下，价值存在较大低估可能性；采矿权、探矿权的价值取决于矿产资源的储量与市场价格，两者都具有较大的不确定性；专利权、商标权、著作权、特许权等无形资产虽然有明确的法律保护的时间，但其价值往往取决于企业对这些资产的利用程度。有效的管理和营运有利于不断提升这些资产的价值。

三是无形资产的账面价值很大程度上取决于摊销方法及期限。使用寿命有限的无形资产，需要在使用寿命内按照与该项无形资产有关的经济利益的预期实现方式系统合理地摊销，分析时可以结合企业的商业模式、经营业务的特点以及同行业惯例进行判断。

四是无形资产可以在市场上通过转让而变现，但其变现价值确认存在着较大的不确定性。按照现行准则的规定，企业应定期对无形资产的价值进行检查，至少于每年年末检查一次，对无形资产的可回收金额进行估计，并将该无形资产的账面价值超过可回收金额的部分确认为减值准备，为此，可以通过分析企业无形资产减值准备的计提情况来判断各项无形资产的变现性。当然，分析时还应注意无形资产减值准备计提的合理性。虽然无形资产减值准备一经计提，在以后期间不得任意转回，一定程度上遏制了企业的利润操纵行为，但依然无法避免企业通过减值后的转让实现利润的跨期转移。

随着并购浪潮的此起彼伏，商誉资产也变成了许多企业的重要资产类别之一。截至2018年底，我国上市公司商誉累计已经超过1.3万亿元。商誉是企业在进行外部并购时，购买企业投资成本超过被合并企业可辨识净资产公允价值的差额。现行会计准则规定，商誉不进行摊销，但需要在每个会计年度报告日对商誉进行减值测试。然而，现行的商誉减值测试中普遍存在一些不正确的做法，严重影响了商誉减值测试的质量。其问题主要表现为商誉计提不足或者一次性进行大额计提。从分析来说，我们可以关注并购项目的实际盈利性或业绩承诺完成情况，或者结合企业总体的盈利性判断商誉减值的充分性与合理性。

（7）金融资产质量分析。对于金融企业以及许多热衷于对外投资的企业来说，金融资产具有举足轻重的作用。然而，金融产品与交易的复杂性、公允价值的广泛应用使得金融资产成为最难以理解，也最为容易操纵的资产项目之一，而且由于金融资产相关准则的最新变化，信息的前后可比性也将面临很大的障碍。

自2019年1月1日开始执行的新金融工具准则，将金融资产分为三类。

一是以摊余成本计量的金融资产。持有目的主要是完整拿回本金，并获取利息收益，在报表项目上体现债权投资、发放贷款等科目。如果发生预期信用损失，需要对相应的资产计提减值准备。

二是以公允价值计量且其变动计入当期损益的金融资产。持有目的主要是通过出售获取该资产的市价变化收益，在报表项目上体现交易性金融资产、其他非流动金融资产等项目。该类资产期末时根据公允价值计量，价值的变动直接影响当期损益，在资产占比比较大的情况下，可能导致企业净利润的大幅度波动。

三是以公允价值计量且其变动计入其他综合收益的金融资产。持有目的不确定或兼而有之的，在报表项目上体现应收款项融资、其他债权投资、其他权益投资等项目。该项资产期末公允价值的变动计入其他综合收益，不影响当期利润。准则变动之前，可供出售金融资产在出售时会将计入其他综合收益的金额转入投资收益，影响当期利润。例如，当其他综合收益为较大的正值，且企业当期业绩不理想时，企业可以通过处置可供出售金融资产，提高企业的当期利润。修订后的准则规定，即使出售该项资产，也不得将原计入其他综合收益的累计公允价值变动额结转计入当期损益，一定程度上遏制了前述现象的发生。

然而，我们必须清醒地意识到，目前的准则依然为企业利用金融资产操纵利润提供了比较大的空间,具体包括以下五个方面。

一是金融资产的分类存在较大的选择空间,不同的选择将会导致不同的报表结果。虽然准则要求企业应当根据其管理金融资产的业务模式和金融资产的合同现金流量特征,进行三分类,但管理金融资产的业务模式涉及企业的主观判断,这就决定了不同企业很可能由于报表目标的差异而将同一类资产划分为不同的类别。

二是上述第二、第三类资产均要求按照公允价值进行计量,而公允价值计量本身具有易操作的特点。根据准则的规定,公允价值计量通常包括市价法、类似项目法和估价技术法三个层次。通常情况下,首选的方法是市价法,在找不到所计量项目的市场价格的情况下,可以采用类似项目法,而当所计量的项目不存在或只有很少的市场价格信息,则应采用估价技术法对所计量项目的公允价值做出估计。这三种方法的主观成分与应用难度也依次增加。由于商业秘密、信息阻断等因素,公允价值的取得和公允性判断难度比较大,在实际工作中,只能大致的估计或采取近似价值的操作。在市场信息不充分的情况下,很容易提供操纵利润的机会。尤其是现值技术的运用,无论是期望报酬率的确定,还是未来现金流量的估计都具有较大不确定性,导致在具体的技术操作上存在非常大的任意性。

三是重分类的选择给了企业利用操纵利润的进一步空间。比如,企业可以金融资产的业务模式的改变为理由,将一项以摊余成本计量的债权投资,在市价上升的情况下重分类为以公允价值计量且其变动计入当期损益的金融资产,从而提升企业的利润。同样,企业可以将一项以公允价值计量且其变动计入其他综合收益的其他权益投资,重分类为以公允价值计量且其变动计入当期损益的其他非流动金融资金,在继续以公允价值计量该金融资产的同时,将之前计入其他综合收益的累计利得从其他综合收益转入当期损益。

四是企业须按金融资产的预期信用损失计提减值准备,然而无论是金融资产发生违约的可能性还是具体的信用损失,都存在比较大的主观性,这使得企业利用金融减值的计提与转回操纵利润成为可能。

五是在权益投资方面,企业可以通过股权比例的选择与调整,影响资产类别的确认,进而影响企业的利润水平。比如在投资于初创企业时,由于初期的经营亏损可能拖累公司的业绩,企业可以选择一个比较低的投资比例,以"其他权益投资"项目的形式体现在报表上,在企业开始实现盈利时,再增加投资以获得对项目的重大影响,从而把该项投资变为"长期股权投资",这样就可以通过权益法的方式把投资企业的收益纳入自己的报表。

(二)债务结构与财务风险分析

企业负债可以划分为短期负债和长期负债,不论是短期负债还是长期负债,既然是债务，总是要还的，区别只是在于偿还期限是早是晚、偿债压力是否紧迫而已。一般来说，短期负债通常需要在一年之内予以偿还，而长期负债的偿还期限则在一年以上。

公司要偿还短期负债，有以下途径：（1）运营良好的公司会不断产生经营现金流入，从而为各种现金流出（包括偿还短期负债所必需的现金流出）提供资金支持；（2）借新债，还旧债，这里的新债既有可能是新的短期负债，也有可能是新的长期负债；（3）当公司正常生产经营或融资所产生的现金流量不足以支持短期债务的偿还时，就需要动用公司所持有的各种资产来偿付债务，先是变现能力较强的货币资金、交易性金融资产、应收账款和存货等流动资产，迫不得已时还有可能需要变卖固定资产等长期资产，这时，公司很可能已经陷入了财务困境。

就长期负债的偿还来说，由于期限较长，其本息偿还的保障主要是依赖公司的盈利能力和各种有价值的资产。企业的盈利能力越强、能够创造价值的资产越多，其长期负债的偿还就越有保障。

1. 债务结构分析。所谓债务结构，是指企业负债中各项债务之间的比例关系，包括长短期负债之间的比例关系、长短期负债内部的结构安排等，债务结构不合理往往是导致企业陷入财务困境的重要因素之一。

一般来说，企业负债比例的高低只是表明其整体偿债能力的大小，过高的负债比例只是一种潜在的财务危机。这种潜在的财务危机最终是否会转变成现实，还取决于企业的债务结构如何。如果企业的负债总额中长期负债占很大比重，那么只要企业发展良好，有足够的经营现金流量并保持较好的盈利能力和筹资能力，则这种潜在的财务危机就不会演变成现实。反之，如果企业的负债总额中大部分是一年内到期的流动负债，这就意味着企业将面临严重的现金支付压力，一旦财务失控或者没有足够的现金流量支持，就会马上陷入财务困境。因此，根据企业的经营现金流量和筹资能力来合理地规划其债务结构是非常重要的。

债务结构的重要性还体现在：对于企业来说，不同负债来源的资本成本及其可能带给企业的财务风险是不完全相同的[①]，企业也不可能仅仅依赖某一种负债资金来满足其全部的资金需求，因此，不同的债务结构安排所产生的综合融资成本和整体财务风险是不尽相同的。此时，合理的债务结构安排能够使企业的综合融资成本降低、财务风险下降，进而实现其最优的资本结构，提升企业价值。

债务期限匹配理论认为，企业的债务期限应该与资产期限合理匹配，这样才能有效地控制企业的流动性财务风险并降低债务代理成本，这一理论也被称作免疫假设（immunization hypothesis）。简单来说，持有更多长期资产的公司应当使用更多的长期负

---

① 例如，短期负债的融资成本相对较低，但偿还期短，财务风险较高，而长期负债则刚好相反。

债，而不是短期负债；而持有更多流动资产的公司则可以使用更多的短期负债，而不是长期负债；债务期限与资产期限正相关。如果债务期限比资产期限短，则资产可能产生不了足够的现金流来偿还债务；如果债务期限比资产期限长，则在资产已经停止产生现金流时还要偿还债务。

此外，还有一个财务杠杆与债务期限的合理匹配问题。如果一家公司选择了较高的财务杠杆水平，那么这家公司就应当选择较长的债务期限。也就是说，具有高财务杠杆比率的公司最好使用长期债务融资，以避免流动性风险或破产风险。

而所谓的债务期限错配则主要表现在两个方面：一是较短的债务期限与较长的资产期限所产生的错配（即所谓的"短债长投"问题）；二是较短的债务期限与较高的财务杠杆所产生的错配。

2. 短期债务分析。短期债务分析强调的主要是企业短期偿债能力的强弱，而短期偿债能力的强弱主要取决于企业流动资产及其组成部分与流动负债的对比关系，以及营运资本运营效率的高低。如果企业的短期偿债能力较弱的话，即使该企业仍处于盈利状态，投资者也要保持高度关注，因为相对充裕的资金对企业的生存和发展来说是至关重要的。

如果存在下述情况，企业的短期偿债能力会得到增加，其实际的流动性要比财务报表所显示的更好一些：①存在可动用但尚未动用的银行信贷额度；②存在一些不需要支付的流动负债（比如计提过多的质量保证金、销售返利等）；③可以很快变现的长期资产；④企业的长期债务状况良好，或者偿债信誉较高，有能力发行债券或股票来筹集长期资金。

如果存在下述情况，企业的变现能力将会下降，其实际的流动性要比财务报表所显示的更差一些：①附注中揭示了已贴现有追索权的票据，或者已出售有追索权的应收账款；②未做记录的大额或有负债，如未决税款争议、未决诉讼等；③为其他企业提供担保，存在由于担保责任而引起的或有负债；④公司的银行贷款或发行的债券存在交叉违约条款①，触发交叉违约条款通常会进一步加剧债务人的短期偿债压力，造成流动性本来较差的债务人资金链断裂，形成债务违约的多米诺效应。

3. 长期债务分析。长期债务分析强调的是企业长期偿债能力的强弱，主要取决于企业资本结构的合理性、稳定性以及长期盈利能力的高低。在分析时除需要借助资产负债率、利息保障倍数等指标进行常规分析外，还需要关注以下特别项目。

（1）长期资产市价或清算价值。当企业缺乏盈利能力时，其所拥有的长期资产如果具有较高的市价或清算价值是十分重要的。在财务报表及附注中，除以公允价值计量的

---

① 所谓"交叉违约条款"，是指如果借款人未按时履行其他债务，或其他债务已被宣告加速到期，则将被视为违反贷款协议的事实状态，债权人有权选择债券立即到期。

投资性房地产及金融资产外,一般不会反映长期资产的市价或清算价值,分析者需要结合具体的资产类别、项目来进行分析,例如土地使用权根据取得的历史时间,通常会有不同的升值,除非被同业收购,设备一般不具有太高的清算价值。权益投资则需要结合被投资项目最近的估值、财务状况与业绩等进行确定。

（2）长期经营性租赁的租赁费中的"本金"部分。原租赁准则要求以风险和报酬转移为基础将租赁划分为融资租赁与经营租赁,对经营租赁承租人不确认相关资产和负债。长期经营性租赁实际上也是一种长期筹资行为,故应该考虑其对企业债务结构的影响,即将与长期经营性租赁相关的资产和负债分别加计到资产总额和负债总额之中。与长期经营性租赁相关的负债,应该是全部预期租赁费用中的"本金"部分,或者说是全部预期租赁费用减去其中内含的利息。自2021年1月1日起全面施行的新租赁准则取消了承租人的融资租赁与经营租赁分类,要求承租人对除短期租赁和低价值资产租赁以外的所有租赁确认使用权资产和租赁负债,将有利于更为全面地反映企业的长期偿债能力。

（3）表外融资。最近几年来,表外融资迅速增长。表外融资是指该项融资既不在资产负债表的资产方表现为某项资产的增加,也不在负债及所有者权益方表现为负债的增加,因而为一些高负债企业所青睐。企业进行表外融资通常需要借助一些复杂的经济业务或交易,将某一项目法律上的所有权和享有与此相关的主要惠益及承担重要风险的能力割裂开来,从而使报表使用者难以判断这一业务对企业资产或负债的影响。这类业务的交易条款中一般同时含有一项或多项选择权或条件,而且可合理推断交易对手将会行使选择权或条件将会满足。比如A房地产企业和某股权投资基金合伙成立一家项目开发主体,A企业负责项目的开发和运营。股权投资基金表面持有项目的股权,但根据相关协议的安排,A公司需以一定的溢价在未来回购这部分股权,在项目纳入合并报表的情况下,上述股权投资在资产负债表中表现为少数股东权益,而非债务,从而可以避免增加公司的负债水平。

表外融资的一种流行形式叫作特殊目的实体（SPV）,即一个企业作为发起人成立一个新企业,后者被称为特殊目的实体,其经营活动基本上是为了服务于发起人的利益而进行,但却不纳入合并报表。通常,SPV的负债相当高,发起人尽管在其中只拥有很小甚至没有所有者权益,但由于存在协议控制或其他特殊安排,发起人依然承担着所有的风险。

二、盈利性分析

盈利是企业存在和持续发展的基础,也是股东、管理者等利益相关者关注的焦点。

盈利是股东利益（无论是股利收益还是资本收益）的源泉，是一个企业得到投资者认可的根本。盈利是企业偿还债务本息（尤其是长期债务）的基本保障，是银行等债权人评估企业偿债能力的重要指标。盈利也是企业管理当局业绩的主要衡量指标，管理者的薪酬、企业的股权激励计划通常会和盈利直接挂钩。

盈利还是企业价值评估的重要基础。一个企业价值的高低往往取决于企业盈利的水平、成长性以及风险。盈利性分析，就是通过分析企业的盈利质量、盈利水平与结构、盈利持续性以及波动性等，对企业的盈利能力及其未来发展作出比较准确的判断。在盈利性的分析中，盈利质量是基础，没有良好质量的保障，再多的盈利也如同空中楼阁，建立在沙滩上的房屋，经不起时间的考验。缺乏质量的盈利不仅无法帮助使用者客观地评价企业的盈利水平以及盈利的未来发展趋势，而且可能产生误导的作用。在第三节的会计分析中，我们已经从透明度、稳健性以及可靠性角度详细讨论了影响会计信息质量的一些关键特征。这些特征同样是我们进行盈利质量评估的依据和参考。只有在一定的盈利质量基础之上，我们对盈利高低的判断才有意义。

然而，盈利水平的高低并不一定等同于企业盈利能力的强弱。虽然利润总额可以揭示企业当期的盈利总规模或总水平，但是它不能表明这一利润总额是怎样形成的，内部的结构是否合理，也不能反映企业的盈利能否按照现在的水平维持或按照一定的速度增长下去，即无法揭示这一盈利的内在品质。所以对盈利能力的分析不仅要进行总量的分析，还要在此基础上进行盈利结构的分析，把握企业盈利的稳定性、持久性和波动性。

（一）盈利水平与结构分析

盈利水平直接反映了企业盈利能力的高低。对于盈利水平的分析，我们可以借助毛利率、净利润率、总资产利润率（ROA）、净资产收益率（ROE）等指标进行分析，其中净资产收益率综合反映了企业营运、投资及融资绩效，这一点我们可以通过对ROE做进一步的分解看出，即：

$$ROE = \frac{净利润}{营业收入} \times \frac{营业收入}{总资产} \times \frac{总资产}{股东权益}$$

$$= 销售利润率 \times 总资产周转率 \times 权益乘数$$

其中，销售利润率表现为企业的营运绩效，总资产周转率表现为企业的投资绩效，权益乘数表现为融资绩效。

显然，一家公司要提高净资产收益率，可以考虑从三个方面入手：一是采取能够增加销售收入，降低销售成本、销售、研发和管理费用等的各项措施提高销售利润率；二是加强对应收账款、存货等的管理，提高企业的产能利用率，加快资产周转速度；三是尽量寻求低成本的资本，并通过适度负债来降低综合资本成本水平。

在上述指标计算中，我们没有考虑盈利构成的影响。实际上，不同的盈利结构所传递的信息含量是完全不同的。为了更有效地评价企业的盈利能力，必须深入了解盈利的具体结构。

盈利结构的分析可以从两个方面进行：一是在企业来自经营的收益中，不同业务、产品或地区的收益分布；二是在总的利润中，非常项目或非经常性损益相对于经营性盈利的比重。

（1）经营性收益结构分析。经营性收益是企业来自正常经营活动的利润，很大程度上决定了企业的发展前景与盈利持续性。随着企业多元化和跨地区经营，大量企业同时生产和销售各种各样的产品和提供多种劳务，这些产品和劳务广泛分布于各个行业或不同地区。由于企业各种产品在其整体的经营活动中所占的比重各不相同，其营业收入、成本费用以及产生的利润（亏损）也不尽相同；同样地，每种产品（或提供的劳务）在不同地区的经营业务也存在差异。企业整体的盈利性，实质上是由企业经营的各个业务部门（或品种）或各个经营地区的盈利性所构成。由于企业在不同产品、不同行业、业务部门和不同地区的经营，会具有不同的利润率、发展机会和风险，经营性收益在利润表中的统一反映显然忽略了企业利润结构的个体差异。

在这种情况下，就需要结合企业不同产品的收入、成本及利润结构信息，或借助企业的分布报告进行细致的分析，以更好地把握企业整体的经营业绩。分部报告是跨行业、跨地区经营的企业按其确定的企业内部组成部分编报的有关各组成部分收入、费用、利润、资产、负债等信息的财务报告。通过分部报告的分析，可以帮助我们更准确地预测企业未来的盈利前景及其不确定性，也有助于我们根据分解后的业务，与单一产品或单一业务企业的经营业绩进行对比分析，从而提高多元化经营企业的分析质量。

进行经营性收益结构分析时需要注意以下三点。

一是不同产品或业务性质、不同市场的发展前景与风险不一样，在进行企业估值时，需要在估值参数上体现出这种结构性的差异。比如，相对于代工与代销产品收入，市场通常会给予拥有自我核心技术的产品收入更高的估值溢价。

二是企业经营收益的结构及其变化也可以反映企业战略的转向及其成果。随着企业战略的调整，新的业务会不断增加，这些新业务通常代表了更具有前景的发展方向，但由于外部环境、企业资源与能力的约束，任何战略在执行过程中都存在一定的变数。通过关注新业务的盈利水平及发展状况，可以更准确、及时地把握战略调整的效果。

三是企业产品、业务分类的界定存在一定的任意性，很可能导致前后期分类标准与口径的变动，同时，不同产品、业务或市场的收入、成本分配（尤其是共同费用的分配）存在较大的主观性，数据质量一般要低于整体的报表，因此，在分析时需要关注企业业务分类的前后一致性以及相应的收入、费用分配是否合理。

（2）非常项目与非经常性损益。根据《国际会计准则第8号》的定义，非常项目为明显区别于企业正常活动，因而预计不会经常发生或不定期发生的事项或交易产生的收益或费用。与正常经营性利润相比，非常项目具有非重复性、非普遍性、不可预测性、不可控性等特点。

在我国与非常项目相类似的是非经常损益项目。非经常性损益是我国资本市场上重要的信息披露指标和监管指标，公司在编报招股说明书、定期报告或发行证券的申报材料时，需综合考虑相关损益同公司正常经营业务的关联程度以及可持续性，结合自身实际情况作出合理判断，就非经常性损益做出充分披露。针对拟发行上市公司、上市公司频频利用非经常性损益进行利润操纵，为更准确考核其盈利能力，证监会自1999年以来出台了多个规范性文件，对非经常性损益的定义、内容和披露要求做了一系列规定，并在后面多次进行修订和调整。在《公开发行证券的公司信息披露解释性公告第1号——非经常性损益（2008）》中，非经常性损益被界定为"公司发生的与主营业务和其他业务没有直接关系，或者虽然与主营业务和其他业务相关，但是由于业务的性质、金额以及发生频率的特殊性，对公司的正常经营和盈利能力造成一定影响的各项交易、事项产生的相关损益"，具体包括非流动性资产处置损益；偶发性的税收返还、减免；计入当期损益并与公司正常经营业务无关的政府补助；计入当期损益的对非金融企业收取的资金占用费；非货币性资产交换损益；委托他人投资或管理资产的损益；因不可抗力因素，如遭受自然灾害而计提的各项资产减值准备；债务重组损益；企业重组费用；交易价格显失公允的交易产生的超过公允价值部分的损益；同一控制下企业合并产生的子公司期初至合并日的当期净损益；与公司正常经营业务无关的或有事项产生的损益；公允价值变动损益；处置金融资产、负债取得的投资收益；受托经营取得的托管费收入等21项。

尽管证监会列出了详细的项目，但非经常性损益的概念界定仍存在模糊地带，在执行过程中存在较多问题和争议。非经常性损益仍容易成为部分上市公司进行分类转移盈余管理的手段，例如：①重组标的业绩严重未达标导致上市公司计提大额商誉减值损失是否计入非经常性损益；②股权激励成本是否应计入非经常性损益；③从政府获取特殊资金补贴是否界定为政府补助，是否纳入非经常性损益；④游戏公司著作权转让收入是否应计入经常性损益；⑤房地产开发企业处置子公司的收益是否应界定为经常性损益等。

无论准则或监管的相关规定如何，从财务的预测与估值来说，我们需要结合非常项目或非经常性损益的定义，作出自己的判断和调整，并注意以下四点。

一是从非经常性损益的定义可以看出，这些收益并不是持续性的，因而对信息使用者来说并没有长期性的预测价值。

二是为了更好地反映企业盈利水平，在进行相关指标的计算与分析时，可以进行适当的调整，即从相关利润数据扣除非常项目的金额。但基于稳健原则，损失项目可能不予扣除。有些利得或损失项目不在损益表中反映，而是直接反映到资产负债表中，比如计入其他综合收益的金融资产的公允价值变动。在进行盈利能力分析时，需要考虑是否将这些项目或其中的一部分用于调整损益表上反映的利润，以作为基本获利能力分析的补充。对现金流量的分析，应将特别项目的现金流量效应纳入现金流量的分析范围，以正确评价公司当前或预期的总资源。

三是如果一家公司频繁或可能频繁的报告特别项目，这种情况应当被认为对盈利质量有负面影响。

四是需要注意会计政策或会计估计变更对于利润数据或相关盈利指标的影响。会计变更产生的影响几乎不存在任何经济实质。绝大多数情况下，会计变更将产生低质量的利润，因为会计方法一般会由谨慎转为更加随意，甚至一些企业会利用会计变更来掩盖前期的财务操纵。频繁的会计变更也将极大地损害会计信息前后的可比性。

(二) 盈利的持续性分析

投资通常着眼于企业的长远发展，这就要求我们关注盈余的持续性，即其目前的盈余能在多大程度上延续到未来。显然一个值得投资的对象首先应该是盈余能够保持持续增长的公司。

(1) 盈利持续性的判断。判断一个企业盈余的持续性，首先可以结合盈利的具体结构进行。从经营性收入与成本结构来看，地区、业务、行业以及客户的结构直接影响企业的盈利持续性。比如在企业存在一定的海外盈利情况下，虽然海外盈利带来盈利不透明性的提高，但从经营的角度来看，它在一定程度上使得经营风险得到一定程度的分散。同时由于海外经营的风险相对于国内市场更高，面临的不确定性更大，过于依赖海外收入，也可能使得盈余的持续性降低。如果企业的收益过于依赖于某一个行业，则该行业一旦出现整体形势的下滑，则公司利润将受到沉重的打击，同样对于单一客户、业务分布的依赖，也使得盈利的持续性更为脆弱。其次在评价盈利持续性时从企业净利润中剔除通常不具有持续性非常项目的影响。不过，值得注意的是，非常项目除了一些显而易见的科目或证监会认定的项目外，我们还需要关注利润构成中实质上具有偶发性、不可持续性，但却被包括在持续性经营盈利中的项目，比如突然计提的大额资产减值准备、大幅度波动的投资收益、异常的少数股东损益、明显不合理的成本或费用比重中可能被操纵的部分等。

(2) 盈利持续性的陷阱。对于盈利持续性的判断，尤其需要关注一些可能导致企业持续性发生逆转或在低水平上徘徊的陷阱[①]。

[①] 邱国鹭：《投资中最简单的事》，中国人民大学出版社 2014 年版。

①虚假的繁荣。企业的成长依赖于虚假的财务数据。这种成长虽然可以维持一段时间，但迟早一天会现出原形，例如康得新从2009年上市以后，收入与利润都一直保持非常快速的增长，截至2017年12月31日，收入与利润的增长超过20倍，然而，随着2019年初公司财务舞弊的东窗事发，业绩一落千丈，公司陷入严重的财务困境。这种成长的外在特征包括：成长的逻辑无法得到清晰的解释；财务指标异常；虽然创造很高的利润与现金流量，但股东却享受不到太多的投资回报等。

②自杀式狂飙。伴随着企业收入与盈利快速地成长，企业财务状况极度紧张。企业不断借助外部资金，尤其是债务资本来满足成长对于资金的需求。这种企业在财务报表上的体现是，利润表数据非常漂亮，资产负债率却快速上升，企业来自经营活动与投资活动的现金流量持续为负，来自融资活动的现金流量持续为正。一旦遇到外部环境的风吹草动，过度刚性的财务结构将导致企业马上陷入财务困境，典型企业如过去几年通过"PPP"项目获得快速发展的东方园林等园林类公司。中国许多的房地产企业也呈现类似特征。

③鸡肋式成长。企业收入虽然保持增长趋势，但由于缺乏规模经济，或者受到产业链上下游企业的挤压，或者行业的竞争格局持续加剧，企业成本、费用的增长甚至快过收入的增长，毛利率持续降低，导致企业的利润无法获得平行发展。

④尴尬的发展。伴随收入和利润的成长的是应收账款、存货等流动资产的大幅度增长，或者需要不断追加固定资产投资，这时，企业的成长缺乏创造现金的能力，企业不仅无法为股东创造价值，而且需要不断的外部资金支持。和自杀式发展的区别是，这种企业的成长速度有限，或者成长速度可控，但一旦希望快速的发展则面临资金的约束。

⑤寄生式增长。企业的增长依赖于下游核心客户的增长。这种企业的收入往往来自少量的客户，如果其大客户实现了快速的增长，则企业可以自动享受增长的红利。但如果下游客户的业务发展出现困难，或者减少订单，则寄生式增长马上难以为继。

⑥盲目的多元化并购。并购是企业获得快速成长的最有效的外延式发展方式。从全世界来看，创造价值的并购只占少数比重，并购往往很难获得预想的协同效应，尤其是在非相关多元化并购的情况下。而且，在企业规模越来越大时，寻找合适的能够对企业成长产生显著影响的并购标的也会越来越困难。另外，并购所形成的商誉，一旦遭遇并购的失败，很容易形成业绩的"地雷"。

⑦昙花一现。企业虽然获得了快速的成长，但这种成长只是由于企业幸运地抓住了一些政策性机会，或者拥有某些技术、商业模式等的短暂时间优势，一旦政策性机会消失，或者新的更为强大的竞争对手进入市场，如果企业无法找到其他的发展机会或保持自己的核心竞争优势，收入或利润增长将会很快消失。这是很多处于早期发展阶段的企业经常面临的局面。

⑧强弩之末。任何行业的发展均存在自己的"天花板"。一个企业可能在过去取得了快速的发展与巨大的市场份额,但随着企业的收入在行业中的市场份额越来越高,行业的"天花板"将制约企业的进一步发展。而且,伴随着行业增长的停滞甚至下滑,市场可能陷入恶性竞争,企业产品或服务同时面临价格、销售量的下滑与成本费用的上升,业绩变脸一触即发。

⑨连续性的假象。当一个产业变化比较慢的时候,用过去预测未来不会有大的变化。但如果产业发生大的技术变革,或者出现跨界竞争,或者其他影响行业的黑天鹅事件,如果再用过去预测未来,不但无用,反而有害。在这一过程中,很多过去成功的企业会随着技术路线选择的失误、转型的不及时而迅速陷入发展的困境。

⑩增长的窘境。不是所有的公司都可能获得持续的增长。由于人力、资本、技术以及管理等的限制,很多企业在进入某一发展水平后,可能进入一种不退不进的窘境。企业只能勉力维持目前的发展,而没有能力跳到一个更高的规模。

(3) 盈利的波动性分析。投资者和分析师对于企业基本面的关注往往集中在三个方面:一是企业的盈利水平的高低;二是盈利的成长性与持续性;三是盈利的风险性。本节将对最后一点进行讨论。

图1-3描述了一个盈利的波动性分析框架。从图1-3中可以看出,公司盈利的波动性既受到系统风险的影响,又受到非系统风险的影响。前者是宏观经济或行业基本面的波动给企业盈利带来的不确定性,后者主要是指由于公司自身经营方面的原因而带来的不确定性,比如企业发生决策失误而造成损失等。这些因素使得公司的销售收入发生变动,从而最终导致盈利的变动。

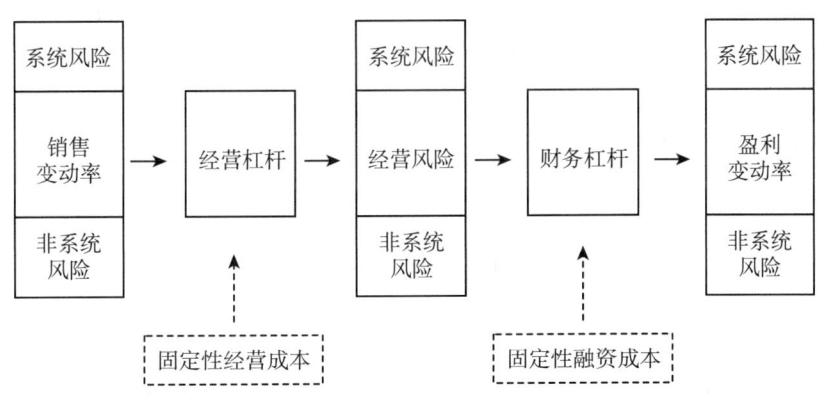

图1-3 盈利波动性分析框架

(1) 收入、成本的波动性。收入、成本本身的波动构成了企业盈利波动性的根本性决定因素,因此,在分析盈利的波动性时,先要关注导致企业收入波动的可能因素及其影响大小。具体来说,主要包括两个方面。

第一,宏观、行业和市场因素,比如中美贸易争端、宏观经济周期性变化、行业政策调整、市场竞争状况、市场开拓效果等。在宏观经济经济增速放缓的情况下,为了维持或争夺市场份额,整个市场的竞争进一步加剧,市场开拓存在未达预期的风险,许多企业收入面临增长的压力,甚至出现同比下降。但也有一些行业龙头企业,借着自己的品牌、规模、管理等优势,继续保持快速的成长。行业政策调整对于很多企业的影响也很大,比如,2018年5月31日,国家发改委、财政部和国家能源局联合出台了《关于2018年光伏发电有关事项的通知》,要求下调光伏发电上网电价,取消普通光伏电站发电的国家补贴,就会对新建电站项目收益率水平产生冲击,进而对光伏产业链产生影响。

第二,企业经营管理因素,比如企业的销售模式、原材料价格、人力资源管理、质量控制、产品创新与产权保护等。良好有效的销售模式可以促进企业的快速发展,但如果公司不能有效管理市场,则可能导致企业业务的流失。原材料的采购价格通常对企业主营业务成本存在较大影响,原材料价格的大幅上涨下跌,将不利于企业的成本控制,进而影响业绩的稳定性。在人力资源方面,如果企业的人员管理、激励机制、梯队建设等方面无法适应企业的发展要求,企业的持续发展就会受到负面影响。另外,公司如果不能及时把握客户需求的变化趋势,保持产品和技术的持续创新,则公司将面临产品或服务竞争力下降的风险。

(2)杠杆效应。如果所有的成本都是变动成本,缺乏固定性成本的影响,收入与利润的变动将保持完全的一致。但在企业具体经营过程中,经营杠杆和财务杠杆的存在加剧了由于销售变动而产生的盈余变动。

经营杠杆是由于固定性经营成本(它既包括固定性生产成本,比如机器设备折旧,也包括固定性销售、研发及管理方面的支出)的存在而产生,它导致息税前利润的变动率大于销售收入的变动率。经营杠杆程度的大小可以用经营杠杆系数(DOL)来反映,即销售变动1%所导致EBIT变动的百分比:

$$经营杠杆系数 = EBIT 变动百分比 \div 销售变动百分比$$

根据上述公式,我们可以看到,经营杠杆系数总是大于等于1的,只要固定成本大于0,企业的经营利润就将随着销售的任何变动而放大。具体来说,固定性经营成本(比如固定资产折旧,长期资产摊销等)占总成本的比例越大,经营杠杆的程度就越高,此时,销售的较小变动所引起的盈利变动程度就更高。反之,如果固定成本占总成本的比例较小,经营杠杆程度就较低,此时,销售变动对盈利变动的影响程度较小,经营风险也较低。可见,经营杠杆实际上反映了盈利对销售变动的敏感程度。

财务杠杆是由于固定性融资成本产生,反映了债务融资对于净利润波动的影响,可以用财务杠杆系数(DFL)来反映,即EBIT变动1%所引起的净收益NI变动的百分比:

财务杠杆系数 = NI 变动百分比/EBIT 变动百分比

根据财务杠杆的计算公式，我们可以看到，财务杠杆系数总是大于等于 1 的，只要企业存在利息开支或优先股股利开支，EBIT 的较小变动就会导致 NI 的较大变动。具体来说，利息和/或优先股的支出越大，财务杠杆的程度就越高，此时，EBIT 的较小变动所引起的 NI 变动的程度就更高，财务风险较大。反之，如果利息和/或优先股的支出较小，财务杠杆程度就较低，此时，EBIT 变动对 NI 变动的影响程度较小，财务风险也较低。可见，财务杠杆实际上反映了 NI 对 EBIT 变动的敏感程度。

产生上述结构的根本原因在于，债务融资所产生的利息支出，相对于权益融资的成本——股利，要刚性得多。一般而言，只有企业在盈利的情况下，才需要进行利润分配。在某些情况下，企业如果有更好的发展机会或者任何其他因素的考虑，无论是否盈利，企业都可以不支付股利。然而，利息支出，无论企业的盈利与财务状况如何，都构成强制性的支付义务。这一部分成本的存在就产生了所谓的财务风险，从而进一步加剧了盈利的波动性。

在计算出企业的经营杠杆系数和财务杠杆系数之后，我们还可以进一步得出企业的总体杠杆系数（DTL），以衡量企业的总体风险，即：

总体杠杆系数 = 经营杠杆系数 × 财务杠杆系数

在固定性经营与融资成本存在的情况下，销售的较小变动就会导致 NI 的较大变动。这种变动程度要高于单独的经营杠杆或财务杠杆，因为总体杠杆所反映的是经营杠杆和财务杠杆的累积影响。固定性经营成本、利息或优先股股利等固定开支越大，企业的总体杠杆系数就越高，其总体风险也就越大，相应地，销售变动对 NI 变动的影响程度也就越大。可见，总体杠杆实际上反映了 NI 对销售变动的敏感程度。

因此，对企业盈利波动性的分析，就需要从企业经营所面临的系统风险与非系统风险、经营杠杆与财务杠杆三个方面进行分析。必须注意的是，上述三个方面均与企业所处的行业具有密切的关系。有的行业受宏观经济波动的影响比较小，比如高科技的持续成长行业以及公用事业，因而系统风险就比较小。同样，固定资产比重大的行业，经营杠杆就整体上比较高。另外，上述三个方面的因素还具有一定的关联性，比如公用事业，系统风险比较小，同时由于其固定资产比较高，其经营杠杆会比较高，固定资产的存在为银行借款提供了比较可靠的抵押，因此这部分公司的财务杠杆也会比较高。

三、现金流分析

市场经济条件下，现金流对于一个企业的发展具有极为重要的影响，正如血液对于人体,只有血液充足且流动顺畅人体才会健康,良性现金流也是企业健康成长的必要条件。现金流不仅体现出企业的活力、竞争优势和企业绩效,而且还反映了企业抵抗经营风险和财务风险的能力。

现金流状况首先影响企业的成长。企业如果持有充足的货币资金,则可以大大减少企业在进行投资所面临的融资约束,这一方面表现在企业对于外部资金来源的依赖更少;另一方面表现在当企业确实需要外部资金的支持时,其自身的现金流状况将可以缓解外部人对投资风险的疑虑,从而有利于在融资成本、金额上获得更好的条件。企业的快速成长伴随着大量资金的不断投入,这时,企业充沛的现金流量,尤其是来自经营活动的现金流量,将对支撑企业的持续发展具有至关重要的作用。如果企业成长的背后是现金流量的日益枯竭,比如公司长时间地让产量远大于销量,导致存货的大量积压,或者不断延长顾客的付款期限,应收账款的回收失去控制,那么,即使公司出售的产品赢利,但由于销售产生的现金流入可能并不足以赶上生产和投资所需的现金流出,或者完全依赖融资活动现金流量,则企业将很快陷入成长的危机。

现金流状况更和企业的风险具有直接的联系。现实中很多企业因为现金流问题而陷入财务困境,甚至破产。其背后固然有经营不善的原因,但很大程度上也与现金流量的管理有关。在当期经济下行的背景下,企业的财务风险被进一步放大,为规避和防范风险,企业尤其要加强现金流量管理,做好资金筹划,优化融资和资本结构。

企业要追求长远的发展,就必须把现金流的管理和其他战略目标置于同等重要的地位,一方面做好现金收入与支出的实时控制工作,以防止现金的流失和不必要的支出;另一方面对企业未来的现金流量进行合理预测,确保企业在需要时,以可以接受的成本筹集到足够的现金。

(一) 现金流量表分析

作为一种动态报表,现金流量表是对企业某一段时间内现金流信息的集中反映,具体来讲,是从经营活动产生的现金流、投资活动产生的现金流、筹资活动产生的现金流三个角度反映企业现金流入和流出的数量。现金流量表是对传统报表——资产负债表和利润表的有益补充,通过分析现金流量及其结构,可以了解企业现金的来龙去脉和现金收支构成,评价企业经营状况、筹资能力和偿付能力,从而为投资者、债权人以及企业管理者提供非常有用的信息。那么如何进行现金流表的分析呢?我们首先可以从现金流量各个组成部分及其整体的构成入手,然而再与其他报表相结合进行分析。

1. 经营活动产生的现金流量分析。如果将现金流比喻为人体的血液,那么经营性现金流直接反映出企业自己的造血机能。在构成现金流的三个部分中,经营活动所产生的现金流量可以说最能体现企业持续经营能力和未来发展前景。具体分析方法如下。

（1）结构分析。以经营活动现金净流量、流入或流出的现金总额为分母，将其构成项目与之相比，可以分别得到经营活动现金流量净流量结构、现金流入结构或现金流出结构。通过比较各构成比例之间的大小，或者将这些比例与其历史状况或行业水平进行比较，可以看出各项目的构成及变化是否合理。比如将销售商品、提供劳务收到的现金与经营活动流入的现金总额比较，可大致说明企业产品销售回款占经营活动流入的现金的比重，比重大，则说明企业主营业务突出，营销状况良好。相反，如果来自其他经营活动的现金流量比重过高，或者逐年增大，则说明企业的现金流状况值得警惕。

（2）趋势分析。将本期经营活动现金净流量与上期比较，增长率越高，说明企业成长性越好。有些趋势的变化则具有特别的含义，比如企业的工资支付通常是具有刚性的，因此，一旦支付给职工或为职工支付的现金流量发生减少或被延迟，则可能意味着企业的现金流过于紧张。

2. 投资活动产生的现金流量分析。当企业扩大生产规模或对外进行投资、收购时，往往需要大量的现金投入，投资活动产生的现金流入量补偿不了流出量，投资活动现金净流量为负数，但如果企业投资有效，将会通过未来的投资回报收益来改善企业的现金流量。因此，分析投资活动现金流量，不能简单地以现金净流入还是净流出来论优劣，而应结合企业目前的投资项目进行。这里尤其要注意企业投资的方式、投资目的以及投资的对象。在资本市场一片红火时，许多公司为了博取短期的回报而投资于其他上市公司的股票，这不仅分散了企业的经营注意力，而且使得企业面临着股票市场波动的极大风险，比如由于投资亏损而导致资金套牢，进而影响经营资金的流动性。在中国的资本市场存在明显的"炒作"概念的现象，许多上市公司也有意识地去迎合这种概念而进行投资，然而事后来看，这种投资成功的并不多，因而也是分析者在关注投资活动现金流量时必须格外小心的。

3. 筹资活动产生的现金流量分析。对于筹资活动产生的现金流量来说，最主要的是其流入的来源。如果筹资活动产生的现金净流量主要来自银行借款，则企业面临的未来偿债压力就越大，但如果现金净流入量主要来自企业吸收的权益性资本，则不仅不会面临偿债压力，反而会增强资金实力。权益融资的不利影响在于它会稀释企业的股权，限制了企业未来进行权益融资的能力。对于债务融资来说，如果企业的资产收益率能够比较稳定地超过企业的银行借款利率，则有助于财务杠杆作用的发挥。分析筹资活动产生的现金流量还要关注的一点是，企业之间的资金拆借有可能没有在融资活动中得到体现，再加上企业因对外担保而产生的潜在债务偿付，企业的财务风险在财务报表中整体上是反映不足的。

4. 整体构成分析。现金流量表的整体结构分析主要包括两个方面：一是计算经营活动现金流入、投资活动现金流入和筹资活动现金流入占现金总流入的比重，了解现金的来源构成。一般来说，经营活动现金流入占现金总流入比重大的企业，经营状况较好，财务风险较低，现金流入结构较为合理。二是计算经营活动现金支出、投资活动现金支出和筹资活动现金支出占现金总流出的比重，它能具体反映企业的现金用于哪些方面。一般来说，经营活动现金支出比重大的企业，其生产经营状况正常，现金支出结构较为合理。

对于现金流量结构的分析还必须结合企业的生命周期来进行，企业在不同的发展阶段，现金流量的整体结构可能呈现完全不同的分布，因此，在进行现金流的具体分析与比较时，这一点的影响也应考虑。在产品初创期，企业需要投入大量资金，形成生产能力，开拓市场，这时必须依赖举债、权益融资等方式来维持企业的经营与投资活动。当企业处于高速发展期时，产品开始占领市场，销售呈现快速上升趋势，表现为经营活动中大量货币资金回笼，但为了扩大市场份额，企业仍需要大量追加投资，依靠经营活动产生的现金流量净额可能仍然无法满足投资所需，因而必须继续筹集必要的外部资金作为补充。当企业进入成熟期阶段后，产品销售市场稳定，经营活动开始创造比较稳定的现金流量，投资速度减缓，但前两个阶段聚集起来的大量外部资金需要偿还。处于衰退期的企业产品市场萎缩，市场占有率下降，经营活动现金流入开始入不敷出，企业为了应付债务将不得不大规模收回投资以弥补现金的不足。

（二）综合分析

对于现金流量的分析，最重要的是和其他报表结合起来，进行综合性的分析。

1. 与损益表的结合分析。损益表是反映企业一定期间经营成果的重要报表，它揭示了企业利润的计算与形成过程。尽管利润被视为评价企业经营业绩及盈利能力的重要指标，但以权责发生制为基础的利润计量却包括了太多的会计估计。尽管会计人员在进行估计时需要遵循一定的会计准则，依照客观的经济事实，但渗透其中的主观判断一旦出现失误或者人为扭曲，利润数据就可能无法反映企业的真实盈利状况。另外，由于企业的收入与费用是按其权利与义务的发生来确认的，而不管是否实际收到或付出了现金，所以就很可能导致有的企业账面利润很高，而现金却入不敷出，有的企业虽然巨额亏损，却现金充足，周转自如。因此，仅以利润来评价企业的经营业绩和获利能力很可能有失偏颇。如能结合现金流量表所提供的现金流量信息，特别是经营活动现金净流量的信息进行分析，则可以进行客观全面的评价。在具体分析时，我们既可将现金流量表的有关指标与损益表的相关指标进行对比，也可以将利润表数据与现金流数据结合起来，生成一些新的财务指标，以从不同的角度对企业的经营业绩与盈利质量进行评价。

联系利润表与现金流量表的财务指标主要包括以下三种。

（1）经营活动产生的现金净增加额与净利润之比，它反映被投资单位年度内每1元净利润中包含多少经营活动现金净流量，该比值越大，意味着公司利润中潜在的"水分"越少。反之则说明企业获取利润可能主要依赖于非经常性收益,比如公允价值变动收益、处置长期资产的损益、对外投资收益、补贴收入等,而这些收益往往不具备长期稳定性,公司持续盈利能力值得质疑。但必须注意的是,只有在企业经营正常,既能创造利润又能获得现金净流量时,分析这一比率也才有意义。

(2) 销售商品、提供劳务收到的现金与营业收入之比,它可以大致反映企业销售回收现金的情况及企业销售的质量。收现数所占比重大,表明企业的销售政策和收账政策较为严格,能保证货款的及时收回。

(3) 经营活动产生的现金净流量与当期营业收入之比,它反映被投资单位在会计期间每实现1元营业收入能获得多少现金净流量。该比率高,表明公司不仅能及时回收货款,也可以有效地控制成本支出。

2. 与资产负债表的结合分析。相对于利润表,资产负债表主要用来反映企业某一特定时点的风险状况,其中既包括由企业资产结构所决定的经营风险,也包括由企业权益结构所决定的财务风险。现金流不仅可以用来帮助评价企业盈利能力,更是企业偿还债务、支付股利的保证,是对企业抵御风险能力的直接衡量,因此同样可以为资产负债表信息提供有益的补充。在财务报表分析技术一章,我们已经介绍了一些财务风险的衡量指标。结合现金流量表,我们可以采用一些新的财务指标,比如经营活动产生的现金净流量与流动负债、负债总额之比,可以用来反映被投资单位在一定期间,每1元负债得到多少经营性现金净流量的支撑,也可以计算经营活动产生的现金净流量与期末到期应付的长短期借款本息之比,用以衡量被投资单位用经营活动现金流入净额支付到期债务本息的能力。

(三) 现金流操纵

在以上的分析中,我们用经营活动现金流量的支撑来衡量盈余质量,用现金余额或现金流量相对于负债的比率来衡量企业的财务风险,其隐含的前提是现金流是真实的。如果一旦现金流受到操纵,或者根本是虚假的,上述分析方法就失去了立足的基础。那么现金流是否可能像盈余一样受到操纵呢?目前,无论实践的案例,还是经验证据,都给予了这一问题肯定的回答。与一般的盈余操纵相比,企业管理当局无法通过改变会计方法、会计政策来影响现金流量,纯粹的会计操纵法受到了限制。然而,企业的财务操纵并不只限于会计方法,还可能通过经济交易的配合来实现。与纯粹的会计选择行为不同,经济交易手段在影响应计利润的同时,也改变了企业现金流量及其时间的分布,从而降低了会计报告使用者利用现金流量信息"对企业过去、现在或者未来的情况作出评价或者预测"的价值。在极端的财务舞弊情形下,例如蓝田股份、银广夏、草原兴发等案件所显示的,企业为了掩饰经济交易的虚假实质,往往也伴随着现金流量的肆意操纵。以下我们分别从现金流操纵的动机、手法以及分析技术三个方面进行介绍。

1. 现金流操纵动机。

（1）粉饰盈利质量。随着现金流量表信息的提供，在实践中，人们对现金流量的关注日益增多。例如，中国证监会在发布的披露规范中，就要求上市公司在定期报告的"主要会计数据和财务指标"中，在每股收益和每股净资产的下方，增加披露"每股经营活动产生的现金流量"信息，这反映了监管部门对于现金流量数据在投资分析中所扮演的重要角色的一种认知。另外，财务分析师往往把经营净现金流量与净利润的背离看成影响公司盈余质量一个重要的"红旗"信号。在这种情况下，纯粹的盈余操纵可能达不到管理者的目的。因此，上市公司为了使经营活动现金流量指标和净利润指标相匹配协调，以免净利润质量遭到投资者质疑，就有动机对经营活动现金净流量进行操纵。比如，在公司前三个季度经营性现金高于净利润的情况下，公司可能在第四季度采取减少经营性现金流量的行为，从而为修饰未来的财务报表提供储备，反之，则可能调增经营活动现金流量（公司也可能操纵前三季度的现金流量，但基于成本效益的考虑，公司在第四季度的现金流量操纵行为将最为明显，这是因为其在第四季度操纵操纵现金流量的潜在收益最大，投资者对年度盈余质量最为关注，而成本相对最低，现金流量的操纵可以马上在下一个季度转回）。

（2）满足监管的要求。2000年之前，我国证券监管部门基本上将净资产收益率作为股权再融资的唯一硬性约束指标。在逐渐意识到这一指标的局限性后，从2001年开始，证监会在强制性信息披露和合规性审核中考虑现金流量和经营活动现金流量等因素。比如在当年颁布的《上市公司新股发行管理办法》以及《中国证监会股票发行审核委员会关于上市公司新股发行审核工作的指导意见》等规定中，就明确提出了上述内容，并要求担任新股发行主承销商的证券公司重点关注并说明公司是否存在"公司现金流量净增加额为负，且经营活动所产生的现金流量净额为负、可能出现支付困难"的情况。现金流指标首次被明确写入新股发行的规章制度中，尽管其地位不及ROE指标那样，用量化的限制条件来影响新股发行资格的审核，但不可否认的是，现金流指标，特别是经营活动产生的现金流量净额指标，已经引起了监管方的重视，在新股发行资格审核中占据了一席之地，成为新股发行契约中的隐性条款。当公司有股权再融资（配股或增发）的可能或现实需求时，为了当前或以后更顺利地通过监管方的审核，同时可能对现金流量进行操纵。

（3）掩盖资金的挪用或不实。上市公司大股东占用上市公司的资金，在过去曾经是极为普遍的现象。现在，监管结构已经加强了对这一现象的控制，但这并不意味着大股东就真的从此收手。在强烈的利益驱使下，此类的行为在许多公司还是会继续进行，只是变得更为隐秘。比如，在以前，资金的占用表现为高额的应收账款，现在则可能转移到预收账款等相对不为人注目的科目。在财务舞弊导致现金流不实的情况下，公司则有可能直接通过伪造银行存款对账单等方式来掩盖账实差异。

2. 现金流操纵的主要手法。

（1）利用现金流量表准则提供的判断空间与选择余地。我国现金流量表格式采纳国际上较普遍的"三分法"，将现金收支分为投资、筹资和经营活动。这种"三分法"给现金流量表的分类留下了一定的判断余地和选择空间。公司出于美化经营现金流的需要，有可能将实质上属于投资、筹资活动的现金流入纳入经营活动现金流，例如，企业向往来单位借入现金，本应于筹资活动"借款所收到的现金"项目反映，但却列入"收到的其他与经营活动有关的现金"项目。企业同样可能错列其他非经营活动现金流量项目，以达到操纵经营活动现金流量的效果。

（2）利用往来款影响现金流收付的发生时间。在这种手法下，公司往往在第四季度通过加快货款回收、清理资金占用、延长采购付款期限、通过关联方代垫费用支出等方式，提升经营活动现金流量，从而达到粉饰年度现金流量的目的。具体包括以下四种。

①调节应收账款期末余额。第一种手法是期末收回应收账款，下期期初再予以大量返还，以降低期末应收账款余额。上市公司为了避免年度会计报表中出现难看的经营现金净流量数值，可以让母公司或大股东在期末大量偿还应收账款甚至先行支付预付货款，在下期再将资金以多种形式返回给母公司或大股东，对其他应收款账户也可采用类似的手段。这种方式很容易调高当期经营活动现金净流量，但并没有改变母公司或大股东长期占用资金的现状。第二种手法是为客户提供货款担保或其他的融资服务，促使客户清偿所欠货款。上市公司为其客户提供货款担保或其他的融资服务，帮助客户筹集足够的资金将所欠货款予以偿还，同样可以大幅度降低期末应收账款余额，增加企业经营活动现金净流量。这种担保就实质而言，只不过将销售方由应收账款可能产生的坏账风险转化为承担相应担保责任的风险，实质上是将融资活动产生的现金流量间接转化为经营活动现金流量。第三种手法是将应收账款转让给母公司或其他不需纳入合并范围的关联方。

②对应收票据进行贴现。企业在会计期末向银行贴现商业票据，既可解决企业现金不足的困境，又可减少期末应收票据余额，增加销售商品、提供劳务收到的现金数额。但如果贴现的商业汇票到期时，票据承兑人不能承兑，贴现银行将会将贴现款划回或转为逾期贷款。因此，应收票据贴现实质上是企业筹措资金的一种形式，并不能改善企业的获现能力和收益质量。

③虚构交易，对经营活动现金流直接造假，这时往往伴随着比较严重的财务舞弊行为的发生。比如将非经营活动甚至违规行为所得计入主营业务收入，同时计入销售收现；在现金流量净额一定的情况下，同时夸大有关现金流量流入和流出的规模，使得公司的现金流量规模与虚构的收入规模相配比。

④配合收入造假虚构销售收现,同时通过虚构现金支出将其转化其他资产。第一种手法是在银行存款与流动资产之间进行转换。伪造或提前确认收入的公司经常通过虚拟应收账款方式虚增收入,但长期挂账的应收账款以及日益增长的应收账款规模终究会引起投资者和审计师的怀疑。当造假公司需要将日益增多的应收账款伪造成有现金流的交易时,可以虚拟交易的客户名义收款进账,即通过借记"银行存款"、贷记"应收账款"的会计分录冲销应收账款;在需要偿还虚拟资金时则以借出款或购货款名义冲销,如以借出往来款的名义出账,则通过借记"其他应收款"、贷记"银行存款"的会计分录使原来虚拟交易产生的应收账款转化为会计报表上的其他应收款;以购货款的名义出账,则使应收账款转化为预付账款或者存货。第二种手法是在银行存款与非流动资产之间进行转换。舞弊公司择将银行存款转化为应收账款后,再二次转化为非流动资产如固定资产、在建工程、无形资产、长期投资等。这样,不仅造成企业创造经营活动现金能力强、投资活动积极、企业致力于发展和扩张的假象,而且还会让信息使用者误以为企业的投资都是依靠自我发展积累形成的。如果不深入分析相关交易的合理性和具体的账务处理,只看现金流量表,这种操纵手段具有很大的隐蔽性和欺骗性。典型例子如蓝田股份,最近的案例则以草原兴发为代表。2005年度,草原兴发宣称受禽流感的影响,产生巨额赔付损失,业绩急剧下滑,首次出现亏损。而事后调查结果显示,这一宣称只不过是为了遮掩以下的舞弊事实:公司禽流感赔付3.39亿元为虚假,实际上是冲销虚构的销售收入;虚列银行存款7.7亿元;公司披露以银行存款购买草地使用权10.91亿元,没有实际款项支付。

3. 现金流操纵分析。通过前面的分析,我们可以发现,虽然现金流的手段多种多样,但还是具有一定的规律性,可以为我们发现现金流操纵提供一些思路,具体来讲,可以从以下五点入手。

(1) 关注现金流量表中"收到其他与经营(投资、筹资)活动有关的现金"和与经营(投资、筹资)活动有关的现金。如果这些项目的金额巨大,公司的现金流就可以视为异常,尤其是"收到其他与经营活动有关的现金",根据会计准则的要求,其反映除主营业务以外其他与经营活动有关的现金活动,例如罚款收入、流动资产损失中由个人赔偿的现金收入等,通常来讲,该项目金额应该较小,如果数额较大应单项填列,但是正如其他应收款成了某些上市公司资产负债表上会计处理的"垃圾筒"一样,该项目也极易成为现金流量表中藏污纳垢的隐身地。

(2) 检验现金流量表与资产负债表、损益表之间的钩稽关系。由于资产负债表、损益表和现金流量表有内在逻辑钩稽关系,因而可以从另外两张报表各项目的变动中寻找公司经营性现金流量增减的实质。如果三者之间的逻辑钩稽关系出现不一致,我们就应该对现金流量表进行进一步分析。

（3）关注与现金流相关的一些敏感性特征或科目。比如公司创造了大量的经营现金流余额，但并不进行或进行很少的现金股利分配，而是把这些现金投资于无形资产，或者一些无法确认其存在或具体价值的固定资产上，其现金流量就值得怀疑。另外，如果公司一方面在账面上长期保存大量的现金余额，另一方面银行贷款或融资成本却不断增加，往往意味着公司的货币资金被质押或存在虚构。

（4）关注财务报表的附注与细节。财务报表之间的内在联系决定了各报表之间无论是当期还是前后期都必须保持一定钩稽关系。俗话说，为了圆一个谎，就不得不再撒一个或更多的谎，对于进行财务操纵的公司来说，如果它这一期进行操纵，则它必须在下一期继续进行操纵。在这一过程中，公司的行为很可能出现纰漏。

（5）关注目标公司现金流量季度性尤其是第四季度的异常变化，以及公司在进行再融资前年度现金流的变化。

第四节　财务预测与估值

一、财务预测

（一）财务预测概述

经营分析的最终目的是进行更准确的财务预测。一般而言，财务预测是根据财务活动的历史资料和现实情况，采用一定的方法，对企业未来的财务数据作出的预计和测算。根据不同的分类标准，财务预测可以分为不同的类型，比如按预测对象可分为投资预测、筹资预测、收入预测、现金流预测和利润预测，按性质可分为定性预测和定量预测，按预测时间跨度可分为长期预测、中期预测和短期预测等。

财务预测是完成估值前的不可缺少的步骤。根据估值模型的不同，预测对象、预测时间跨度都可能不一样，比如基于现金流折现模型的估值，重心往往放在未来现金流（尤其是自由现金流）的预测上，其涉及的预测时间窗口也往往比较长。基于可比公司定价法的估值（通常以市盈率的高低作为比较的基准），预测的重心则主要在于盈利及其在未来1~3年内的增长。不过有一点值得注意的是，无论是采用哪一种方法，收入的预测似乎都是必不可少的，甚至可以说是至关重要的，收入预测的准确度很大程度上决定了其他财务数据预测的可靠性。

对于财务数据的预测，定性分析与定量分析同样重要。定性预测建立在经验判断、逻辑思维和逻辑推理基础之上，主要利用直观的材料，结合个人经验进行综合分析，对事物未来状况进行预测。事实上，在财务预测的过程中，对于公司经营的未来发展以及管理者的财务报告决策的判断,都依赖于具有前瞻性的定性分析。前者涉及公司的投资战略、融资策略、技术创新、可能的资产重组等,这些因素对公司的未来盈利具有重要的影响,比如公司多元化经营可能可以减低盈余的波动度;采用固定利率的贷款可以避免利润受到利息率变动的影响;在人民币相对美元升值的情况下,外贸出口企业如果采用套期保值措施将可以减少汇率波动对利润的影响。后者最重要的是了解管理者的会计政策选择动机,这些动机所带来的潜在干涉行为很可能改变财务数据时间序列的自然状态。定量预测的主要特点是根据历史数据找出其内在规律、运用连贯性原则和类推性原则,通过数学运算对事物未来状况进行数量预测。在本章中,我们将主要介绍后一种方法,但上述两类方法并不是相互孤立的,在进行财务预测时,需要综合运用。

表1-3列示了主要财务预测方法,根据预测模型中变量的多少,我们可以分为单变量模型与多变量模型,在单变量预测方法中,对于财务数据的预测主要依赖于被预测对象本身的历史趋势,相关的方法主要包括各种时间序列预测方法,如自回归模型(AR)或移动平均(MA)模型等,而多变量预测模型则包括多个预测变量,比如对于公司财务困境的预测,在模型中可能同时包括流动性比率、盈利能力比率以及公司规模、行业等多个变量。根据预测方法的难度高低,又可分为机械方法与非机械方法。相对来说,机械方法可以通过固定的电脑程序快捷地得出结果,成本比较低,有利于发现和利用历史的系统规律,而且较少受到预测人员的主观影响。但机械方法的劣势也是很明显的,首先,这些方法都需要比较长的历史数据,而且假定历史趋势会在未来延续,所以并不太适用于新成立的公司或发生结构变化的公司;其次,模型的预测结果无法及时更新,由于财务预测使用的基本上是定期财务报告中的数据,这也就决定了预测的更新完全取决于财务报告的频率;最后,机械方法所依赖的数学模型,对于普通投资者来讲,也是可能难以理解的。非机械方法加进分析者个人的主观判断,从而使得这种方法更为灵活,但同时也使得这种方法高度依赖于个人的技能。非机械方法主要包括图示法和分析师预测法,前者通过绘图的方式展示被预测变量与预测因子之间的联系,是一种相对粗糙的预测方法。分析师预测,是由专业的财务分析师结合对公司的历史财务分析、企业调研、个人判断而给出的综合分析结果,在目前的资本市场中,分析师的预测在股票定价中的作用越来越明显,从而值得我们特别的关注。

表1-3　　　　　　　　　　主要财务预测方法

方法	单变量	多变量
机械方法	自回归(AR)或移动平均(MA)模型等	多元回归模型、经济计量模型等
非机械方法	图示法	分析师预测法

在接下来的内容中,我们将分别介绍两种预测方法,分别是时间序列预测和财务分析师预测。

(二)时间序列分析与预测

时间序列,也叫作时间数列或动态数列,它是将财务数据按时间先后顺序排列所形成的数列。时间序列分析与预测方法就是通过编制时间序列,描述和解释财务数据的时间序列模式,并根据时间序列所反映出来的发展过程、方向和趋势,进行类推或延伸,借以预测下一段时间或以后若干年内某项财务数据可能达到的水平。基于时间序列分析的预测结果,不仅有助于资本市场投资者更为准确地评价股票的内在价值,也有助于收购公司进行外部并购时的估价。对于财务数据时间序列特征的分析还可以延伸到管理者的业绩评价、审计任务的分配、管理者盈余管理行为的检查与评价等方面。比如对于盈余管理的衡量,一种曾经采用的方法就是在历史的应计利润与其他正常性影响因素之间(比如收入的增长、长期资产规模等)建立一个回归模型,然后用这个回归模型去预测当期的应计利润,如果实际的应计利润较大程度地偏离了预计的应计利润,则可以认为公司在进行盈余管理。

1. 主要时间序列分析与预测模型。在财务预测的实践中,时间序列分析与预测的方法多种多样,这些方法有的比较简单,有的比较复杂。尽管在统计意义上,复杂的方法可能抓住时间序列特征的细微之处,但如果企业发展时间比较短,简单模型相对更具有应用价值,因此,在以下介绍中,我们将局限在这些简单模型的应用与讨论上。

(1)历史增长率外推法:

$$E(X_t) = (1+g)X_{t-1}$$

其中,$E(X_t)$ 代表财务变量 X(收入、利润等)本期的预测值,X_{t-1} 代表上一期的实际值,g 代表 X 的增长率。此模型假定公司的财务指标以某一固定比率增长,因而适用于成长型公司的收入或盈利预测。对于增长率的计算可以采用近期的增长率,也可以采用前几年的平均增长率。值得注意的是,在应用该模型为一个正处于高速发展时期(比如,收入增长率超过100%)的公司估值时,将初始的高增长率应用于模型很可能会高估股价,因为没有哪一家公司能够在长时间内保持持续的高增长,因此,应将公司的未来发展分成高速成长与正常发展两个阶段,第一阶段的 g 可以用公司最近一段时间的增长率估计,后一阶段的 g 可以用行业增长率代替。

(2)平均数法。在该方法下,财务数据的预测是基于过去一段历史时期平均值。根据平均值的计算方法不同,又可分为以下两种方法。

简单平均数法,也称算术平均法,即把若干历史时期的统计数值作为观察值,求出算术平均数作为下期预测值。这种方法基于一个简单的假设,即"过去这样,今后也将这样",把近期和远期数据等同化和平均化,因而只能适用于财务状况变化不大或发展已经趋于稳定的公司预测。

加权平均数法,就是把各个时期的历史数据按近期和远期影响程度进行加权,求出平均值,作为下期预测值。在确定权数时,近期观察值的权数应该大些,远期观察值的权数应该小些。相对于前一方法,该方法更能够反映公司近期发展的影响。

总的来讲,平均数方法对于新兴的、快速增长或衰退期的公司不具有适用性,更适合于那些成熟的或处于低成长行业中的公司。

(3) 指数平滑法:

$$E(X_t) = kX_{t-1} + (1-k)E(X_{t-1})$$

其中,$E(X_{t-1})$ 代表财务变量 X 上一期的预测值,k 为平滑系数,反映了上一期预测值与实际值在预测时的相对权重,平滑系数越大,则近期实际数对预测结果的影响越大,平滑系数越小,则近期实际数对预测结果的影响越小。此法实质是由内加权平均法演变而来的一种方法,可以排除实际财务数据中所包含的偶然因素的影响,而且由于只需要设定平滑系数一个权数,使该方法更为灵活简便,但平滑系数的确定本身却存在一定的主观成分。由于许多公司的实际净利润经常包括一些非经常性损益,所以指数平滑法对于盈利预测可能具有特别的意义,在平滑系数的判定上,偶然性损益的比重越大,则平滑系数应该越小。

(4) 随机游走模型:

$$E(X_t) = X_{t-1}$$

随机游走模型可以说是前三种模型简化后的一种特殊形式,它把预测的全部权重押在前一期的实际值上,假定更早期间的数据以及上期的预测值不具有预测效力。从盈余预测的角度来说,它假定盈余没有增长,且当期盈余具有 100% 的持续性。虽然随机游走模型通常应用于金融学对于股价运动的研究之中,但在财务数据的预测中,由于该模型的简单明了,也在分析实践与理论研究中得到了广泛认可。但正如上面假定所显示的,该模型的局限性是很强的,它更多的是作为我们分析与预测的一个起点,而不是最终结果。

(5) 回归分析方法。回归分析方法是通过对历史财务数据的回归,得出预测模型的方法。相对于前面几种方法而言,它受主观影响更弱,模型的科学性更强。该方法的局限在于对样本量的要求比较高,无法用于新成立或上市的公司。同时,具体的回归分析模型多而且复杂,使用者需要从这些模型中选择比较合适的方法,而且进行大量的统计检验,限制了普通投资者对于该方法的应用。

在常用的回归分析方法之中，主要有自回归模型（AR）和移动平均模型（MA），模型分别构造如下：

$$AR \quad X_t = \alpha + \beta_1 X_{t-1} + \beta_1 X_{t-2} + \cdots + \varepsilon_t$$

$$MA \quad X_t = \alpha + \beta_1 \varepsilon_{t-1} + \beta_1 \varepsilon_{t-2} + \cdots + \varepsilon_t$$

AR 模型在原理上类似于平均数法，但其权重的确定取决于回归结果，而不是人为的主观设定。MA 模型的解释变量为预测误差，如果说 AR 模型的预测是基于人们过去经验的话，那么 MA 模型则反映了人们从过去的错误中学习的方法。在上述模型中，最重要的是变量滞后期的选择，在这一点，除了变量统计显著性的考虑之外，还必须结合财务数据时间序列本身的特性。比如在以季度数据为基础的时间序列分析中，由于受到季节性的潜在影响，模型至少必须包括滞后四期的变量，也就是说，如果我们需要预测 2020 年第一季度的数据，则我们必须在模型中考虑加入 2019 年第二季度的数据。

2. 时间序列预测方法的局限性。基于时间序列财务预测的一个主要特征是，它完全根据财务数据过去的变化趋势预测未来的发展，假定公司的发展以及财务数据的演变不会发生突然跳跃式变化。在公司内部与环境保持比较稳定的情况下，上述假定是合理的。然而当会计信息生成的外部环境发生较大变化，例如政府调整管制政策（行业管制政策的放松通常会导致竞争的加剧和公司毛利率的下降）、整体竞争格局的变化（比如中美贸易争端升级）、改变本量利关系的重大技术变革等，机械地按财务数据过去和现在的规律向外延伸，其预测结果就会与实际状况严重不符。从会计本身来讲，以下三个因素尤其值得关注。

一是公司发生收购、兼并、分拆等重组行为。这些重组本质上改变了会计核算的主体，因此，以重组前的财务数据来进行预测就失去了合理的基础。那么在预测中如何来处理这种情况呢？就合并来讲，我们可以将合并前的数据加总，该方法的有效性建立在并购双方之间没有盈利性交易、并购没有合成效应、没有导致额外的利息费用等假设基础之上。如果后面的假设不成立，在可行的情况下，我们应该根据实际情况进行适当的调整。当然在合并对公司整体的影响微不足道的情况下，我们也可以忽略被并入方的数据。最后一种策略是仅仅检查合并后主体的数据，该方法的前提假定是合并后的历史数据足以帮助预测未来。孤立地看以上各种方法，几乎没有一种方法是令人满意的。然而，时间序列分析面临的问题就是要在这些不尽完美的方法之间作出选择。

二是会计方法变更。对于中国的上市公司来讲，这一问题尤为严重。中国的会计准则不断发生改变，而每一次的会计制度调整，几乎都伴随着企业大规模的会计政策调整，从而严重破坏了会计数据的连续性与可比性，另外，会计制度的改变给了许多公司合法操纵会计数字的借口，极大地歪曲了会计信息的真实性和内在的规律性。那么在进行时间序列预测时，如何处理这方面的问题呢？第一种方法显然是不进行任何调整。对于外部分析师来说，由于缺乏公司交易与事项的明细信息，任意的调整可能带来更大的误差。这一方法在会计方法变更不大或影响比较小的情况下可以考虑。第二种方法是进行适当调整。在会计制度或公司具体的会计政策发生较大变化，以及调整相对比较容易的情况下，该方法是必要的。另外，在对比报表的列示中，很多公司将根据新政策对前期数据进行调整，这种公司自身的调整也许可以作为分析师调整的一种替代。第三种方法是仅检查按照同一会计方法编制的数据。

三是极端值。在财务数据的时间序列中，极端值表现为极大或极小的值，这种观察值通常会对统计结果（比如平均值、回归方程系数等）具有非常大的影响，最终影响我们预测模型的有效性。对于极端值存在以下两种处理方法：一是不做任何处理，即认为极端值代表一种现象，这种现象可能会在预测期内再次发生，比如巨亏一般可以视为企业发展过程中的一种非正常现象，但对于周期性非常强的企业，则可以从正常的经济角度进行解释。二是将所报告的损失调整到一个绝对值较小的极端值。做此调整的动机之一是，极端值背后隐含的原因（如工人罢工等）会再次发生，但其严重性不会有极端值发生的那个期间大；动机之二是，极端值出现的原因（如火灾等）在随后的期间预期不会再次发生。

总而言之，为了准确预测财务数据的未来发展变化，在运用时间序列分析法时，必须将量的分析方法和质的分析方法结合起来，既努力借鉴历史数据所呈现的规律性，同时又充分考虑各种环境因素的变化与影响，最终作出符合其现实表现的可靠的预测结果。

（三）分析师预测

1. 分析师预测的作用。尽管中国的证券市场的发展已经将近30年，但分析师的财务预测仅在这十来年才逐渐得到人们的认可。在市场发展的早期，虽然也有许多证券分析师，但这些人员主要关注技术分析，而不是强调公司内在价值的基本面分析。在这种分析取向的影响下，一方面投资者更倾向于采取市场投机行为，而不重视目标公司长期财务状况的发展变化，对财务预测的需求不足；另一方面也降低了证券分析师对基本分析和实地调研的关注，导致财务预测的高质量供给有限。然而，随着我国机构投资者的发展，市场监管的改进以及上市公司整体构成的改变，分析师预测日益得到投资者的重视，对资本市场的影响也越来越大。

相对于时间序列预测技术，分析师预测的优势表现在以下四个方面：一是分析师的信息来源更为广泛，它不仅可以利用公司的财务报表信息，也可以参考行业信息以及对公司进行实地调研以获得感性认识。信息来源的拓展无疑可以提高预测的准确性。二是分析师可以立即对结构变化作出调整，减少了由于结构变化而导致的预测误差。三是分析师可以根据环境的变化（比如经济、社会、技术和法律的变迁，公司置身的行业和行业的发展状况的改变，以及公司自身管理方面的调整等）对预测结果持续更新，增强了预测结果的及时性。四是分析师市场的竞争不仅为我们提供了判断公司未来发展的多个视角，而且也有助于预测水平的不断上升。

对外部投资者来说，通常所能获得的预测主要来自所谓的"卖方"分析师，与之相对应的是"买方"分析师。前者通常受聘于证券公司（投资银行），研究报告主要供机构和个人投资者使用，其目的主要在于吸引投资者购买其承销的股票或通过其所属的公司进行证券交易，以提高公司的营业收入。买方分析师主要在公募基金、私募基金、资产管理公司、投资顾问公司等投资机构工作，研究报告主要供公司内部投资决策使用。

在实践中，投资者既可以通过证券公司获得某一具体公司的分析与预测报告，也可以获取以行业为对象的研究报告，后者通常同时提供某一行业内的数家公司的预测数据。如果投资者希望获取全部上市公司的预测信息，或者了解不同分析师对同一家公司的预测分布状况，则必须利用特定的数据库，比如在美国的 I/B/E/S 数据库。Wind 数据提供了关于中国上市公司的比较丰富财务预测信息。其涉及的内容包括：所有分析师当前对于特定公司未来 3 年的预测均值、中位数、最乐观预测、最悲观预测以及预测的标准差，前两者反映了分析师对于公司未来财务变化整体的一致性预期，最后一个统计量则反映了分析师对于公司预测分歧的大小。投资者也可以查阅某一家投资银行或某一分析师的预测。从预测的财务变量来看，主要包括主营业务收入、净利润以及每股收益指标，同时涉及现金流、净资产、营业利润等指标。投资者甚至可以观察到分析师预测随时间而进行调整的情况。

2. 分析师预测的局限性。尽管分析师预测在准确性上要优于时间序列模型，但其内在的局限性也不容忽视。

首先，分析师预测的成本要高得多。分析师人才的培养需要一个比较漫长的过程，在这一过程中，人力资本的培养、企业调研与配套资源的支持都需要大量的成本投入。

其次，分析师预测高度依赖于个人的技能，不同的分析师预测的准确性可能存在非常大的差异。一个合格的证券分析师起码具备三个方面素质：优秀的职业道德、扎实的基本面分析技术、专业化的分工。但由于我国分析师行业的发展还不成熟，优秀的分析师数量依然有限，这就很可能导致分析师在实际预测出现由于疏忽、分析不深入等原因而导致的误判情况。

最后，最为重要的是，分析师的预测可能受到特定行为动机的影响。与相对客观而有效的"买方"分析师预测相比，"卖方"分析师更容易受到为本公司争取经济利益的压力，很容易出现偏向公司客户的误导性分析报告。尽管在投资银行业内要求投资银行应在其内部投行业务、经纪业务与研究部门之间设置杜绝信息交往的"中国墙",以此来保证分析师研究工作的独立性与公正性,然而在现实运作中,"卖方"分析师很难回避公司业务开展的干扰与影响。例如,如果"卖方"分析师建议卖出某家公司的股票,有可能导致该公司中断与分析师所在投资银行的业务往来,使其遭受在企业融资或兼并等投行业务上的损失。在另一些情况下,证券分析师所在的机构很可能就持有所分析公司的股票,为择机抛售,以获取高额收益,分析师也可能被要求出具更为乐观的分析报告。从分析者自身的工作来说,为了在及时获得所分析公司的信息过程中,得到目标公司管理层的支持和合作,也很可能发布有利于其所分析公司的消息,从而使分析报告失去独立性和公正性。因此,在本公司利益和个人利益的双重压力下,"卖方"分析师更易产生偏袒客户公司的倾向,从而损害一般投资者的利益。

上述动机所带来的影响在安然事件中显露无遗。2001年下半年,美国安然公司由于财务欺诈案曝光而导致公司股票价格大跌,投资者遭受巨额损失。然而在2001年上半年,大部分"卖方"分析师仍然给予安然股票"强力买进"的推荐;与此形成鲜明对比的是,同期"买方"分析师却不断对安然公司的财务状况和高企的股价提出质疑。安然事件对财务分析师的信誉造成了极大的打击,相关投资银行也受到了处罚。美国证监会则从强化对证券分析师的保护以及信息披露两个方面入手,加强分析师在面临与投资银行之间的利益冲突时的独立性。

上述问题在我国同样存在。比如在银广夏财务丑闻被揭发前,以证券公司研究所或研发部名义发表的有关银广夏的分析报告,没有一家对银广夏的经营业绩提出疑问,在蓝田股份业绩造假案中也存在类似的现象。为了促进我国分析师市场的健康发展,维护投资者的利益,从制度上进一步限制分析师所面临的利益冲突与职业道德风险,显然非常必要。同时,从财务预测使用者角度来说,对分析师的预测不盲从,尽量广泛利用各种信息来源和预测手段,无疑将大大减少我们的投资风险。

二、主要估值方法

从投资的角度来看,财务报表分析的终点是对分析标的进行估值。公司估值有很多方法,但归纳起来主要有两类:一类是绝对估值法,又称贴现方法,是将公司的未来股利、现金流或超常收益等贴现到特定时点上以确定公司的内在价值。该方法的前提假设是企业内在价值的存在,这也是基本面分析的出发点。基本面分析所强调的就是通过财务报表分析发现公司的"内在价值",并将其作为与公司现行价格进行比较的基准,从而识别出潜在的投资机会。本节将会介绍股利贴现模型、自由现金流贴现模型以及超常收益贴现模型。另一类是相对估值法,又称倍数方法,是利用同类公司的各种估值倍数来对公司的价值进行推断,相应地,本节将会介绍最为典型的两种倍数方法,即市盈率估价模型和市净率估价模型。

著名投资家巴菲特是企业内在价值的强烈支持者,他曾说,"如果我们能够洞悉任何企业的未来,比方说100年或者企业灭亡时在企业和股东之间的现金流入以及现金流出,然后以适当的利率将其折现到现在,我们就会得到内在价值的数值。内在价值完全与未来的现金流有关,投资者的工作就是弄明白未来的现金流是什么样的"。在巴菲特看来,现金流量贴现模型是唯一正确的企业内在价值评估模型,其他的评估标准,诸如股利收益率、市盈率、市净率,甚至是成长率,只有在能够为未来的现金流量预测提供帮助时,才具有价值评估的意义。

(一) 股利贴现模型

如果我们把公司价值看作是投资者对未来预期股利按适当的贴现率进行贴现后的现值,则可以确立如下的估值公式:

$$V = \frac{D_1}{(1+r)^1} + \frac{D_2}{(1+r)^2} + \cdots + \frac{D_n}{(1+r)^n} + \frac{F}{(1+r)^n} \quad (1-1)$$

其中,V 为股票的内在价值;n 为持有年限;D_1,D_2,$\cdots$,D_n 为未来各期的预期股利;F 为 n 年后出售的股票价格;贴现率为 r。

如果我们进一步假设各期的预期股利都是固定值 D,而且持有年限 $n \to \infty$,应用永续年金公式,我们有零增长股利贴现模型:

$$V = \frac{D}{r} \quad (1-2)$$

如果我们假设各期的预期股利都按一个固定的增长率 g 增长而且 g 小于贴现率 r 的话,我们有不变增长股利贴现模型:

$$\begin{aligned} V &= \frac{D_0(1+g)}{(1+r)^1} + \frac{D_0(1+g)^2}{(1+r)^2} + \cdots + \frac{D_0(1+g)^n}{(1+r)^n} \\ &= \frac{D_0}{\frac{1+r}{1+g}-1} = \frac{D_0(1+g)}{r-g} = \frac{D_1}{r-g} \end{aligned} \quad (1-3)$$

在不变增长模型中,由于公司预期的股利增长率是永久性地持续下去的,所以公司的其他经营指标(如净收益等)也将预期以同一速度增长;另外,不变增长模型对所选用的增长率非常敏感:当增长率收敛于贴现率的时候,所计算出来的股票内在价值会变得无穷大。

此外，我们还可以对股利的未来水平做其他可能的假设，例如假设股利在第一阶段是无规则变化的，但在第二阶段则维持一个固定的增长率等。

从上述对股利贴现模型的分析我们可以看到：股票内在价值的确定主要由两个因素决定，一是当期股利及其增长率水平；二是贴现率。不同的股利贴现模型对股利增长率的假定有所不同，如零增长模型、不变增长模型、两阶段增长模型、三阶段增长模型等。至于贴现率，则一般应用资本资产定价模型来加以确定。

根据 CAPM，投资者对资产 i 的预期收益率或所要求的收益率（即贴现率 r）为：

$$E(R_i) = R_f + \beta(E[R_m] - R_f) \tag{1-4}$$

其中，R_f 为无风险利率；$E[R_m]$ 为预期的市场收益率；β 值则用于衡量当市场投资组合的收益率（R_m）变化1%时，该股票的预期收益率变化幅度。变化幅度越大，表明该股票收益率对市场收益率变化的敏感程度越高，反之则越低。股票的 β 值一般是通过回归分析的方法来获得。

一般来说，股利贴现模型比较适合那些非周期性行业中能够提供持续稳定的分红，并且可以对股利增长率作出一定程度准确预测的公司，而对那些周期性行业、分红很少或者不稳定的公司并不适用。股利贴现模型实际上受制于公司的股利政策，但公司不分红并不一定意味着其经济效益不好，可能还有经营上、公司成长性等多方面因素的考量。因此，股利贴现模型具有天然的主观性和易变性。

（二）自由现金流贴现模型

许多企业的破产及陷入财务危机，往往都是由于现金流的匮乏和资金链断裂，因而越来越多的学者认识到现金流比净利润更重要。

如果把股利贴现模型中的股利替换成自由现金流，我们就有了如下基本的自由现金流贴现模型：

$$V = \frac{FCF_1}{(1+r)^1} + \frac{FCF_2}{(1+r)^2} + \cdots + \frac{FCF_n}{(1+r)^n} \tag{1-5}$$

其中，FCF_i 为未来各期的预期自由现金流，该概念最早由 Jensen 等于20世纪80年代提出。自由现金流一般有两种表现形式：

（1）股权自由现金流（free cash flow of equity, FCFE）。股权自由现金流是归属于股东的现金流量，是指公司经营活动产生的现金流量在扣除业务发展的投资需求和对其他资本提供者的分配之后能够分配给股东的现金流量，其计算公式为：

$$FCFE = 净利润 + 折旧摊销 - 资本性支出 - 营运资本追加额$$

（2）公司自由现金流（free cash flow for the firm, FCFF）。公司自由现金流是归属于

公司股东和债权人的现金流量,是指公司经营活动产生的现金流量在扣除业务发展的投资需求后能够分配给资本提供者的现金流量,其计算公式为:

$$FCFF = 息税前利润 \times (1 - 所得税税率) + 折旧摊销 - 资本性支出 - 营运资本追加额$$

在实际应用自由现金流贴现模型时,需要解决如下三个问题。

1. 自由现金流基准年值的确定。所谓基准年值,是指用于估值模型测算的第 0 年的自由现金流(包括 FCFE 和 FCFF)。如果第 0 年的自由现金流值本身为正,那么可以直接取该年值为基准年值;此外,如果计算结果为正,也可以取之前 n 年的算术平均值或加权平均值(一般越接近的年份所赋予的权重越大)为基准年值。如果第 0 年的自由现金流值本身为负,则需要做一些技术性处理,例如:(1) 如果之前一年的自由现金流值为正,则以其为基准年值;(2) 如果之前一年的自由现金流值也为负,则取之前某一年比较正常的自由现金流值为基准年值。

2. 自由现金流增长模式的假定。与之前讨论的股利贴现模型非常类似,对自由现金流增长模式的不同假定,将可以使我们得出不同的自由现金流贴现模型。

3. 贴现率之选择。不同的自由现金流,所使用的贴现率有所不同。

就股权自由现金流来说,其所使用的贴现率与股利贴现模型类似,仍然来自资本资产定价模型(CAPM)。

就公司自由现金流来说,一般是采用加权平均资本成本(WACC,即股本成本和债务税后成本的加权平均)作为所选择的贴现率。WACC 的计算公式如下:

$$WACC = \frac{E}{E+D} \times r_e + \frac{D}{E+D} \times r_d \times (1-t) \quad (1-6)$$

其中,E 为股票市值;D 为债务市值;r_e 为股本成本;r_d 为债务成本;t 为所得税税率。

自由现金流贴现模型在理论上是很完美的,但是要真正操作起来却很复杂,不易施行,因此,总的来看,其方法论意义要大于实际的应用意义。

(三)超额收益贴现模型

超额收益贴现模型最早由奥尔森等(Ohlson et al.)在 20 世纪 90 年代初提出,又被称为奥尔森剩余收益估价模型。该模型是基于会计数据之间一定关系的假设,从股利折现模型推导出来。

根据股利贴现模型,我们有:

$$V = \sum_{t=1}^{\infty} \frac{D_t}{(1+r)^t} \quad (1-7)$$

同时，由于每股净资产的变动等于当期会计盈余减去分派的股利，因此：

$$BV_t - BV_{t-1} = EPS_t - D_t$$
$$D_t = EPS_t - (BV_t - BV_{t-1})$$

我们有：

$$V = \sum_{t=1}^{\infty} \frac{EPS_t - (BV_t - BV_{t-1})}{(1+r)^t} = BV_0 + \sum_{t=1}^{\infty} \frac{AE_t}{(1+r)^t} \qquad (1-8)$$

在上述推导中，EPS_t 为未来各期的预期每股收益；BV_t 为未来各期的预期每股净资产；BV_0 为期初每股净资产；$ROE_t\left(=\frac{EPS_t}{BV_{t-1}}\right)$ 为未来各期的预期净资产收益率；$AE_t[=(ROE_t - r) \times BV_{t-1}]$ 为未来各期的预期超额收益。

超常收益贴现模型表明，股票的内在价值等于其当前的账面价值（每股净资产）加上未来各期所有预期超常收益现值之和，而净资产收益率高出股本成本的幅度越大，股票的内在价值就越高。

假设公司未来各年的每股净资产增长率（g）是固定的，而且各期的净资产收益率均为 ROE，则超常收益贴现模型可简化为：

$$\begin{aligned} V &= BV_0 + \sum_{t=1}^{\infty} \frac{(ROE - r) \times BV_{t-1}}{(1+r)^t} \\ &= BV_0 + \frac{(ROE - r) \times BV_0 \times (1+g)}{(1+g) \times (r-g)} \end{aligned} \qquad (1-9)$$

此时，我们有：

$$\frac{V}{BV_0} = 1 + \frac{(ROE - r)}{(r-g)} \qquad (1-10)$$

这个模型和股利折现模型、自由现金现折现的区别在于：首先，这个模型是基于会计数据的，它确定了应计制会计信息在价值评估中的作用。在此之前，虽然投资者特别关注企业的会计信息，但是关注的出发点是如何利用会计信息预测未来现金流，从而为以现金流为基础的估值模型提供数据，而会计信息本身一直不能直接成为价值评估的"原料"。其次，以现金流为基础的折现模型使用的"原料"都是流量价值，超额收益折现模型不仅使用了未来期间的会计盈利（其值的预测很大程度上依赖于公司过去及现在的盈利），而且使用了存量价值——企业股东权益价值。换句话说，剩余收益模型即使用了损益表信息，又使用了资产负债表信息。最后，因为在模型中使用了具有较大确定性的存量信息，一定程度上减少了对于未来主观推测性信息的依赖，有利于提高模型的可靠性和估值效力。

前述三种模型都具有比较坚实的理论基础，在实践中也有一定的应用。然而，这些模型都需要分析者对企业未来多年的盈利水平、成长性以及折现率进行预测，需要对大量的模型参数作出假定，预测与假定的准确度直接影响着模型的有效性。在动态、不确定的商业环境中，这种预测很可能"失之毫厘，差之千里"，更何况关于企业的未来，仁者见仁智者见智，很难形成一致性预期，从而严重制约了折现模型的应用价值。

（四）市盈率（P/E）估价模型

根据不变增长股利贴现模型，我们有：

$$V = \frac{D_0(1+g)}{r-g} = \frac{D_1}{r-g} = \frac{EPS_0 \times q \times (1+g)}{r-g} = \frac{EPS_1 \times q}{r-g} \quad (1-11)$$

其中，EPS_0 为 $t=0$ 时的每股收益；EPS_1 为对下一期每股收益的预期；q 为各期的股利支付比例。需要指出的是，这里的每股收益（EPS）一般是用完全稀释后的每股收益，同时应排除一次性项目的影响。

进一步整理式（1.11），我们有：

$$\frac{V}{EPS_0} = \frac{q \times (1+g)}{r-g} \quad (1-12)$$

$$\frac{V}{EPS_1} = \frac{q}{r-g} \quad (1-13)$$

式（1.12）和式（1.13）即理论市盈率（股票内在价值与每股收益之比）的计算公式，从中可以看出，市盈率的高低在理论上取决于公司的股利支付率、风险水平与盈利增长率。

在实际应用市盈率进行估值时，首先需要选择一个可比公司或一组可比公司（通常与目标公司都属于同一行业），然后以可比公司的市盈率或一组可比公司的平均市盈率作为合理市盈率来对目标公司进行估值。

市盈率反映了投资者对每元净收益所愿意支付的价格，是市场对公司的共同期望指标，市盈率越高，表明市场对公司越看好。因此，市盈率可以用于衡量公司的未来获利前景：该指标值高的话，一般意味着公司的发展前景较好。

由于市盈率指标静态地反映了企业的投资回收期，直观易懂、易于计算和比较，而且可以度量出公司在风险性、成长性等方面的某些特征，因而使用得非常广泛。但是，使用市盈率进行估值，还需要注意以下六点：（1）当每股收益很小或亏损时（分母很小），市价不会降至零，此时很高的市盈率或负的市盈率并不能说明任何问题；（2）市盈率高低受净利润的影响，而净利润又受会计政策选择的影响，这使得公司间的可比性受到一定限制，同时，净利润的波动还会导致市盈率在不同时期常常出现戏剧性的变化;(3)市盈率高低受市价的影响,而影响市价的因素很多,包括投机炒作等,因此,观察市盈率的长期、动态变动趋势很重要,而且投资者需要结合其他有关信息(尤其是成长性)之后,才能运用市盈率指标判断股票的价值;(4)市盈率指标不能用于不同行业公司的比较,新兴行业市盈率普遍较高,而成熟行业却普遍较低,但这并不说明后者的股票就没有投资价值;(5)在采用行业内的一组公司作为可比公司来测算市盈率时,如果整个行业都被系统性地高估或低估的话,使用可比市盈率来对目标公司进行估值很有可能会出现问题;(6)由于目标公司与可比公司之间总是会存在一些差异(产品结构、资产结构、资本结构、治理机制等),在采用可比公司市盈率作为估值的基准时,可能无法找到完全可比的公司。

(五)市净率(P/B)估价模型

根据不变增长股利贴现模型,我们有:

$$V = \frac{D_0(1+g)}{r-g} = \frac{D_1}{r-g} = \frac{EPS_1 \times q}{r-g} = \frac{BV_0 \times ROE_1 \times q}{r-g} \tag{1-14}$$

其中,BV_0 为 $t=0$ 时的每股净资产;ROE_1 为对下一期净资产收益率的预期;q 为各期的股利支付比例。

进一步整理上式,我们有:

$$\frac{V}{BV_0} = \frac{ROE_1 \times q}{r-g} = \frac{ROE_0 \times (1+g) \times q}{r-g} \tag{1-15}$$

从市净率的上述计算公式可以看出,市净率的高低在理论上取决于公司的净资产收益率、股利支付率、风险水平与盈利增长率。

在实际应用市净率进行估值时,首先,选择一组可比公司(通常与目标公司都属于同一行业);其次计算这一组可比公司的平均市净率;最后以此平均市净率作为基准市净率来对目标公司进行估值。

市净率指标还有一个变化形式,即托宾Q值(=权益和债务的市场价值/资产重置成本),当通货膨胀导致资产价格上升或者技术进步导致资产价格下降时,托宾Q值能对资产价值是否被低估提供更好的判断标准。

使用市净率指标的好处在于:(1)账面价值为我们提供了一个相对稳定和直观的、可以进行公司价值比较的度量标准;(2)即使收益为负,我们仍然可以采用市净率指标来对股票进行估价。市净率指标可能存在的问题在于:(1)账面价值同样容易受到会计政策的影响;(2)对于账面价值为负的公司来说,其市净率指标也是负的;(3)对于没有太多固定资产的服务业来说,市净率指标的意义不大。

（六）各种估价模型的综合应用

除了上述几种估值模型，我们还可以考虑应用其他估值方法，例如市销率（P/S）法、清算价值、并购价值法。应用各种不同的估价模型，我们可以估算出股票或项目的内在价值 V，而将 V 与当前的市价 P 进行比较，可以帮助我们进行投资决策。如果 $V>P$，说明该项资产被低估，可以考虑投资；如果 $V<P$，说明该项资产价值被高估，可以考虑卖出或放弃投资。

为提高估价的准确性，我们需要注意以下四点：（1）不同模型很可能给出完全不同的结果，在应用时首先需要为估值标的找到最适用的模型；（2）如果不存在一个最适用的模式，就需要综合应用多种估价模型，以各模型的平均值作为最佳估值数；（3）尽量通过敏感性分析，给出公司估价的一个合理区间；（4）适时调整和修正有关模型的估价参数。

参考文献

［1］K. R. 苏布拉马尼亚姆、约翰·J. 怀瑞德：《财务报表分析》，中国人民大学出版社2009年版。

［2］罗伯特·M. 格兰特：《现代战略分析：概念、技术、应用》，中国人民大学出版社2005年版。

［3］迈克尔·波特：《竞争战略》，华夏出版社2005年版。

［4］帕特·多尔西：《股市真规则》，中信出版社2006年版。

［5］邱国鹭：《投资中最简单的事》，中国人民大学出版社2014年版。

［6］亚历山大·奥斯特瓦德、伊夫·皮尼厄：《商业模式新生代》，机械工业出版社2011年版。

第二章

法律法规

在全球经济一体化的背景下,企业经营合法合规,建立有效的合规计划,已经成为企业内部治理的重要方式。随着改革开放的不断深入,中国企业越来越多地走出国门,它们在享受巨大商机、实现全球经营抱负的同时,也面临着巨大的风险和挑战。

案例2-1 西门子不惜重金,重建合规体系

2006年11月,西门子公司因涉嫌商业贿赂而受到美国证交会、美国司法部和德国慕尼黑检察机关多项指控,并支付了高达16亿美元的巨额罚金。这创造了现代企业有史以来单家公司腐败案件支付罚金的最高纪录。

西门子公司遭受到指控以后,作出了史无前例的快速反应,包括更换领导层,聘请外部专业机构开展全球调查,以及全面加强合规控制体系。西门子公司聘请会计师事务所和律师事务所等专业机构进行的全球调查,开启了德国历史上公司独立调查的先河。西门子给专业机构提供了充分的支持,独立调查长达两年,评估了5 000多个咨询协议,检查了4 000万份银行账户、1亿份文件以及1.27亿次交易记录,进行了无数次内部谈话。西门子公司在合规方面的顾问费用高达8.5亿欧元,除彻查所有的历史问题以外,还加强了一百多道内部控制程序,每一道层层把关,在全球一百多个国家的子公司予以落实。正因为如此,2007年西门子道琼斯可持续发展指数为零,在2008年其可持续发展指数达到95%左右。

美国司法部对西门子重建合规体系给予了很高的评价:"西门子公司以异乎寻常的努力实施了亡羊补牢和自我清理的措施,建立了世界上最先进的'超一流'的合规体系"。正因为如此,西门子受到了从轻处罚。当时有消息称,西门子可能面临100亿欧元的处罚,那样的话,西门子将彻底破产。

为了预防和处罚愈演愈烈的企业违法违规行为,美国采用了在企业自身进行合规建设的场合可以减免其刑的做法。从责任原则的角度来看,虽然这种做法存在其先天不

足,但是,中国企业要走进国际舞台,必须要熟悉并遵守国际法律法规,从而稳妥地推进我国企业合规建设。①

第一节 法律法规概述

法律是在对人类生活经验进行总结的基础上形成的,由国家制定或认可并普遍适用的,调整基于权利与义务而形成社会关系的规则。法律通过对社会成员行为的规范和引导,促进社会秩序与正义目标的积极实现。我国《宪法》规定"实行依法治国,建设社会主义法治国家"。依法治国是对新中国历史经验进行深刻总结的结果,是发展社会主义市场经济的客观需要。

一、法律基本概念

马克思主义经典作家从国家、阶级和物质条件等角度给出了法的科学定义:法是反映由一定物质生活条件所决定的统治阶级意志的,由国家制定或认可并得到国家强制力保证的,赋予社会关系参加者权利与义务的社会规范的总称。

(一)法律体系

法律体系是指一个国家的全部法律规范,按照一定的原则和要求,根据法律规范的调整对象和调整方法的不同,划分为若干法律部门,进而形成的有机联系、内在统一的整体。2011年,第十一届全国人民代表大会第四次会议宣布"以宪法为统率,以宪法相关法、民法商法等多个法律部门的法律为主干,由法律、行政法规、地方性法规等多个层次的法律规范构成的中国特色社会主义法律体系已经形成"。我国社会主义法律体系包含以下七个法律部门。

1. 宪法及宪法相关法。宪法是我国的根本大法,规定国家的根本制度和根本任务、公民的基本权利和义务等内容。宪法相关法是与宪法相配套、直接保障宪法实施和国家政权运作等方面的法律规范的总和,主要包括四个领域:包括有关国家机构的产生、组织、职权和基本工作制度的法律;有关民族区域自治制度、特别行政区制度、基层群众自治组织的法律;有关维护国家主权、领土完整和国家安全的法律;有关保障公民基本权利的法律。

---

① "合规"是企业内部控制与风险管理目标之一,企业具体合规目标的实现请参见 GAMA 中级管理会计师能力认证考试用书《管理会计实务》第五章《内部控制与风险管理》。

2. 刑法。刑法是规定犯罪、刑事责任和刑罚的法律规范的总称。与其他法律部门相比，刑法具有两个显著特点：第一，刑法所调整的社会关系极其广泛。无论哪一方面的社会关系，只要发生了构成犯罪的行为，都受刑法的调整。第二，强制性最突出。所有法律都具有强制性，但刑法的强制性最为突出。刑法是保证其他法律有效实施的后盾。

3. 行政法。行政法是规定行政主体的组织、职权、行使职权的方式、程序以及行使行政职权的法制监督，调整行政关系的法律规范的总称，包括有关行政主体、行政行为、行政程序、行政监督以及国家公务员制度等方面的法律规范。行政法调整的是行政机关与行政相对人（自然人、法人和其他组织）之间因行政管理活动而发生的法律关系。行政机关与行政相对人之间的关系具有从属性、服从性的特点。

4. 民商法。民商法是规范民事、商事活动的法律规范的总称。民法调整平等主体的自然人、法人和其他组织之间的人身关系和财产关系，主要包括物权、债权、婚姻、家庭、收养、继承等方面的法律规范。商法是在适应现代商事活动需要的基础上，从民法中分离而逐渐发展起来的法律部门，主要包括公司、证券、破产、保险、票据、海商等领域的法律规范。另外，知识产权法律制度也被划入民商法部门。

5. 经济法。经济法是调整因国家从社会整体利益出发对经济活动实行干预、管理或调控所产生的社会经济关系的法律规范的总称。经济法在承认市场对资源配置起决定性作用的前提下，通过必要的国家干预手段以克服市场缺陷。税收、宏观调控和经济管理、维护市场秩序、行业管理和产业促进、农业、自然资源、能源、产品质量、企业国有资产、金融监管、对外贸易和经济合作等法律制度内容都属于经济法部门。

6. 社会法。社会法是调整劳动关系、社会保障关系、社会福利和特殊群体权益保障方面关系的法律规范的总称。社会法是在国家干预社会生活过程中发展起来的一个法律门类，包括两个方面：第一，有关劳动关系、劳动保障和社会保障方面的法律，例如工会、劳动等法律制度；第二，有关特殊社会群体权益保障方面的法律，例如妇女权益保障、未成年人保护、残疾人权益保障等法律制度。

7. 诉讼与非诉讼程序法。诉讼与非诉讼程序法是规范解决社会纠纷的诉讼活动与非诉讼活动的法律规范的总称。我国的诉讼制度分为刑事诉讼、民事诉讼和行政诉讼三种，分别针对三类诉讼活动进行规范。此外，我国还针对海事诉讼活动的特殊性制定了海事诉讼特别程序法，作为对民事诉讼法的补充。非诉讼程序在纠纷解决中也占有重要地位。例如，仲裁法系规范和调整仲裁法律关系的法律规范。劳动争议调解仲裁法为解决劳动关系中的矛盾纠纷而专门设立的法律。

（二）法律渊源

法律渊源是指法律的存在或表现形式。法律渊源表明法的效力来源，包括法的创制方式和法律规范的外部表现形式。我国法律渊源主要表现为制定法，不包括判例法。

1. 宪法。宪法是由全国人民代表大会依特别程序制定的根本大法，具有最高效力。宪法规定的是国家政治、经济和社会制度的基本原则，公民的基本权利和基本义务，国家机关的组织和活动原则等国家和社会中最基本、最重要的问题。一切法律、行政法规、地方性法规、自治条例和单行条例、规章都不得与宪法相抵触。广义的宪法不仅包括《中华人民共和国宪法》，还包括其他附属性宪法性文件，例如《中华人民共和国选举法》《香港特别行政区基本法》等。

2. 法律。法律是由全国人民代表大会及其常委会制定和修改的规范性法律文件的总称，在地位和效力上仅次于宪法，高于行政法规、地方性法规及规章。其中，全国人大制定和修改的，调整国家和社会生活中带有普遍性的社会关系的规范性法律文件，属于基本法律，如《中华人民共和国刑法》《中华人民共和国企业所得税法》等。全国人大常委会制定和修改的，调整国家和社会生活中某一方面社会关系的规范性法律文件，属于一般法律，如《中华人民共和国证券法》《中华人民共和国公司法》等。在全国人大闭会期间，全国人大常委会可以对基本法律进行部分补充和修改，但不得同该法律的基本原则相抵触。全国人大常委会负责解释法律，其作出的法律解释与法律具有同等效力。

3. 法规。法规包括行政法规和地方性法规。行政法规是作为国家最高行政机关——国务院在法定职权范围内为实施宪法和法律而制定的规范性法律文件。行政法规应当依据宪法和法律制定，其地位和效力仅次于宪法和法律。根据《中华人民共和国立法法》第六十五条规定，行政法规可以就下列事项作出规定：（1）为执行法律的规定需要制定行政法规的事项；（2）《宪法》第八十九条规定的国务院行政管理职权的事项。《总会计师条例》《企业财务会计报告条例》等属于行政法规。

地方性法规是有地方立法权的地方人民代表大会及其常委会根据本地区实际情况执行法律、行政法规的需要所制定的规范性法律文件的总称。地方性法规不得与宪法、法律和行政法规相抵触。地方性法规只在本辖区内适用。例如《深圳经济特区注册会计师条例》《云南省会计条例》等属于地方性法规。

4. 规章。规章包括部门规章和地方政府规章。部门规章是国务院各部、委员会、中国人民银行、审计署以及具有行政管理职能的直属机构（例如，国家税务总局），就执行法律、国务院行政法规、决定、命令的事项在其职权范围内制定的规范性法律文件的总称。如财政部发布的《注册会计师注册办法》、中国人民银行发布的《支付结算办法》、中国证监会发布的《上市公司信息披露管理办法》等。

地方政府规章是指有权制定规章的地方人民政府，依据法律、行政法规和本省（区、市）的地方性法规制定的规范性法律文件。其中省（区、市）人民政府和省

(区、市）人民政府所在地的市、经济特区所在地的市、国务院批准的较大的市人民政府，可以就执行法律、行政法规、地方性法规的规定而需要制定规章的事项以及属于本行政区域的具体行政管理事项，制定地方政府规章。《山东省总会计师管理办法》属于地方政府规章。

5. 司法解释。司法解释是最高人民法院、最高人民检察院在总结司法审判经验的基础上发布的指导性文件和法律解释的总称，如最高人民法院发布的《关于适用〈中华人民共和国物权法〉若干问题的解释（一）》《关于审理建设工程施工合同纠纷案件适用法律问题的解释》《关于审理涉及会计师事务所在审计业务活动中民事侵权赔偿案件的若干规定》等。

6. 国际条约和协定。国际条约或协定是指我国作为国际法主体同其他国家或地区缔结的双边、多边协议和其他具有条约、协定性质的文件，如我国为加入世界贸易组织与相关国家签订的协议、我国与有关国家签订的双边投资保护协定等。上述文件生效以后，对缔约国的国家机关、组织和公民就具有法律上的约束力，形成法律渊源。

（三）法律规范及其种类

法律规范是由国家制定或认可的，具体规定主体权利、义务及法律后果的行为准则。法律规范是法律构成的基本单位，具体体现法律的属性，实现法律的功能。法律规范具有如下特征：（1）法律规范具体规定权利、义务及法律后果；（2）法律规范规定主体的行为模式，具有可重复适用性和适用的普遍性；（3）法律规范的可操作性强，确定性程度高。

1. 法律规范的种类。按照不同标准可以将法律规范进行不同的分类，例如，按照法律调整的是国内关系还是国际关系，可以将法律规范分为国内法规范和国际法规范；按照法的渊源形式，可以将法律规范分为成文法规范和不成文法规范；按照法律调整的对象和领域，可以将法律规范分为不同部门法律规范等。

（1）授权性规范和义务性规范。这是根据法律规范为主体提供行为模式的方式进行的区分。授权性规范是规定人们可以作出一定行为或者可以要求别人作出一定行为的法律规范。该类规范肯定了主体为实现其利益所必需的行为自由，立法语言通常表现为"可以……""有权……"等。义务性规范是规定人们必须作出某种行为或者不作出某种行为的法律规范。义务性规范又可分为命令性规范和禁止性规范。命令性规范是指规定人们的积极义务，即规定主体应当或必须作出定积极行为的规范，其立法语言表达通常为"应（当）……""（必）须……""有……义务"等。禁止性规范是指规定人们的消极义务（不作为义务），即禁止人们作出一定行为的规范。禁止性规范通过禁止主体作出某些行为，以实现权利人的利益，立法语言通常表现为"不得……""禁止……"等。

（2）强行性规范和任意性规范。这是根据法律规范是否允许当事人进行自主调整，及按照自己的意愿设定权利和义务的标准进行的区分。强行性规范是指所规定的义务具有确定的性质，不允许任意变动和伸缩的法律规范。通常，义务性规范都是强行性规范，违反强行性规范的协议可能被确认为无效，如《合同法》第五十二条规定，违反法律、行政法规强制性规定的合同无效。任意性规范是指在法定范围内允许行为人自行确定其权利义务的具体内容的法律规范。它允许人们自行选择或协商确定作为与不作为、作为的方式以及法律关系中权利义务的具体内容。根据任意性规范协商确定的规则，在当事人之间具有法律拘束力，只有在当事人没有约定的情况下，才适用法律的一般规定。

（3）确定性规范和非确定性规范。这是根据法律规范内容的确定性程度进行的区分。确定性规范是指内容已经完备明确，无须再援引或参照其他规范来确定其内容的法律规范。绝大多数法律规范属于此种规范。非确定性规范是指没有明确具体的行为模式或者法律后果，需要引用其他法律规范来说明或补充的规范，具体包括委任性规范和准用性规范。委任性规范是指只规定某种概括性指示，具体内容则由有关国家机关通过相应途径或程序加以确定的法律规范。如《反垄断法》第九条第二款规定："国务院反垄断委员会的组成和工作规则由国务院规定。"准用性规范是指本没有具体的规则内容，而是规定可以援引或参照其他有关规定内容的法律规范。如《合同法》第一百八十四条规定："供用水、供用气、供用热力合同，参照供用电合同的有关规定。"

2. 法律规范的逻辑结构。法律规范的逻辑结构是指法律规范的构成要素及要素间在逻辑上的相互关系。通常认为，一个完整的法律规范由假定（或称条件）、模式和后果三部分构成。

假定是指法律规范所规定适用该规范的条件和情况，它将法律规范的作用与一定的事实状态相联系，指出在发生何种情况或具备何种条件时，法律规范中的行为模式开始发挥作用。模式是指法律规范所规定的行为规则，包括可以做什么、应当做什么或禁止做什么，分别对应可为模式、应为模式和勿为模式。后果是指法律规范所规定的行为应当承担的法律后果，以表达法律规范对主体具有法律意义的行为的态度。后果分为肯定式的法律后果（合法后果）和否定式的法律后果（违法后果）。在法律规范的逻辑结构上，假定、模式是后果的前提，后果是对主体遵守或违反假定和模式的评价。

二、法律关系

在多种社会关系中，根据法律规范进行调整而产生的社会关系就是法律关系。法律关系是一个重要的法律概念，也是法律实务中最基本的分析工具。

法律关系是根据法律规范产生、以主体间的权利与义务关系为内容表现的特殊的社会关系。法律关系具有以下特征：（1）法律关系是以法律规范为前提的社会关系；（2）法律关系是以权利义务为内容的社会关系；（3）法律关系是以国家强制力为保障的社会关系。

与道德关系等其他社会关系不同，法律关系是由国家强制力作为保障的。法律关系形成所依据的法律规范，是国家意志的体现，因此，当法律关系的义务主体不履行相应义务、侵犯其他主体的合法权利时，权利受侵害的一方就有权请求国家机关运用国家强制力，责令侵害方履行义务、承担不履行义务的法律责任。

（一）法律关系的基本构成

法律关系由主体、客体和内容三部分构成。

1. 法律关系的主体。法律关系的主体，即法律关系的参加者，是指参加法律关系，依法享有权利和承担义务的当事人。享有权利的一方称为权利人，承担义务的一方称为义务人。

（1）法律关系主体的种类。法律关系主体的种类包括：自然人、法人和非法人组织、国家。

自然人既包括本国公民，也包括居住在一国境内或在境内活动的外国公民和无国籍人。

法人是具有民事权利能力和民事行为能力，依法独立享有民事权利和承担民事义务的组织。按照《民法通则》的规定，我国法人包括机关法人（立法机关、行政机关和司法机关等）、事业单位法人、社会团体法人和企业法人。《民法总则》将法人分为营利法人、非营利法人和特别法人，特别法人包括特定的机关法人、农村集体经济组织法人、城镇农村的合作经济组织法人、基层群众性自治组织法人。非法人组织是不具有法人资格，但是能够依法以自己的名义从事民事活动的组织，包括个人独资企业、合伙企业、不具有法人资格的专业服务机构等。

在特定情况下，国家可以作为一个整体成为法律关系的主体。例如，国家作为主权者是国际公法关系的主体，可以成为对外经济贸易关系中的债权人和债务人。

（2）法律关系主体的权利能力和行为能力。权利能力是指权利主体享有权利和承担义务的能力，它反映了权利主体取得权利和承担义务的资格。各种具体权利的产生必须以主体的权利能力为前提；同时，权利能力通常与国籍相联系，一个国家的所有公民都应具有权利能力。《民法总则》第十四条规定："自然人的民事权利能力一律平等。"

法律关系主体要自己参与法律活动，必须具备相应的行为能力。行为能力是指权利主体能够通过自己的行为取得权利和承担义务的能力。行为能力必须以权利能力为前提，无权利能力就谈不上行为能力。

根据《民法总则》的规定，自然人从出生时起到死亡时止，具有民事权利能力，依法享有民事权利，承担民事义务。

社会组织作为法律关系的主体也应当具有权利能力和行为能力，但其权利能力和行为能力不同于自然人。例如，作为民事法律关系主体的法人，其权利能力从法人成立时产生，其行为能力伴随着权利能力的产生而同时产生；法人终止时，其权利能力和行为能力同时消灭。自然人的行为能力一般通过自身实现，而法人的行为能力则通过法定代表人或其他代理人来实现。

2. 法律关系的客体。法律关系的客体，是指法律关系主体间权利义务所指向的对象。通常包括以下四类。

（1）物。法律意义上的物是指法律关系主体支配的、在生产和生活上所需要的客观实体。物既可以是自然物，如森林、土地，也可以是人的劳动创造物，如建筑物、机器等各类产品。广义上物的概念还包括财产的一般表现形式——货币及其他各种有价证券，如汇票、支票、股票、债券等。

（2）行为。一定的行为结果可以满足权利人的利益和需要，可以成为法律关系的客体。行为包括作为和不作为，前者如旅客运输合同的客体是运送旅客的行为，后者如竞业禁止合同的客体是不从事相同或相似的经营或执业活动。

（3）人格利益。人格利益是人身权法律关系的客体，也是诸多行政、刑事法律关系的客体。具体包括公民或组织的姓名或者名称、公民的肖像、名誉、尊严，公民的人身、人格和身份等。

（4）智力成果。人类智力活动创造的成果，包括科学著作、文学艺术作品、专利、商标等，这些成果是人们脑力活动的产物，称为智力成果。智力成果常成为知识产权法律关系的客体。

3. 法律关系的内容。法律关系的内容，即法律关系主体享有的权利和承担的义务。权利是法律允许权利人为了满足自己的利益可以作为或不作为，或者要求他人为一定行为或不为一定行为，并由他人的法律义务作为保证的资格。义务是法律规定的义务人应当按照权利人的要求为一定行为或不为一定行为，以满足权利人的利益的约束。

权利和义务之间关系密切，没有无义务的权利，也没有无权利的义务；不能一方只享受权利不承担义务，另一方只承担义务不享受权利；权利是权利人的行为自由，因而权利可以行使也可以放弃，但权利的行使有特定界限，不得滥用权力。

（二）法律关系的变动原因：法律事实

与任何事物一样，法律关系也有产生、发展和消灭的过程。引起法律关系变化的原因，是法律事实。所谓法律事实，是指法律规范所规定的，能够引起法律后果即法律关系产生、变更或消灭的客观现象。法律事实根据其是否以权利主体的意志为转移可以分为事件和行为。

1. 事件。事件是指与当事人意志无关，但能够引起法律关系发生、变更和消灭的客观情况，常见的有以下三种。

（1）自然灾害与意外事件。通常自然灾害等可构成法律上的不可抗力，常成为免除法律责任或消灭法律关系的原因。意外事件可能导致风险或不利后果的法律分配，也可能成为某些法律关系的免责事由。

（2）人的出生与死亡。人的出生与死亡能够引起民事主体资格的产生和消灭，也可能导致人格权的产生和继承的开始等。

（3）时间的经过。时间经过可引起一些请求权的发生或消灭，例如，时效的经过，将导致债权的效力受到减损。

2. 行为。行为是指以权利主体的意志为转移、能够引起法律后果的法律事实。根据人的行为是否属于表意行为，可以分为两类。

（1）法律行为，即以行为人的意思表示为要素的行为。行为人作出意思表示应当具有相应的行为能力。

（2）事实行为，即与表达法律效果、特定精神内容无关的行为，例如创作行为、侵权行为等。由于事实行为通常与表意无关，因此，事实行为构成通常不受行为人行为能力的影响。

第二节 企业合规管理

在一定程度上，合规管理与业务管理、财务管理一起，并称为企业管理的三大支柱。西方企业之所以在建立合规计划方面具有强大的动力，是因为合规在刑法上具有多重激励机制，即，建立有效的合规计划可以成为涉嫌犯罪的企业寻求不起诉、作出无罪抗辩、获得减免刑罚乃至与监管机构签署暂缓起诉协议的重要依据，企业由此可以最大限度地减少损失。也正是在这种刑法激励机制的作用下，西方律师业逐渐发展出来一种重要的合规业务，将独立的合规调查、对监管起诉的应对以及合规计划的打造作为这种业务的基本内容。

一、作为公司治理方式的合规管理

传统的公司治理结构主要调整的是股东大会、董事会、监事会和管理层在公司决策、经营等方面所形成的相互制衡关系。但出于公司防范法律风险、减少公司损失的需要,合规机制逐步被纳入公司治理的结构之中。企业建立合规计划,始于 20 世纪 90 年代的美国,后来逐渐得到其他西方国家的普遍接受。一些国际组织也通过制定国际公约的方式,将企业合规的最低标准推向全世界。

(一) 企业合规的产生与发展

1977 年,为严厉惩治日趋严重的美国公司海外贿赂行为,美国颁布了《反海外腐败法》。该法确立的反腐败条款和会计条款不仅对在海外运营的美国公司产生了较大的法律约束力,还可以适用于外国公司在美国的贿赂行为以及在美国设立分支机构的外国公司的海外贿赂行为。美国联邦司法部对违反该法的行为拥有刑事管辖权,而美国证券交易委员会则可以行使民事管辖权。

进入 20 世纪 90 年代以来,美国司法部和证交会对海外贿赂行为的查处力度显著加强,大批跨国企业因为存在各种商业贿赂行为而被定罪判刑。由于定罪给公司所带来的不仅是承担刑事责任,而且还严重损害了公司声誉,使公司失去商业机会和交易资格,因此,为避免如此严重的后果,很多公司开始重视内部的法律风险防范问题,避免海外贿赂行为的发生。与此同时,在反海外腐败法实施过程中,美国政府担心,假如仅仅对美国公司作出反腐败方面的约束和限制,而对那些不在美国运营的外国公司的商业贿赂行为不闻不问的话,美国公司势必丧失竞争优势。在此背景下,美国政府与一些国际组织进行谈判,一方面推动了美国的主要贸易伙伴制定反腐败法律;另一方面也推动了反腐败国际公约的制定和实施。于是,一种旨在推动企业建立合规计划的立法努力逐渐得到加强,企业合规计划开始出现在一些西方国家的法律和国际公约之中。

2005 年 4 月,巴塞尔银行监管委员会发布了《合规与银行内部合规部门》,对金融企业构建合规部门确立了一般性的原则。该项文件对于合规风险作出了明确界定:银行因未能遵循法律、监管规定、规则、自律性组织制定的有关准则,以及适用于银行自身业务活动的行为准则,则可能遭受法律制裁或监管处罚、重大财务损失或声誉损失的风险。该文件要求,合规应从银行高层做起,唯有董事会和高级管理层作出表率,合规才最为有效。该文件确立了合规的主要原则。

2010 年 3 月,经济合作与发展组织(OECD)发布了《内部控制、企业道德及合规最佳实践指南》，对成员国和跨国企业提出了预防腐败行为的要求，并确立了有效合规的十二项准则。这些准则主要包括：企业高层管理人员对于合规计划的支持；企业政策对于贿赂行为的禁止；所有员工对于遵从内部控制和合规计划的共识；合规工作向董事会直接汇报，由专职高管负责，并确保合规机构的独立性、权威性和充足资源；有针对性的企业道德与合规措施；将合作第三方纳入合规计划；确保会计账簿和记录的准确性；对全体员工的合规培训；鼓励全体员工对合规计划的支持；鼓励员工举报违规行为；对合规计划的有效性进行定期评估等。

2014年，国际标准化组织（ISO）发布了《合规管理体系指南》，以国际法律文件的形式确立了有效合规的基本标准。这些标准主要包括：企业管理机构和管理者应展示和承诺进行合规体系建设；合规政策应加以记录和存档，以简单语言表述；所有员工和合规官员，应当履行与企业有关的合规义务；负有合规义务的人应有效处理这些义务，接受教育和培训，以便确保所有员工的角色与合规承诺保持一致；企业应采取适当方法，包括教育和培训，让所有员工理解企业的期望和违规的后果；对于合规管理体系的有效性进行持续监督；对于合规风险应进行识别和加以评估；企业应采取纠正措施应对违规行为；企业应持续不断地提高合规管理体系的适当性、充分性和有效性，等等。

（二）合规管理的基本要素

企业合规最初是为配合国际反商业贿赂的开展和合作而产生的。在美国《反海外腐败法》实施二十余年后，英国于2011年通过了《反贿赂法》，法国2016年通过了《萨宾第二法案》。这些法律都属于反海外腐败的法律，所确立的合规机制也都属于"反腐败合规"。这种着眼于防范企业商业贿赂犯罪的合规机制，一般被称为"小合规"，或者"狭义的合规"。而近二十年来，无论是西方国家的法律，还是一些国际组织通过的公约，都开始将公司治理扩大到更为广泛的领域。除了反商业贿赂以外，其他包括反洗钱、反垄断、数据保护、反金融欺诈等领域，也逐渐被纳入合规管理体系之中。对于这种适用范围更为广泛的企业合规管理体系，我们通常称之为"大合规"，或者"广义的合规"。

无论是"小合规"，还是"大合规"，所包含的合规计划要素大同小异。一个完整的合规计划通常包含五大体系：一是商业行为准则；二是合规组织体系；三是防范体系；四是监控体系；五是应对体系。

第一，企业应当制定一项完整的商业行为准则。作为企业合规体系的核心部分，商业行为准则为企业所有员工确立了履行职责的基本要求，尤其是在企业每个领域、每个运营环节要遵循的法律、法规、商业伦理规范以及内部要求。如果说企业章程属于公司内部的"宪法"，那么，在企业章程之下确立的合规体系，还可以有"实体法""组织法"和"程序法"之分。相对于其他合规体系而言，商业行为准则可以被归入合规计划的"实体法"部分。

第二，企业应当构建较为成熟的合规组织体系。这相当于合规体系的"组织法"部分。一般而言，企业设立董事会的，应当在董事会下设合规委员会，由一名董事担任负责人；企业应设立合规部门，合规部门应有首席合规官，直接向首席执行官负责；企业在所有分支机构和职能部门都应设立合规部门，合规部门应接受企业合规委员会和首席合规官的直接领导；合规部门应保持最大限度的独立性，为避免利益冲突，合规官应由专职人员担任，而不应承担企业内部的其他与合规管理有冲突的工作；企业应维持一种上下一体的合规组织结构，为合规部门提供充足的资源，确保合规部门独立地识别合规风险，并及时向管理层和董事会报告合规风险。

第三，企业应当建立合规的防范体系。所谓防范，是指针对可能的合规风险所采取的预防性措施。防范体系通常由四个要素构成：一是及时有效的风险评估，定期和不定期地对企业运营过程中存在的合规风险进行识别和评估；二是基于合规风险的尽职调查，由合规部门针对合规风险，进行调查和研究，提交合规风险报告，并研究制定和实施降低风险的措施；三是合规培训和教育，针对敏感位置的员工进行有针对性的合规培训和教育，针对全体员工则进行全员性的合规培训，以帮助员工了解法律法规和内部规章制度的最新变化，传达高层关于合规的最新政策和措施；四是持续的沟通和指导，合规部门应与管理层和员工进行持续不断的沟通，帮助其了解处理合规风险的方法和经验，解答有关合规管理的疑问和难题，将诚信和合规理念融于员工的思维之中，形成一种合规文化。

第四，完整的合规计划应包括合规监控体系。所谓监控，是指企业对可能出现的合规风险所采取的实时监督、识别和控制体系。合规监控体系一般需要具备四个基本要素：一是企业每位高管和全体员工在其职责范围内，应对每一项业务活动是否存在违规行为，进行可持续的控制管理；二是审计与内控，企业审计部门应与合规部门分离，从而对公司运营过程是否存在违规行为进行双重审查；三是投诉机制，全体员工应有机会并能便利地向合规部门进行投诉，以便反映企业运营中存在的违规行为，这种投诉应得到及时高效的处理，并使投诉者受到保护；四是报告机制，企业合规部门应定期和不定期地就企业合规体系的实施状况以及相关的合规风险，向高级管理层乃至董事会进行报告，以便使后者能迅速及时地了解合规体系的实施状况。

第五，完整的合规计划应包括应对体系。所谓应对，是指违规行为发生后，对存在违规行为的员工进行必要的惩戒，并对企业合规体系的运转情况进行全面有效的实时审查和监测，对于发现的制度漏洞和结构性缺陷，快速及时地加以修补和完善。应对体系其实是企业合规的事后补救机制。

（三）合规在公司治理中的作用

企业一旦建立有效的合规计划，即会带来公司治理结构的显著变化。在传统的由董事会、监事会、高级管理层、审计部门组成的公司管理体系中，引入合规部门和合规团队，使得在董事会之下有合规委员会的机构设置，其负责人通常由董事会的一名主要成员担任；在首席执行官之下设立首席合规官，由后者领导起一个自上而下的合规管理团队；一旦发现企业存在合规风险，合规部门将会承担报告责任，不仅要向高级管理层进行报告，而且还要有向董事会直接报告的机制；企业在各项业务运行、财务管理乃至审计监督等环节，都要接受合规部门的独立审查。一言以蔽之，在传统的由企业决策者、执行者和监督者所构成的三角结构之外，组建起一个独立的法律风险防控部门，并发挥其不可替代的独立作用。

企业建立合规计划的直接目的在于避免合规风险的发生。所谓"合规风险"，通常是指企业因未能遵循法律法规、监管要求、规则、自律性组织制定的有关准则以及适用于企业自身业务的行为准则，而可能遭受法律处罚、监管处罚、重大财务损失或声誉损失的风险。相对于传统的业务风险和审计风险而言，合规风险属于因企业自身违法违规原因所遭受的各种损失，会造成更为严重的后果，企业因此付出的代价也更为巨大。

首先，企业通过建立有效的合规计划，可以避免企业整体利益的损失。准确地说，合规无法直接帮助企业创造商业价值，却可以帮助企业避免重大的经济损失。从短期效果来看，企业违法违规开展经营活动，例如贿赂政府官员、采用恶性竞争方法、实施欺诈手段等，可能增加企业营业收入，获取暂时的经济利益。但是，这种违法违规经营活动却破坏了企业竞争的公平性，导致企业运营成本大幅度增加，甚至会因为其他企业普遍采取不正当的手段而失去更大的利益。而唯有建立有效的合规计划，企业才能在遵守法律法规的前提下开展经营活动，具有一个相对公平的经营环境和秩序，从而获得整体的利益保障。

其次，合规机制的引入，可以使企业避免因为被定罪判刑或者受到监管处罚而付出极为惨痛的代价。在美国 20 世纪发生的安然事件和安达信事件中，联邦司法部对这两家企业提起刑事诉讼，最终导致两家企业相继破产，数以万计的公司员工失业，当地经济出现严重震荡。显然，一个没有合规计划的企业，难以预防企业及其高管犯罪行为的发生，而企业一旦被定罪判刑，将会导致其无辜的员工、股东、投资者、代理商、经销商的利益受到严重损失，企业的信誉和声望受到挫败，企业轻则失去大量交易机会和交易资格，重则失去上市的资格，特别严重的企业犯罪案件，还会造成企业被宣告破产。而唯有建立有效的合规计划，企业才能避免上述最坏的结局，从而获得长远健康发展的机会。

最后，通过建立合规计划，企业可以承担更大的道德责任和社会责任，并树立良好的社会形象，获得长久的商业信誉，从而实现可持续的业务增长。在一个法治社会中，企业一旦建立合规计划，不仅可以减少多方面的损失，还可以获得一系列商业回报。一个在合规经营中成长的企业，也将因其合规经营而受益，并最终成为业内的模范企业，进而实现"百年老店"的目标。

二、作为刑法激励机制的合规管理

合规管理固然是一种在新的价值观指引下确立的公司治理方式，但是，假如没有刑法激励机制，几乎没有企业会认真对待合规问题。建立刑法激励机制主要是基于功利主义哲学的考量：唯有"放过违规企业，严惩违规高管和员工"，才能在严惩企业违法违规行为与避免造成企业重大损失之间寻求一种平衡。即便如此，除美国以外，欧美其他各国在对涉案企业"网开一面"的同时，对违法违规的企业员工几乎都采取了"严刑峻罚"的制裁方式。

根据余永定教授的研究，2009~2015年，美国监管机构对在美经营的银行罚款1 610亿美元，其中，美国银行、摩根大通分别被处以166.5亿美元、130亿美元的高额罚款，花旗银行70亿美元，高盛50亿美元，巴克莱20亿美元；2014年，瑞士信贷因帮助客户逃税被处以28.8亿美元的罚款；德意志银行更是多次被要求缴纳巨额罚款，2010年因协助美国富人逃税而被处以5.5亿美元罚款，因违反反洗钱法律被罚2.58亿美元，2016年还因参与违规金融活动进而被司法部等监管机构处以140亿美元罚款。除金融机构以外，其他企业被处以罚款的情况也是令人触目惊心的。2016年，英国石油公司因墨西哥湾石油泄漏事件而被处以208亿美元的罚款，大众汽车因排放测试作弊事件被罚款147亿美元。

这些涉案企业在缴纳巨额罚款的同时，无一例外地都向监管机构承诺建立或者完善合规计划。监管机构最终对其作出撤销起诉的决定，都建立在对其合规计划评估合格的前提之下。很显然，在这种以达成和解协议替代刑事起诉的现象背后，存在着一种刑法上的激励机制。这种激励机制的基本特征是，只要涉嫌犯罪的企业建立合规计划，监管机构就有可能不将其移送起诉，检察机关也可以与其签订和解协议；只要在和解协议所设定的考验期之内，涉案企业建立或者完善了合规计划，并通过了监管机构或检察机关的审核评估，就可以换取后者的撤销起诉，避免被定罪判刑的结果。

欧美国家刑法激励机制，大体上可以分为五种模式：一是以合规为根据作出不起诉的模式；二是以合规作为无罪抗辩事由的模式；三是以合规作为从轻量刑情节的模式；四是以合规换取和解协议并进而换取撤销起诉结果的模式；五是以对违法行为披露换取宽大刑事处理结果的模式。

（一）以合规作为不起诉的根据

一些西方国家的检察机关在决定是否对涉嫌犯罪的企业提起公诉时，经常会将企业是否建立了有效的合规计划作为一项重要因素。在司法实践中，检察机关对于确实建立了合规计划并具有保障合规计划有效运行机制的涉案企业，结合该企业所涉嫌犯罪的严重程度和危害后果，可以根据社会公共利益和司法利益的需要，作出不起诉的决定。

在这一方面，美国就确立了成体系的合规不起诉制度。自1991年起，美国联邦检察机关在审查决定是否对涉案企业提供公诉时，要在《联邦量刑指南》的框架下，将企业合规问题作为决定是否提起公诉的重要因素。联邦司法部1999年发布的一份《企业诉讼指南》，要求检察官在决定对企业起诉时考虑八个方面的因素：一是犯罪行为的性质和严重程度；二是公司内部违法违规行为的普遍性；三是该公司的类似行为历史；四是公司发现犯罪行为的及时性、自觉性，对调查人员的配合程度；五是公司是否建立了合规计划，该合规计划是否完备；六是公司采取的补救措施；七是有无附带的不良后果，包括对无罪股东、员工造成的损失；八是可用的补救措施是否妥善。其中，上述第二、第五和第六个要素就属于企业合规问题，涉及公司是否建立合规计划、所存在的合规风险以及所采取的补救措施问题。

当然，仅仅有一个书面的合规计划，并不足以构成检察机关对企业作出不起诉的依据。美国联邦司法部特别强调合规计划的有效性。"评估任何机制的关键都在于看它是否是为了充分防止或发现员工的违法违规行为而精心设计的，企业的管理运行又是否在支持、遵循这种机制"，这显然就是合规计划的有效性问题。唯有建立这种有效运行的合规机制，检察机关才会考虑对涉案企业作出不起诉的决定。

（二）以合规作为寻求无罪抗辩的理由

通常来说，检察机关在起诉方面的自由裁量权越大，就越可能对建立合规计划的企业作出不起诉的决定。在合规的刑法激励机制中，检察机关发挥着一定的主导作用，而法院则通常不会因为企业建立了有效的合规计划，而对其作出无罪判决。然而，有些西方国家却允许在法定例外情形下，涉案企业可以将合规作为无罪抗辩的事由。这主要是指在为企业建立严格责任的情况下，允许企业以建立有效合规计划为由，提出积极的无罪抗辩，从而将那种带有推定性的刑事责任予以推翻。由此，合规就有可能成为企业寻求无罪抗辩的法定事由。

这方面的典型例子是英国。英国2011年通过的《反贿赂法》，确立了一种"商业组织预防贿赂失职罪"（failure of commercial organization to prevent bribery），只要一个商业组织的"关联人员"，为获取或保留该组织的业务，或者为了获取或保留该组织的商业优势,而向他人行贿的,该商业组织即构成该项犯罪。当然,该组织能够证明其已经制定了"充分程序"以预防行贿行为发生的,则不构成该项犯罪。

显然,"商业组织预防贿赂失职罪"属于一种推定性犯罪。这种推定性犯罪与我国刑法中确立的巨额财产来源不明罪,具有相似的性质。这一罪行实际赋予涉案企业承担"严格责任"的后果,也就是在不存在犯意或主观过错的情况下,企业就要承担刑事责任。但是,为避免对企业任意追究刑事责任,英国法律也赋予企业提出无罪抗辩的机会,那就是企业只要能够证明已经制定了"充分程序"预防贿赂行为的发生,就可以避免受到刑事追究。这里所谓的"充分程序",也就是企业建立了合规计划。

根据英国2011年通过的《反贿赂法指南》,所谓"充分程序",是指企业在预防贿赂犯罪方面贯彻了六项基本原则,也就是相称程序原则、高层承诺原则、风险评估原则、尽职调查原则、有效沟通原则以及监控和评估原则。根据这些原则,企业要确立与其所面临的商业贿赂风险相称的反贿赂程序;公司高层管理人员要作出积极反贿赂的承诺;公司要定期对其所面临的外部和内部贿赂行为发生的风险进行积极评估;为减少发生贿赂的风险,公司应对有关人员的尽职情况进行专门调查;公司要通过内部和外部的沟通,使其预防贿赂的政策和程序为全体员工所知晓;公司要定期监控和评估其反贿赂的政策和程序,并采取必要的改进措施。很显然,这些充分程序的六项原则及其包含的具体要求,实际就是有效合规计划的基本内容。由此,合规计划的有效实施,就成为企业推翻被指控的失职犯罪、寻求无罪结果的法定抗辩事由。

(三) 以合规换取减免刑罚

在一些西方国家的刑法中,法院在对涉嫌犯罪的企业进行定罪后,可以将企业建立有效的合规计划作为一种重要的量刑情节,并以此为依据对企业作出较大幅度的减轻处罚。这种以合规换取减轻刑罚的做法,又被称为"量刑激励"。企业合规在这里可以成为重要的从轻量刑情节。

采纳这一模式的典型国家是美国。早在20世纪80年代,美国联邦量刑委员会就规定,企业应制定有效的合规计划,以注意预防和发现犯罪行为。如果在犯罪行为发生时,企业建立了有效的合规计划,则可以对其减轻处罚。根据美国《组织量刑指南》,对于构成犯罪的企业,法院可以根据以下方式计算其刑罚幅度:一是确定犯罪等级;二是将罪行等级代入公司罚金表;三是确定罪责指数;四是对罪责指数用惩罚加倍,以确定该行为在履行指南上的最高和最低数额。假如涉案企业拥有有效的合规计划,那么,根据上述四个步骤的刑罚幅度计算,"罚款数额将会有非常大的改变,比如罪责指数从9降到了6。由于点数变化,最小倍数变成了1.2,最大2.4,罚款数额则依据指南变成了6 000万到1.2亿美元",也就是说,一个有效的合规计划可以将可能的罚款参考数额降低 4 000 多万美元。与此同时,假如企业自觉披露了违法违规行为并配合调查,那么"罪责指数就会额外降低多达 5 个等级……罚款参考也就会相应地变成 1 000 万~2 000 万美元,或者低于公司的盈利额"。美国学者认为,为了在量刑时获得最大收益,比如可能获得额外降低 30% 的罚金,企业必须拥有有效的合规计划。

(四) 将合规作为签署暂缓起诉协议和撤销起诉的依据

在西方国家对合规所确立的刑法激励机制中,最为重要、影响最大的制度当属暂缓起诉协议制度。所谓暂缓起诉协议(Deferred Prosecution Agreement,DPA),又被称为"延迟起诉协议",是指检察机关与涉嫌犯罪的企业通过协商所达成的一种附条件不起诉协议,其内容一般包括检察机关设置一定的考验期,企业在考验期内要缴纳高额罚款,建立或完善合规计划,接受检察机关派驻的合规监察官,定期向检察机关报告建立完善合规计划的进展情况,检察机关在考验期结束后,对于那些认真履行协议的涉案企业,可以撤销起诉,涉案企业由此避免被定罪判刑的后果。在这种暂缓起诉协议制度中,检察机关享有更大的自由裁量权,充分发挥了合规的双重激励作用:一是对于被调查的企业,以合规为依据来决定是否与其签署暂缓起诉协议;二是对于签署暂缓起诉协议的企业,督促其建立完善合规计划,并以合规作为撤销起诉的依据。

美国是第一个确立暂缓起诉协议制度的国家。美国在确立暂缓起诉协议制度的同时,还保留了一种不起诉协议制度(Non-Prosecution Agreement,NPA)。所谓"不起诉协议",也是检察机关与涉嫌犯罪的企业所达成的附条件不起诉的协议,其基本内容与暂缓起诉协议非常相似。但达成这种不起诉协议的时间,通常是在检察机关提起公诉之前,检察官享有更大的自由裁量权,可以自行决定签署这种协议,而无须经过法官的批准。而暂缓起诉协议则一般发生在检察官提起公诉之后,也需要经过法官的批准。当然,美国联邦检察机关与涉嫌犯罪的企业所达成的大多数协议都是暂缓起诉协议。

发端于美国的暂缓起诉协议制度,相继得到了英国、法国、加拿大、澳大利亚和新加坡等国家的采纳,并被这些国家通过立法加以确立下来。根据英国 2013 年通过的《犯罪与法院法》(Crime and Courts Act 2013),无论是英国反严重欺诈办公室(SFO)还是皇家检察署(CPS),都可以与涉嫌犯罪的企业达成暂缓起诉协议。与美国制度不同的是,英国的暂缓起诉协议只针对涉嫌犯罪的企业适用,而不适用于自然人。这一协议由检察官与涉案企业自愿达成,并需要经过法官的审查和批准方可产生法律效力,其履行情况还要受到法官的持续监督。通常情况下,一份完整的暂缓起诉协议包括以下条款:支付机构协商所确定的罚款;对受害者作出经济补偿;支付检察机关的相关费用;与执法机关进行合作;遵守从事特定活动的禁令;提交财务报告;建立强有力的合规计划；与检察机关保持合作，等等。

2018年，加拿大通过修订刑法，确立了检察机关与涉嫌欺诈、贿赂、洗钱等严重经济犯罪的企业达成暂缓起诉协议的制度。与英国制度极为相似，加拿大的暂缓起诉制度也仅适用于涉案企业，而不适用于自然人；检察官与涉案企业经过商谈达成协议后，应将该协议提交法官进行审查。法官在对暂缓起诉协议进行审查的过程中，要确保协议的公平、合理和相称。该协议一旦得到法官的批准，还要被公之于众，以确保协议内容和达成过程的公开和透明。与此同时，检察机关是否达成此种暂缓起诉协议，以及在协议中确立何种条款，都要考虑以下几个因素：一是涉案企业是否对其不法行为作出过报告或承认；二是企业是否与政府部门保持合作；三是企业是否表现出改革其商业行为和企业文化的诚意；四是涉嫌犯罪的性质和严重程度；五是责任程度；六是公司是否采用或加强了合规计划；七是给公司定罪会不会损害无辜的第三方，等等。

2018年，澳大利亚通过了一项加强打击公司犯罪的法案，在修订了有关跨国贿赂条款的同时，确立了澳大利亚的暂缓起诉协议制度。这部法案首先仿效英国确立了公司预防商业贿赂失职的犯罪，确立了公司的严格责任，并赋予公司以建立合规计划作出无罪抗辩的权利。与此同时，该法案允许检察机关与涉案企业达成暂缓起诉协议，后者可以通过承诺支付罚款、向受害者支付赔偿、建立合规计划等，来换取检察机关作出撤销起诉的决定。与英国相似，澳大利亚的暂缓起诉协议也只对涉嫌犯罪的公司适用，适用的案件主要是那些涉嫌贿赂、欺诈、内部交易以及其他涉及市场交易的严重公司犯罪案件。法官对暂缓起诉协议条款负有审查责任，考虑这些条款是否符合公平、合理和相称的原则。暂缓起诉协议一旦得到批准，应当立即公之于众。

同样是在2018年，处于亚洲地区的新加坡，通过了刑事司法改革法，确立了与英国较为类似的暂缓起诉协议制度。协议的内容也包括缴纳罚款、实施合规计划、设立合规监察官、补偿受害者等。检察官与涉嫌贿赂、洗钱等经济犯罪的公司达成暂缓起诉协议后，需要将协议提交新加坡高等法院加以审查。该法院必须确信该协议符合司法公正的原则，才会批准该项协议。对于暂缓起诉协议的执行以及相关条款的变更，新加坡高等法院有权进行持续不断的监督。

以上国家对暂缓起诉协议制度的确立，与其所采取的对抗式诉讼制度是一脉相承的。检察机关在这一制度下享有较大的自由裁量权，可以在提起公诉后与被指控犯罪的自然人达成辩诉交易，以换取被告人的有罪答辩，从而使案件避开法庭审理程序，说服法官启动量刑听证程序。同时，对于涉嫌犯罪的公司，检察机关也可以与其达成暂缓起诉协议，以换取公司在承认不法事实的前提下，通过缴纳巨额罚款和建立合规计划，来换取检察机关的撤销起诉。可以说，无论是辩诉交易，还是暂缓起诉协议，都是控辩双方通过避开对抗式法庭审理程序而达成的和解协议。但值得高度关注的是，作为大陆法系国家的法国，也在其职权主义诉讼制度之中，引入了美国式的暂缓起诉协议制度，并为企业合规确立了刑法上的激励机制。

根据 2016 年法国通过的《萨宾第二法案》，法国建立了专门负责预防和发现企业腐败行为的法国反腐败局（Agence Francaise Anti-Corruption，AFA），该机构的主要职能是督促企业建立合规计划，并对企业合规计划的有效性加以评估。根据这一法案，法国在全世界率先建立了强制合规制度，对于那些用工人数超过 500 人，营业收入超过 1 亿欧元的企业，一律要求其建立合规计划，对于符合上述条件而不建立合规计划的企业，法国反腐败局有权对企业及其高管进行持续不断的罚款。

与此同时，在面对大量涉嫌在海外存在商业贿赂行为的法国企业遭受美国巨额罚款的情况下，为改变在海外反腐败方面的被动局面，也基于对美国 FCPA 执法机制的不满，法国确立了与美国和英国相似的暂缓起诉协议制度。根据这一制度，检察机关在与涉案企业进行平等协商的基础上，可以达成附条件的暂缓起诉协议。这一协议通常被称为"基于公共利益的司法协议"（CJIP）。达成这类协议的条件是，企业需要缴纳不超过过去 3 年平均年营业额 30% 的罚款，并且同意在 AFA 的监控下，在第三方独立专家的协助下，在 3 年之内建立或者完善合规计划。在那些有被害人的案件中，企业还需要在 1 年以内按照约定赔偿其经济损失。在与涉案企业达成协议后，检察机关要将协议文本提交法院，法院经过听证程序加以确认之后，协议正式生效。在经过不超过 3 年的考验期之后，检察机关经过审查，认为企业履行了协议内容的，将向法院提出申请，放弃对该企业的公诉程序。而假如企业没有遵守协议所确立的义务，检察机关也会向法院进行汇报，由法院决定是否恢复公诉程序。

（五）通过对合规风险信息的披露换取减少罚金，甚至换取不起诉

这种刑法激励机制的实质在于，企业在面对检察机关或监管机构的调查时，假如主动披露其违法违规行为，与调查人员进行全面合作，并采取了及时和适当的措施对其违法违规行为进行补救的，检察机关可以将所建议的罚金数额予以大幅度降低，甚至可以作出不起诉的决定。这种刑法激励机制为企业开展内部调查，尤其是委托律师事务所从事独立的合规调查，产生了极大的激励作用，大大推动了律师事务所合规调查业务的推广。

根据美国司法部的执法实践，在《联邦量刑指南》所确立的合规激励机制之外，检察官可以通过"合作从宽"（cooperation credit）的方式，鼓励企业主动自行披露其违反 FCPA 的行为。所谓主动自行披露违法行为，包括三个基本要素：一是报告违法违规行为；二是与执法机关进行全面合作；三是采取及时和适当的补救措施。

为确定企业对违法行为的披露是否是主动的和自行的，检察官需要考虑三种因素：一是披露的时机，是在政府调查未启动之前进行的，还是在面临一项调查的紧迫威胁时

所作出的;二是披露是否及时,企业是否在得知其违法行为后的合理时间内作出披露;三是披露是否包括了企业已知的全部相关事实。

在确定企业是否进行全面合作方面,检察机关需要考虑的因素主要有:及时披露全部违法事实;提供主动而非被动的合作;确保相关文件和信息的保全、搜集和披露;提供公司内部调查的及时更新情况;确保内部调查和政府调查不发生冲突;保证检察官与掌握相关信息的原本供进行会谈;披露内部调查中搜集的全部事实及其事实来源;披露海外文件、文件发现地点以及发现人,等等。

所谓采取及时和适当的补救措施,主要是指企业实施了有效的合规计划;对有关员工进行适当的纪律处分;企业认识到违法行为的严重程度,并采取措施减少类似违法行为再次发生的风险。根据美国司法部的要求,那些满足上述三项标准的企业,可以获得最大限度的宽大刑事处理,如将《联邦量刑指南》中设定的罚金范围的最低值减少为50%;对于实施有效合规计划的企业,一般不再要求指定一名合规监察官;对全面满足上述三项标准的企业可以作出不起诉的决定。在司法实践中,检察官通常会将企业对违法行为的披露作为与企业签署暂缓起诉协议或者不起诉协议的主要根据。

2018年,美国司法部对上述"合作从宽"政策作出了一些调整,规定涉嫌犯罪的企业需要将涉嫌违法违规行为的人或者对其负有责任的人识别出来,才可以在刑事诉讼中获得宽大处理的机会。这一政策的调整并没有改变赋予企业通过信息披露来换取宽大刑事处理的政策,而是强调执法机构在鼓励涉案企业进行全面合作的同时,及时发现那些对企业不当行为负有责任的自然人,并对其采取严厉处罚措施。这仍然体现了美国司法部多年来采取的"能起诉自然人,就不起诉公司"的理念。

之所以对建立有效合规计划的企业采取宽大刑事处理,主要是为了尽量避免那些善意的员工、股东、投资人、代理商等受到重大损失,避免企业因被定罪而牺牲商业信誉、失去商业交易资格、被剥夺上市资格。不仅如此,对涉案企业尽量采取宽大处理,还可以最大限度地避免当地的经济震荡,防止对经济发展造成负面影响。

三、中国企业的合规管理

非常遗憾的是,由于多年来有意无意地忽略了对西方企业合规制度的关注,我国法律实务界和法学界对于企业合规问题存在着"碎片化""片面化""主观化"的问题。企业界人士往往强调企业合规在公司治理中的重要价值,律师界则从中国企业向海外发展的角度,将企业合规视为防范法律风险的重要方式。

发端于美国的企业合规制度,随着欧美各国法律制度的发展,也随着一些国际组织的强力推动,逐渐成为西方国家进行公司治理的重要方式。在一定程度上,建立有效的合规计划，不仅仅是一种基于防范法律风险的现实功利考量，而且还具有内在的道德价值，那就是企业不仅要获得盈利，更要承担起重要的社会责任，成为遵守法律法规的楷模。用西门子公司的座右铭来说，就是"西门子只做合规的业务"，因为"合规管理不仅是应对危机的工具，也是未来我们实现可持续发展的重要手段"。

2018年可以定义为中国企业的"合规元年"，2018年实施了三个重磅合规文件。2018年7月1日，国家标准GB/T35770-2017《合规管理体系指南》正式实施；2018年11月2日，国资委发布《中央企业合规管理指引（试行）》；2018年12月26日，国家发改委联合外交部、商务部、人民银行、国资委、外汇局、全国工商联等七部门发布《企业境外经营合规管理指引》。

（一）几个合规文件的关系

国家标准GB/T35770-2017《合规管理体系指南》是对国际标准组织ISO在2014年发布的ISO19600《合规管理体系指南》的翻译和等同采用，旨在提供一个普适性的合规管理体系参考框架，并没有对特定主体的倾向性和针对性。

《中央企业合规管理指引》主要针对的对象是中央企业，对中央企业的合规管理工作和所有合规事项进行了规定。

《企业境外经营合规管理指引》针对的内容是企业境外经营，适用的范围不局限于中央企业，而是所有中国企业。

三个合规文件的关系如图2-1所示。

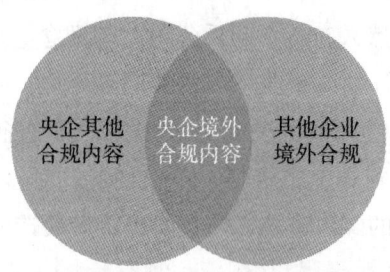

图2-1 三个合规文件的关系

（二）《企业境外经营合规管理指引》解读

2018年12月29日，国家发改委印发《企业境外经营合规管理指引》（以下简称"指引"），要求企业合规管理应从制度设计、机构设置、岗位安排以及汇报路径等方面保证独立性。合规管理机构及人员承担的其他职责不应与合规职责产生利益冲突。企业开展境外投资，应确保经营活动全流程、全方位合规，全面掌握关于市场准入、贸易管制、国家安全审查、行业监管、外汇管理、反垄断、反洗钱、反恐怖融资等方面的具体要求。

1. 合规管理的定义、框架与要求。指引的目的及依据：为更好服务企业开展境外经营业务，推动企业持续加强合规管理，根据国家有关法律法规和政策规定，参考GB/T35770-2017《合规管理体系指南》及有关国际合规规则，制定该指引。

指引合规管理适用范围涉及三种业务类型：对外贸易、境外投资、对外承包工程。中国企业"走出去"经历的阶段顺序是先以输出产品的对外贸易为主，再以劳务和服务输出的对外工程承包过渡到资本输出的对外投资阶段。相应的，承担的风险也逐次递增。

指引所称合规，是指企业及其员工的经营管理行为符合有关法律法规、国际条约、监管规定、行业准则、商业惯例、道德规范和企业依法制定的章程及规章制度等要求。该定义最为关键的是强调企业"依法"制定的章程及规章制度。对于企业的规章制度的合规要求，应该是以有外部监管要求的规章制度为重点，而不建议将所有的企业规章制度都纳入合规的范畴，这会转移合规内容的重点。

指引合规管理逻辑框架：企业应以倡导合规经营价值观为导向，明确合规管理工作内容，健全合规管理架构，制定合规管理制度，完善合规运行机制，加强合规风险识别、评估与处置，开展合规评审与改进，培育合规文化，形成重视合规经营的企业氛围。

该指引合规管理包括三个原则。

(1) 独立性原则。企业合规管理应从制度设计、机构设置、岗位安排以及汇报路径等方面保证独立性。合规管理机构及人员承担的其他职责不应与合规职责产生利益冲突。

(2) 适用性原则。企业合规管理应从经营范围、组织结构和业务规模等实际出发，兼顾成本与效率，强化合规管理制度的可操作性，提高合规管理的有效性。同时，企业应随着内外部环境的变化持续调整和改进合规管理体系。

(3) 全面性原则。企业合规管理应覆盖所有境外业务领域、部门和员工，贯穿决策、执行、监督、反馈等各个环节，体现于决策机制、内部控制、业务流程等各个方面。

2. 合规管理要求。在这三个业务类型外加日常运营，提出了四个"确保"和四个"全面掌握"。"确保"描述的是目标，"全面掌握"描述的是重点合规内容。

(1) 对外贸易中的合规要求。企业开展对外货物和服务贸易，应确保经营活动全流程、全方位合规，全面掌握关于贸易管制、质量安全与技术标准、知识产权保护等方面的具体要求，关注业务所涉国家（地区）开展的贸易救济调查，包括反倾销、反补贴、保障措施调查等。

(2) 境外投资中的合规要求。企业开展境外投资，应确保经营活动全流程、全方位合规，全面掌握关于市场准入、贸易管制、国家安全审查、行业监管、外汇管理、反垄断、反洗钱、反恐怖融资等方面的具体要求。

（3）对外承包工程中的合规要求。企业开展对外承包工程，应确保经营活动全流程、全方位合规，全面掌握关于投标管理、合同管理、项目履约、劳工权利保护、环境保护、连带风险管理、债务管理、捐赠与赞助、反腐败、反贿赂等方面的具体要求。

（4）境外日常经营中的合规要求。企业开展境外日常经营，应确保经营活动全流程、全方位合规，全面掌握关于劳工权利保护、环境保护、数据和隐私保护、知识产权保护、反腐败、反贿赂、反垄断、反洗钱、反恐怖融资、贸易管制、财务税收等方面的具体要求。

3. 合规管理机构。企业可结合发展需要建立权责清晰的合规治理结构，在决策、管理、执行三个层级上划分相应的合规管理责任。企业的决策层应以保证企业合规经营为目的，通过原则性顶层设计，解决合规管理工作中的权力配置问题。企业的高级管理层应分配充足的资源建立、制定、实施、评价、维护和改进合规管理体系。企业的各执行部门及境外分支机构应及时识别归口管理领域的合规要求，改进合规管理措施，执行合规管理制度和程序，收集合规风险信息，落实相关工作要求。

企业可根据业务性质、地域范围、监管要求等设置相应的合规管理机构。合规管理机构一般由合规委员会、合规负责人和合规管理部门组成。尚不具备条件设立专门合规管理机构的企业，可由相关部门（如法律事务部门、风险防控部门等）履行合规管理职责，同时明确合规负责人。

合规委员会为企业合规管理体系的最高负责机构，一般应履行以下合规职责：

（1）确认合规管理战略，明确合规管理目标；

（2）建立和完善企业合规管理体系，审批合规管理制度、程序和重大合规风险管理方案；

（3）听取合规管理工作汇报，指导、监督、评价合规管理工作。

企业可结合实际任命专职的首席合规官，也可由法律事务负责人或风险防控负责人等担任合规负责人。首席合规官或合规负责人是企业合规管理工作具体实施的负责人和日常监督者，不应分管与合规管理相冲突的部门。首席合规官或合规负责人一般应履行以下合规职责：

（1）贯彻执行企业决策层对合规管理工作的各项要求，全面负责企业的合规管理工作；

（2）协调合规管理与企业各项业务之间的关系，监督合规管理执行情况，及时解决合规管理中出现的重大问题；

（3）领导合规管理部门，加强合规管理队伍建设，做好人员选聘培养，监督合规管理部门认真有效地开展工作。

企业可结合实际设置专职的合规管理部门，或者由具有合规管理职能的相关部门承担合规管理职责。合规管理部门一般应履行以下合规职责：

（1）持续关注我国及业务所涉国家（地区）法律法规、监管要求和国际规则的最新发展，及时提供合规建议；

（2）制定企业的合规管理制度和年度合规管理计划，并推动其贯彻落实；

（3）审查评价企业规章制度和业务流程的合规性，组织、协调和监督各业务部门对规章制度和业务流程进行梳理和修订；

（4）组织或协，助业务部门、人事部门开展合规培训，并向员工提供合规咨询；

（5）积极主动识别和评估与企业境外经营相关的合规风险，并监管与供应商、代理商、分销商、咨询顾问和承包商等第三方（以下简称"第三方"）相关的合规风险。为新产品和新业务的开发提供必要的合规性审查和测试，识别和评估新业务的拓展、新客户关系的建立以及客户关系发生重大变化等所产生的合规风险，并制定应对措施；

（6）实施充分且具有代表性的合规风险评估和测试，查找规章制度和业务流程存在的缺陷，并进行相应的调查。对已发生的合规风险或合规测试发现的合规缺陷，应提出整改意见并监督有关部门进行整改；

（7）针对合规举报信息制定调查方案并开展调查；

（8）推动将合规责任纳入岗位职责和员工绩效管理流程。建立合规绩效指标，监控和衡量合规绩效，识别改进需求；

（9）建立合规报告和记录的台账，制定合规资料管理流程；

（10）建立并保持与境内外监管机构日常的工作联系，跟踪和评估监管意见和监管要求的落实情况。

合规管理机构的组成及其协调机制如图2-2所示。

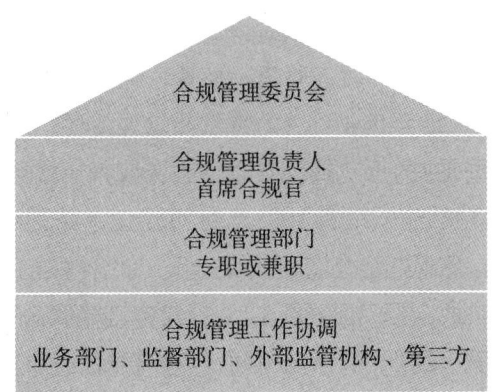

图2-2 合规管理机构的组成及其协调机制

在合规管理协调中，根据海外合规的工作特点，除了一、二、三道防线之外，强调与外部监管机构和第三方的沟通事项。

（1）合规管理部门与业务部门分工协作。合规管理需要合规管理部门和业务部门密切配合。境外经营相关业务部门应主动进行日常合规管理工作，识别业务范围内的合规要求，制定并落实业务管理制度和风险防范措施，组织或配合合规管理部门进行合规审查和风险评估，组织或监督违规调查及整改工作。

（2）合规管理部门与其他监督部门分工协作。合规管理部门与其他具有合规管理职能的监督部门（如审计部门、监察部门等）应建立明确的合作和信息交流机制，加强协调配，形成管理合力。企业应根据风险防控需要以及各监督部门的职责分工划分合规管理职责，确保各业务系统合规运营。

（3）企业与外部监管机构沟通协调。企业应积极与境内外监管机构建立沟通渠道，了解监管机构期望的合规流程，制定符合监管机构要求的合规制度，降低在报告义务和行政处罚等方面的风险。

（4）企业与第三方沟通协调。企业与第三方合作时，应做好相关的国别风险研究和项目尽职调查，深入了解第三方合规管理情况。企业应当向重要的第三方传达自身的合规要求和对对方的合规要求，并在商务合同中明确约定。

4. 合规管理制度。合规行为准则是最重要、最基本的合规制度，是其他合规制度的基础和依据，适用于所有境外经营相关部门和员工，以及代表企业从事境外经营活动的第三方。企业应在合规行为准则的基础上，针对特定主题或特定风险领域制定具体的合规管理办法。

（1）合规行为准则，应规定境外经营活动中必须遵守的基本原则和标准，包括但不限于企业核心价值观、合规目标、合规的内涵、行为准则的适用范围和地位、企业及员工适用的合规行事标准、违规的应对方式和后果等。

（2）合规管理办法，包括但不限于礼品及招待、赞助及捐赠、利益冲突管理、举报管理和内部调查、人力资源管理、税务管理、商业伙伴合规管理等内容。企业应针对特定行业或地区的合规要求，结合企业自身的特点和发展需要，制定相应的合规风险管理办法。例如金融业及有关行业的反洗钱及反恐怖融资政策，银行、通信、医疗等行业的数据和隐私保护政策等。

（3）合规操作流程。企业可结合境外经营实际，就合规行为准则和管理办法制定相应的合规操作流程，进一步细化标准和要求。也可将具体的标准和要求融入现有的业务流程当中，便于员工理解和落实，确保各项经营行为合规。

5. 合规管理运行机制。企业应将合规培训纳入员工培训计划；合规负责人和合规管理部门应享有通畅的合规汇报渠道；境外经营相关部门和境外分支机构及其员工在履职过程中遇到合规风险事项；应及时主动寻求合规咨询或审核支持，合规考核应全面覆盖企业的各项管理工作，并建立全面有效的合规问责制度。

（1）合规培训。企业应将合规培训纳入员工培训计划，培训内容需随企业内外部环境变化进行动态调整。

（2）合规汇报。合规管理部门应当定期向决策层和高级管理层汇报合规管理情况。

（3）合规考核。合规考核结果应作为企业绩效考核的重要依据，与评优评先、职务任免、职务晋升以及薪酬待遇等挂钩。

（4）合规咨询与审核。企业应针对高合规风险领域规定强制合规咨询范围。

（5）合规信息举报与调查。企业应根据自身特点和实际情况建立和完善合规信息举报体系。

（6）合规问责。企业应建立全面有效的合规问责制度，明晰合规责任范围，细化违规惩处标准，严格认定和追究违规行为责任。

6. 合规风险识别、评估与处置。本指引所称合规风险，是指企业或其员工因违规行为遭受法律制裁、监管处罚、重大财产损失或声誉损失以及其他负面影响的可能性。严格意义上，风险包括"正面影响"和"负面影响"，根据我国目前实际情况，本指引定义为"负面影响的不确定性"。

风险其实是合规、内控、审计、法务等二、三道防线工作的主线，是根目录。首先，企业应当建立必要的制度和流程，识别新的和变更的合规要求；其次，可通过分析违规或可能造成违规的原因、来源、发生的可能性、后果的严重性等进行合规风险评估；最后，企业应建立健全合规风险应对机制，对识别评估的各类合规风险采取恰当的控制和处置措施。

7. 合规评审与改进。企业合规管理职能应与内部审计职能分离。企业审计部门应对企业合规管理的执行情况、合规管理体系的适当性和有效性等进行独立审计。审计部门应将合规审计结果告知合规管理部门，合规管理部门也可根据合规风险的识别和评估情况向审计部门提出开展审计工作的建议。

企业应定期对合规管理体系进行系统全面的评价，发现和纠正合规管理贯彻执行中存在的问题，促进合规体系的不断完善。合规管理体系评价可由企业合规管理相关部门组织开展或委托外部专业机构开展。

企业应根据合规审计和体系评价情况，进入合规风险再识别和合规制度再制定的持续改进阶段，保障合规管理体系全环节的稳健运行。企业应积极配合监管机构的监督检查，并根据监管要求及时改进合规管理体系，提高合规管理水平。

8. 合规文化建设。企业应将合规文化作为企业文化建设的重要内容。企业决策层和高级管理层应确立企业合规理念，注重身体力行。企业应践行依法合规、诚信经营的价值观，不断增强员工的合规意识和行为自觉，营造依规办事、按章操作的文化氛围。企业应将合规作为企业经营理念和社会责任的重要内容，并将合规文化传递至利益相关方。企业应树立积极正面的合规形象，促进行业合规文化发展，营造和谐健康的境外经营环境。

除此之外，从企业过去的经验看，由于不了解当地风俗习惯和地域文化这些"软合规"内容，也发生过很多由于违背当地的文化和习俗导致项目失败或遇到阻碍的情形，因此，需要注意一些国家和区域的各类禁忌事宜，虽然这不是明确的法律法规，但是企业行为冒犯了当地合作方或居民，项目肯定无法顺利开展。

第三节 企业经营相关国内法律法规

企业经营活动要遵守国内相关法律法规，并接受主管财政、税务机关等的检查监督。国内相关法律法规主要内容包括企业据以纳税和税收机关据以征税的"税法"，调整国内经济关系的"经济法"。本节重点介绍税法中的《企业所得税法》，以及经济法中的《劳动合同法》和《证券交易法》。

一、企业所得税法

企业所得税，是国家对企业在一定时期内的生产经营收入减去必要的成本费用后的余额征收的一种税。企业所得税法律制度主要由《中华人民共和国企业所得税法》《中华人民共和国企业所得税法实施条例》以及一系列部门规章和规范性文件构成。

（一）企业所得税的纳税人和征税范围

企业所得税纳税人，是指在中国境内的企业和其他取得收入的组织（以下统称"企业"），包括各类企业、事业单位、社会团体、民办非企业单位和从事经营活动的其他组织等。个人独资企业、合伙企业属于自然人性质企业，不适用《企业所得税法》。

企业所得税纳税人包括居民企业和非居民企业。居民企业，是指依法在中国境内成立，或者依照外国（地区）法律成立但实际管理机构在中国境内的企业。非居民企业，是指依照外国（地区）法律成立且实际管理机构不在中国境内，但在中国境内设立机构、场所的，或者在中国境内未设立机构、场所，但有来源于中国境内所得的企业。

应税所得，既包括中国居民企业来源于境内和境外的各项所得，也包括非居民企业来源于境内的应税所得。来源于中国境内、境外的所得，按照以下原则确定。

（1）销售货物所得，按照交易活动发生地确定。

（2）提供劳务所得，按照劳务发生地确定。

（3）转让财产所得，不动产转让所得按照不动产所在地确定，动产转让所得按照转让动产的企业或者机构、场所所在地确定，权益性投资资产转让所得按照被投资企业所在地确定。

（4）股息、红利等权益性投资所得，按照分配所得的企业所在地确定。

（5）利息所得、租金所得、特许权使用费所得，按照负担、支付所得的企业或者机构、场所所在地确定，或者按照负担、支付所得的个人的住所地确定。

（6）其他所得，由国务院财政、税务主管部门确定。

（二）企业所得税税率

1. 法定税率。居民企业适用的企业所得税法定税率为25%。同时，对在中国境内设立机构、场所且取得的所得与其所设机构、场所有实际联系的非居民企业，应当就其来源于中国境内、境外的所得缴纳企业所得税，适用税率也为25%。

非居民企业在中国境内未设立机构、场所的，或者虽设立机构、场所但取得的所得与其所设机构、场所没有实际联系的，应当就其来源于中国境内的所得缴纳企业所得税，适用的法定税率为20%。

2. 优惠税率。优惠税率是指按低于法定25%税率对一部分特殊纳税人征收的特别税率，包括20%、15%、10%三种。

（1）小型微利企业，减按20%的税率征收企业所得税。

（2）对国家需要重点扶持的高新技术企业和经认定的技术先进型服务企业（服务贸易类），减按15%的税率征收企业所得税。

（3）在中国境内未设立机构、场所的，或者虽设立机构、场所但取得的所得与其所设机构、场所没有实际联系的，应当就其来源于中国境内的所得，减按10%的税率征收企业所得税。

（三）企业所得税的应纳税额

企业所得税的应纳税额，是指企业的应纳税所得额乘以适用税率，减除依照《企业所得税法》关于税收优惠的规定减免和抵免的税额后的余额。

企业所得税的应纳税额的计算公式为：

$$应纳税额 = 应纳税所得额 \times 适用税率 - 减免税额 - 抵免税额$$

所谓减免税额和抵免税额，是指依照《企业所得税法》和国务院的税收优惠规定减征、免征和抵免的应纳税额。

企业抵免境外所得税额后实际应纳所得税额的计算公式为：

企业实际应纳所得税额

=企业境内外所得应纳税总额－企业所得税减免、抵免优惠税额－境外所得税抵免额

企业取得境外所得计税时，税法规定允许抵免的两种情况：

(1) 居民企业来源于中国境外的应税所得；

(2) 非居民企业在中国境内设立机构、场所，取得发生在中国境外但与该机构、场所有实际联系的应税所得。

企业取得的上述所得已在境外缴纳的所得税税额，可以从其当期应纳税额中抵免，抵免限额为该项所得依照本法规定计算的应纳税额；超过抵免限额的部分，可以在以后5个年度内，用每年度抵免限额抵免当年应抵税额后的余额进行抵补。

（四）企业所得税的税收优惠

1. 免税优惠。免税优惠，是指企业应税收入或所得，按照税法的规定免予征收企业所得税。免税优惠包括：

(1) 国债利息收入。

(2) 符合条件的居民企业之间的股息、红利等权益性投资收益。

(3) 在中国境内设立机构、场所的非居民企业从居民企业取得与该机构、场所有实际联系的股息、红利等权益性投资收益。

(4) 符合条件的非营利组织。

2. 定期或定额减税、免税。

(1) 企业从事下列项目的所得，免征企业所得税：①蔬菜、谷物、薯类、油料、豆类、棉花、麻类、糖料、水果、坚果的种植。②农作物新品种的选育。③中药材的种植。④林木的培育和种植。⑤牲畜、家禽的饲养。⑥林产品的采集。⑦灌溉、农产品初加工、兽医、农技推广、农机作业和维修等农、林、牧、渔服务业项目。⑧远洋捕捞。

(2) 企业从事下列项目的所得，减半征收企业所得税：①花卉、茶以及其他饮料作物和香料作物的种植；②海水养殖、内陆养殖。企业从事国家限制和禁止发展的项目，不得享受上述企业所得税优惠。

(3) 从事国家重点扶持的公共基础设施项目投资经营所得，可以免征、减征企业所得税。企业从事《公共基础设施项目企业所得税优惠目录》规定的港口码头、机场、铁路、公路、城市公共交通、电力、水利等项目，自项目取得第一笔生产经营收入所属纳税年度起，第1～第3年免征企业所得税，第4～第6年减半征收企业所得税，简称"三免三减半"。

(4) 从事符合条件的环境保护、节能节水项目的所得。企业从事符合条件的环境保护、节能节水项目的所得，自项目取得第一笔生产经营收入所属纳税年度起，第1年～第3年免征企业所得税，第4年～第6年减半征收企业所得税。

（5）符合条件的技术转让所得。对符合条件的居民企业技术转让所得不超过500万元的部分，免征企业所得税；超过500万元的部分，减半征收企业所得税。享受技术转让所得减免企业所得税优惠的企业，应单独计算技术转让所得，并合理分摊企业的期间费用；没有单独计算的，不得享受技术转让所得企业所得税优惠。

3. 低税率优惠。

（1）税法规定凡符合条件的小型微利企业，减按20%的税率征收企业所得税；

（2）对国家需要重点扶持的高新技术企业和对经认定的技术先进型服务企业（服务贸易类），减按15%的税率征收企业所得税；

（3）在中国境内未设立机构、场所的，或者设立机构、场所但取得的所得与其所设机构、场所没有实际联系的，应当就其来源于中国境内的所得，减按10%的税率征收企业所得税。

4. 区域税收优惠。

（1）民族地区税收优惠。民族自治地方的自治机关对本民族自治地方的企业应缴纳的企业所得税中属于地方分享的部分，可以决定减征或者免征。对民族自治地方内国家限制和禁止行业的企业，不得减征或者免征企业所得税。

（2）国家西部大开发税收优惠。2011～2020年，对设在西部地区以《西部地区鼓励类产业目录》中规定的产业项目为主营业务，且当年度主营业务收入占企业收入总额70%以上的企业，可减按15%税率征收企业所得税。享受原定期减免税优惠的企业可以继续执行税收优惠至期满，涉及享受减半征税优惠的，可以按照企业适用税率计算的应纳税额减半征收。

（五）企业所得税的特别纳税调整

企业与其关联方之间的业务往来，不符合独立交易原则而减少企业或者其关联方应纳税收入或者所得额的，税务机关有权按照合理方法调整。

独立交易原则，也称作"公平交易原则""正常交易原则"，具体是指没有关联关系的交易各方按照公平成交价格和营业常规进行业务往来遵循的原则。

关联企业的业务往来具体包括有形资产使用权或所有权的转让、金融资产的转让、无形资产使用权或者所有权的转让、资金融通、劳务交易等。税务机关有权调查，并按照独立交易原则认定和调整。

（六）企业所得税的征收管理

企业所得税的征收管理除依据《企业所得税法》规定，还依照《税收征收管理法》相关规定。

1. 纳税地点。

（1）居民企业以企业登记注册地为纳税地点；但登记注册地在境外的，以实际管理机构所在地为纳税地点，另有规定的除外。

（2）非居民企业在中国境内设立机构、场所的，以机构、场所所在地为纳税地点。非居民企业在中国境内设立两个或者两个以上机构、场所的，经税务机关审核批准，可以选择由其主要机构、场所汇总缴纳企业所得税。在中国境内未设立机构、场所的，或者虽设立机构、场所但取得的所得与其所设机构、场所没有实际联系的非居民企业，以扣缴义务人所在地为纳税地点。

2. 纳税方式。居民企业在中国境内设立不具有法人资格营业机构的，应当汇总计算并缴纳企业所得税。企业汇总计算并缴纳企业所得税时，应当统核算应纳税所得额。除国务院另有规定外，企业之间不得合并缴纳企业所得税。

3. 纳税年度。

（1）企业所得税按纳税年度计算。纳税年度自公历1月1日起至12月31日止。

（2）企业在一个纳税年度中间开业，或者终止经营活动，使该纳税年度的实际经营期不足12个月的，应当以其实际经营期为一个纳税年度。

（3）企业依法清算时，应当以清算期间作为一个纳税年度。

4. 纳税申报。企业所得税分月或者分季预缴。企业应当自月份或者季终了之日起15日内，向税务机关报送预缴企业所得税纳税申报表，预缴税款。

企业分月或者分季预缴企业所得税时，应当按照月度或者季度的实际利润额预缴；按照月度或者季度的实际利润额预缴有困难的，可以按照上一个纳税年度应纳税所得额的月度或者季度平均额预缴，或者按照经税务机关认可的其他方法预缴。预缴方法一经确定，该纳税年度内不得随意变更。

企业应当自年度终了之日起5个月内，向税务机关报送年度企业所得税纳税申报表，并汇算清缴，结清应缴应退税款。企业应当在办理注销登记前，就其清算所得向税务机关申报并依法缴纳企业所得税。

企业在报送企业所得税申报表时，无论纳税年度内是盈利或者是亏损、都应当依照规定期限，向税务机关报送预缴企业所得税纳税申报表、年度企业所得税纳税申报表、财务会计报告和税务机关规定应当报送的其他有关资料。

二、劳动合同法

劳动合同法律制度是调整劳动合同关系的法律规范的总称，主要由《劳动法》《劳动合同法》《劳动合同法实施条例》以及一系列部门规章、规范性文件构建。

（一）劳动合同概述

劳动合同，是劳动者与用人单位确立劳动关系、明确双方权利义务的协议。

1. 劳动合同期限。劳动合同分为固定期限劳动合同、无固定期限劳动合同和以完成一定工作任务为期限的劳动合同。有下列情形之一，劳动者提出或者同意续订、订立劳动合同的，除劳动者提出订立固定期限劳动合同外，应当订立无固定期限劳动合同：劳动者在该用人单位连续工作满10年的；用人单位初次实行劳动合同制度或者国有企业改制重新订立劳动合同时，劳动者在该用人单位连续工作满10年且距法定退休年龄不足10年的；连续订立二次固定期限劳动合同，且劳动者没有可以解除合同情形的续订劳动合同。用人单位自用工之日起满1年不与劳动者订立书面劳动合同的，视为用人单位与劳动者已订立无固定期限劳动合同。

2. 劳动合同的条款。劳动合同的条款，是劳动合同当事人双方权利、义务、责任的具体化。

（1）必备条款。劳动合同必备条款包括：用人单位的名称、住所和法定代表人或者主要负责人；劳动者的姓名、住址和居民身份证或者其他有效身份证件号码；劳动合同期限；工作内容和工作地点；工作时间和休息休假；劳动报酬；社会保险；劳动保护、劳动条件和职业危害防护；法律、法规规定应当纳入劳动合同的其他事项。

（2）约定条款。用人单位与劳动者可以约定试用期、培训、保守秘密、补充保险和福利待遇等其他事项。

①试用期。同一用人单位与同一劳动者只能约定一次试用期。以完成一定工作任务为期限的劳动合同或者劳动合同期限不满三个月的，不得约定试用期。

劳动合同期限3个月以上不满1年的，试用期不得超过1个月；劳动合同期限1年以上不满3年的，试用期不得超过2个月；3年以上固定期限和无固定期限的劳动合同，试用期不得超过6个月。试用期包含在劳动合同期限内。劳动合同仅约定试用期的，试用期不成立，该期限为劳动合同期限。

劳动者在试用期的工资不得低于本单位相同岗位最低档工资或者劳动合同约定工资的80%，并不得低于用人单位所在地的最低工资标准。

②培训。用人单位为劳动者提供专项培训费用，对其进行专业技术培训的，可以与该劳动者订立协议，约定服务期。

劳动者违反服务期约定的，应当按照约定向用人单位支付违约金。违约金的数额不得超过用人单位提供的培训费用。用人单位要求劳动者支付的违约金不得超过服务期尚未履行部分所应分摊的培训费用。

培训费用，包括用人单位为了对劳动者进行专业技术培训而支付的有凭证的培训费用、培训期间的差旅费用以及因培训产生的用于该劳动者的其他直接费用。

③保密。用人单位与劳动者可以在劳动合同中约定保守用人单位的商业秘密和与知识产权相关的保密事项。

④竞业限制。竞业限制，是指在解除或终止劳动合同后，负有竞业制义务的劳动者不得到与本单位生产或者经营同类产品、从事同类业务的有竞争关系的其他用人单位或者自己开业生产或者经营同类产品、从事同类业务。

竞业限制的人员限于用人单位的高级管理人员、高级技术人员和其他负有保密义务的人员。竞业限制的范围、地域、期限由用人单位与劳动者约定，竞业限制的约定不得违反法律、法规的规定。

在解除或者终止劳动合同后，前款规定的人员到与本单位生产或者经营同类产品、从事同类业务的有竞争关系的其他用人单位，或者自己开业生产或者经营同类产品、从事同类业务的竞业限制期限，不得超过2年。

3. 劳动合同无效及其后果。

（1）以欺诈、胁迫的手段或者乘人之危，使对方在违背真实意思的情况下订立或者变更劳动合同的。

（2）用人单位免除自己的法定责任、排除劳动者权利的。

（3）违反法律、行政法规强制性规定的。

劳动合同部分无效，不影响其他部分效力的，其他部分仍然有效。

劳动合同被确认无效，劳动者已付出劳动的，用人单位应当向劳动者支付劳动报酬。劳动报酬的数额，参照本单位相同或者相近岗位劳动者的劳动报酬确定。

（二）劳动合同的订立、履行、变更、解除与终止

订立劳动合同，应当遵循合法、公平、平等自愿、协商一致诚实信用的原则。

1. 劳动合同的订立。

（1）订立准备。用人单位招用劳动者时，应当如实告知劳动者工作内容、工作条件、工作地点、职业危害、安全生产状况、劳动报酬，以及劳动者要求了解的其他情况。用人单位有权了解劳动者与劳动合同直接相关的基本情况，劳动者应当如实说明。

（2）订立要求。用人单位自用工之日起即与劳动者建立劳动关系。用人单位应当建立职工名册备查。建立劳动关系，应当订立书面劳动合同。已建立劳动关系，未同时订立书面劳动合同的，应当自用工之日起1个月内订立书面劳动合同。用人单位与劳动者在用工前订立劳动合同的，劳动关系自用工之日起建立。

用人单位未在用工的同时订立书面劳动合同，与劳动者约定的劳动报酬不明确的，新招用的劳动者的劳动报酬按照集体合同规定的标准执行；没有集体合同或者集体合同

未规定的,实行同工同酬。

用人单位招用劳动者,不得扣押劳动者的居民身份证和其他证件,不得要求劳动者提供担保或者以其他名义向劳动者收取财物。

(3) 合同生效。劳动合同由用人单位与劳动者协商一致,并经用人单位与劳动者在劳动合同文本上签字或者盖章生效。

2. 劳动合同的履行与变更。劳动合同的履行,是指当事人双方履行劳动合同所规定义务的法律行为。

(1) 合同履行。劳动者在试用期的工资,不得低于本单位相同岗位最低档工资的80%,或者不得低于劳动合同约定工资的80%,并不得低于用人单位所在地的最低工资标准。

用人单位应当严格执行劳动定额标准,不得强迫或者变相强迫劳动者加班。用人单位安排加班的,应当按照国家有关规定向劳动者支付加班费。劳动者拒绝用人单位管理人员违章指挥、强令冒险作业的,不视为违反劳动合同。

(2) 合同变更。用人单位与劳动者协商一致,可以变更劳动合同约定的内容。变更劳动合同,应当采用书面形式。用人单位发生合并或者分立等情况,原劳动合同继续有效,劳动合同由承继其权利和义务的用人单位继续履行。

3. 劳动合同的解除和终止。

(1) 劳动者解除合同。劳动者提前30日以书面形式通知用人单位,可以解除劳动合同。劳动者在试用期内提前3日通知用人单位,可以解除劳动合同。用人单位有下列情形之一的,劳动者可以解除劳动合同:未按照劳动合同约定提供劳动保护或者劳动条件的;未及时足额支付劳动报酬的;未依法为劳动者缴纳社会保险费的;用人单位的规章制度违反法律、法规的规定,损害劳动者权益的;因以欺诈、胁迫的手段或者乘人之危,使对方在违背真实意思的情况下订立或者变更劳动合同的、致使劳动合同无效的;法律、行政法规规定劳动者可以解除劳动合同的其他情形。

用人单位以暴力、威胁或者非法限制人身自由的手段强迫劳动者劳动的,或者用人单位违章指挥、强令冒险作业危及劳动者人身安全的,劳动者可以立即解除劳动合同,不需事先告知用人单位。

(2) 用人单位解除合同。劳动者有下列情形之一的,用人单位可以解除劳动合同:在试用期间被证明不符合录用条件的;严重违反用人单位的规章制度的;严重失职,营私舞弊,给用人单位造成重大损害的;劳动者同时与其他用人单位建立劳动关系,对完成本单位的工作任务造成严重影响,或者经用人单位提出,拒不改正的;因以欺诈、胁迫的手段或者乘人之危,使对方在违背真实意思的情况下订立或者变更劳动合同的、致使劳动合同无效的;被依法追究刑事责任的。

劳动者有下列情形之一的，用人单位提前30日以书面形式通知劳动者本人或者额外支付劳动者1个月工资后，可以解除劳动合同：劳动者患病或者非因工负伤，在规定的医疗期满后不能从事原工作，也不能从事由用人单位另行安排的工作的；劳动者不能胜任工作，经过培训或者调整工作岗位，仍不能胜任工作的；劳动合同订立时所依据的客观情况发生重大变化，致使劳动合同无法履行，经用人单位与劳动者协商，未能就变更劳动合同内容达成协议的。

（3）经济性裁员。经济性裁员是由于用人单位生产经营发生困难，为摆脱困境而较大规模裁减员工的行为。

用人单位出现下列情形之一，需要裁减人员20人以上或者裁减不足20人但占企业职工总数10%以上的，用人单位提前三十日向工会或者全体职工说明情况，听取工会或者职工的意见后，裁减人员方案经向劳动行政部门报告，可以裁减人员：依照企业破产法规定进行重整的；生产经营发生严重困难的；企业转产、重大技术革新或者经营方式调整，经变更劳动合同后，仍需裁减人员的；其他因劳动合同订立时所依据的客观经济情况发生重大变化，致使劳动合同无法履行的。

裁减人员时，应当优先留用下列人员：与本单位订立较长期限的固定期限劳动合同的；与本单位订立无固定期限劳动合同的；家庭无其他就业人员，有需要扶养的老人或者未成年人的。

用人单位裁减人员，在6个月内重新招用人员的，应当通知被裁减的人员，并在同等条件下优先招用被裁减的人员。

（4）用人单位不得解除劳动合同。劳动者有下列情形之一的，用人单位不得解除劳动合同：从事接触职业病危害作业的劳动者未进行离岗前职业健康检查，或者疑似职业病病人在诊断或者医学观察期间的；在本单位患职业病或者因工负伤并被确认丧失或者部分丧失劳动能力的；患病或者非因工负伤，在规定的医疗期内的；女职工在孕期、产期、哺乳期的；在本单位连续工作满15年，且距法定退休年龄不足5年的；法律、行政法规规定的其他情形。

（5）合同终止。劳动合同终止，是指劳动合同的法律效力依法被消灭，即劳动关系由于一定法律事实的出现而终结劳动者与用人单位之间原有的权利义务不再存在。

有下列情形之一的，劳动合同终止：劳动合同期满的；劳动者开始依法享受基本养老保险待遇的；劳动者死亡，或者被人民法院宣告死亡或者宣告失踪的；用人单位被依法宣告破产的；用人单位被吊销营业执照、责令关闭、撤销或者用人单位决定提前解散的；法律、行政法规规定的其他情形。

4. 经济补偿与赔偿。

（1）经济补偿。出现以下情形，用人单位应当向劳动者支付经济补偿。

①未按照劳动合同约定提供劳动保护或者劳动条件的；未及时足额支付劳动报酬的；未依法为劳动者缴纳社会保险费的；用人单位的规章制度违反法律、法规的规定，损害劳动者权益的；因以欺诈、胁迫的手段或者乘人之危，使对方在违背真实意思的情况下订立或者变更劳动合同的、致使劳动合同无效的；法律、行政法规规定劳动者可以解除劳动合同的其他情形。劳动者因此解除劳动合同的。

②用人单位向劳动者提出解除劳动合同并与劳动者协商一致解除劳动合同的。

③劳动者患病或者非因工负伤，在规定的医疗期满后不能从事原工作，也不能从事由用人单位另行安排的工作的；劳动者不能胜任工作，经过培训或者调整工作岗位，仍不能胜任工作的；劳动合同订立时所依据的客观情况发生重大变化，致使劳动合同无法履行，经用人单位与劳动者协商，未能就变更劳动合同内容达成协议的。用人单位因此解除劳动合同的。

④用人单位依照企业破产法规定进行重整，而解除劳动合同的。

⑤除用人单位维持或者提高劳动合同约定条件续订劳动合同，劳动者不同意续订的情形外，因劳动合同期满而终止固定期限劳动合同的。

⑥因用人单位被依法宣告破产的、被吊销营业执照、责令关闭、撤销或者用人单位决定提前解散而终止劳动合同的。

⑦法律、行政法规规定的其他情形。

经济补偿按劳动者在本单位工作的年限，每满1年支付1个月工资的标准向劳动者支付。6个月以上不满1年的，按1年计算；不满6个月的，向劳动者支付半个月工资的经济补偿。劳动者月工资高于用人单位所在直辖市、设区的市级人民政府公布的本地区上年度职工月平均工资3倍的，向其支付经济补偿的标准按职工月平均工资3倍的数额支付，向其支付经济补偿的年限最高不超过12年。

（2）赔偿金。用人单位违反本法规定解除或者终止劳动合同，劳动者要求继续履行劳动合同的，用人单位应当继续履行；劳动者不要求继续履行劳动合同或者劳动合同已经不能继续履行的，用人单位应当支付赔偿金。

用人单位违反劳动合同法的规定解除或者终止劳动合同，支付了赔偿金的，不再支付经济补偿。赔偿金的计算年限自用工之日起计算。

（3）其他补助金。用人单位依法终止工伤职工的劳动合同的，除支付经济补偿外，还应当依照国家有关工伤保险的规定支付一次性工伤医疗补助金和伤残就业补助金。

（4）违约金。有下列情形之一，用人单位与劳动者解除约定服务期的劳动合同的，劳动者应当按照劳动合同的约定向用人单位支付违约金：劳动者严重违反用人单位的规章制度的；劳动者严重失职，营私舞弊，给用人单位造成重大损害的；劳动者同时与其他用人单位建立劳动关系;劳动者以欺诈、胁迫的手段或者乘人之危,使用人单位在违背真实意思的情况下订立或者变更劳动合同的;劳动者被依法追究刑事责任的。

(三)劳动合同的特别规定

1. 集体合同。集体合同是指用人单位与劳动者根据法律、法规、规章的规定,就劳动报酬、工作时间、休息休假、劳动安全卫生、职业培训、保险福利等事项,通过集体协商签订的书面协议。

集体合同草案应当提交职工代表大会或者全体职工讨论通过。集体合同由工会代表企业职工一方与用人单位订立;尚未建立工会的用人单位,由上级工会指导劳动者推举的代表与用人单位订立。在县级以下区域内,建筑业、采矿业、餐饮服务业等行业可以由工会与企业方面代表订立行业性集体合同,或者订立区域性集体合同。

集体合同订立后,应当报送劳动行政部门;劳动行政部门自收到集体合同文本之日起 15 日内未提出异议的,集体合同即行生效。

集体合同中劳动报酬和劳动条件等标准不得低于当地人民政府规定的最低标准;用人单位与劳动者订立的劳动合同中劳动报酬和劳动条件等标准不得低于集体合同规定的标准。

2. 劳务派遣。

(1)劳务派遣业务条件。经营劳务派遣业务应当具备下列条件:注册资本不得少于人民币 200 万元;有与开展业务相适应的固定的经营场所和设施;有符合法律、行政法规规定的劳务派遣管理制度;法律、行政法规规定的其他条件。

经营劳务派遣业务,应当向劳动行政部门依法申请行政许可;经许可的,依法办理相应的公司登记。未经许可,任何单位和个人不得经营劳务派遣业务。

劳务派遣单位与被派遣劳动者订立的劳动合同,除应当载明必须事项外,还应当载明被派遣劳动者的用工单位以及派遣期限、工作岗位等情况。

(2)劳务派遣单位义务。劳务派遣单位应当与被派遣劳动者订立两年以上的固定期限劳动合同,按月支付劳动报酬;被派遣劳动者在无工作期间,劳务派遣单位应当按照所在地人民政府规定的最低工资标准,向其按月支付报酬。劳务派遣单位和用工单位不得向被派遣劳动者收取费用。劳务派遣单位不得以非全日制用工形式招用被派遣劳动者。

(3)用工单位义务。用工单位应当根据工作岗位的实际需要与劳务派遣单位确定派遣期限,不得将连续用工期限分割订立数个短期劳务派遣协议。

用工单位应当履行下列义务:执行国家劳动标准,提供相应的劳动条件和劳动保护;告知被派遣劳动者的工作要求和劳动报酬;支付加班费、绩效奖金,提供与工作岗位相关的福利待遇;对在岗被派遣劳动者进行工作岗位所必需的培训;连续用工的,实行正常的工资调整机制。

用工单位不得将被派遣劳动者再派遣到其他用人单位。

(4) 被派遣劳动者权利。被派遣劳动者享有与用工单位的劳动者同工同酬的权利。用工单位应当按照同工同酬原则,对被派遣劳动者与本单位同类岗位的劳动者实行相同的劳动报酬分配办法。用工单位无同类岗位劳动者的,参照用工单位所在地相同或者相近岗位劳动者的劳动报酬确定。

劳务派遣单位与被派遣劳动者订立的劳动合同和与用工单位订立的劳务派遣协议,载明或者约定的向被派遣劳动者支付的劳动报酬应当符合前款规定。

3. 非全日制用工。非全日制用工,是指以小时计酬为主,劳动者在同一用人单位一般平均每日工作时间不超过 4 小时,每周工作时间累计不超过 24 小时的用工形式。

(四) 劳动合同法律责任

1. 用人单位法律责任。

(1) 用人单位直接涉及劳动者切身利益的规章制度违反法律、法规规定的,由劳动行政部门责令改正,给予警告;给劳动者造成损害的,应当承担赔偿责任。

(2) 用人单位提供的劳动合同文本未载明本法规定的劳动合同必备条款或者用人单位未将劳动合同文本交付劳动者的,由劳动行政部门责令改正;给劳动者造成损害的,应当承担赔偿责任。

(3) 用人单位自用工之日起超过 1 个月不满 1 年未与劳动者订立书面劳动合同的,应当向劳动者每月支付两倍的工资。

用人单位违反本法规定不与劳动者订立无固定期限劳动合同的,自应当订立无固定期限劳动合同之日起向劳动者每月支付两倍的工资。

(4) 用人单位违反本法规定与劳动者约定试用期的,由劳动行政部门责令改正;违法约定的试用期已经履行的,由用人单位以劳动者试用期满月工资为标准,按已经履行的超过法定试用期的期间向劳动者支付赔偿金。

(5) 用人单位违反本法规定,扣押劳动者居民身份证等证件的,由劳动行政部门责令限期退还劳动者本人,并依照有关法律规定给予处罚。

用人单位违反本法规定,以担保或者其他名义向劳动者收取财物的,由劳动行政部门责令限期退还劳动者本人,并以每人 500 元以上 2 000 元以下的标准处以罚款;给劳动者造成损害的,应当承担赔偿责任。

劳动者依法解除或者终止劳动合同,用人单位扣押劳动者档案或者其他物品的,依照前款规定处罚。

(6) 用人单位有下列情形之一的，由劳动行政部门责令限期支付劳动报酬、加班费或者经济补偿；劳动报酬低于当地最低工资标准的，应当支付其差额部分；逾期不支付的，责令用人单位按应付金额 50% 标准向劳动者加付赔偿金；未按照劳动合同的约定或者国家规定及时足额支付劳动者劳动报酬的；低于当地最低工资标准支付劳动者工资的；安排加班不支付加班费的；解除或者终止劳动合同，未依照本法规定向劳动者支付经济补偿的。

(7) 用人单位违反本法规定解除或者终止劳动合同的，应当依照规定的经济补偿标准的两倍向劳动者支付赔偿金。

(8) 用人单位有下列情形之一的，依法给予行政处罚；构成犯罪的，依法追究刑事责任；给劳动者造成损害的，应当承担赔偿责任：以暴力、威胁或者非法限制人身自由的手段强迫劳动的；违章指挥或者强令冒险作业危及劳动者人身安全的；侮辱、体罚、殴打、非法搜查或者拘禁劳动者的；劳动条件恶劣、环境污染严重，给劳动者身心健康造成严重损害的。

(9) 用人单位违反本法规定未向劳动者出具解除或者终止劳动合同的书面证明，由劳动行政部门责令改正；给劳动者造成损害的，应当承担赔偿责任。

(10) 用人单位招用与其他用人单位尚未解除或者终止劳动合同的劳动者，给其他用人单位造成损失的，应当承担连带赔偿责任。

(11) 违反本法规定，未经许可，擅自经营劳务派遣业务的，由劳动行政部门责令停止违法行为，没收违法所得，并处违法所得 1 倍以上 5 倍以下的罚款；没有违法所得的，可以处 5 万元以下的罚款。

劳务派遣单位、用工单位违反本法有关劳务派遣规定的，由劳动行政部门责令限期改正；逾期不改正的，以每人 5 000 元到 1 万元的标准处以罚款，对劳务派遣单位，吊销其劳务派遣业务经营许可证。用工单位给被派遣劳动者造成损害的，劳务派遣单位与用工单位承担连带赔偿责任。

(12) 对不具备合法经营资格的用人单位的违法犯罪行为，依法追究法律责任；劳动者已经付出劳动的，该单位或者其出资人应当依照本法有关规定向劳动者支付劳动报酬、经济补偿、赔偿金；给劳动者造成损害的，应当承担赔偿责任。

(13) 个人承包经营违反本法规定招用劳动者，给劳动者造成损害的，发包的组织与个人承包经营者承担连带赔偿责任。

2. 劳动者法律责任。劳动者违反本法规定解除劳动合同，或者违反劳动合同中约定的保密义务或者竞业限制，给用人单位造成损失的，应当承担赔偿责任。

3. 行政部门法律责任。劳动行政部门和其他有关主管部门及其工作人员玩忽职守、不履行法定职责，或者违法行使职权，给劳动者或者用人单位造成损害的，应当承担赔偿责任；对直接负责的主管人员和其他直接责任人员，依法给予行政处分；构成犯罪的，依法追究刑事责任。

三、证券交易法

证券交易法律制度是指与证券交易活动有关的法律规范的总称，由《证券法》以及一系列部门规章、规范性文件构建。

（一）证券市场

证券市场是指证券发行市场与交易的场所。市场证券发行市场一般被称为一级市场，证券交易市场也就相应被称为二级市场。

1. 交易所市场。我国交易所市场，主要由两个交易所（上海证券交易所和深圳证券交易所）、四个板块（主板市场、中小企业板、创业板、科创板）构成，在交易模式上又区分为集中竞价的交易模式和大宗交易模式。

2. 全国中小企业股份转让系统。全国中小企业股份转让系统是经国务院批准，设立的全国性证券交易所，俗称"新三板"。

3. 产权交易所。产权交易所是伴随着企业兼并活动而产生的。我国目前有产权交易所100多家，分布在全国各地。

（二）证券发行

证券发行，是指符合发行条件的商业组织或政府组织（发行人），以筹集资金为目的，依照法律规定的程序向公众投资者出售代表一定权利的资本证券的行为。

1. 股票发行。

（1）首次公开发行股票的一般条件。设立股份有限公司公开发行股票（以下简称"首次公开发行股票"），应当符合《证券法》《公司法》规定的发行条件和经国务院批准的国务院证券监督管理机构规定的其他发行条件。

首次公开发行股票的基本条件包括：①具备健全且运行良好的组织机构；②具有持续盈利能力，财务状况良好；③最近3年财务会计报告被出具无保留意见审计报告；④发行人及其控股股东、实际控制人最近3年不存在贪污、贿赂、侵占财产或者破坏社会主义市场经济秩序的刑事犯罪；⑤经国务院批准的国务院证券监督管理机构规定的其他条件。

上述基本条件是在主板、中小板和创业板上市的企业都应遵守的共性规则。

（2）在主板和中小板上市公司的首次公开发行条件。2018年6月，中国证监会修订发布《首次公开发行股票并上市管理办法》，对发行条件作出以下规定。

主体资格：①发行人应当是依法设立且合法存续的股份有限公司；②发行人自股份有限公司成立后，持续经营时间应当在3年以上，但经国务院批准的除外；③发行人的注册资本已足额缴纳；④发行人的生产经营符合法律、行政法规和公司章程的规定，符合国家产业政策；⑤发行人最近3年内主营业务和董事、高级管理人员没有发生重大变化，实际控制人没有发生变更；⑥发行人的股权清晰，控股股东和受控股股东、实际控制人支配的股东持有的发行人股份不存在重大权属纠纷。

规范运行：①发行人的董事、监事和高级管理人员符合法律、行政法规和规章规定的任职资格。②发行人不得有下列情形：一是最近36个月内未经法定机关核准，擅自公开或者变相公开发行过证券；或者有关违法行为虽然发生在36个月前，但目前仍处于持续状态。二是最近36个月内违反工商、税收、土地、环保、海关以及其他法律、行政法规，受到行政处罚，且情节严重。三是最近36个月内曾向中国证监会提出发行申请，但报送的发行申请文件有虚假记载、误导性陈述或重大遗漏；或者不符合发行条件以欺骗手段骗取发行核准；或者以不正当手段干扰中国证监会及其发行审核委员会审核工作；或者伪造、变造发行人或其董事、监事、高级管理人员的签字、盖章。四是本次报送的发行申请文件有虚假记载、误导性陈述或者重大遗漏。五是涉嫌犯罪被司法机关立案侦查，尚未有明确结论意见。六是严重损害投资者合法权益和社会公共利益的其他情形。③发行人的公司章程中已明确对外担保的审批权限和审议程序，不存在为控股股东、实际控制人及其控制的其他企业进行违规担保的情形。④发行人有严格的资金管理制度，不得有资金被控股股东、实际控制人及其控制的其他企业以借款、代偿债务、代垫款项或者其他方式占用的情形。

财务与会计：①发行人应当符合下列条件。一是最近3个会计年度净利润均为正数且累计超过人民币3 000万元，净利润以扣除非经常性损益前后较低者为计算依据。二是最近3个会计年度经营活动产生的现金流量净额累计超过人民币5 000万元；或者最近3个会计年度营业收入累计超过人民币3亿元。三是发行前股本总额不少于人民币3 000万元。四是最近一期末无形资产（扣除土地使用权、水面养殖权和采矿权等后）占净资产的比例不高于20%。五是最近一期末不存在未弥补亏损。②发行人申报文件中不得有下列情形：一是故意遗漏或虚构交易、事项或者其他重要信息；二是滥用会计政策或者会计估计；三是操纵、伪造或篡改编制财务报表所依据的会计记录或者相关凭证。③发行人不得有下列影响持续盈利能力的情形：一是发行人的经营模式、产品或服务的品种结构已经或者将发生重大变化，并对发行人的持续盈利能力构成重大不利影响；二是发行人的行业地位或发行人所处行业的经营环境已经或者将发生重大变化，并对发行人的持续盈利能力构成重大不利影响；三是发行人最近1个会计年度的营业收入或净利润对关联方或者存在重大不确定性的客户存在重大依赖；四是发行人最近1个会计年度的净利润主要来自合并财务报表范围以外的投资收益；五是发行人在用的商标、专利、专有技术以及特许经营权等重要资产或技术的取得或者使用存在重大不利变化的风险；六是其他可能对发行人持续盈利能力构成重大不利影响的情形。

（3）在创业板和科创板上市公司的首次公开发行条件。企业在创业板和科创板上市的首次公开发行条件中，主体资格、规范运行的要求比较相似，但在财务指标等方面存在比较大的差异。

创业板要求拟上市企业最近2年连续盈利，最近2年净利润累计不少于1 000万元，或者最近1年盈利，最近1年营业收入不少于5 000万元；最近一期末净资产不少于2 000万元，且不存在未弥补亏损；发行后股本总额不少于3 000万元。

准备在科创板上市的企业，市值及财务指标应当至少符合下列标准中的一项：预计市值不低于人民币10亿元，最近两年净利润均为正且累计净利润不低于人民币5 000万元，或者预计市值不低于人民币10亿元，最近一年净利润为正且营业收入不低于人民币1亿元；预计市值不低于人民币15亿元，最近一年营业收入不低于人民币2亿元，且最近3年累计研发投入占最近3年累计营业收入的比例不低于15%；预计市值不低于人民币20亿元，最近1年营业收入不低于人民币3亿元，且最近3年经营活动产生的现金流量净额累计不低于人民币1亿元；预计市值不低于人民币30亿元，且最近1年营业收入不低于人民币3亿元；预计市值不低于人民币40亿元，主要业务或产品需经国家有关部门批准，市场空间大，目前已取得阶段性成果。医药行业企业需至少有一项核心产品获准开展二期临床试验，其他符合科创板定位的企业需具备明显的技术优势并满足相应条件。

（4）上市公司配股的条件。向原股东配售股份（简称"配股"），除符合上述公开发行证券的条件外，还应当符合下列条件。

①配售股份数量不超过本次配售股份前股本总额的30%。

②控股股东应当在股东大会召开前公开承诺认配股份的数量。

③用证券法规定的代销方式发行。控股股东不履行认配股份的承诺，或者代销期限届满，原股东认购股票的数量未达到拟配售数量70%的，发行人应当按照发行价并加算银行同期存款利息返还已经认购的股东。

（5）上市公司增发的条件。向不特定对象公开募集股份（简称"增发"），除符合上述公开发行证券的条件外，还应符合下列条件。

①最近3个会计年度加权平均净资产收益率平均不低于6%。扣除非经常性损益后的净利润与扣除前的净利润相比，以低者作为加权平均净资产收益率的计算依据。

②除金融类企业外，最近一期末不存在持有金额较大的交易性金融资产和可供出售的金融资产、借予他人款项、委托理财等财务性投资的情形。

③发行价格应不低于公告招股意向书前20个交易日公司股票均价或前1个交易日的

均价。

2. 公司债券的发行。

(1) 一般规定。发行公司债券，发行人应当依照《公司法》或者公司章程相关规定对以下事项作出决议：①发行债券的数量；②发行方式；③债券期限；④募集资金的用途；⑤决议的有效期；⑥其他按照法律法规及公司章程规定需要明确的事项。

公司债券可以公开发行，也可以非公开发行。公开发行包括面向公众投资者公开发行、面向合格投资者公开发行两种方式。所谓合格投资者，应当具备相应的风险识别和承担能力，知悉并自行承担公司债券的投资风险。

公开发行公司债券，募集资金应当用于核准的用途；非公开发行公司债券，募集资金应当用于约定的用途。除金融类企业外，募集资金不得转借他人。发行人应当指定专项账户，用于公司债券募集资金的接收、存储、划转与本息偿付。

(2) 公开发行公司债券的条件。公开发行公司债券，应当符合《证券法》《公司法》的相关规定，并经中国证监会核准。

①具备健全且运行良好的组织机构；

②最近3年平均可分配利润足以支付公司债券1年的利息；

③国务院规定的其他条件。

存在下列情形之一的，不得再次公开发行公司债券。

①对已公开发行的公司债券或者其他债务有违约或者迟延支付本息的事实，仍处于继续状态；

②违反《证券法》规定，改变公开发行公司债券所募资金的用途。

资信状况符合以下标准的公司债券可以向公众投资者公开发行，也可以自主选择仅面向合格投资者公开发行。

①发行人最近3年无债务违约或者迟延支付本息的事实；

②发行人最近3个会计年度实现的年均可分配利润不少于债券年利息的1.5倍；

③债券信用评级达到AAA级；

④中国证监会根据投资者保护的需要规定的其他条件。

未达到前款规定标准的公司债券公开发行应当面向合格投资者；仅面向合格投资者公开发行的，中国证监会简化核准程序。

公开发行公司债券，应当委托具有从事证券服务业务资格的资信评级机构进行信用评级。发行人应当按照中国证监会信息披露内容与格式的有关规定编制和报送公开发行公司债券的申请文件。中国证监会受理申请文件后，依法审核公开发行公司债券的申请，自受理发行申请文件之日起3个月内，作出是否核准的决定，并出具相关文件。发行申请核准后，公司债券发行结束前，发行人发生重大事项，导致可能不再符合发行条件的,应当暂缓或者暂停发行,并及时报告中国证监会。影响发行条件的,应当重新履行核准程序。

公开发行公司债券,可以申请一次核准,分期发行。自中国证监会核准发行之日起,发行人应当在12个月内完成首期发行,剩余数量应当在24个月内发行完毕。公开发行公司债券的募集说明书自最后签署之日起6个月内有效。采用分期发行方式的,发行人应当在后续发行中及时披露更新后的债券募集说明书,并在每期发行完成后5个工作日内报中国证监会备案。

(3) 非公开发行。非公开发行的公司债券应当向合格投资者发行,不得采用广告、公开劝诱和变相公开方式。

发行人、承销机构应当按照中国证监会、证券自律组织规定的投资者适当性制度,了解和评估投资者对非公开发行公司债券的风险识别和承担能力,确认参与非公开发行公司债券认购的投资者为合格投资者,并充分揭示风险。非公开发行公司债券是否进行信用评级由发行人确定,并在债券募集说明书中披露。

非公开发行的公司债券仅限于合格投资者范围内转让。转让后,持有同次发行债券的合格投资者合计不得超过200人。发行人的董事、监事、高级管理人员及持股比例超过5%的股东,可以参与本公司非公开发行公司债券的认购与转让,不受合格投资者资质条件的限制。

(三) 证券交易

证券交易,主要指证券买卖,即证券持有人依照证券交易规则,将已依法发行的证券转让给其他证券投资者的行为。证券交易具有流动性、收益性和风险性等特征。证券交易的方式可以分为集中交易和非集中交易两种,分别适用于证券交易所和场外交易市场。

1. 股票上市。申请股票上市交易,应当向证券交易所提出申请,由证券交易所依法审核同意,并由双方签订上市协议。同时应聘请有保荐资格的机构担任保荐人,依法进行保荐。

证券交易所可以依法作出对股票不予上市、暂停上市、终止上市的决定,对证券交易所的上述决定不服的,可以向证券交易所设立的复核机构申请复核。

(1) 股票上市的条件。股份有限公司申请股票上市,应当符合下列条件:①股票经国务院证券监督管理机构核准已公开发行。②公司股本总额不少于人民币3 000万元。③公开发行的股份达到公司股份总数的25%以上;公司股本总额超过人民币4亿元的,公开发行股份的比例为10%以上。④公司最近3年无重大违法行为,财务会计报告无虚假记载。

证券交易所可以规定高于上述规定的上市条件，并报国务院证券监督管理机构批准。国家鼓励符合产业政策并符合上市条件的公司股票上市交易。

（2）申请股票上市交易。申请股票上市交易，应当向证券交易所报送下列文件：①上市报告书；②申请股票上市的股东大会决议；③公司章程；④公司营业执照；⑤依法经会计师事务所审计的公司最近3年的财务会计报告；⑥法律意见书和上市保荐书；⑦最近一次的招股说明书；⑧证券交易所上市规则规定的其他文件。

股票上市交易申请经证券交易所审核同意后，签订上市协议的公司应当在规定期限内公告股票上市的有关文件，并将该文件置备于指定场所供公众查阅，同时还应当公告下列事项：①股票获准在证券交易所交易的日期；②持有公司股份最多的前10名股东的名单和持股数额；③公司的实际控制人；④董事、监事、高级管理人员的姓名及其持有本公司股票和债券的情况。

（3）股票的暂停上市和终止上市。上市公司丧失法律规定的上市条件的，其股票应当依法暂停上市（又称为停牌）或者终止上市（又称为退市）。上市公司有下列情形之一的，由证券交易所决定暂停其股票上市交易：①公司股本总额、股权分布等发生变化不再具备上市条件；②公司不按照规定公开其财务状况，或者对财务会计报告作虚假记载，可能误导投资者；③公司有重大违法行为；④公司最近3年连续亏损；⑤证券交易所上市规则规定的其他情形。暂停交易后，上市公司可以申请复牌，即停牌的上市公司股票恢复交易。停复牌原则上应由上市公司向证券交易所申请，说明理由、计划停牌时间和复牌时间。证券交易所可根据实际情况或中国证监会的要求，决定股票的停复牌。

上市公司有下列情形之一的，由证券交易所决定终止其股票上市交易：①公司股本总额、股权分布等发生变化不再具备上市条件，在证券交易所规定的期限内仍不能达到上市条件；②公司不按照规定公开其财务状况，或者对财务会计报告作虚假记载，且拒绝纠正；③公司最近3年连续亏损，在其后一个年度内未能恢复盈利；④公司解散或者被宣告破产；⑤证券交易所上市规则规定的其他情形。

2018年7月，中国证监会印发修改后的《关于改革完善并严格实施上市公司退市制度的若干意见》，建立主动退市制度和强制退市制度。主动退市是上市公司通过对上市地位维持成本收益的理性分析，或者为充分利用不同证券交易场所的比较优势，或者为便捷、高效地对公司治理结构、股权结构、资产结构、人员结构等实施调整，或者为进一步实现公司股票的长期价值，依据《证券法》和证券交易所规则实现主动退市。强制退市制度包括重大违法公司强制退市制度和不满足交易标准要求的强制退市。对重大违法公司实施暂停上市、终止上市，是指上市公司构成欺诈发行、重大信息披露违法或者其他涉及国家安全、公共安全、生态安全、生产安全和公众健康安全等领域的重大违法行为的，证券交易所应当严格依法作出暂停、终止公司股票上市交易的决定。不满足交易标准要求的强制退市，是指上市公司的各项交易指标不能满足证券交易所要求，证券交易所为维护公开交易股票的总体质量与市场信心，保护投资者特别是中小投资者合法权益，依照规则要求交投不活跃、股权分布不合理、市值过低而不再适合公开交易的股票终止交易。

2. 公司债券的交易。

（1）公司债券上市交易的条件。公司申请公司债券上市交易，应当符合下列条件：①公司债券的期限为 1 年以上；②公司债券实际发行额不少于人民币 5 000 万元；③公司申请债券上市时应符合法定的公司债券发行条件。上述条件既适用于普通公司债券，也适用于上市公司可转换公司债券。

（2）公司债券上市程序。

一是申请核准。申请公司债券上市交易，应当向证券交易所申请核准，并报送下列文件：①上市报告书；②申请公司债券上市的董事会决议；③公司章程；④公司营业执照；⑤公司债券募集办法；⑥公司债券的实际发行数额；⑦证券交易所上市规则规定的其他文件。申请可转换为股票的公司债券上市交易，还应当报送保荐人出具的上市保荐书。

二是安排上市。证券交易所核准公司债券上市申请之后，应当及时安排债券上市。上市的时间或日期，通常由证券交易所与申请人在签订的上市协议中确定。

三是上市公告。公司债券上市交易申请经证券交易所审核同意后，签订上市协议的公司应当在规定的期限内公告公司债券上市文件及有关文件，并将其申请文件置备于指定场所供公众查阅。

（3）公司债券的暂停上市与终止上市。公司债券上市交易后，公司有下列情形之一的，由证券交易所决定暂停其公司债券上市交易：①公司有重大违法行为；②公司情况发生重大变化不符合公司债券上市条件；③公司债券所募集资金不按照核准的用途使用；④未按照公司债券募集办法履行义务；⑤公司最近 2 年连续亏损。

公司有上述第①项、第④项所列情形之一经查实后果严重的，或者有上述第②项、第③项、第⑤项所列情形之一，在限期内未能消除的，由证券交易所决定终止其公司债券上市交易。公司解散或者被宣告破产的，由证券交易所终止其公司债券上市交易。

3. 持续信息公开。信息公开也称信息披露，是指证券的发行人和其他法定的相关负有信息公开义务的人在证券发行、上市和交易过程中，按照法定或约定要求将应当向社会公开的财务、经营及其他有关影响证券投资者投资判断的信息向证券监督管理机构和证券交易所报告，并向社会公众公告的活动。

信息公开可以分为发行信息公开（或首次信息公开）和持续信息公开。

（1）首次信息披露，也称发行信息披露，是指证券公开发行时对发行人、拟发行的证券以及与发行证券有关的信息进行披露。该类信息披露文件主要有招股说明书、债券募集说明书、上市公告书等。

（2）持续信息披露，是指证券上市交易过程中发行人、上市公司对证券上市交易及与证券交易有关的信息要进行持续的披露。该类信息披露文件主要有定期报告和临时报告。

①定期报告。定期报告是上市公司和公司债券上市交易的公司进行持续信息披露的主要形式之一，包括年度报告、中期报告和季度报告。

年度报告应当在每一会计年度结束之日起4个月内，中期报告应当在每一会计年度的上半年结束之日起2个月内，季度报告应当在每个会计年度第3个月、第9个月结束后的1个月内编制完成并披露。年度报告、中期报告、季度报告记载的主要内容依照中国证监会的相关规定披露。

上市公司预计经营业绩发生亏损或者发生大幅变动的，应当及时进行业绩预告。定期报告披露前出现业绩泄露，或者出现业绩传闻且公司证券及其衍生品种交易出现异常波动的，上市公司应当及时披露本报告期相关财务数据。

年度报告中的财务会计报告应当经具有证券、期货相关业务资格的会计师事务所审计。定期报告中财务会计报告被出具非标准审计报告的，上市公司董事会应当针对该审计意见涉及事项作出专项说明。定明报告中财务会计报告被出具非标准审计意见，证券交易所认为涉嫌违法的，应当提请中国证监会立案调查。

②临时报告。临时报告是指在定期报告之外临时发布的报告。凡发生可能对上市公司证券及其衍生品种交易价格产生较大影响的重大事件，投资者尚未得知时，上市公司应当立即提出临时报告，披露事件内容，说明事件的起因、目前的状态和可能产生的影响。

重大事件包括：公司的经营方针和经营范围的重大变化；公司的重大投资行为和重大的购置财产的决定；公司订立重要合同，可能对公司的资产、负债、权益和经营成果产生重要影响；公司发生重大债务和未能清偿到期重大债务的违约情况，或者发生大额赔偿责任；公司发生重大亏损或者重大损失；公司生产经营的外部条件发生的重大变化；公司的董事、1/3以上监事或者经理发生变动，董事长或者经理无法履行职责；持有公司5%以上股份的股东或者实际控制人，其持有股份或者控制公司的情况发生较大变化；公司减资、合并、分立、解散及申请破产的决定，或者依法进入破产程序、被责令关闭；涉及公司的重大诉讼、仲裁，股东大会、董事会决议被依法撤销或者宣告无效；公司涉嫌违法违规被有权机关调查或者受到刑事处罚、重大行政处罚，公司董事、监事和高级管理人员涉嫌违法违纪被有权机关调查或者采取强制措施；新发布的法律、法规、规章和行业政策可能对公司产生重大影响；董事会就发行新股或者其他再融资方案、股权激励方案形成相关决议；法院裁决禁止控股股东转让其所持股份，任一股东所持公司5%以上股份被质押、冻结、司法拍卖、托管、设定信托或者被依法限制表决权；主要资产被查封、扣押、冻结或者被抵押、质押；主要或者全部业务陷入停顿；对外提供重大担保；获得大额政府补贴等可能对公司资产、负债、权益或者经营成果产生重大影响的额外收益；变更会计政策、会计估计；因前期已披露的信息存在差错、未按规定披露或者虚假记载，被有关机关责令改正或者经董事会决定进行更正；中国证监会规定的其他情形。

上市公司应当在最先发生的以下任一时点，及时履行重大事件的信息披露义务：董事会或者监事会就该重大事件形成决议时；有关各方就该重大事件签署意向书或者协议时；董事、监事或者高级管理人员知悉该重大事件发生并报告时。及时是指自起算日起或者触及披露时点的两个交易日内。在上述规定的时点之前出现下列情形之一的，上市公司应当及时披露相关事项的现状、可能影响事件进展的风险因素：该重大事件难以保密；该重大事件已经泄露或者市场出现传闻；公司证券及其衍生品种出现异常交易情况。

上市公司披露重大事件后，已披露的重大事件出现可能对上市公司证券及其衍生品种交易价格产生较大影响的进展或者变化的，应当及时披露进展或者变化情况及可能产生的影响。上市公司控股子公司发生重大事件，可能对上市公司证券及其衍生品种交易价格产生较大影响的，上市公司应当履行信息披露义务。

(3) 信息的发布与监督。

①定期报告的编制、审议和披露程序。上市公司应当制定定期报告的编制、审议、披露程序。经理、财务负责人、董事会秘书等高级管理人员应当及时编制定期报告草案，提请董事会审议；董事会秘书负责送达董事审阅；董事长负责召集和主持董事会会议审议定期报告；监事会负责审核董事会编制的定期报告；董事会秘书负责组织定期报告的披露工作。

②重大事件的报告、传递、审核和披露程序。上市公司应当制定重大事件的报告、传递、审核、披露程序。董事、监事、高级管理人员知悉重大事件发生时，应当按照公司规定立即履行报告义务；董事长在接到报告后，应当立即向董事会报告，并督促董事会秘书组织临时报告的披露工作。

③信息披露的方式。依法必须披露的信息，应当在国务院证券监督管理机构指定的媒体发布，同时将其置备于公司住所、证券交易所，供社会公众查阅。

④信息披露的监督管理。中国证监会对上市公司年度报告、中期报告、临时报告以及公告的情况进行监督，对上市公司分派或者派受新股的情况进行监督，对上市公司控股股东及其他信息披露义务人的行为进行监督。证券交易所依据与上市公司签订的上市

协议，对上市公司的信息披露进行监督管理。

4. 禁止的交易行为。禁止的交易行为包括内幕交易行为、操纵证券市场行为、制造虚假陈述行为和欺诈客户行为。

（1）内幕交易行为。内幕交易行为是指证券交易内幕信息的知情人员利用内幕信息进行证券交易的行为。内幕信息知情人员自己未买卖证券，也未建议他人买卖证券，但将内幕信息泄露给他人，接受内幕信息的人依此买卖证券的，也属于内幕交易行为。

证券交易内幕信息的知情人包括：①发行人的董事、监事、高级管理人员；②持有公司5%以上股份的股东及其董事、监事、高级管理人员，公司的实际控制人及其董事、监事、高级管理人员；③发行人控股的公司及其董事、监事、高级管理人员；④由于所任公司职务可以获取公司有关内幕信息的人员；⑤上市公司收购人或者重大资产交易方及其控制股东、实际控制人、董事、监事和高级管理人员；⑥因职务、工作可以获取内幕信息的证券交易场所、证券公司、证券登记结算机构、证券服务机构的有关人员；⑦因职责、工作可以获取内幕信息的证券监督管理机构工作人员；⑧因法定职责对证券的发行，交易或者对上市公司及其收购、重大资产交易进行管理可以获取内幕信息的有关主管部门监管机构的工作人员；⑨国务院证券监督管理机构规定的其他人员。

在证券交易活动中，涉及上市公司的经营、财务或者对公司证券及其衍生品种交易价格有重大影响的尚未公开的信息为内幕信息。下列信息均属于内幕信息：①《证券法》第八十条第一款所列应报送临时报告的重大事件；②公司分配股利或者增资的计划；③公司股权结构的重大变化；④公司债务担保的重大变更；⑤公司营业用主要资产的抵押、出售或者报废一次超过该资产的30%；⑥公司的董事、监事、高级管理人员的行为可能依法承担重大损害赔偿责任；⑦上市公司收购的有关方案；⑧国务院证券监督管理机构认定的对证券交易价格有显著影响的其他重要信息。

证券交易内幕信息的知情人和非法获取内幕信息的人，在内幕信息公开前，不得买卖该公司的证券，或者泄露该信息，或者建议他人买卖该证券。内幕交易行为给投资者造成损失的，行为人应当依法承担赔偿责任。

（2）操纵证券市场行为。操纵证券市场行为是指单位或个人以获取利益或减少损失为目的，利用其资金、信息等优势或者滥用职权影响证券市场价格，制造证券市场假象，诱导或者致使投资者在不了解事实真相的情况下作出买卖证券的决定，扰乱证券市场秩序的行为。

操纵证券市场的行为主要有以下情形：①单独或者通过合谋，集中资金优势、持股优势或者利用信息优势联合或者连续买卖，操纵证券交易价格或者证券交易量；②与他人沟通，以事先约定的时间价格和方式相互进行证券交易；③在自己实际控制的账户之间进行证券交易；④不以成交为目的，频繁或者大量申报并撤销申报；⑤利用虚假或者不确定的重大信息，诱导投资者进行证券交易；⑥对证券、发行人公开作出评价、预测或者投资建议，并进行反向证券交易；⑦利用在其他相关市场的活动操纵证券市场。

（3）制造虚假陈述行为。制造虚假陈述行为是指行为人在提交和公布的信息披露文件中作出的牺牲虚假记载、误导性陈述和重大遗漏的行为。这是一种违反信息披露义务的行为。虚假陈述行为的主体是指依法承担信息披露义务的人；虚假陈述包括虚假记载、误导性陈述和重大遗漏以及不正当披露。

虚假陈述行为包括以下情形：①发行人、上市公司和证券经营机构在招股说明书、债券募集说明书、上市公告书、公司报告及其他文件中作出的虚假陈述；②专业证券服务机构出具的法律意见书、审计报告、资产评估报告及参与制作的其他文件中作出的虚假陈述；③证券交易所、证券业协会或其他证券自律性组织作出的对证券市场产生影响的虚假陈述；④前述机构向证券监督管理机构提交的各种文件报告和说明中作出的虚假陈述；⑤其他证券发行、交易及相关活动中的虚假陈述。

（4）欺诈客户行为。欺诈客户行为是指证券公司及其从业人员在证券交易及相关活动中，违背客户真实意愿，侵害客户利益的行为。欺诈客户行为的主体是证券公司及其从业人员，行为人在主观上具有故意特征，即故意隐瞒或者故意作出与事实不符的虚假陈述，使客户陷入不明真相的境地而作出错误的意思表示。

证券公司及其从业人员损害客户利益的欺诈行为有以下情形：①违背客户的委托为其买卖证券；②不在规定时间内向客户提供交易的书面确认文件；③挪用客户所委托买卖的证券或者客户账户上的资金；④未经客户的委托，擅自为客户买卖证券，或者假借客户的名义买卖证券；⑤为谋取佣金收入，诱使客户进行不必要的证券买卖；⑥利用传播媒介或者通过其他方式提供、传播虚假或者误导投资者的信息；⑦其他违背客户真实意思表示，损害客户利益的行为。欺诈客户行为给客户造成损失的，行为人应当依法承担赔偿责任。

（5）其他禁止的交易行为。下列禁止的交易行为：禁止法人非法利用他人账户从事证券交易；禁止法人出借自己或者他人的证券账户；禁止资金违规流入股市；禁止任何人挪用公款买卖证券。

（四）上市公司收购

1. 上市公司收购概述。上市公司收购，是指收购人通过在证券交易所的股份转让活动，持有一个上市公司的股份达到一定比例或通过证券交易所股份转让活动以外的其他合法方式控制一个上市公司的股份达到一定程度，导致其获得或者可能获得对该公司的实际控制权的行为。

上市公司收购的目的在于获得被上市公司的实际控制权,不以达到对上市公司实际控制权受让上市公司股票的行为,不能称为收购。这里所指的实际控制权是指:①投资者为上市公司持股50%以上的控股股东;②投资者可以实际支配上市公司股份表决权超过30%;③投资者通过实际支配上市公司股份表决权能够决定公司董事会半数以上成员选任;④投资者依其可实际支配的上市公司股份表决权足以对公司股东大会的决议产生重大影响;⑤中国证监会认定的其他情形。收购人可以通过取得股份的方式成为一个上市公司的控股股东,或通过投资关系、协议和其他安排的途径成为一个上市公司的实际控制人,也可以同时采取上述方式和途径取得上市公司控制权。

为了防止收购人虚假收购或者恶意收购,利用上市公司的收购损害被收购公司及其股东的合法权益,《上市公司收购管理办法》规定,有下列情形之一的,不得收购上市公司:①收购人负有数额较大债务,到期未清偿,且处于持续状态;②收购人最近3年有重大违法行为或者涉嫌有重大违法行为;③收购人最近3年有严重的证券市场失信行为;④收购人为自然人的,存在《公司法》规定的依法不得担任公司董事、监事、高级管理人员的情形;⑤法律、行政法规规定以及中国证监会认定的不得收购上市公司的其他情形。

(1) 上市公司收购中有关当事人的义务。收购人的义务:一是公告义务。实施要约收购的收购人应当编制要约收购报告书,聘请财务顾问,通知被收购公司,同时对要约收购报告书摘要作出提示性公告。要约收购完成后,收购人应当在15日内向证券交易所提交关于收购情况的书面报告,并予以公告。二是禁售义务。收购人在要约收购期内,不得卖出被收购公司的股票,也不得采取要约规定以外的形式和超出要约的条件买入被收购公司的股票。三是锁定义务。收购人持有的被收购上市公司的股票,在收购行为完成后的12个月内不得转让。

但是,收购人在被收购公司中拥有权益的股份在同一实际控制人控制的不同主体之间进行转让不受前述12个月的限制,但应当遵守《上市公司收购管理办法》有关豁免申请的有关规定。此外,在一个上市公司中拥有权益的股份达到或者超过该公司已发行股份的30%的,自上述事实发生之日起一年后,每12个月内增持不超过该公司已发行的2%的股份,该增持不超过2%的股份锁定期为增持行为完成之日起6个月。同时,收购人还应当履行守约义务,平等对待被收购公司所有股东的义务等。

(2) 上市公司收购的支付方式。收购人可以采用现金、依法可以转让的证券、现金与证券相结合等合法方式支付收购上市公司的价款。收购人为终止上市公司的上市地位而发出全面要约的,或者向中国证监会提出申请但未取得豁免而发出全面要约的,应当以现金支付收购价款;以依法可以转让的证券支付收购价款的,应当同时提供现金方式供被收购公司股东选择。

2. 上市公司收购的权益披露。投资者收购上市公司，要依法披露其在上市公司中拥有的权益，包括登记在其名下的股份和虽未登记在其名下但该投资者可以实际支配表决权的股份。投资者及其一致行动人在一个上市公司中拥有的权益应当合并计算。进行权益披露的情形：

（1）投资者、持有者通过协议、其他安排与他人共同持有一个上市公司发行的有表决权股份达到5%后，其所持该上市公司已发行的有表决权股份比例每增加或减少5%，应当依照前款规定进行报告和公告，在该事实发生之日起至公告后3日内，不得再行购买该上市公司的股票，但国务院证券监督管理机构规定的情形除外。

投资者持有或通过协议、其他安排与他人共同持有一个上市公司已发行的有表决权股份达到5%后，其所持该上市公司已发行的有表决权股份比例每增加或减少1%，应当在该事实发生的次日通知该上市公司，并予以公告。

违反上述规定或上市公司有表决权的股份的，在买入后的36个月内，对该超过规定比例部分的股份不得行使表决权。

（2）投资者及其一致行动人通过行政划转或者变更、执行法院裁定、继承、赠与等方式拥有权益的股份变动达到一个上市公司已发行股份的5%时，同样应当按照上述规定履行报告、公告义务，并参照上述规定办理股份过户登记手续。

3. 要约收购。要约收购是指通过证券交易所的证券交易，投资者持有或通过协议、其他安排与他人共同持有一个上市公司的股份达到该公司已发行股份的30%时，继续增持股份的，应当采取向被收购公司的股东发出收购要约的方式进行的收购。

投资者选择向被收购公司的所有股东发出收购其所持有的全部股份要约的，称为全面要约；投资者选择向被收购公司所有股东发出收购其所持有的部分股份要约的，称为部分要约。

要约收购的适用条件：

（1）持股比例达到30%。投资者通过证券交易所的证券交易，或者协议、其他安排持有或与他人共同持有一个上市公司的股份达到30%（含直接持有和间接持有）。

（2）继续增持股份。在前一个条件下，投资者继续增持股份时，即触发依法向上市公司所有股东发出收购上市公司全部或者部分股份要约的义务。

只有在上述两个条件同时具备时，才适用要约收购。收购人应当公平对待被收购公司的所有股东。持有同一种类股份的股东应当得到同等对待。

收购要约约定的收购期限不得少于30日，并不得超过60日；但是出现竞争要约的除外。

在收购要约确定的承诺期限内，收购人不得撤销其收购要约。

收购人需要变更收购要约的，必须及时公告，载明具体变更事项，并通知被收购公司。收购要约期限届满前15日内，收购人不得变更收购要约，但是出现竞争要约的除外。在要约收购期间，被收购公司董事不得辞职。

4. 协议收购。协议收购是指收购人在证券交易所之外，通过与被收购公司的股东协商一致达成协议，受让其持有的上市公司的股份而进行的收购。以协议方式收购上市公司时，收购协议的各方应当获得相应的内部批准（如股东大会、董事会等）。收购协议达成后，收购人必须在3日内将该收购协议向国务院证券监督管理机构及证券交易所作出书面报告，并予公告。

采取协议收购方式的，协议双方可以临时委托证券登记结算机构保管协议转让的股票，并将资金存放于指定的银行。

采取协议收购方式的，收购人拥有权益的股份达到该公司已发行股份的30%时，继续进行收购的，应当依法向该上市公司的股东发出全面要约或者部分要约，转化为要约收购。收购人拟通过协议方式收购一个上市公司的股份超过30%的，超过30%的部分，也应当改以要约方式进行。但是，经国务院证券监督管理机构免除发出要约的除外。如果收购人依照上述规定触发以要约方式收购上市公司股份，应当能够遵守前述有关要约收购的规定。

5. 上市公司收购的法律后果。收购期限届满，被收购公司股权分布不符合上市条件的，该上市公司的股票应当由证券交易所依法终止上市交易；其余仍持有被收购公司股票的股东，有权向收购人以收购要约的同等条件出售其股票，收购人应当收购。收购行为完成后，被收购公司不再具备股份有限公司条件的，应当依法变更企业形式。

在上市公司收购中，收购人持有的被收购的上市公司的股票，在收购行为完成后的18个月内不得转让。收购行为完成后，收购人与被收购公司合并，并将该公司解散的，被解散公司的原有股票由收购人依法更换。收购行为完成后，收购人应当在15日内向证券交易所提交关于收购情况的书面报告，并予以公告。

四、相关涉外法律法规

（一）外商直接投资法律法规

外商直接投资法律法规，主要包括《中华人民共和国中外合资经营企业法》及其实施条例、《中华人民共和国中外合作经营企业法》及其实施细则、《中华人民共和国外资企业法》及其实施细则、《中华人民共和国台湾同胞投资保护法》及其实施细则、国务院《指导外商投资方向规定》以及相关部门规章。

1. 外商直接投资的主要形式。外商直接投资的主要形式包括：（1）中外合资经营企业；(2) 中外合作经营企业；(3) 外商独资经营企业；(4) 中外合资股份有限公司；(5) 中外合作勘探开发自然资源合同。

中外合作勘探开发自然资源合同，是指中国公司、企业或者其他经济组织与外国公司、企业、其他经济组织或者个人依照中国法律法规所订立的，按照一定条件在中国境内的某些特定区域内合作勘探、开发、生产自然资源的合同。

2. 外商直接投资的投资项目。2002年2月，国务院发布《指导外商投资方向规定》，对外商投资企业的投资项目分成鼓励、允许、限制和禁止四类。

(1) 鼓励类外商投资项目。属于下列情形之一的，列为鼓励类外商投资项目：属于农业新技术、农业综合开发和能源、交通、重要原材料工业的；属于高新技术、先进适用技术，能够改进产品性能、提高企业技术经济效益或者生产国内生产能力不足的新设备、新材料的；适应市场需求，能够提高产品档次、开拓新兴市场或者增加产品国际竞争能力的；属于新技术、新设备，能够节约能源和原材料、综合利用资源和再生资源以及防治环境污染的；能够发挥中西部地区的人力和资源优势，并符合国家产业政策的；法律、行政法规规定的其他情形。

(2) 限制类外商投资项目。属于下列情形之一的，列为限制类外商投资项目：技术水平落后的；不利于节约资源和改善生态环境的；从事国家规定实行保护性开采的特定矿种勘探、开采的；属于国家逐步开放产业的；法律、行政法规规定的其他情形。

(3) 禁止类外商投资项目。属于下列情形之一的，列为禁止类外商投资项目：危害国家安全或者损害社会公众利益的；对环境造成污染损害，破坏自然资源或者损害人体健康的；占用大量耕地，不利于保护、开发土地资源的；危害军事设施安全和使用效能的；运用我国特有工艺或者技术生产产品的；法律、行政法规规定的其他情形。

(4) 允许类外商投资项目。不属于鼓励类、限制类和禁止类的外商投资项目，为允许类外商投资项目。

3. 外商直接投资的准入管理。外国投资者在我国境内投资设立企业必须经国家或地方商务主管部门事先审批，获得批准后才能办理工商登记，领取营业执照；外商投资企业的合并、分立等重要事项变更以及延长经营期限，也需要经审批机关批准。

商务部于2016年10月发布《外商投资企业设立及变更备案管理暂行办法》（以下简称《暂行办法》），对外商投资企业设立、变更的备案管理作出了具体规定。设立外商投资企业，属于《暂行办法》规定的备案范围的，在取得企业名称预核准后，应由全体投资者（或外商投资股份有限公司的全体发起人）指定的代表或共同委托的代理人在营业执照签发前，或由外商投资企业指定的代表或委托的代理人在营业执照签发后30日内，在线填报和提交《外商投资企业设立备案申报表》及相关文件，办理设立备案手续。

4. 外商投资企业的出资方式。外商投资企业出资方可以用现金出资,也可以用建筑物、厂房、机器设备或者其他物料、工业产权、专有技术、场地使用权等作价出资。

(1) 现金出资。外方投资者以现金出资时,通常应当以外币缴付出资。外方投资者用外币缴付出资,应当按照缴款当日中国人民银行公布的基准汇率折算成人民币或者套算成约定的外币。境外投资者还可以进行跨境人民币直接投资,即以合法获得的境外人民币来华开展新设企业、增资、参股、并购境内企业等外商直接投资活动。跨境人民币直接投资及所投资外商投资企业的再投资应当符合外商投资法律法规及有关规定的要求,遵守国家外商投资产业政策、外资并购安全审查、反垄断审查的有关规定。

(2) 作价出资。中外投资者以建筑物、厂房、机器设备或者其他物料、工业产权、专有技术出资的,其作价由中外投资各方按照公平合理的原则协商确定,或者聘请中外投资各方同意的第三者评定。

(二) 对外贸易法律法规

对外贸易法律法规是调整对外贸易活动的法律规范的总称。《对外贸易法》《货物进出口管理条例》《技术进出口管理条例》等构成对外贸易法律制度的重要内容。

1. 《对外贸易法》的适用范围。该法适用于对外贸易以及与对外贸易有关的知识产权保护。从对象上看,我国对外贸易法律制度适用于货物进出口、技术进出口、国际服务贸易以及与此相关的知识产权保护。从地域范围看,《对外贸易法》仅适用于中国内地,不适用于中国香港特别行政区、中国澳门特别行政区和中国台湾地区。

2. 对外贸易经营者。对外贸易经营者,是指依法办理工商登记或者其他执业手续,依照《对外贸易法》和其他有关法律、行政法规的规定从事对外贸易经营活动的法人、其他组织或者个人。从事货物进出口与技术进出口的对外贸易经营,必须具备该法规定的条件,并经国务院对外经济贸易主管部门许可。

(1) 货物贸易和技术贸易经营者的备案登记。从事货物进出口或者技术进出口的对外贸易经营者,应当向商务部或者其委托的机构办理备案登记;但是,法律、行政法规和商务部规定不需要备案登记的除外。对外贸易经营者未按照规定办理备案登记的,海关不予办理进出口货物的报关验放手续。

(2) 关于国营贸易的特别规定。我国可以对部分货物的进出口实行国营贸易管理;实行国营贸易管理货物的进出口业务只能由经授权的企业经营,但国家允许部分数量的国营贸易管理货物的进出口业务由非授权企业经营的除外;实行国营贸易管理的货物和经授权经营企业的目录,由商务部会同国务院其他有关部门确定、调整并公布。

所谓国营贸易，是指国家设立的国有企业以及国家给予排他性特权的私营企业所进行贸易，即国家通过授予对外贸易经营者在特定贸易领域内的专营权或特许权的方式，对特定产品的进出口实施的管理。

3. 货物进出口与技术进出口。

(1) 货物进出口与技术进出口基本规定。国家准许货物技术的自由进出口，但法律、行政法规另有规定的除外。国家基于下列原因，可以限制或者禁止有关货物、技术的进出口：①为维护国家安全、社会公共利益或者公共道德，需要限制或者禁止进口或者出口的；②为保护人的健康或者安全，保护动物、植物的生命或者健康，保护环境，需要限制或者禁止进口或者出口的；③为实施与黄金或者白银进出口有关的措施，需要限制或者禁止进口或者出口的；④国内供应短缺或者为有效保护可能用竭的自然资源，需要限制或者禁止出口的；⑤输往国家或者地区的市场容量有限，需要限制出口的；⑥出口经营秩序出现严重混乱，需要限制出口的；⑦为建立或者加快建立国内特定产业，需要限制进口的；⑧对任何形式的农业、牧业、渔业产品有必要限制进口的；⑨为保障国家国际金融地位和国际收支平衡，需要限制进口的；⑩依照法律、行政法规的规定，其他需要限制或者禁止进口或者出口的。

国家对与裂变、聚变物质或者衍生此类物质的物质有关的货物、技术进出口，以及与武器、弹药或者其他军用物资有关的进出口，可以采取任何必要措施，维护国家安全；在战时或者为维护国际和平与安全，国家在货物、技术进出口方面可以采取任何必要措施。

(2) 货物和技术进出口管理。货物进出口自动许可。商务部基于监测进出口情况的需要，可以对部分自由进出口的货物实行进出口自动许可并公布其目录。实行自动许可的进出口货物，收货人、发货人在办理海关报关手续前提出自动许可申请的，商务部应当予以许可；未办理自动许可手续的，海关不予放行。根据《货物进出口条例》以及《货物自动进口许可管理办法》，进口属于自动进口许可管理的货物，均应当给予许可。实行自动进口许可管理的货物目录，包括具体货物名称和海关商品编码，由商务部会同海关总署等有关部门确定和调整，并由商务部至少在实施前21天以公告形式发布。根据《技术进出口条例》以及《技术进出口合同登记管理办法》，技术进出口合同包括专利权转让合同、专利申请权转让合同、专利实施许可合同、技术秘密许可合同、技术服务合同和含有技术进出口的其他合同。商务主管部门是技术进出口合同的登记管理部门。

根据《技术进出口条例》，技术进口合同中不得含有下列限制性条款：①要求受让人接受并非技术进口必不可少的附带条件，包括购买非必需的技术、原材料、产品、设备或者服务；②要求受让人为专利权有效期限届满或者专利权被宣布无效的技术支付使用费或者承担相关义务；③限制受让人改进让与人提供的技术或者限制受让人使用所改进的技术；④限制受让人从其他来源获得与让与人提供的技术类似的技术或者与其竞争的技术；⑤不合理地限制受让人购买原材料、零部件、产品或者设备的渠道或者来源；⑥不合理地限制受让人产品的生产数量、品种或者销售价格；⑦不合理地限制受让人利用进口技术生产产品的出口渠道。

配额和许可证制度。实行关税配额管理的进口货物目录，由商务部会同国务院有关经济管理部门制定、调整并公布。属于关税配额内进口的货物，按照配额内税率缴纳关税；属于关税配额外进口的货物，按照配额外税率缴纳关税。进口经营者凭进口配额管理部门发放的关税配额证明，向海关办理关税配额内货物的报关验放手续。国务院有关经济管理部门应当及时将年度关税配额总量、分配方案和关税配额证明实际发放的情况向商务部备案。

技术进出口许可证制度。我国对属于限制进出口的技术实行许可证管理，未经许可不得进出口。进口属于限制进口的技术，应当向商务部提出技术进口申请并附有关文件；技术进口项目需经有关部门批准的，还应当提交有关部门的批准文件。商务部收到申请后，应当会同国务院有关部门进行审查，并自收到申请之日起 30 个工作日内作出批准或者不批准的决定。出口属于限制出口的技术，应当向商务部提出申请。商务部收到申请后，应当会同国务院科技管理部门对申请出口的技术进行审查，并自收到申请之日起 30 个工作日内作出批准或者不批准的决定。技术进出口申请获得批准的，由商务部发给技术进出口许可意向书。进出口经营者取得技术进出口许可意向书后，方可对外签订技术进出口合同。进出口经营者签订技术进出口合同后，应当向商务部提交合同副本及有关文件，申请技术进出口许可证，技术进出口合同自许可证颁发之日起生效。进出口经营者凭技术进出口许可证，办理外汇、银行、税务、海关等相关手续。

4. 国际服务贸易。我国在国际服务贸易方面根据所缔结或者参加的国际条约、协定中的承诺，给予其他缔约方、参加方市场准入和国民待遇。商务部和国务院其他有关部门依照该法和其他有关法律、行政法规的规定，对国际服务贸易进行管理。

国家基于下列原因，可以限制或者禁止有关的国际服务贸易：①为维护国家安全、社会公共利益或者公共道德，需要限制或者禁止的；②为保护人的健康或者安全，保护动物、植物的生命或者健康，保护环境，需要限制或者禁止的；③为建立或者加快建立国内特定服务产业，需要限制的；④为保障国家外汇收支平衡，需要限制的；⑤依照法律、行政法规的规定，其他需要限制或者禁止的；⑥根据我国缔结或者参加的国际条约、协定的规定，其他需要限制或者禁止的。此外，国家对与军事有关的国际服务贸易，以及与裂变、聚变物质或者衍生此类物质的物质有关的国际服务贸易，可以采取任何必要措施，维护国家安全；在战时或者为维护国际和平与安全，国家在国际服务贸易方面可以采取任何必要措施。商务部会同国务院其他有关部门，依照上述规定以及其他有关法律、行政法规的规定，制定、调整并公布国际服务贸易市场准入目录。

5. 对外贸易救济。贸易救济措施，是指对外贸易中其他国家或地区的不公平贸易行为或者特定条件下的公平贸易行为对我国相关产业造成实质损害或者产生实质损害威胁，或者对建立国内产业造成实质阻碍时，我国根据国际条约、协定和国内法律、行政法规所采取的，旨在消除或者减轻此种损害、损害威胁或者阻碍的措施。

（1）反倾销措施。"倾销"是指在正常贸易过程中进口产品以低于其正常价值的出口价格进入中国市场。对倾销的调查和确定，由商务部负责。

"损害"是指倾销对已经建立的国内产业造成实质损害或者产生实质损害威胁，或者对建立国内产业造成实质阻碍。对损害的调查和确定，由商务部负责；其中，涉及农产品的反倾销国内产业损害调查，由商务部会同农业农村部进行。在确定倾销对国内产业造成的损害时，应当审查下列事项：①倾销进口产品的数量，包括倾销进口产品的绝对数量或者相对于国内同类产品生产或者消费的数量是否大量增加，或者倾销进口产品大量增加的可能性；②倾销进口产品的价格，包括倾销进口产品的价格削减或者对国内同类产品的价格产生大幅度抑制、压低等影响；③倾销进口产品对国内产业的相关经济因素和指标的影响；④倾销进口产品的出口国（地区）、原产国（地区）的生产能力、出口能力，被调查产品的库存情况；⑤造成国内产业损害的其他因素。对实质损害威胁的确定，应当依据事实，不得仅依据指控、推测或者极小的可能性。在确定倾销对国内产业造成的损害时，应当依据肯定性证据，不得将造成损害的非倾销因素归因于倾销。

反倾销调查。国内产业或者代表国内产业的自然人、法人或者有关组织（统称"申请人"），可以依照《反倾销条例》的规定向商务部提出反倾销调查的书面申请。商务部应当自收到申请书及有关证据之日起60日内，对申请是否由国内产业或者代表国内产业提出、申请书内容及所附具的证据等进行审查，并决定立案调查或者不立案调查。在决定立案调查前，应当通知有关出口国（地区）政府。在表示支持申请或者反对申请的国内产业中，支持者的产量占支持者和反对者总产量的50%以上的，应当认定申请是由国内产业或者代表国内产业提出，可以启动反倾销调查；但是，表示支持申请的国内生产者的产量不足国内同类产品总产量的25%的，不得启动反倾销调查。在特殊情形下，商务部虽未收到反倾销调查的书面申请，但有充分证据认为存在倾销和损害以及两者之间有因果关系的，可以自行决定立案调查。

立案调查决定由商务部予以公告，并通知申请人、已知的出口经营者和进口经营者、出口国（地区）政府以及其他有利害关系的组织、个人。立案调查的决定经公告，商务部应当将申请书文本提供给已知的出口经营者和出口国（地区）政府。商务部根据调查结果，就倾销、损害和两者之间的因果关系是否成立作出初裁决定，并予以公告。初裁决定确定倾销、损害以及两者之间的因果关系成立的，商务部应当对倾销及倾销幅度、损害及损害程度继续进行调查，并根据调查结果作出终裁决定，予以公告。在作出终裁决定前，应当由商务部将终裁决定所依据的基本事实通知所有已知的利害关系方。反倾销调查应当自立案调查决定公告之日起12个月内结束；特殊情况下可以延长，但延长期不得超过6个月。

有下列情形之一的，反倾销调查应当终止，并由商务部予以公告：①申请人撤销申请的；②没有足够证据证明存在倾销、损害或者两者之间有因果关系的；③倾销幅度低于2%的；④倾销进口产品实际或者潜在的进口量或者损害属于可忽略不计的；⑤商务部认为不适宜继续进行反倾销调查的。

反倾销措施包括临时反倾销措施、价格承诺和反倾销税。

临时反倾销措施。初裁决定确定倾销成立，并由此对国内产业造成损害的，可以采取下列临时反倾销措施：①征收临时反倾销税；②要求提供保证金、保函或者其他形式的担保。临时反倾销税税额或者提供的保证金、保函或者其他形式担保的金额，不得超过初裁决定确定的倾销幅度。征收临时反倾销税，由商务部提出建议，国务院关税税则委员会根据商务部的建议作出决定，由商务部予以公告；要求提供保证金、保函或者其他形式的担保，由商务部作出决定并予以公告。海关自公告规定实施之日起执行。临时反倾销措施实施的期限，自临时反倾销措施决定公告规定实施之日起，不超过4个月；在特殊情形下，可以延长至9个月。自反倾销立案调查决定公告之日起60天内，不得采取临时反倾销措施。

价格承诺。倾销进口产品的出口经营者在反倾销调查期间，可以向商务部作出改变价格或者停止以倾销价格出口的价格承诺。商务部可以向出口经营者提出价格承诺的建议，但不得强迫出口经营者作出价格承诺。出口经营者不作出价格承诺或者不接受价格承诺的建议的，不妨碍对反倾销案件的调查和确定；出口经营者继续倾销进口产品的，商务部有权确定损害威胁更有可能出现。商务部对倾销以及由倾销造成的损害作出肯定的初裁决定前，不得寻求或者接受价格承诺。

反倾销税。终裁决定确定倾销成立，并由此对国内产业造成损害的，可以征收反倾销税。征收反倾销税应当符合公共利益。征收反倾销税，由商务部提出建议，国务院关税税则委员会根据商务部的建议作出决定，由商务部予以公告海关自公告规定实施之日起执行。反倾销税原则上仅适用于终裁决定公告之日以后进口的产品。反倾销税的纳税人为倾销进口产品的进口经营者。反倾销税应当根据不同出口经营者的倾销幅度，分别确定;对于未包括在审查范围内的出口经营者的倾销进口产品,需要征收反倾销税的,应当按照合理的方式确定对其适用的税率。在任何情形下,反倾销税税额不超过终裁决定确定的倾销幅度。反倾销税的征收期限不超过5年,但经商务部复审确定终止征收反倾销税有可能导致倾销和损害的继续或者再度发生的,反倾销税的征收期限可以适当延长。

(2) 反补贴措施。"补贴"是指出口国(地区)政府或者其任何公共机构[统称"出口国(地区)政府"]提供的并为接受者带来利益的财政资助以及任何形式的收入或者价格支持。此处所称的"财政资助"包括:①出口国(地区)政府以拨款、贷款、资本注入等形式直接提供资金,或者以贷款担保等形式潜在地直接转让资金或者债务;②出口国(地区)政府放弃或者不收缴应收收入;③出口国(地区)政府提供除一般基础设施以外的货物、服务,或者由出口国(地区)政府购买货物;④出口国(地区)政府通过向筹资机构付款,或者委托、指令私营机构履行上述职能。

"损害"是指补贴对已经建立的国内产业造成实际损害或者产生实质损害威胁,或者对建立国内产业造成实质阻碍。对损害的调查和确定,由商务部负责;其中,涉及农产品的反补贴国内产业损害调查,由商务部会同农业农村部进行。在确定补贴对国内产业造成的损害时,应当审查下列事项:①补贴可能对贸易造成的影响;②补贴进口产品的数量,包括补贴进口产品的绝对数量或者相对于国内同类产品生产或者消费的数量是否大量增加,或者补贴进口产品大量增加的可能性;③补贴进口产品的价格,包括补贴进口产品的价格削减或者对国内同类产品的价格产生大幅度抑制、压低等影响;④补贴进口产品对国内产业的相关经济因素和指标的影响;⑤补贴进口产品出口国(地区)、原产国(地区)的生产能力、出口能力,被调查产品的库存情况;⑥造成国内产业损害的其他因素。

反补贴调查在申请、启动、实施、终止等方面的条件和程序与反倾销调查基本相同。

反补贴措施包括临时反补贴措施,取消、限制补贴或者其他有关措施的承诺,以及反补贴税,其具体内容和实施程序与反倾销措施基本相同。临时反补贴措施实施的期限,自临时反补贴措施决定公告规定实施之日起不超过4个月,不得延长。

参考文献

[1] 陈瑞华:《企业合规制度的三个维度——比较法视野下的分析》,《比较法研究》,2019年第3期。

[2] 邓若讯:《英国贿赂罪改革研究》,《中国刑事法杂志》,2012年第3期。

［3］李本灿：《企业犯罪预防中合规计划制度的借鉴》，《中国法学》，2015年第5期。

［4］孙国祥：《刑事合规的理念、机能和中国的构建》，《中国刑事法杂志》，2019年第2期。

［5］印波、高远：《英国企业预防贿赂失职罪的充分程序抗辩——兼谈对我国治理商业贿赂的启示》，《河北经贸大学学报》，2015年第6期。

［6］周振杰等：《合规计划有效性的具体判断：以英国SG案为例》，《法律适用（司法案例）》，2018年第14期。

［7］［美］约瑟夫·约克奇：《美国〈反海外腐败法〉的和解方案、内部结构及合规文化》，万方、黄石译，《河南警察学院学报》，2019年第1期。

［8］余永定：《美巨额罚款公正还是勒索》，《财新网》：http：//opinion.Caixin.com/2018-05-09/101246420.Html，2019年4月1日访问。

［9］程天权：《法律基础（第2版）》，中国人民大学出版社2011年版。

［10］高其才：《法律基础（第五版）》，清华大学出版社2018年版。

［11］李彬：《经济法（2019）》，经济科学出版社2019年版。

［12］刘文华：《经济法（第五版）》，中国人民大学出版社2017年版。

［13］夏利民：《法律基础教程（第三版）》，北京大学出版社2017年版。

［14］杨紫烜、徐杰：《经济法（第七版）》，北京大学出版社2015年版。

［15］张建飞、俞丹：《实用法律基础（第二版）》，法律出版社2013年版。

［16］中国注册会计师协会：《税法》，中国财政经济出版社2019年版。

［17］中国注册会计师协会：《经济法》，中国财政经济出版社2019年版。

［18］［美］瑞恩·D.麦克康奈尔、杰伊·马丁、夏洛特·西蒙：《"事前规划"抑或"事后处罚"：合规在刑事案件中的作用》，万方译，载李本灿 编译：《合规与刑法：全球视野的考察》，中国政法大学出版社2018年版。

［19］Michael Bisgrove & Mark Weekes, Deferred Prosecution Agreements: A Practical Consideration, Criminal Law Review 416-438 (2014).

［20］Jennifer Wells, The U. K.'s Deferred Prosecution Agreements Are Instructive for the SNC-Lavalin Drama, The Wall Street Journal, Feb. 15, 2019.

［21］Renee Xavier, Commentary: Deferred Prosecution Agreements in Singapore, https://www.Learn.Asialawnetwork.com (accessed Apr. 8, 2019).

［22］Le Clair Ryan, The Cooperation Credit in Corporate Investigation According to New Justice Department Guidance, https://www.Webcache.google user content.com (accessed Apr. 8, 2019).

第三章

大数据分析与信息技术

第一节　大数据分析及其在财务中的应用

一、大数据与大数据分析的概念

（一）什么是大数据

20世纪90年代后期，当气象学家在做气象地图分析、物理学家在建立大物理仿真模型、生物学家在建立基因图谱的分析过程中，由于数据量巨大，他们已经不能再用传统的计算技术来完成这些任务时，大数据的概念在这些科学研究领域首先被提出来。面对大量科学数据在获取、存储、搜索、共享和分析中遇到的技术难题，一些新的分布式计算技术陆续被研究和开发出来。

2008年，随着互联网和电子商务的快速发展，当雅虎（Yahoo）、谷歌（Google）等大型互联网和电子商务公司不能用传统手段解决他们的业务问题时，大数据的理念和技术被他们实际应用。他们遇到的共性问题是，处理的数据量通常很大（那时是PB级，1个PB级的数据相当于50%的美国学术研究图书馆的藏书和资讯的内容），数据的种类很多（文档、日志、博客、视频等），数据的流动速度很快（包括流文件数据、传感器数据和移动设备数据的快速流动），且这些数据经常是不完备甚至是不可理解的（需要从预测分析中推演出来）。大数据的新技术和新架构正是在这种背景下被不断开发出来的，以有效地解决这些现实的互联网数据处理问题。

2010年，全球进入Web 2.0时代，推特（Twitter）、脸书（Facebook）、博客、微博、微信等社交网络将人类带入自媒体时代，互联网数据快速激增。随着智能手机的普及，移动互联网时代也已经到来，移动设备所产生的海量数据涌入网络。为了实现更加智能的应用，物联网技术也逐步被推广，随之而来的是更多实时获取的视频、音频、电子标签（RFID）、传感器等数据也被联入互联网，数据量进一步暴增。根据美国市场调查公司 IDC 的预测，人类产生的数据量正在呈指数级增长，大约每两年翻一番，这个速度在 2020 年之前会继续保持下去。全球在 2010 年正式进入 ZB 时代（1 个 ZB 的数据相当于全世界海滩上的沙子数量的总和），预计到 2020 年，全球将有共计 35ZB 的数据量。这意味着人类在最近两年产生的数据量相当于之前产生的全部数据量。人类真正进入了一个数据的世界，大数据技术有了用武之地，大数据技术和应用空前繁荣起来。

2011 年，全球著名战略咨询公司麦肯锡的全球研究院（MGI）发布了《大数据：创新、竞争和生产力的下一个新领域》研究报告，这份报告分析了数字、数据和文档爆发式增长的状态，阐述了处理这些数据能够释放出的潜在价值，分析了大数据相关的经济活动和业务价值链。这篇报告在商业界引起极大的关注，为大数据从技术领域进入商业领域吹响了号角。

2012 年 3 月 29 日，奥巴马政府以"大数据是一个大生意（Big data is a big deal）"为题发布新闻，宣布投资 2 亿美元启动"大数据研究和发展计划"，涉及美国国家科学基金、美国国防部等 6 个联邦政府部门，大力推动和改善与大数据相关的收集、组织和分析工具及技术，以推进从大量的、复杂的数据集合中获取知识和洞见的能力。美国政府认为大数据技术事关美国国家安全、科学和研究的步伐。

2012 年 5 月，联合国发布了一份大数据白皮书，总结了各国政府如何利用大数据更好地服务公民，指出大数据对于联合国和各国政府来说是一个历史性的机遇，联合国还探讨了如何利用包括社交网络在内的大数据资源造福人类。

2012 年以来，大数据成为全球投资界所青睐的领域之一，IBM 公司通过并购数据仓库厂商 Netezza、软件厂商 InfoSphere BigInsights 和 Streams 等来增强自己在大数据处理上的实力；EMC 公司陆续收购 Greenplum（Pivotal）、VMware、Isilo 等公司，展开大数据和云计算产业的战略布局；惠普公司通过并购 3PAR、Autonomy、Vertica 等公司实现了大数据产业链的全覆盖。业界主要的信息技术巨头都纷纷推出大数据产品和服务，力图抢占市场先机。

2012 年以来，国内互联网企业和运营商率先启动大数据技术的研发和应用，如淘宝、百度、腾讯、中国移动、中国联通、京东商城等企业纷纷启动了大数据试点应用项目，推进大数据应用。

2015 年，《促进大数据发展行动纲要》正式颁布，提出大数据已成为国家基础性战略资源，是推动经济转型和发展的新动力，是重塑城市竞争优势的新机遇，是提升政府治理能力的新途径。以此为划分点，中国正式启动和实施国家大数据战略。

一般认为，大数据是指无法在一定时间内用传统数据库软件工具对其内容进行抓取、管理和处理的数据集合。这个定义是各种学术和应用领域最广泛引用的一个定义，如果接着以大数据的四个特征作为补充，就能给出一个较为清晰的大数据概念。《促进大数据发展行动纲要》指出，大数据是以容量大、类型多、存取速度快、应用价值高为主要特征的数据集合。

（二）大数据的特点

大数据有四个主要特征。

1. 数据容量大（volume）。容量大是大数据区别于传统数据最显著的特征。一般关系型数据库处理的数据容量在 TB 级，大数据技术所处理的数据容量通常在 PB 级以上。

2. 数据类型多（variety）。大数据技术所处理的计算机数据类型早已不是单一的文本形式或者结构化数据库中的表，它包括网络日志、音频、视频、机器数据等各种复杂结构的数据。

3. 数据存取速度快（velocity）。存取速度是大数据区别于传统数据的重要特征。在海量数据面前，需要快速实时存取和分析所需要的信息，处理数据的效率就是组织的生命。

4. 数据应用价值高（value）。在研究和技术开发领域，上述三个特征已经足够表征大数据的特点。但在商业应用领域，第四个特征就显得非常关键。投入如此巨大的研究和技术开发努力，就是因为大家都洞察到了大数据潜在的巨大应用价值。如何通过强大的机器学习和高级分析更迅速地完成数据的价值"提纯"，挖掘出大数据的应用价值，这是目前大数据技术应用的发展重点。

（三）什么是大数据分析

大数据分析也称为数据挖掘，是从大量数据中寻找其规律的技术，是统计学、数据库技术和人工智能技术的综合。数据挖掘是从数据中自动地抽取出模式、关联、变化、异常和有意义的结构。数据挖掘的主要价值在于利用数据挖掘技术发现规律并改善预测模型。

数据挖掘技术可以分为描述性技术和预测性技术，描述性技术了解数据中潜在的规律，预测性技术是用历史预测未来的技术。

数据挖掘的任务是从大量的数据中发现模式。根据数据挖掘的任务可分为多种类型，其中比较典型的有：关联分析、基于决策树或神经网络的分类分析、聚类分析、序列分析等。

下面分别介绍三种常见的数据挖掘技术。

1. 关联（association）分析。关联规则描述了一组数据项之间的关系。关联分析是在交易数据、关系数据或其他信息载体中，发现存在于项目集或对象集之间的关联规则，包括关联、相关性、因果结构或频繁出现的模式。在关联规则挖掘算法中，通常给出了置信度和支持度两个概念，对于置信度和支持度均大于给定阈值的规则称为强规则，而关联分析主要就是对强规则的挖掘。关联规则模式属于描述型模式，发现关联规则的算法属于无监督学习的方法。关联分析广泛用于购物篮分析、交叉销售、商品目录设计等商业决策领域。沃尔玛就使用关联规则发现了哪些人同时购买了纸尿布和啤酒。

2. 分类（classification）分析。所谓分类是指根据数据的特征为每个类别建立一个模型，根据数据的属性将数据分配到不同的组中。在实际应用过程中，分类规则可以分析分组中数据的各种属性，并找出数据的属性模型，从而确定哪些数据属于哪些组。这样就可以利用该模型来分析已有数据，并预测新数据将属于哪一个组。类的描述可以是显式的，如用一组特征概念描述；也可以是隐式的，如用一个数学公式或数学模型描述。分类是事先定义好类别，属于有指导学习范畴。分类的目的是学会一个分类模型（称为分类器），该模型能把数据库中的数据项映射到给定类别中的某一个类中。

3. 聚类分析（clustering）。聚类是指一组彼此间非常"相似"的数据对象的集合。相似的程度可以通过距离函数来表示，由用户或专家指定。聚类分析是按照某种相近程度度量方法将数据分成互不相同的一些分组。每一个分组中的数据相近，不同分组之间的数据相差较大。好的聚类方法可以产生高质量的聚类，保证每一聚类内部的相似性很高，而各聚类之间的相似性很低。聚类分析的核心是将某些相近程度的定性测量方法转换成定量测试方法。采用聚类分析，系统可以根据部分数据发现的规律，找出对全体数据的描述。

二、会计人员的数字技能

（一）大数据对传统会计的影响

大数据对传统会计产生诸多影响。

第一，会计数据来源多样化、结构复杂化、需求个性化。目前，会计数据的收集与处理仍以结构化数据为主，而对决策使用者至关重要的非结构化数据往往被排除在信息报告体系之外，随着大数据时代的到来，会计数据中非结构化的来源和价值将变得越来越丰富，真正实现了结构化与非结构化会计数据的融合；在大数据深入发展的中后期，会计数据将转向以非结构化为主导，相比结构化数据，将从数据体量上和价值量上取而代之。因此，越来越有必要尽可能多渠道的获取多种非结构化的会计数据，并利用先进的处理工具加以有效处理和分析，尽可能全面地反映企业的实际经营活动，为决策者提供更详尽的信息依据。

第二，公允价值计量模式更加可行。历史成本、公允价值是两种常见的会计计量模式，长期以来，都以历史成本为基本框架，如今财务报告目标更加强调会计信息对投资决策者的有用性，历史成本以外的计量模式被引入会计数据生产过程当中，而以公允价值尤为突出。公允价值具有很强的相关性，可以更为客观地反映企业的资产价值，保证会计数据的有用性，有助于促进信息使用者的决策。而公允价值也有其缺点：难以获得性、价值计量的不可靠性和确定标准的非唯一性，限制了公允价值的使用范围，使投资者的分析决策受到阻碍，而大数据时代下的信息源、传播及获取渠道等日益多样化，数据开放程度大幅提高，一方面可以提高公允价值的透明度；另一方面可以增加相互可印证性，整体提高公允价值计量模式的可靠度与可信度。

第三，大数据对财务分析水平提出更高要求。一方面，传统的财务分析是基于经营成果的分析，局限性凸显，比如通过收集所有销售终端的数据，把它们整合汇总进行一些成果评价及趋势预测的分析，由于这些分析只利用了销售数据，缺乏客户、渠道等数据，所以很难从传统数据分析中提取出对经营决策者切实有效的决策信息，而随着大数据技术的发展与运用将全面提升数据分析水平，要求从基于成果的分析转向基于过程的分析，通过分析市场、竞争、客户及产品等，优化企业的经营决策，比如通过获取顾客与销售员的海量对话，分析顾客的购买行为和心理，可以总结得知何种因素导致顾客购买我们的产品或何种因素没有选择我们的产品，通过这样一种过程分析，可以制定更切实有效的销售策略，促进业务创新与利润增长。另一方面，传感技术及移动设备的普及，用户使用移动设备产生大量与地理位置相关、以用户为中心且与使用场景相关的操作和交易数据，比如网络点击率、实时交易信息、行动踪迹、日志文件等，如当下各种打车软件所产生大量的实时交易数据，可以从中获得大量有关消费者、运营商及统筹信息等方面的数据，通过实时数据处理，实现实时信息反馈、分析，这便是大数据新模式下对业务和流程要求的实时分析，为企业的业务创新和利润增长提供决策支持。此外，动态实时数据分析促使阶段性会计定期报告转向需求实时报告，传统会计报告分为月报、季报、半年报及年报，而大数据可以生成这样一张实时报表，供需求者实时查询分析，达到这种效果的前提是如何适时处理各类数据，加以系统的集成。

第四，大数据为企业全面预算管理提供支持。企业全面预算是反映未来一定时期内各项生产经营活动、财务表现等方面的总体预测，进而对各种财务、非财务等资源进行有效配置、控制和考核。现行的企业预算很多数据都是基于过去的经营数据，或是职业主观臆断甚至是闭门造车出来的结果，决策层对数据的合理性、前瞻性很难做出判断，进而造成预算管控运行效果不尽理想，甚至让全面预算形同虚设。大数据技术被视为人工智能的一部分，它把复杂的数学算法运用到海量的数据上来预测事情发生的可能性，从中挖掘有价值的信息并判断合理的趋势以预测未来。大数据将日益基于规模数据的分析和预测，尽可能从企业实际情况出发，并充分考虑政策法规、经营条件及内外部市场环境的变化等多方因素，多渠道实时获取各种信息数据，使预测的精准度得到极大提升，帮助投资决策者获得更具前瞻性的洞察。

（二）财务人员如何适应大数据时代

伴随着大数据时代的飞速发展，可以肯定，部分的会计职能一定会被取代，大数据将打破会计固有的工作方式，以及随着这种工作方式建立起来的组织架构与权力壁垒，但这并不意味着会计的职能意义将被降低，这是一个全新的历史机遇，传统会计人员需要拥抱趋势，融入大数据时代新的协作方式当中。

1. 转变传统会计的思维方式。传统以数据记载、核算为主的会计工作在大数据先进数字革命时代下愈发面临严峻的考验，以账目为依据的会计职责分工将被逐渐淘汰，进而转以数据和价值信息为导向，对其进行收集、加工、分析及利用。会计从业人员基于大数据这个数字革命作出相应的变革，要求具备系统性和管理性思维，不仅需精通非财务知识、熟悉生产经营各个环节；还要不断学习先进的管理理念、参与企业的战略决策制定；更要能懂得信息化，能解读大数据背后对企业有价值的信息，促进企业价值创造。能够预见，目前的一些会计岗位可能会被撤销或合并，会计与业务实现真正一体化，与数据处理相关的岗位会被集中呈现，将大数据变为其优势，聚焦价值管理创造，专注价值提升、为决策谋略，这便是大数据背景下传统会计转型的新方向。

2. 具备对非结构化、碎片化会计数据收集与储存的能力。大数据时代影响企业价值的因素越来越多，投资决策参考的信息维度也越来越广，因此，提供信息不再局限于相关的会计结构数据，一些非结构化数据也应作为投资决策的参考标准。前述的非结构化数据蕴含的价值越来越大，企业之间的竞争很大一部分体现在对有价值数据资源的争夺中，尽可能多来源、多渠道、多平台的获取各种结构的会计数据，并运用先进的数据处理技术进行有效处理和分析，尽可能全面完整反映整个企业的经济业务状况，为决策需求者提供详尽可靠的信息依据，以提升市场竞争力。

另外，注重对碎片化会计数据的搜集，保证数据的全面完整，可以发现在传统样本分析中可能忽略的异常，而该异常可能隐藏在与企业价值相关的重要信息中，直接影响决策的制定。因此，碎片化的数据丰富了会计数据的内容和来源，提升了在会计理论和实务中的应用价值，提高了会计信息质量的可靠性和相关性。

3. 提升会计从业人员数据处理分析的能力。大数据的核心作用在于发现和理解蕴含在数据中的价值、隐藏在数据间的关系。大数据时代有可能获取更多、更为完整的财务和非财务会计数据并进行分析，使得数据不再局限于提高会计信息相关性的最大因素。这种数据处理分析环境的变化要求会计从业人员在提供相关信息时采用非传统方法，具备处理海量数据的能力，具备识别价值信息的能力，懂得数据仓库和数据挖掘技术。

在大数据时代,会计从业人员要实现从经验判断、直觉管理向依据数据分析的科学管理的转型,应意识到会计数据已经由被动使用转变为主动挖掘价值的过程,如何从海量的数据中挖掘有价值的信息,分析转化成与决策相关的数据,是大数据背景下新型会计面临的重要问题,只有进一步提升会计从业人员的数据处理分析能力,才能挖掘大数据的价值,并为决策需求者使用。

三、大数据分析的过程

数据挖掘不是一个从数据到模型、再到结果的简单过程,而是一个循环往复逐步求精的过程。数据挖掘是一个完整的过程,该过程从大型数据库或数据仓库中挖掘先前未知的、有效的、可实用的信息,并使用这些信息丰富已有的知识,为全面而有效的决策提供帮助。在实施数据挖掘之前,需要决定采取什么样的步骤、每一步都做什么、确定目标和实施方案。

(一)数据挖掘的基本过程

一般地,数据挖掘在具体应用时,大体分为五个阶段,图3-1表示了一种数据挖掘的基本过程。

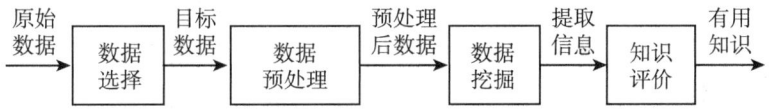

图3-1 数据挖掘的基本过程

1. 数据选择。数据选择的目的是确定发现任务的操作对象,即目标数据,是根据用户的需求从数据库中提取与数据挖掘相关的数据。在此过程中,可以利用一些数据库操作对数据进行处理,形成真实有效的数据库。

2. 数据预处理。主要是对前面阶段所产生的数据进行再加工,检查数据的完整性及数据的一致性,对其中的噪声数据进行处理,对丢失的数据利用统计方法进行填补,形成有待挖掘的数据库。一般地,当数据挖掘的对象是数据仓库时,数据预处理在生成数据仓库时就已经完成了。

3. 数据挖掘。根据用户需要,确定数据挖掘的目标是发现何种类型的知识,因为对数据挖掘的不同要求会在具体的知识发现过程中采用不同的数据挖掘算法。算法包括选取合适的模型和参数,并使得数据挖掘算法与整个知识发现的评判标准相一致。然后,运用选定的知识发现算法,从数据库中提取出用户所需要的知识,这些知识可以用一种特定的方式或常用的方式表示,如产生式规则等。同样的任务可以用不同的算法来实现,选择实现算法时需要考虑两个因素:一是不同的数据有不同的特点,需要确定与之相关的算法;二是用户的要求。

4. 知识评价。该过程主要用于对所获得的规则进行价值评定,以决定所得到的规则是否存入基础知识库,主要由专家通过人机交互界面并依靠经验来评价。数据挖掘阶段发现出来的模式,经过评估,可能存在冗余或无关的模式,这时需要将其剔除;也有可能存在不满足用户要求的模式,这时需要退回前面的步骤。该阶段还需要对所挖掘出的模式进行解释,使得用户更容易理解和应用。

数据挖掘全过程的4个步骤可以进一步归纳为3个步骤,即数据挖掘预处理(数据挖掘前的准备工作)、数据挖掘、数据挖掘后处理(数据挖掘后的处理工作)。数据挖掘质量的好坏有两个影响因素:一是所采用的数据挖掘技术的有效性;二是用于挖掘的数据的质量和数量。

整个挖掘过程是一个不断反馈的过程。比如,用户在挖掘途中发现选择的数据不太好,或使用的挖掘技术产生不了期望的结果,这时用户需要重复先前的过程,甚至从头开始。

(二) CRISP-DM 规划

图 3-1 所示的数据挖掘过程模型主要是从数据挖掘技术角度来阐述的。前面说过,数据挖掘是一个系统性过程,离不开业务与具体的应用领域。如下的过程从另一个角度来叙述数据挖掘与具体业务之间不可分割的联系,即数据挖掘建模的标准——CRISP-DM。

CRISP-DM (cross-industry standard process for data mining) 意为"跨行业数据挖掘的标准化过程"。在 CRISP-DM 规划中,数据挖掘过程中的每个必要步骤均被标准化。该模型不仅针对数据整理、数据呈现、数据分析以及数据建模等纯技术过程,还强调了完整的数据挖掘过程,后期评价与模式的延伸应用都包含在这个完整的数据挖掘过程中,这就需要项目实施人员对企业的问题进行深入调研。CRISP-DM 模型主要倡导的理念是:提倡标准过程行业内共享;建立应用与背景无关的标准过程;建立与所用数据挖掘工具无关的标准过程;建立具有普遍指导意义的标准化过程;从方法学的角度强调实施数据挖掘项目的方法和步骤。具体地,CRISP-DM 分为以下6个步骤。

1. 业务理解。在这一步骤中,应用领域的问题被转换成数据挖掘的技术问题。首先,一个数据挖掘过程需要与企业进行讨论,充分了解进行挖掘分析的业务,明确业务所要达到的目的,估算该应用的资源和风险;其次,将业务问题转换为数据挖掘的问题,同时,确定数据挖掘的目标;最后,产生初步的项目构想。应用要达到的目的和数据挖掘的目的通常是不一样的,数据挖掘分析者需要根据自己的经验在两者之间进行转换。

2. 数据理解。在充分理解业务和确定业务目标后,要收集初步数据,了解数据的含义与特性,筛选出必需的数据,进行数据整理,并评估数据的质量。这一步骤的目的是对数据的本质和质量有所了解,如数据是否存在噪声、缺失值、冗余属性、不一致、数据过少或过多等问题。

3. 数据预处理。该步骤和上一步骤同为数据处理的核心,这是建立模型之前的最后一步数据准备工作。该步骤包括数据选择、数据清理、数据合成、数据合并及数据格式化等子任务。其中,数据选择包括属性选择、属性合成、实例选择等;数据清理是去除数据中的噪声、处理数据中的缺失值;数据合成是根据原始数据生成可以更能反映问题本质的新的属性或记录;数据合并可将分散的几个数据集根据某种原则合并在一起;数据格式化可以处理数据中不一致的情况。

4. 建立模型。该阶段分析已经筛选和净化的数据,采用各种定性和定量技术,对已有数据构建模型,替企业解决实际问题。即根据数据及应用领域的性质,首先,选择合适的建模算法并设置该算法的参数。其次,进行模型的训练。在训练过程中,调节算法的参数以达到最优的结果。最后,使用测试方案对模型进行测试。该步骤的结果是要得到在测试数据上表现良好的模型。

5. 模型评估和解释。在该阶段之前,似乎已经建立了高质量的模型。实际上,随着应用领域和实际数据的不同,模型的准确率肯定有变化。也就是说需要对得到的模型进行评估。评估的方法因应用类型而异,可根据实际数据进行验证,也可进行小规模市场调研等。如果评估结果不理想,则应返回前面的步骤,甚至重新开始,否则进行不了下一阶段。在该阶段的最后,还需要对建立模型的结果加以解释,并对这一模型所带来的商业效果进行评价。

6. 实施与维护。一般地,创建完模型并不意味着数据挖掘任务已经完成。在实际工作中,往往需要对生成的结果进行适当的展示或嵌入到一个业务过程中,并将模型应用的结果再反馈回来,以便对模型进行改进。此外,由于实际数据可能发生变化,特别是在某些形势变化快、竞争激烈的环境中,如外向型生产企业、资源密切相关型企业、银行业、电信业等,还需要对模型经常进行维护。

延伸阅读

扫描右侧二维码可详细了解大数据分析的一些方法:文本数据处理。

在数据挖掘过程中,业务理解和数据理解对数据挖掘项目的成功至关重要。不能充分理解业务的过程,所得到的结果往往无法得到应用,从而使项目失败;在项目中不能

合理使用与项目目标相关的数据,往往会得出错误的结论。数据预处理步骤和建模则需要丰富的数据分析经验,能够发现与项目目标紧密相关的变量,提高最终模型的精确度。模型评估和模型解释、实施和维护步骤则需要丰富的实际操作经验的业务知识,只有如此,才能保证数据挖掘项目获得良好的实施效果。

第二节 大数据分析方法

一、回归分析方法

(一)回归分析的定义

回归分析是利用数据统计原理,对大量统计数据进行数学处理,并确定变量与某些变量的相关关系,建立一个相关性的回归方程(函数表达式),并加以外推,用于预测今后因变量变化的方法。

根据因变量和自变量的函数表达式,回归分析可分为:线性回归分析、非线性回归分析。

根据因变量和自变量的个数,回归分析可分为:一元回归分析、多元回归分析、逻辑回归分析和其他回归分析等。

线性回归分析是回归分析中最基本的方法,遇到非线性回归分析时,可以借助数学手段将其化为线性回归,一旦线性回归问题得到解决,非线性回归问题也就迎刃而解了。如取对数使乘法变成加法等,有一些非线性回归也可直接进行,如多项式回归等。有一些模型无论采取什么方式变换都不能实现线性化,对这些模型一般采用高斯—牛顿迭代法进行参数估计,即借助泰勒级数展开式进行逐次的线性近似估计。

对于社会经济现象,很难确定因变量和自变量之间的关系,因为它们大多是随机的,只有通过大量的观察统计,才能找出其中的规律,随机分析是利用统计学原理描述随机变量关系的一种方法。

回归分析可简单理解为信息分析与预测,信息即统计数据,分析即对信息进行数据处理,预测就是加以外推,也就是适当扩大已有自变量的取值范围,并承认该回归方程在该扩大的定义域内成立,然后就可以在该定义域上取值进行"未来预测"。当然,对回归方程可以进行有效地控制。

因此,回归分析主要解决下面两方面的问题:确定变量之间是否存在相关关系,若存在,则找出数学表达式;根据一个或几个变量的值,预测或控制另一个或几个变量的值,且要估计这种控制或预测可达到何种精确度。

回归分析的步骤如下：（1）根据自变量与因变量的现有数据及关系，初步设定回归方程；（2）求出合理的回归系数；（3）进行相关性检验，确定相关系数；（4）在符合相关性要求后，即可根据已经得到的回归方程与具体条件，来确定事物的未来状况，并计算预测值的置信区间。

（二）多元线性回归分析

在市场经济活动中，经常会遇到某一市场现象的发展和变化取决于几个影响因素的情况，也就是一个因变量和几个自变量有依存关系的情况。而且有时几个影响因素主次难以区分，或者有的因素虽属次要，但也不能略去其作用。例如，某一商品的销售量既与人口的增长变化有关，也与商品价格变化有关。这时采用一元回归分析进行预测是难以奏效的，需要采用多元回归分析。多元回归分析，是指通过对两个或两个以上的自变量与一个因变量的相关分析，建立预测模型进行预测的方法。当自变量与因变量之间存在线性关系时，称为多元线性回归分析。

多元回归分析可以达到以下目的：了解因变量和自变量之间的关系是否存在，以及这种关系的强度。也就是以自变量所解释的因变量的变异部分是否显著，且因变量变异中有多大部分可以由自变量来解释；估计回归方程，求在自变量已知的情况下因变量的理论值或预测值，达到预测目的；评价特定自变量对因变量的贡献，也就是在控制其他自变量不变的情况下，该自变量的变化所导致的因变量变化情况；比较各自变量在拟合的回归方程中相对作用的大小，寻找最重要的和比较重要的自变量。

假定被解释变量 Y 与多个解释变量 x_1，x_2，$\cdots$，x_k 之间具有线性关系，是解释变量的多元线性函数，称为多元线性回归模型。即：

$$Y = \beta_0 + \beta_1 x_1 + \beta_2 x_2 + \cdots + \beta_x x_k + \mu$$

其中，Y 是被解释变量，x 是解释变量，β_0 是常数项，β_1，β_2，$\cdots$，β_k 是回归系数，β_1 是 x_2，x_3，$\cdots$，x_k 固定时，x_1 每增加 1 个单位对 Y 的效应，即 x_1 对 Y 的偏回归系数，同理，β_2 是 x_2 对 Y 的偏回归系数，μ 为随机误差项。

多元线性回归模型包含多个解释变量，多个解释变量同时对被解释变量 Y 发生作用，若要考察其中一个解释变量对 Y 的影响，就必须假设其他解释变量保持不变来进行分析。因此，多元线性回归模型中的回归系数为偏回归系数，即反映了当模型中的其他变量不变时，其中一个解释变量对因变量 Y 的均值的影响。

建立多元线性回归模型时，为了保证回归模型具有优良的解释能力和预测效果，应首先注意自变量的选择，其准则是：自变量对因变量必须有显著的影响，并呈密切的线性相关；自变量与因变量之间的线性相关必须是真实的，而不是形式上的；自变量之间应具有一定的互斥性，即自变量之间的相关程度不应高于自变量与因变量之间的相关程度;自变量应具有完整的统计数据,其预测值容易确定。

在实际问题中,影响因变量 Y 的因素(自变量)很多,人们希望从中挑选出影响显著的自变量来建立回归关系式,这就涉及自变量选择的问题。

在回归方程中若漏掉对 Y 影响显著的自变量,那么建立的回归式用于预测时将会产生较大的偏差。但回归式若包含的变量太多,且其中有些变量对 Y 影响不大,那么这样的回归式不仅使用不方便,反而会影响预测的精度。因而选择合适的变量用于建立一个"最优"的回归方程是十分重要的。

选择"最优"子集的变量筛选法包括逐步回归法(stepwise)、向前引入法(forward)和向后剔除法(backward)。

向前引入法是从回归方程仅包括常数项开始,把自变量逐个引入回归方程。具体地说,首先,在 m 个自变量中选择一个与因变量线性关系最密切的变量,记为 x_i;其次,在剩余的 m-1 个自变量中,再选一个 x_j,使得 $\{x_i, x_j\}$ 联合起来二元回归效果最好;再其次,在剩下的 m-2 个自变量中选择一个变量 x_k,使得 $\{x_i, x_j, x_k\}$ 联合起来回归效果最好,……如此下去,直至得到"最优"回归方程为止。

向前引入法的终止条件为,给定显著性水平 α,当对某一个将被引入变量的回归系数作显著性检查时,若 p-value ≥ α,则引入变量的过程结束,所得方程即为"最优"回归方程。

向前引入法有一个明显的缺点,就是由于各自变量可能存在着相互关系,因此,后续变量的选入可能会使前面已选入的自变量变得不重要。这样最后得到的"最优"回归方程可包含一些对 Y 影响不大的自变量。

向后剔除法与向前引入法正好相反,先将全部 m 个自变量引入回归方程,然后逐个剔除对因变量 Y 作用不显著的自变量。具体地说,首先,从 m 个自变量中选择一个对 Y 贡献最小的自变量,比如 x_i,将它从回归方程中剔除;其次,重新计算 Y 与剩下的 m-1 个自变量的回归方程,再剔除一个贡献最小的自变量,比如 x_j,依次下去,直到得到"最优"回归方程为止。向后剔除法终止条件与向前引入法类似。

向后剔除法的缺点在于,前面剔除的变量有可能因以后变量的剔除,变为相对重要的变量,这样最后得到的"最优"回归方程中有可能漏掉相对重要的变量。

逐步回归法是上述两个方法的综合。向前引入法中被选入的变量将一直保留在方程中,向后剔除法中被剔除的变量将一直排除在外。这两种方程在某些情况下会得到不合理的结果。于是,对于被选入的变量,当它的作用在新变量引入后变得微不足道时,可以将它删除;对于被剔除的变量,当它的作用在新变量引入情况下变得重要时,也可将它重新选入回归方程。

二、关联分析方法

(一) 引例

拉克什·阿格沃（Rakesh Agrawa, 1993）发表的一篇论文，即《Mining Association Rules between Sets of Items in Large Databases》，是被引用最多的一篇文献。总部位于美国阿肯色州的世界著名商业零售企业沃尔玛拥有世界上最大的数据仓库系统，集中了其各门店原始的详细交易数据。为了能够准确地了解顾客在其门店的购买习惯，沃尔玛对其顾客的购物行为进行了购物篮分析。想知道顾客经常一起购买的商品有哪些，数据挖掘技术的先锋 NCR Teradata 公司帮助沃尔玛创造了这一传奇。

NCR 利用数据挖掘工具对这些数据进行分析和挖掘。一个意外的发现是"跟纸尿布一起被购买最多的商品竟是啤酒"，这不是一个笑话，这是沃尔玛最为经典的商品陈列故事，并一直为商家所津津乐道。由于纸尿布与啤酒在一起时被购买的机会会增多，故沃尔玛就在其一个个门店里，将尿布和啤酒赫然摆在一起出售，而这个奇特的举措使两者的销量都大为增加。

关联规则可以发现交易数据库中不同商品之间的联系，这些规则可以找出顾客购买的行为模式，如购买了某一商品对购买其他商品的影响。发现这样的规则有助于商品货架设计、库存安排以及根据购买模式对用户进行分类。

在这个例子中，按常规思维，纸尿布与啤酒是风马牛不相及。如果要对它们进行组合联想，除了认为它们都是年轻家庭的必需品外，恐怕谁也不会觉得它们之间有什么本质的联系。但是经过大量调查和数据分析，终于揭示了一个隐藏在"纸尿布与啤酒"背后的一种消费行为模式。这是数据挖掘技术对历史数据进行分析的结果，反映了数据内在的规律，居然让这两个风马牛不相及的东西发生了关联，产生了商业价值。这当然不是拍脑袋的异想天开，恰恰是最有科学根据的知识发现，若不是借助数据挖掘技术对大量交易数据进行挖掘分析，沃尔玛是不可能发现数据内这一有价值的规律的。

在现实生活中可以发现很多这类胡乱捆绑的案例。根据有关报道，捆绑销售从具有关联关系的商品，到现在五花八门无所不"捆"，凭主观想象乱捆一气，自然达不到促销效果。比如在某超市看到过，对于普通葡萄酒的促销开瓶器，收到了较好的效果；但是同样的促销，对于高档葡萄酒捆绑葡萄酒开瓶器，就很不合适。为什么这么说？以某种高档葡萄酒为例，该葡萄酒价格为 1 680 元，购买此类葡萄酒的客户大多是一些较成熟的葡萄酒消费者，这些消费者家中不会没有开瓶器，这样的捆绑促销就自然达不到吸引这些客户的目的。

因此，要想利用商品之间的关联关系，其一是获得这些商品之间的关联，其二是必须根据本门店的情况，分辨这些关联关系是否适用自己的门店，否则就会出现"南橘北枳"的情况。虽然关联规则是伴随零售业飞速发展而产生的一种需求，但它的应用绝不仅在零售业上，还体现在金融、生物、证券、电信、公安等领域，所以开展对关联规则的研究具有重大意义。

（二）基本概念

给定一个交易集 D，挖掘关联规则问题就是产生支持度和置信度分别大于用户给定的最小支持度（minsup）和最小置信度（minconf）的关联规则。

设 $I = \{I_1, I_2, \cdots, I_m\}$，其中的元素称为项目（item）。记 D 为交易（transaction）T 的集合，这里交易 T 是项的集合，并且 $T \subseteq I$。对应每一个交易有唯一的标识，如交易号，记作 TID。设 X 是一个 I 中项的集合，称为项集，如果 $X \subseteq T$，那么称交易 T 包含 X。

项集 X 的支持度有两种表示方式：一是交易集中包含 X 的交易数的绝对值，记为 $\sigma(X)$；二是交易集中包含 X 的交易数与所有交易数之比，记为 support(X) 或 sup(X)。若 X 的支持度大于用户定义的最小支持度 minsup，则称项集 X 为频繁项集。

一个关联规则是形如 $X \Rightarrow Y$ 的蕴涵式，这里 $X \subset I$，$Y \subset I$ 并且 $X \cap Y = \varnothing$。规则 $X \Rightarrow Y$ 在交易数据库 D 中的支持度是交易集中包含 X 和 Y 的交易数与所有交易数之比，记为 support $(X \Rightarrow Y)$，即：

$$\text{support}(X \Rightarrow Y) = |\{T : X \cup Y \subseteq T, T \in D\}| / |D|$$

规则 $X \Rightarrow Y$ 在交易集中的置信度（confidence）是指包含 X 和 Y 的交易数与包含 X 的交易数之比，记为 confidence $(X \Rightarrow Y)$，即：

$$\text{confidence}(X \Rightarrow Y) = |\{T : X \cup Y \subseteq T, T \in D\}| / |\{T : X \subseteq T, T \in D\}|$$

简单地说，支持度度量的是在所有行为中规则 X、Y 同时出现的概率。置信度度量的是出现 X 的情况下，Y 出现的概率。当两者都大于规定的一个阈值时，就可以认为它们具有强的关联性，即挖掘出了有价值的规则。如对于购物篮分析，挖掘支持度的意义就是"购买 A 商品，也购买 B 的人数/全部销售订单"；置信度就是"购买 A 商品，也购买 B 的人数/所有包含商品 A 的销售"。

（三）经典算法——Apriori 算法

一般地，关联规则挖掘问题可以划分成两个子问题。

1. 发现频繁项目集。通过用户给定的 minsupport，寻找所有频繁项目集（frequent itemset），即满足 support 不小于 minsupport 的项目集。事实上，这些频繁项目集可能具有包含关系。一般地，只关心那些不被其他频繁项目集所包含的频繁大项集（frequent

large itemset)的集合。这些频繁大项集是形成关联规则基础。

2. 生成关联规则。通过用户给定的 minconfidence，在每个最大频繁项目集中，寻找 confidence 不小于 minconfidence 的关联规则。

子问题 1 是近年来关联规则挖掘算法研究的重点。比较流行的方法是基于 Agrawal 等建立的项目集格空间理论。这个理论的核心是这样的原理：频繁项目集的子集是频繁项目集；非频繁项目集的超集是非频繁项目集。

对于子问题 2 而言，由于在每个频繁大项集中逐一匹配规则并进行 confidence（X⇒Y）≥minconfidence 的测试是必需的，因此，这部分工作相对比较成熟。

1994 年，Agrawal 等在先前工作的基础上，完善了一个被称为 Apriori 的关联规则挖掘算法。这个算法一直作为经典的关联规则挖掘算法被引用。算法的基本流程如下。

设定 k = 1

扫描事务数据库一次，生成频繁的 1 - 项集

While（存在两个或以上频繁 k - 项集）

｛

［候选产生］由长度为 k 的频繁项集生成长度为 k + 1 的候选项集

［候选前剪枝］对每个候选项集，若其具有非频繁的长度为 k 的子集，则删除该候选项集

［支持度计算］扫描事务数据库一次，统计每个余下的候选项集的支持度

［候选后剪枝］删除非频繁的候选项集，仅保留频繁的（k + 1）- 项集

设定 k = k + 1

｝

三、分类分析方法

（一）分类的定义

"物以类聚，人以群分"，分类（classification）是人类学习的基本手段，在生产和生活中，人们往往面对非常复杂的事物，如果能够把相似的东西归为一类，把有明显区别的事物分属在不同的类别中，处理起来就大为简便。

数据挖掘中的分类是一种数据分析形式。设有一个数据库和一组具有不同特征的类别（标记），该数据库中的每一条记录都被赋予一个类别的标记，这样的数据库称为示例数据库或训练集。分类分析就是通过分析示例数据库中的数据，为每个类别做出准确的描述或建立分析模型或挖掘出分类规则，然后用这个分类规则对其他数据库中的记录进行分类，可以用于提取描述重要数据类的模型或预测未来的数据趋势。

分类是已知类别的归类问题，如已知麻雀、大雁、老鹰都是"鸟"类，老虎、狮、豹是"兽"类，现在要对天鹅进行归类，自然是分类问题。上述仅仅是人们的概念，其实从小时候的学习中，自动就进行了概念分类。具体来说，一个样本（v_1, v_2, v_3, …, v_n, c），其中 v_i 表示事物的属性特征值，c 表示类别，能够实现对样本分类的就是分类器。要构造分类器，必须有一个训练样本集作为学习的样本，以便于分类器构造合适的样本空间用于对未知的样本（测试样本）进行分类预测。分类分为以下两步。

一是建立一个模型，描述预定的数据类集或概念集。假定每个元组属于一个预定义的类，由一个称为类标号属性的属性值确定，为建立模型而被分析的数据元组形成训练数据集。训练数据集中的单个元组称为训练样本，并随机地从样本群中选取。由于提供了每个训练样本的类标号，该步也称为有监督的学习。它不同于聚类，其中每个训练样本的类标号是未知的，要学习的类集合或数量也可能事先不知道。

二是使用模型进行分类。首先评估模型的预测准确率。评估分类准确率的方法有多种。如保持（holdout）方法是一种使用类标号样本测试集的简单方法，这些样本随机选取，并独立于训练样本。对于每个测试样本，将已知的类标号与该样本的学习模型类进行预测比较，如果一致，则预测正确；如果不一致，则预测错误。模型在给定测试集上的准确率，是正确被模型分类的测试样本的百分比。

分类的目的是学会一个分类函数（分类器），通过分类器把数据库中的数据项映射到给定类别中的某一个。分类器的构造方法有统计方法、机器学习方法、神经网络学习方法等。不同的分类器有不同的特点，其评价标准是预测准确度、计算复杂度、模型描述的简洁度。

预测准确度是用得最多的评价标准，由于受到学习样本顺序的干扰，目前公认的方法是10遍分层交叉验证法（10-fold cross validation）。方法是：将整个数据集随机分成10份，轮流将其中9份合并作为训练集，余下的1份作为测试集，10次结果的均值作为对算法精度的估计，一般还需要进行多次10倍交叉验证求均值，例如10倍10次交叉验证，以减少由于样本学习顺序产生的误差。

（二）基本概念

分类首先需要明确一个概念，即按照样本的距离或相似度来归类。刻画样本点之间的相似性主要有以下两类函数。

1. 距离函数。两个样本点愈相似，则距离愈接近，距离函数值愈小；两个样本点愈不相似，则距离愈远，距离函数值愈大。常采用以下3种距离函数。

（1）明氏（Minkowski）距离。明氏距离的表达式为：

$$D_q(X,Y) = \left[\sum_i |X_i - Y_i|^q \right]^{1/q}$$

当 q 取 1、2、无穷大时，则分别得绝对值距离、欧式（Euclid）距离、切比雪夫（Chebyshev）距离。

由于明氏距离直观，计算简便，故是实际应用中采用最多的一类距离函数。但是，明氏距离受特征变量的量纲影响很大。例如，一些特征变量用厘米作为量纲，而另一些特征变量用米作为量纲；还有一些特征变量之间从根本上缺乏度量的可比性和一致性。故使用明氏距离时，特征变量量纲一定要一致，否则一些量纲大的特征变量的作用将被量纲小的特征变量的作用淹没。对于量纲相差悬殊或没有一致语义的情况，可以首先对数据进行标准化处理以统一量纲，再计算距离。此外，明氏距离没有考虑特征变量的多重相关性。在选择样本的特征变量时，为了不遗漏，常对一种性质用不同的名目多次描述，这样就造成了信息重叠，片面强调了某一些性质，而其他性质的作用就会被削弱。克服多重相关性的方法之一是慎重选择描述特征变量，根据领域知识或采用特征变量聚类的方法，选择合适的特征变量集合。

（2）马氏（Mahalanois）距离。马氏距离的表达式为：

$$D(X,Y) = \left[(X-Y)^T \times \sum{}^{-1} \times (X-Y) \right]^{1/q}$$

其中，$\sum$ 是样本矩阵的协方阵，是总体分布的协差估计量。马氏距离克服了明氏距离受量纲影响的缺点，也部分克服了多重相关性。但马氏距离的计算量比较大，对于大规模的数据不太适用。

（3）兰氏（Lance）距离。兰氏距离的表达式为：

$$D(X,Y) = \sum_i \left| \frac{X_i - X_i}{X_i + X_i} \right|$$

兰氏距离克服了明氏距离受量纲影响的缺点，但是没有考虑多重相关性。

2. 相似系数。两个样本点愈相似，则相似系数值愈接近 1；两个样本点愈不相似，则相似系数愈接近 0。经常采用的相似系数有：

相关系数，表达式为：

$$S(X,Y) = \frac{\sum_i (X_i - \overline{X})(Y_i - \overline{Y})}{\sqrt{\left[\sum_i (X_i - \overline{X})^2 \right] \left[\sum_i (Y_i - \overline{Y})^2 \right]}}$$

（三）分类方法

分类实际上是有监督的学习过程，它的特点是根据已经掌握的每类若干样本的数据信息，总结出分类的规律性，建立判别公式和判别规则。然后，当遇到新的样本点时，只需根据总结出的判别公式和判别规则,就能判别该样本点所属的类别。分类和回归都可以用于预测,两者的区别就是:分类的输出是离散的类别值,回归是连续值。

目前,已有多种分类分析模型得到应用,主要有基于决策树的分类法、统计分类方法、神经网络方法、Bayesian 分类、RoughSet 分类、SVM 方法、Boosting 算法、覆盖算法等。值得一提的是,数据的特点如数据噪声、缺失、分布以及类型等,都对分类的效果产生较大的影响。目前普遍认为,不存在某种分类的方法能适用于各种特点的数据。

在这里,本书着重介绍一种较为简单的分类方法,K-最近邻分类方法(KNN)。KNN 是一种懒惰型学习方法,这类方法不构造分类器,而是仅仅将训练集保存起来或只对训练集做简单分析,当需要对新记录进行分类时,在保存的记录中寻找与之最相似的样本,根据这个样本的类别来分类。因为用懒惰型学习方法进行分类时需要进行大量计算,故对存储效率及并行运算等有很高的要求。

KNN 方法基于相似性,将每个样本表示为 K 维空间中的一个点。对需要分析的样本,选出与其最相似的 K 个样本,该样本的类别为 K 个最相近样本中出现次数最多的类别。

(四)朴素贝叶斯分类器

贝叶斯分类器的理论基础是贝叶斯定理,因此,可以认为它是一个统计分类器,它能够预测一个数据对象属于每个类别的概率,从而判断该对象最可能的类别。这种给出某数据对象属于某类别概率的方法,除了可以获得类别判定外,由于可提供概率排序结果,可提供比直接得到分类结果更多的信息。故在处理大规模数据库时,贝叶斯分类器已表现出较高的分类准确度和运算性能。

下面先简单介绍下贝叶斯定理。贝叶斯定理通过计算条件概率以解决如下一类问题。假设 H_1,H_2,…,H_n 互斥且构成一个完全事件,已知它们发生的概率 $P(H_i)$,$i=1$,2,…,n,现观察到某事件 A 与 H_1,H_2,…,H_n 相伴而出现,且已知条件概率 $P(A|H_1)$,即在 H_1 发生的情况下事件 A 发生的概率,希望确定 $P(H_1|A)$ 的值,即给定样本 A 时 H_1 发生的概率。

举例来说,设天气情况分为晴(用 H_1 表示)和阴(用 H_2 表示),两者互斥且构成一个完全事件,它们的概率分别为 $P(H_1)=0.6$ 和 $P(H_2)=0.4$。事件 A 代表刮风,并且知道 $P(A|H_1)=0.3$,即在晴天情况下刮风的概率为 0.3。贝叶斯定理能够帮助得到 $P(H_1|A)$ 的值,也就是刮风时是晴天的概率。

$P(H_1|A)$ 是后验概率,相应的 $P(H_1)$ 是先验概率。贝叶斯定理可通过 $P(A|H_1)$、$P(A)$ 和 $P(H_1)$ 的值来计算 $P(H_1|A)$,即:

$$P(H_1 \mid A) = \frac{P(A \mid H_1) \times P(H_1)}{P(A)}$$

如果根据贝叶斯定理计算未知对象属于某类别的概率,从而判断该对象的类别,则得到一个贝叶斯分类器。顾名思义,朴素贝叶斯分类器是一种简化的贝叶斯分类器。它假设一个指定类别中各属性的取值是相互独立的,从而使问题得到简化。这一假设也被称为类别条件独立,有助于有效减少在构造贝叶斯分类器时的计算量。虽然这种假设在现实世界中很难满足,但朴素贝叶斯分类器在应用中仍有很好的效果,有关研究结果表明,朴素贝叶斯分类器在分类性能上与决策树和神经网络是相当的。

朴素贝叶斯分类器的思路较为简单,设数据有 g 个不同的类别,C_1,C_2,…,C_g,只需要求 $P(C_i \mid A)$ 的值,$i = 1, 2, …, g$,然后取其中值最大的且对应的 C_i 即可,其中 A 是数据所有属性构成的特征向量。

由贝叶斯定理可知,需要知道 $P(C_i)$、$P(A)$ 及 $P(A \mid C_i)$ 的值,$i = 1, 2, …, g$。朴素贝叶斯分类器进行分类的具体步骤如下。

(1) 根据属于类别 C_i 的样本数占样本总数的比例得到 $P(C_i)$,$i = 1, 2, …, g$;

(2) 给定一个数据样本,则可以知道其对应的 m 个属性,即 m 维特征向量 $A = (a_1, a_2, …, a_m)$;

(3) 求得 $P(a_i \mid C_k)$ 的值,$i = 1, 2, …, m$,$k = 1, 2, …, g$;

(4) 根据"一个指定类别中各属性的取值是相互独立的"这个假设,可以得到 $P(A \mid C_k) = \prod P(a_i \mid C_k)$;

(5) 根据贝叶斯定理计算 $P(C_k \mid A)$ 的值;

(6) 选择最大的 $P(C_k \mid A)$ 对应的 C_k,认为该对象类别为 C_k。

四、高级分类分析方法

(一) 人工神经网络

生物神经元是人脑处理信息的基本单元,人脑约有 10^{11} 个神经元,它们之间相互作用构成复杂的网络,以实现认知、情感、记忆、行为等功能。因此,人工神经网络为了模拟人脑的信息处理功能,必须将其基本单元——人工神经元按照一定的方式连接成网络。神经元间的连接方式不同,网络结构也不同。根据神经网络内部信息传递方向,可将其分为两大类:前向网络和反馈网络。

1. 前向网络。如图 3 - 2 所示,在前向网络中神经元是分层排列的,每层神经元只接收来自前一层神经元的输入信号,并将信号处理后输出至下一层,网络中没有任何回环和反馈。前向网络的层按功能可分为输入层、隐层和输出层。输入层负责接收来自外界的输入信号,并传递给下一层神经元;隐层可没有,也可有一层或多层,它是神经网络的内部处理层,负责进行信息变换;输出层负责向外界输出信息处理结果。前向网络可用有向无环图表示,图的节点分为两类:输入节点与计算单元。每个计算单元可以有任意多个输入,但只能有一个输出,该输出又可作为其他计算单元的输入。图3-2所示为4层前向网络,网络第一层(输入层)有5个神经元,第二层(第1隐层)有3个神经元,第三层(第2隐层)有4个神经元,第四层(输出层)有2个神经元,因此,它可以被称为"5—3—4—2"结构的网络(Haykin,2011)。

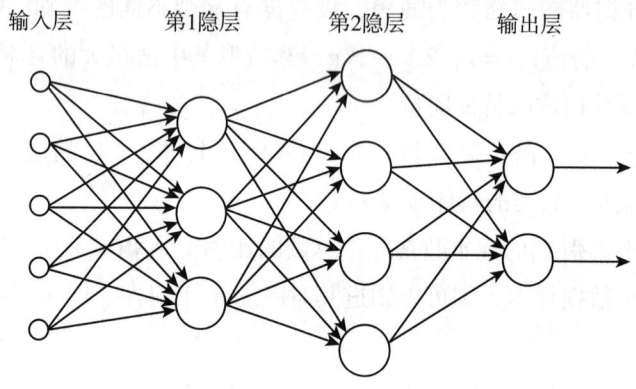

图3-2 前向网络

2. 反馈网络。反馈网络又称递归网络、回归网络,它和前向网络的区别在于它至少有一个反馈环,形成封闭回路,即反馈网络中至少有一个神经元将自身的输出信号作为输入信号反馈给自身或其他神经元。在如图3-3(a)所示的反馈网络中,输出层有反馈回路,将输出信号反馈到输入层进行处理。图3-3(b)所示的反馈网络则是全连接的,每个节点和其他所有节点相连接,每条连接线都是双向的,因此,可用完全无向图表示;图中每个节点从其他节点接收信息,同时,向其他节点输出信息。在反馈网络中,输入信号决定整个反馈系统的初始状态,信号在神经元间反复往返传递,使得系统状态不断改变,然后逐渐收敛于平衡状态。这样的平衡状态就是反馈系统的最终输出结果。

人类具有从周围环境中学习的能力,而学习的过程离不开训练,如英语技能、体育技能等的学习过程需要大量的训练。类似地,人工神经网络也具有从基于真实样本的环境中学习的能力,这是它的一个重要特性。神经网络能够通过对样本的学习训练,不断调整网络的连接权值,以形成完成某项特殊任务的能力(例如,对手写数字"0"与"1"的图像进行识别)。理想情况下,神经网络每学习一次,完成某项特殊任务的能力就会更好一些。按外部提供给神经网络的信息量的多少,其学习方式可分为三种。

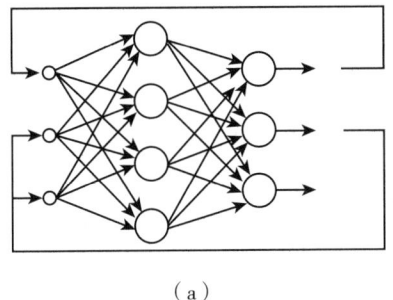 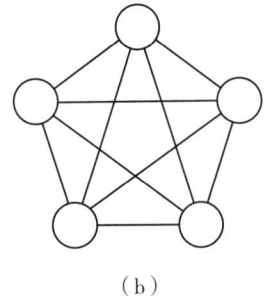

图 3-3 反馈网络

（1）有监督学习（或有导师学习）。在这种学习方式下，神经网络外部需提供训练向量（样例）和相应的期望输出（目标值）。在给定信息下，神经网络计算当前参数下训练向量的实际输出与期望输出间的差值，根据差值的方向和大小，依据一定的规则调整网络权值，使调整后的网络的实际输出结果与期望输出更接近。这种调整逐步反复进行，直至系统达到稳定状态（即连接权值基本稳定）。在这种学习模式中，环境所给的期望输出相当于一名对需要完成的任务有充分认识的导师所给的完美答案，因此，这种学习方式也被称为有导师学习。

神经网络既可以解决回归问题，也可以分析分类问题。回归问题中，输出神经元的个数是1个，数据类型是连续型；二分类问题中，输出神经元的个数是1个，数据类型是0—1型（或正负1）。

多分类问题有两种处理方式。第一种处理方式（也是最基本的处理方式）是多输出型。输出节点个数等于类别数，在训练阶段，如果是第 i 类的数据，则期望输出设置为第 i 个节点为1，其余为0；在识别阶段，样本类别判定为输出值最大的节点对应的类别，若输出值最大的节点与其他节点输出值的差距较小，则可暂不判别。第二种处理方式是单输出型。在多输出方式中，由于网络需要同时适应多类别，因此，需要更多的隐层节点。由于学习过程经常收敛较慢，因此，可以采用单输出的形式，让每个网络只完成两类分类，即判断样本是否属于某个类别。第 i 个分类器用于判断样本数据是否属于第 i 类。在训练阶段，将第 i 类样本的期望输出设置为1，其他类样本的期望输出设置为0。在识别阶段，如果某个网络的输出接近1或大于阈值，则判别该样本属于这一类；如果有多个网络的输出大于阈值，则将该类别判别为具有最大输出的那一类，或者暂不判别；当网络的输出值都小于阈值时，可采用类似的决策方法。

（2）无监督学习（或无导师学习）。在这种学习方式下，神经网络外部只提供训练向量，而不提供期望输出。此时，神经网络按照自己的结构和学习规则，通过调节网络的参数来挖掘数据中可能存在的模式或统计规律,使神经网络的输入与输出之间的模式或统计规律与之尽可能一致。

(3) 强化学习。强化学习介于有监督学习与无监督学习之间,强化学习中环境对训练向量给出评价信息(奖励或惩罚),而不给出具体的期望输出。然后神经网络通过强化受激励的动作来调节网络参数,改善自身性能。

(二) 深度学习

深度神经网络是指含有多个隐层的神经网络,与含有一个隐层的浅层神经网络相对应。它模仿大脑皮层的深度架构来处理数据。例如,视觉图像在人脑中是分级进行处理的:从视网膜出发,首先进入低级的 V_1 区提取边缘特征,再到 V_2 区进行原始形状检测,再到高层的整个目标(如判定为一张人脸),以及到更高层的 PFC(前额叶皮层)进行分类判断等。高层特征是低层特征的组合,从低层到高层的特征表示越来越抽象,越来越能表现内在的规律。

深度网络模仿人脑的机制来解释数据,通过组合低层特征形成更加抽象的高层特征,得到数据的分层特征表示,使得系统以更加紧凑简洁的方式来表达比浅层网络大得多的函数集合。

BP 算法是传统训练多层感知器的经典算法,它采用随机化初始权值并基于局部梯度下降法进行学习。虽然对含有一个隐层的浅层网络使用 BP 算法能获得较好效果,但对深度神经网络使用 BP 算法进行训练存在一定的问题。一是梯度弥散问题。BP 算法采用梯度下降法进行反向误差传播,当网络使用随机化初始权值时,若隐层数较多,则传播到最前面层时误差函数对权值的导数会变得很小,从而使最前面层的权值变化非常缓慢,不能有效进行学习。二是局部极值问题。若网络隐层只有一层,BP 算法通常能收敛。但当隐层数较多时,BP 算法陷入局部极小值而不收敛的可能性很大。三是数据获取问题。进行有导师学习时,需要知道数据的期望输出,但该信息的获取有时比较困难,因此,难以得到足够多的数据进行学习。

由于上述问题,深度神经网络在早期并未引起研究者的充分关注。直到 2006 年,加拿大多伦多大学教授、机器学习领域的领军人物辛顿(Hinton)引入了深度信念网(deep belief net)并提出了训练该网络的无监督贪婪逐层预训练算法,深度神经网络的应用才取得突破性进展,由此开启了深度学习的研究热潮。现已出现多种深度学习(deep learning)的方法,如循环神经网络(recurrent neural network)、卷积神经网络(convolutioal neural networks)、深度玻尔兹曼机(deep boltzmann machine)等,它们在分类、回归、降维、目标分割、信息恢复、自然语言处理等多个领域得到成功应用。

循环神经网络擅长处理时序数据,在财务会计问题上应用广泛,下面着重对循环神经网络进行介绍。

循环神经网络是一类具有短期记忆能力的神经网络。在循环神经网络中，神经元不但可以接受其他神经元的信息，而且可以接受自身的信息，形成具有环路的网络结构。和前馈神经网络相比，循环神经网络更加符合生物神经网络的结构。循环神经网络已经被广泛应用在语音识别、语言模型以及自然语言生成等任务上。循环神经网络的参数学习可以通过随时间反向传播算法来学习。随时间反向传播算法即按照时间的逆序将错误信息一步步地往前传递。当输入序列比较长时，会存在梯度爆炸和消失问题，也被称为长期依赖问题。为了解决这个问题，人们对循环神经网络进行了很多的改进，其中最有效的改进方式是引入门控机制。

循环神经网络通过使用带自反馈的神经元，能够处理任意长度的时序数据。给定一个输入序列 $x_{1:T} = (x_1, x_2, \cdots, x_t, \cdots, x_T)$，循环神经网络通过下面公式更新带反馈边的隐藏层的活性值 h_t：

$$h_t = f(h_{t-1}, x_t)$$

其中，$h_0 = 0$，$f(\cdot)$ 为一个非线性函数，也可以是一个前馈网络。

图3-4给出了循环神经网络的示例。

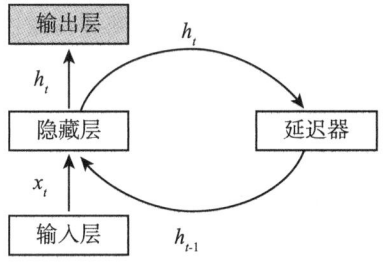

图3-4 循环神经网络

从数学上讲，上述公式可以看成一个动力系统。动力系统（dynamical system）是一个数学上的概念，指系统状态按照一定的规律随时间变化的系统。具体地讲，动力系统是使用一个函数来描述一个给定空间（如某个物理系统的状态空间）中所有点随时间的变化情况。因此，隐藏层的活性值 h_t 在很多文献上也被称为状态（state）或隐状态（hidden states）。理论上，循环神经网络可以近似任意的非线性动力系统。

简单循环网络（simple recurrent network）（Elman，1990）是一个非常简单的循环神经网络，只有一个隐藏层的神经网络。在一个两层的前馈神经网络中，连接存在相邻的层与层之间，隐藏层的节点之间是无连接的。而简单循环网络增加了从隐藏层到隐层的反馈连接。

假设在时刻 t 时，网络的输入为 x_t，隐藏层状态（即隐藏层神经元活性值）为 h_t 不仅和当前时刻的输入 x_t 相关，还和上一个时刻的隐藏层状态 h_{t-1} 相关。

$$z_t = Uh_{t-1} + Wx_t + b,$$
$$h_t = f(z_t)$$

其中，z_t 为隐藏层的净输入，$f(\cdot)$ 是非线性激活函数，通常为 logistic 函数或 tanh 函数，U 为状态-状态权重矩阵，W 为状态-输入权重矩阵，b 为偏置。上述两个公式也经常直接写为：

$$h_t = f(Uh_{t-1} + Wx_t + b)$$

如果把每个时刻的状态都看作是前馈神经网络的一层的话，循环神经网络可以看作是在时间维度上权值共享的神经网络。图 3-5 给出了按时间展开的循环神经网络。

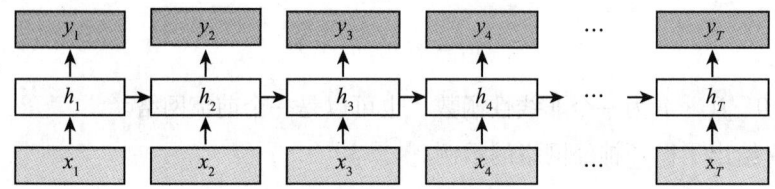

图 3-5　按时间展开的循环神经网络

循环神经网络的参数可以通过梯度下降方法来进行学习。以随机梯度下降为例，给定一个训练样本 (x, y)，其中 $x_{1:T} = (x_1, \cdots, x_T)$ 是长度为 T 的输入序列，$y_{1:T} = (y_1, \cdots, y_T)$ 是长度为 T 的标签序列。即在每个时刻 t，都有一个监督信息 y_t，定义时刻 t 的损失函数为：

$$L_t = L[y_t, g(h_t)],$$

其中，$g(h_t)$ 为第 t 时刻的输出，L 为可微分的损失函数，比如交叉熵。那么整个序列上损失函数为：

$$L = \sum_{t=1}^{T} L_t$$

整个序列的损失函数 L 关于参数 U 的梯度为：

$$\frac{\partial L}{\partial U} = \sum_{t=1}^{T} \frac{\partial L_t}{\partial U}$$

即每个时刻损失 L_t 对参数 U 的偏导数之和。

五、聚类分析方法

（一）聚类的定义

聚类（cluster analysis）是人类认识未知世界的一种重要的认知手段。"学而时习之"，对所获得的知识形成"类别"，是聚类的过程，它是一种在无监督的情况下，根据样本间的相似程度划分距离，自动地进行分类的方法。聚类分析已经被广泛地应用于许多领域中，包括模式识别、数据分析、图像处理以及市场研究。

聚类是数据挖掘的一类重要技术。与分类分析不同，聚类分析输入的是一组未分类记录，并且这些记录应分成几类事先也不知道。聚类分析就是通过分析数据库中的记录数据，根据一定的分类规则，合理地划分记录集合，确定每个记录所在类别。分类结束后，每类中的数据由唯一的标志进行标识，各类数据的共同特征也被提取出来，用于对该特征进行描述。各类数据的共同特征也被提取出来，用于对该特征进行描述。

聚类分析是数据挖掘领域中一个非常活跃的研究课题，由于数据库中隐含了大量的数据，故通过聚类分析，能识别密集和稀疏的区域，进而发现全局的分布模式以及数据属性之间的相互关系。例如，可以从保险公司的数据库中发现有较高索赔率群体的一些共性；在模式识别上，通过聚类可以提取不同模式之间的共性特征，然后利用这些特征来识别同类模式和不同类模式；在房地产信息数据库中根据户型、房价、地理位置将房产分为不同的类，采取不同的营销手段。

聚类分析在空间数据挖掘、Web 文档分类、离群点检测等方面也发挥着重要的作用。聚类分析可以作为一个独立的工具来获得数据分布的情况，观察每个簇的特点，集中对特定的某些簇做一步的分析，查看数据点中的内在关系以对它们的结构进行评估。数据分析也可以作为其他数据挖掘算法的数据预处理步骤，例如，用聚类进行降维，以避免模式识别中的维数灾难问题。

聚类是一种在无监督的情况下，根据对象间的相似程度，自动地将一群物理的或抽象的样本集合分组或分割为子集或簇的过程。簇是数据样本的集合，聚类分析使得每个簇内部样本之间的相关性，比与其他簇中样本之间的相关性更紧密，即簇内的任意两个样本之间具有较高的相似度，而不同簇的样本之间有较高的相异度。

聚类分析就是从给定的数据集中搜索数据对象之间所存在的有价值的联系，是通过数据建模简化数据的一种方法。在应用中常将一个簇中的所有数据作为一个整体来处理，虽然有时不可避免地会丢失一些信息，但是可以使问题得到一定的简化。

对于一个数据，人们既可以对变量（指标）进行分类（相当于对数据中的列分类），也可以对观测值（事件、样品）进行分类（相当于对数据中的行分类）。对于上面聚类的定义有以下三点需要说明。

1. 无监督是指待分类对象没有预先给定的类标识，这是聚类与分类的最大区别。

2. 有意义是指聚类的结果应该反映原始数据的自然结构特征。一个好的聚类要使类内（intra-cluster）相似性尽可能地大，类间（inter-cluster）相似性尽可能地小，同时，希望聚类能发现数据中的一些隐含特征。

3. 聚类结构的好坏取决于算法设计者对聚类的具体定义和表示、对象间的相似度定义及聚类算法的具体实现。

（二）数据挖掘领域的聚类方法

1. 分割聚类（partitioning clustering）。给定一个 n 个对象的数据集，分割聚类通过优化一个评价函数把数据集分割为 k 个部分，每个部分表示一个聚类，其中 k≤n。最著名和最常用的分割聚类算法是 k－均值聚类（k-means cluster，也叫快速聚类，quick cluster）、k－中心点算法及其变种算法 CLANRANS 和 CLARA。在 k－均值聚类算法中，每个聚类用该聚类对象的平均值来表示。在 k－中心点算法中，每个聚类用接近聚类中心的一个对象来表示。

前面说过，聚类不一定事先确定有多少类，但是这里的 k－均值聚类却要求先说好要分为多少类，假定说分 3 类。这种方法还进一步要求需事先确定 3 个点为"聚类种子"，也就是说，把这 3 个点作为 3 类中每一类的基石。

根据和这 3 个点的距离远近，把所有点分成 3 类。再把这 3 类的中心（均值）作为新的基石或种子（原来的种子就没用了），重新按照距离分类。如此迭代下去，直到达到停止迭代的要求（比如各类最后变化不大了，或者迭代次数太多了）。显然，前面的聚类种子的选择并不必太认真，它们很可能最后还会分到同一类中。

2. 分层聚类（hierarchical clustering）。分层聚类对给定数据集进行层次的分解。根据层次的分解如何形成，分层聚类算法可以分成凝聚的方法和分裂的方法。

凝聚的方法也被称为自底向上的方法，初始时将每一个对象作为一个单独的类，有多少点就是多少类；然后逐步合并相近的类，先把最近的两类（点）合并成一类，再把剩下的最近的两类合并成一类；这样下去，每次都少一类，直到最后只有一大类为止，或者达到一个终止条件。显然，越是后来合并的类，距离就越远。

分裂的方法也被称为自顶向下的方法，初始时将所有的对象作为一个类，然后逐步将一个类分裂为更小的类，直到每个对象在单独的一个类中，或者达到一个终止条件。

常见的分层聚类算法有 BIRCH、CURE、ROCK、CHAMELEON。

3. 基于密度的聚类（density-based clustering）。大多数聚类算法是基于对象之间的距离进行聚类的，这样的算法只能发现球状的聚类。基于密度的聚类可以发现任意形状的聚类。其主要思想是：只要对象的邻近区域的密度，即对象或数据点的数目，超过某个阈值，就继续聚类。该类方法将聚类看作数据空间中被低密度区域分割开的高密度对象区域。典型的基于密度的聚类算法有 DBSCAN。

（三）k 均值算法

k 均值（k-means）也被称为 k - 平均，是一种最老的、最广泛使用的聚类算法。k 均值用质心来表示一个簇，其中质心是一组数据对象点的平均值，通常 k 均值聚类用于连续空间中的对象。k 均值算法以 k 为输入参数，将 n 个数据对象划分为 k 个簇，使得簇内数据对象具有较高的相似度。相似度用一个簇中数据对象的平均值来表示。

k 均值算法的算法思想：从包含 n 个数据对象的数据集中随机选择 k 个对象，每个对象初始代表一个簇的平均值或质心或中心，其中 k 是用户指定的参数，即所期望的要划分成的簇的个数；对剩余的每个数据对象点，则根据其与各个簇中心的距离，将它指派到最近的簇；然后，根据指派到簇的数据对象点，更新每个簇的质心；重复指派和更新步骤，直到簇不发生变化，或等价地直到质心不发生变化，或度量聚类质量的目标函数收敛。

k 均值算法的基本步骤如下。

输入：所期望的簇的数目 k，包含 n 个对象的数据集 D；输出：k 个簇的集合。

1. 从 D 中任意选择 k 个对象作为初始簇中心；
2. 重复；
3. 将每个点指派到最近的中心，形成 k 个簇；
4. 重新计算每个簇的中心；
5. 计算目标函数 E；
6. 直到目标函数 E 不再发生变化或中心不再发生变化。

算法分析：k 均值算法的步骤 3 和步骤 4 试图直接最小化目标函数 E，步骤 3 通过将每个点指派到最近的中心形成簇，最小化关于给定中心的目标函数 E；而步骤 4 重新计算每个簇的中心，进一步最小化 E。

k 均值算法的优点：k 均值算法快速、简单；当处理大数据集时，k 均值算法有较高的效率并且是可伸缩的，算法的时间复杂度是 O（nkt），其中，n 是数据集中对象的数目，t 是算法迭代的次数，k 是簇的数目；当簇是密集的、球状或团装的，且簇与簇之间区别明显时，算法的聚类效果更好。

k均值算法也有一定的缺点：在k均值算法中k是事先给定的，k值的选定是非常难以估计的（k是机器学习中的超参数）。很多时候，事先并不知道给定的数据集应该分成多少个类别才最合适；在k均值算法中，首先需要选择k个初始聚类中心来确定一个初始划分，然后对初始划分进行优化。这个初始聚类中心的选择对聚类结果有较大的影响，对于不同的初始值，可能会导致不同的聚类结果；仅适合对数值型数据聚类，只有当簇均值有定义的情况下才能使用（如果有非数值型数据，需另外处理）；不适合发现非凸形状的簇、不同密度或者大小差别很大的簇（因为使用的是欧氏距离，适合发现凸状的簇）；对"噪声"和孤立点数据敏感，少量的该类数据能够对中心产生较大的影响。

k均值算法的中心是虚拟的，并不是某个确实存在的对象，算法对于孤立点是敏感的。为解决这个问题，选用簇中位置最靠近中心的数据对象作为簇的代表对象，即用中心对象（medoid）代替中心（mean），这就是k中心点算法。k中心点算法的基本思想：首先，为每个簇随意选择一个代表对象；其次，剩余对象根据其与代表对象的距离分配给最近的一个簇；最后，反复地用非代表对象来替代代表对象，以改进聚类的质量。

（四）聚类算法的特点

设计有效且高效的聚类算法是数据挖掘领域中聚类分析研究的重要内容。一种好的聚类方法要能产生高质量的聚类结果，聚类结果的好坏取决于该聚类方法采用的相似性评估方法、该方法的具体实现、该方法是能发现某些还是所有的隐含模式。聚类算法应具有以下特点。

1. 处理大量数据的能力。许多聚类算法在几百个数据对象的小数据集上工作得很好，但是随着数据量的增加，一个大规模数据库可能包含几百万个对象。在这样的大数据集合样本上进行聚类，这些聚类算法的效率就会明显下降。因此，一个好的聚类方法应该能够处理大数据量的数据集合。

2. 处理不同字段类型的能力。当前的聚类算法一般只是针对某种数据类型，但是聚类作为一种分析工具，聚类算法不仅要能处理数值型字段，还要有处理其他类型字段的能力，应该能够对不同类型的数据进行分析，如二元类型（binary）、分类/标称类型（categorical/nominal）、序数型（ordinal）数据，或者这些数据类型的混合，从而提供一个较能普遍适用的模型。

3. 发现具有任意簇形状的聚类能力。许多聚类算法是采用某种距离，如使用欧氏距离来决定相似度，基于这样的距离度量的算法趋向于发现具有相似尺度和密度的球状簇，而现实中存在大量各类形状的聚类，因此，需要聚类算法能够发现任意形状的聚类。

4. 用于决定对输入参数的领域知识弱依赖性的能力。许多聚类算法在聚类分析中要求用户输入一定的参数，如希望产生的簇的数目、结果的支持度和置信度等。聚类结果通常对于输入参数是非常敏感的，而且这些参数通常也很难确定，特别是对于包含高维对象的数据集来说，更是如此。要求用户输入参数不仅加重了用户的负担，还使得聚类的质量难以控制。

5. 处理异常数据的能力。实际应用中的数据不可避免地存在各类异常数据，例如，离群点、缺失值、未知或错误的数据。在设计算法时，要考虑到这些异常数据的出现会对聚类结果产生的影响，尽可能地降低聚类算法对噪声数据的敏感性。

6. 对数据输入的顺序不敏感。为了提高聚类的稳定性，开发对数据输入顺序不敏感的算法具有重要的意义。同一个数据集合，当以不同的顺序提交给一种算法时，可能生成差别很大的聚类结果，这样的聚类算法对于输入数据的顺序是敏感的，是一种不理想的算法。

7. 处理高维数据的能力。许多早期的聚类算法只擅长处理低维的，可能只涉及二到三维的数据，在这种低维空间中能够很好地得到较高质量的聚类。但是在实际应用中由于一个数据库或者数据仓库可能包含若干维或者属性的数据，即高维空间中的数据。在高维情况下，考虑到数据分布可能很稀疏，而且有时具有高度倾斜，一些在处理低维数据集时效果很好的聚类算法就显得无能为力。因此，设计具有处理高维数据能力的聚类算法是数据挖掘领域中一个具有挑战性的研究。

8. 基于约束聚类的能力。现实世界的应用可能存在各种各样的限制条件，一种好的聚类算法应该能够在这些约束条件下进行聚类，并能够获得较高质量的聚类结果。要找到既满足特定的约束，又具有良好聚类特性的数据分组是一项具有挑战性的任务。

9. 可解释性和可用性。所有的聚类结果最终都是面向用户的，用户希望聚类结果是可解释的、可理解的和可用的。也就是说，聚类可能需要和特定的语义解释及应用相联系。领域知识和应用目标如何影响聚类方法的设计与选择也是一个重要的研究方向。

总之，提高聚类效率、减少时间和空间开销以及如何在高维空间进行有效的数据聚类是聚类研究中的主要问题。采用不同的聚类方法，对于相同的记录集合可能有不同的划分结果。

六、离群数据检测方法

离群数据检测和离群数据分析是离群数据挖掘的两个主要部分。离群数据检测是从大量的数据中找出与大部分数据的一般模式不一致的数据。离群数据分析是对检测得到的离群数据进一步地分析，得出有价值的信息或知识。检测出来离群数据不是最终目的，重要的是分析这些离群数据产生的原因及其中隐含的知识。

因此，在检测出离群数据后，还要进行以下工作：一是确认检测出的离群数据的真实性，只有对真实的离群数据分析才可能得出期望的结果；二是分析离群数据产生的原因，对由于测量或录入错误而产生的离群数据要删除，而对隐含异常知识的离群数据才有必要进行进一步的挖掘分析；三是对离群数据进行分析，判断其中是否存在潜在的有用知识。

离群数据与普通数据相比有以下三个显著的特点。一是空间稀疏性。离群数据之间的距离一般都会远远大于正常数据间的距离，因此，不宜继续使用基于距离的度量方法对离群数据进行分析。二是数量少。离群数据是指不同于大部分正常数据的数据，一般都是小样本，所以数量较少。三是属性异常现象。判断一个数据是否为离群数据的主要依据是该数据的某一维或多维属性的值与其他大部分数据的该属性值的偏差或相异度较大。

离群数据的来源通常有两种：一是数据收集和测量过程中的误差，如计算机录入错误、人为错误等，数据预处理的目标就是对这些数据进行修改或者删除，否则会降低数据质量，影响分析结果；二是一个离群数据可能是系统的真实性质的表现，事实上，在一些应用实例中，事物的特性比共性更有研究价值。

数据挖掘的大部分研究忽视了离群值的存在和意义，现有的方法往往研究如何减少离群值对正常数据的影响，或仅仅把其当作噪声来对待。然而，这种观点是片面的，离群数据也可能包含有用的信息。霍金（Hawkin）揭示了离群数据的本质："离群数据的表现与其他数据如此不同，以至于不禁让人怀疑它们是由另外一种完全不同的机制产生的。"

例如，在门禁系统中，通常进入的都是有权限进入的一些人，而当发现陌生人时，就应该予以阻止或发出警告，这些陌生人就可以看作数据库中的离群数据。又如，气象数据库中记录的一些罕见的灾害性天气，这些记录中通常包含一个或多个属性的值严重偏离正常值。再如，医学领域在性别、职业、文化程度、各种生活习惯与流行病的关系的调查研究中，往往需要发现各种原因引起的数据错误及异常现象，这正是离群数据分析的任务。

可以假定一个数据分布或概率模型，通过考察一群对象主要特征上的差别来识别离群点。离群点检测可以描述如下：给定一个由 n 个数据点或对象构成的集合，以及预期的离群点的数量 k，发现与剩余的数据相比最不一致的、异常的或显著相异的前 k 个对象。

离群数据挖掘可以分解为三个主要步骤：一是量化离群数据的定义，与其他数据的相异度为多少时才定义为离群数据，以何种属性作为度量依据；二是如何设计有效的和准确的挖掘算法以从大量数据集中发现和搜寻离群数据；三是判断发现的离群数据是正常（异常）数据还是错误（噪声）数据，进而决定是否进行深入研究。

离群数据的发现方法主要有：基于统计学的方法，已知数据集符合某种概率分布，然后用不一致性检验来确定离群数据，这种检验需要知道数据的分布、分布的参数等；基于距离的方法，基于距离的离群数据可以表示为 DB（p，d），利用这种方法需要确定合适的参数 p、d；基于偏离的方法，它通过数据中某项记录的删除对整个数据的影响及变化来确定离群数据的存在；基于规则的方法，利用数据挖掘的方法，如关联规则挖掘，首先确定样本集的几条规则，然后利用规则来检验出离群数据。另外，还有基于聚类的方法等一些其他的方法，下面简单介绍这些方法。

（一）基于统计的离群数据的发现方法

用户只有给出数据点的统计分布形式，才能使用统计技术进行离群点检测的问题研究。在已经知道数据集参数（如数据的分布）、分布参数（如均值、标准差等）和预期离群数据个数的情况下，然后按照假定的分布函数采用不一致性检验来确定哪些是离群点。

不一致检验一般包含两个假设：零假设 H_0 和对立假设 H_1。H_0 是一个描述总体性质的命题，认为数据有同一分布模型 F，即 $H_0: O_i \in F$，$i = 1, 2, \cdots, n$。不一致性检验验证 O_i 与分布 F 的数据相比是显著大还是显著小。如果没有统计上的显著证据来拒绝这个假设，那么就接受 H_0。不同的数据先验知识决定了可以被提出来用作不一致性检验的不同统计量。假设统计量选定为 T，对象 O_i 的统计量为 v_i，构造统计分布 T，计算统计显著性 $SP(v_i) = \text{Prob}(T, v_i)$。如果某个 $SP(v_i)$ 足够小，检验结果不是统计显著的，拒绝零假设 H_0，反之，则不能拒绝零假设 H_0。对立假设 H_1，它描述总体性质的另外一种想法，认为 O_i 来自另外的分布模型 J。模型的选择直接决定了结果可能性：O_i 能在一个模型下是离群数据，而在另一个模型下是非常有效的数据。

统计方式发现离群数据主要有两种方法：一是批过程。将所有的有疑问的数据都作为离群数据对待，或者都作为正常数据处理；二是连续的过程。该过程的主要思想是对最不可能是离群数据的数据进行检验，如果此数据是离群数据，那么其他更极端的数据肯定也是离群数据；对最可能是离群数据的数据进行检验，如果此数据不是离群数据，那么其他数据肯定也不是离群数据。

基于统计学手段检测离群数据的主要缺点是：大多数检验是针对单维属性数据的，

而许多数据挖掘问题要求在多维空间中发现离群数据；统计学方法要求用户知道关于数据集参数的知识，如数据分布，但在实际中，数据分布往往是未知的，因此，无法为数据集建立有效的分布模型；统计学方法不能确保发现所有的离群点，现实世界的数据往往不符合任何标准的、理想的数据分布，很难用一种标准的分布来模拟和表示；用统计学方法进行离群点检测需要预先知道离群点个数，而这在复杂的、多变的实际应用中是不可能实现的。

（二）基于距离的离群数据的发现方法

不像基于统计的方法需要领域知识，基于距离的离群数据挖掘在概念上相当直观，可以通过距离度量函数找出所有的异常数据。如果数据集合 S 中对象至少有 p 部分与对象 o 的距离大于 d，则对象 o 是一个带参数 p 和 d 的基于距离的离群数据。具体定义如下。

给定数据集 T，$T=\{t_1, t_2, \cdots, t_n\}$，$o$ 为数据对象，$S=\{s_1, s_2, \cdots, s_p\}$ 且 $S \subseteq T$（其中 $p \leqslant n$），若 S 中的对象都远离于与 o 的距离为 d 的领域，则称 o 为基于距离的离群数据，表示为 $DB(p, d)$。

基于距离的离群数据检测避免了过多的计算。下面介绍两种基于距离的离群点检测方法。

1. 基于索引的算法。基于索引的算法采用多维索引结构（如 R - 树，$k-d$ 树等）来查找给定数据集合中的每个对象 o 在半径 d 内的相邻数据。设 m 为 o 是离群数据的阈值，即 o 在半径 d 的领域内的相邻数据的最大取值个数。只要对象 o 在半径 d 的领域内存在 $m+1$ 个相邻数据，那么 o 就不是离群数据。该算法在最坏情况下的计算复杂度为 $O(k \times n^2)$，k 是维数，n 是数据集的大小。但是计算复杂度并没有考虑建立索引所需要的时间。

2. 嵌套—循环算法。该算法和基于索引的算法有相同的计算复杂度，但它不用建立索引结构，以此来提高算法效率，最小化输入/输出的次数。它把内存的缓冲区域分为两部分，把数据集分为若干逻辑块。然后以数据块为单位选择装入每个内存缓冲区，相比于基于索引的算法中对所有数据对象逐个进行计算，输入/输出效率有很大改善。

（三）基于偏离的离群数据的发现方法

该方法对数据集中对象的主要特性进行检测，如果某个对象偏离了该特性，就认为此对象是一个离群数据。基于偏离的离群数据检测主要有两种检测技术：一是序列异常技术，顺序地比较一个集合中的对象，模仿人类的思维方式，通过对一组对象的特征进行检查来识别异常数据。在观察一个连续的序列后，能快速发现其中一项数据与其他数据的明显不同。二是采用 OLAP 数据立方体方法，在大规模的多维数据中采用数据立方体来确定反常区域。

1. 序列异常技术。对于已知 n 条记录的数据集，可以建立数据子集：S_1，S_2，…，S_m，并由此求出子集间的偏离程度。该方法引入了以下关键概念。

(1) 异常数据对象集。它是离群数据或偏离点的集合，所以也被称为偏离或者离群数据集，这些对象的去除可以导致其他数据相异度的最大减少。

(2) 相异函数。对于给定的数据集，如果数据对象之间相似，那么相异函数返回值较小，反之，则相异函数返回值较大；一个数据子集的相异度计算依赖于序列中先前子集的相异度。

(3) 基数函数。一般是给定数据集合中数据对象的数目。

(4) 平滑系数。也称平滑因子，它估算从原始数据集中去除子集后，相异度减小的程度，该值由集合的势依比例决定。平滑系数最大的子集是异常数据集。为了减轻输入顺序对结果的可能影响，在实际应用中以上处理过程可以被重复若干次，每一次采用子集的一个不同的随机顺序。在所有的重复过程中具有最大平滑因子的子集合就是异常数据集。这种方法可以对各种形式的数据进行离群数据检测，但由于需要事先知道数据的特性，由此确定相异函数，因此，相异函数的定义较为复杂。如果选取的相异函数不太合适，则得不到满意的结果。

2. OLAP 数据立方体技术。该方法是发现驱动探索的一种形式，预先计算的指示数据异常的值被用来在集合计算的所有层次上指导用户进行数据分析。如果一个立方体的单元值显著的不同于根据统计模型得到的期望值，则该单元值被认为是一个异常，并采用可视化的提示来表示。一个单元的度量值可能反映了发生在立方体更低层次上的异常，这些异常从当前的层次是不可见的。

这个模型考虑了涉及一个单元所属的所有维的度量值中的变化和模式，考虑了隐藏在数据立方体集合分组操作后面的异常情况。对这样的异常，由于搜索空间很大，特别是当存在许多涉及多层概念层次的维的时候，人工探测是非常困难的。

（四）基于规则的离群数据的发现方法

基于规则的离群数据发现方法是用来在分类数据中进行离群数据挖掘的。定义条件项 c 为数据对象的属性、属性值组成的合取形式。如果对象集合中有 s% 的值支持 c，则条件项 c 的支持度为 s。如果条件项 c 的支持度小于某一阈值（最大离群支持度），则称 c 为离群条件项，所有这些离群条件项的集合 Cset 被称为离群条件项集，数据对象中与之相对应的数据就是离群数据。

用该种方法发现离群数据可以看作树的搜索问题，根结点为空条件集，第一层结点由长度为1的条件项集组成，计算某一条件项的支持度，产生包含此结点且长度为2的所有条件项为第二层子结点。其他层叶子结点的产生方法依次类推。这种算法的计算复杂度与每一层结点的个数、结点的层数有关，设k为所有最感兴趣结点的个数，n为层数，其计算复杂度为$O(kn)$。k的数量与数据集的属性个数、每一个属性的值域有关，k的数量还与数据集本身的特性（分布）以及最大支持度的选取有关。

运用该方法时，应根据数据的特性选取多层最大离群支持度，随层数增加，最大离群支持度减小；属性的值域范围大，易发现离群数据；属性间有逻辑关系的数据，更容易发现数据间的逻辑错误。

当数据集中错误过多时，由于错误数据从规则上并不明显偏离其他数据，不符合基于规则的离群数据的定义，故基于规则的分类数据离群数据挖掘算法无法发现这一类错误数据。

（五）基于聚类算法的离群数据发现方法

聚类分析发现强相关的对象组，而离群检测发现不与其他对象强相关的对象。基于聚类算法的离群数据挖掘的基本思想是首先对样本数据进行聚类操作，然后检测无法归类的孤立点，这些孤立点就是离群数据。该方法的优点是不需要关于样本数据集的知识。

基于聚类算法的离群数据挖掘可分解成以下三个问题：一是用聚类算法进行聚类操作，确定类别特征；二是离群数据的确定，根据离群数据的定义并结合具体的对象，确定离群数据的度量标准；三是检测离群数据。

（六）基于相似系数的离群数据发现方法

该方法将待处理数据对象及其属性以矩阵形式表示，计算该矩阵中各元素两两之间的相似系数，并将得到的相似系数构成相似系数矩阵，将相似系数矩阵的各行元素求和，所得结果越小，则离群数据的可能性越大。设定某一阈值，大于该阈值的数据可以被认为是离群数据。该方法思想易懂，对于多目标决策和综合评价分析中离群数据的发现比较有效。但缺点也很明显，就是建立相似系数矩阵及求和需要进行大量计算，处理大量数据时效率下降明显。

第三节　ERP 与财务管理

一、ERP 的概念与 ERP 系统的管理思想

（一）ERP 的概念

ERP 系统即企业资源计划系统，是指建立在信息技术基础上，以系统化的管理思想，为企业决策层及员工提供决策运行手段的管理平台。ERP 系统集中信息技术与先进的管理思想于一身，成为现代企业的运行模式，反映时代对企业合理调配资源、最大化地创造社会财富的要求，成为企业在信息时代生存、发展的基石。对它的认识可以从以下三个方面来理解。

（1）它是由美国著名的计算机技术咨询和评估集团（Garter Group Inc.）提出的一整套企业管理系统体系标准，其实质是在制造资源计划（manufacturing resources planning, MRP Ⅱ）基础上进一步发展而成的面向供应链（supply chain）的管理思想。

（2）是综合应用了客户机/服务器体系、关系数据库结构、面向对象技术、图形用户界面、第四代语言（4GL）、网络通信等信息产业成果，以 ERP 管理思想为灵魂的软件产品。

（3）是整合了企业管理理念、业务流程、基础数据、人力物力、计算机硬件和软件于一体的企业资源管理系统。

具体来讲，ERP 与企业资源的关系、ERP 的作用以及与信息技术发展的关系等可以表述如下。

1. 企业资源与 ERP。厂房、生产线、加工设备、检测设备、运输工具等构成了企业的硬件资源，人力、管理、信誉、融资能力、组织结构、员工的劳动热情等构成了企业的软件资源。企业运行发展中，这些资源相互作用，形成企业进行生产活动、完成客户订单、创造社会财富、实现企业价值的基础，反映企业在竞争发展中的地位。

ERP 系统的管理对象便是上述各种资源及生产要素。通过对 ERP 的使用，企业能及时、高质地完成客户的订单，最大程度地发挥这些资源的作用，并根据客户订单及生产状况作出调整资源的决策。

2. 调整与运用企业资源。企业发展的重要标志便是合理调整和运用上述的资源，在没有 ERP 这样的现代化管理工具时，企业资源状况及调整方向不明确，要做调整安排是相当困难的。调整过程会相当漫长，企业的组织结构只能是金字塔形的，部门间的协作交流相对较弱，资源的运行难以把握和作出调整。信息技术的发展，特别是针对企业资

源管理而设计的 ERP 系统,如果成功推行,必然使企业能更好地运用资源。

3. 信息技术对资源管理的作用。计算机技术,特别是数据库技术的发展,为企业建立管理信息系统、甚至对改变管理思想起着不可估量的作用。管理思想的发展与信息技术的发展是互成因果的环路,且实践证明信息技术已在企业的管理层面扮演越来越重要的角色。

(二) ERP 系统的管理思想

ERP 的核心管理思想就是实现对整个供应链的有效管理,主要体现在以下三个方面。

1. 体现对整个供应链资源进行管理的思想。现代企业的竞争已经不是单一企业与单一企业间的竞争,而是一个企业供应链与另一个企业供应链之间的竞争,即企业不但要依靠自己的资源,还必须把经营过程中的有关各方例如供应商、制造工厂、分销网络、客户等纳入一个紧密的供应链中,才能在市场上获得竞争优势。ERP 系统正是适应了这一市场竞争的需要,实现了对整个企业供应链的管理。

2. 体现精益生产、同步工程和敏捷制造的思想。ERP 系统支持混合型生产方式的管理,其管理思想表现在两个方面:一是"精益生产"(lean production)的思想,即企业把客户、销售代理商、供应商、协作单位纳入生产体系,同他们建立起利益共享的合作伙伴关系,进而组成一个企业的供应链。二是"敏捷制造"(agile manufacturing)的思想。当市场上出现新的机会,而企业的基本合作伙伴不能满足新产品开发生产的要求时,企业就组织一个由特定的供应商和销售渠道组成的短期或一次性供应链,形成"虚拟工厂",并把供应和协作单位看作企业的一个组成部分,运用"同步工程"(SE),组织生产,用最短的时间将新产品打入市场,时刻保持产品的高质量、多样化和灵活性。

3. 体现事先计划与事中控制的思想。ERP 系统中的计划体系主要包括主生产计划、物流需求计划、能力计划、采购计划、销售执行计划、利润计划、财务预算和人力资源计划等,而且这些计划功能与价值控制功能已完全集成到整个供应链系统中。

ERP 系统通过定义事务处理(transaction)相关的会计核算科目与核算方式,在事务处理发生的同时自动生成会计核算分录,保证了资金流与物流的同步记录和数据的一致性。从而实现了根据财务资金现状追溯资金的来龙去脉,并进一步追溯所发生的相关业务活动的功能,便于事中控制和实时作出决策。

二、ERP 财务系统

ERP 将企业所有资源进行整合集成管理,简单地说是企业的三大流分别是:物流、资金流、信息流进行全面一体化管理的管理信息系统。它的功能模块不同于以往的 MRP

或 MRPII 的模块，不仅可用于生产企业的管理，而且在许多其他类型的企业如非生产、公益事业的企业也可导入。

在生产企业中，ERP 系统主要包括生产控制（计划、制造）、物流管理（分销、采购、库存管理）、财务管理（会计核算、财务管理）、人力资源管理、供应链管理、客户关系管理等子系统。ERP 系统本身就是集成体，各子系统之间有相应的接口，能够很好地整合在一起来对企业进行管理。

（一）财务管理系统的主要内容

在企业营运中，清晰分明的财务管理是极其重要的。所以在 ERP 整个方案中它是不可或缺的一部分。ERP 中的财务模块与一般的财务软件不同，作为 ERP 系统中的一部分，它和系统的其他模块有相应的接口，能够相互集成，例如，它可将由生产活动、采购活动输入的信息自动计入财务模块生成总账、会计报表，取消了输入凭证烦琐的过程，可以完全替代以往传统的手工操作。一般的 ERP 软件的财务部分分为会计核算与财务管理两大块。

会计核算主要是记录、核算、反映和分析资金在企业经济活动中的变动过程及其结果。它由总账、应收账、应付账、现金、固定资产、工资、成本、多币制等部分构成。

财务管理的功能主要是基于会计核算的数据，再加以分析，从而进行相应的预测、管理和控制活动。它侧重于财务计划、控制、分析和决策。

在 ERP 中，财务管理始终是核心的模块和职能。会计和财务管理的对象是企业资金流，是企业运营效果及效率的衡量和表现，因而财务信息系统一直是各行企业实施 ERP 时关注的重点。企业外部经营环境和内部管理模式的不断变化，对财务管理功能提出了更高的要求，出现了新的应用。而国际主要的 ERP 供应商，例如 SAP、Oracle、PeopleSoft 等，都提供了功能强大、集成性好的财务应用系统，并在许多国际著名企业和国内一些企业的 ERP 应用中发挥了较为显著的效益。

（二）财务系统在 ERP 中的演进

从 20 世纪 90 年代中后期开始，为了确立竞争优势，各国企业更加关注进入市场的时间、产品的质量、服务的水平和运营成本的降低，并且为适应市场全球化要求，组织结构和投资结构也趋向于分布式和扁平化。企业不仅需要合理规划和运用自身各项资源，还需将经营环境的各方面，例如客户、供应商、分销商和代理网络、各地制造工厂和库存等经营资源紧密结合起来，形成供应链，并准确及时地反映各方的动态信息，监控经营成本和资金流向，提高企业对市场反应的灵活性和财务效率。与此相对应，一方面企业开始重组组织结构和管理模式，即所谓业务流程重组（BPR）；另一方面重视利用先进信息技术的促进作用,在 MRP Ⅱ 的基础上,实施 ERP 系统,以求更有效地支持新的供应链和战略决策。可以说,供应链的概念和集成的财务管理是 ERP 对传统的 MRP Ⅱ 进行改造和超越的两个核心。

这种趋势对财务管理系统的挑战则体现在:要求对全球市场信息作出快速反馈;在降低各类经营成本和缩短产品进入市场的周期间寻求平衡;提高对企业内部其他部门和外部组织的财务管理水平;提供更丰富的战略性财务信息;更强的财务分析和决策支持能力。

传统的会计信息系统,主要的特点是用于事后收集和反映会计数据,在管理控制和决策支持方面的功能相对较弱。另外,系统的信息处理一般都是对手工会计职能的自动化,系统的结构是面向任务和职能的,这对满足会计核算的要求来说已经足够,但在业务流程的监控和与其他系统的集成性上还需要加以完善。

(三) ERP 财务系统的特点

ERP 系统中的财务管理模块已经完成了从事后财会信息的反映到财务管理信息处理,再到多层次、全球化财务管理支持的转变。这些转变具体体现在以下六个方面。

1. 吸收并内嵌了国际先进企业的财务管理实践,改善了企业会计核算和财务管理的业务流程,如支持凭证的集中式审核,加快了期末关封账的速度,使得财务管理的效率得到提高。

2. 财务系统不仅在内部的各模块充分集成,与供应链和生产制造等系统也达到了无缝集成,使得企业各项经营业务的财务信息能及时准确地得到反馈,从而加强了对资金流的全局管理和控制。

3. 强调面向业务流程的财务信息的收集、分析和控制,使财务系统能支持重组后的业务流程,并做到对业务活动的成本控制,如基于活动的成本控制(activity-based costing,ABC)。

4. 更全面地提供财务管理信息,为包括战略决策和业务操作等各层次的管理需要服务。除了提供必需的财务报表外,能提供多种管理性报表和查询功能,并提供了易于最终用户使用的财务建模和分析模块(如 Oracle 公司的 financial analyzer 和 OLAP)。

5. 支持企业的全球化经营,为分布在世界各地的分支结构提供一个统一的会计核算和财务管理平台,同时也能支持各国当地的财务法规和报表要求。如提供多币种会计处理能力,支持各币种间的转换;支持多国会计实体的财务报表合并等。

6. 支持基于 Web 的财务信息处理。为支持企业发展电子商务和基于互联网的应用系统(如销售订单处理等),部分财务信息可以通过 Web 方式收集和发布,例如欧瑞可(Oracle)提出的应用系统的 ICA 结构(网络计算体系)。

第四节　财务共享服务

一、共享服务

（一）共享服务的含义

共享服务的概念由美国福特公司于 20 世纪 80 年代提出，其主要思想为将企业内部基础性职能活动集中起来，通过高效率、低成本的方式同时向其他部门提供服务。同时，穆勒（1997）将共享服务中心定义为一个独立的业务实体，为企业多个业务部门提供专业的服务。21 世纪以来，共享服务模式受到了大量国内外学者的研究与讨论，同时也在许多大型企业中得到了运用与实施。

共享服务是一种以信息平台为依托，在多个业务单元中组织管理活动的创新型公司运营模式。共享服务将日常的业务进行流程化处理，有利于优化组织结构、提高工作质量和效率，进而达到降低成本等目的。其实质是将分散在不同业务单元的基层性工作剥离出来，再把这些工作整合成一个单独的业务单元，提供标准的处理流程。而这一个单独的业务单元则被称为共享服务中心，是提供具体服务的组织载体，为企业提供财务、人事等标准化服务。各种服务在经过共享服务中心的整合后，有利提升企业的服务质量，实现企业价值，如图 3-6 所示。

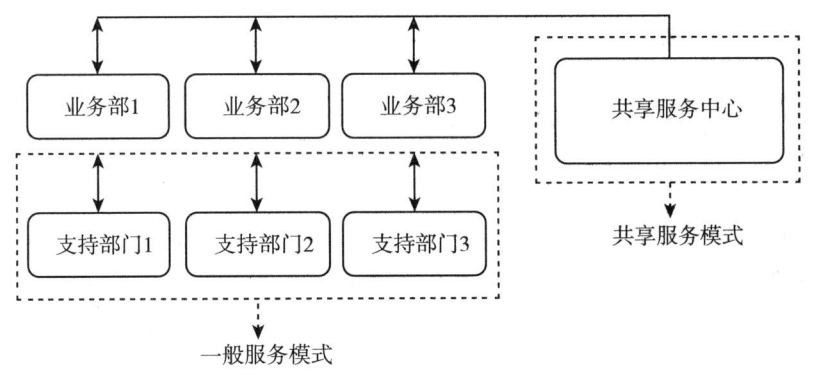

图 3-6　组织结构演变

从图 3-6 可知，共享服务主要体现在"共享"两字上，对于企业来说，下设的各战略业务单元、事业部、项目组等都不需要再单独设立相应的职能部门，而是交给共享服务中心统一处理。企业将各部门重合的基础性工作压缩在一起，避免了资源的浪费，提高了工作的效率。值得一提的是，共享服务中心并不仅是一种简单的基础业务和人员的集中处理，而是更加注重服务中心对企业内外部的输出，具有灵活处理业务的能力。具体来说，共享服务中心作为一个独立的主体，可以且有能力配合各部门的需求甚至承包外部业务；而业务集中管理只是单纯地将内部核算流程集中处理，在企业中也只会涉及各部门内部的服务，不存在接受外部业务的可能。

（二）共享服务的适用范围

共享服务这一概念延伸幅度较广，也在各种领域里被频繁使用，但是并不意味着其适用于任何组织与情况。从企业规模的角度来看，共享服务基本上被运用于大型企业（包括大型国有企业、跨国公司、跨地区公司等）。主要是因为这些企业的组织规模大、员工人数与业务数量众多、业务繁杂，共享服务中心能够在此情况下实现其功能，达到规模效应，降低企业成本。共享服务中心通过采用统一的流程处理业务，提升了工作效率，降低了企业风险。相比较，对于小企业而言，共享服务中心的流程反而使得其有限的业务量处理复杂化。

从业务特点来看，共享服务中心适用于程序化的工作，因为这些工作重复率高也基本相同，易于标准化、流程化。同时这些工作应当能由互联网新兴技术进行处理，如由财务机器人处理基本记账业务。

总的来说，共享服务主要是为企业核心业务提供支持，根据不同的企业环境进行调整，可适用范围也在不断扩大。

二、财务共享的含义

（一）财务共享的定义

财务共享服务中心（financial shared service center，FSSC），根据前面提到的共享服务，不难理解财务共享即为将共享服务模式运用到企业的财务管理中。根据德勤有限公司（2011）的调查可知，共享服务应用最广泛的领域就是财务，国内外学者也纷纷对财务共享服务模式进行了深入的探讨与研究。随着时代与科技的发展，财务共享的含义也在不断变化着。在大数据与云背景下，财务共享是在运用信息技术的基础上，将各部门中共性较强的财务信息集聚、整合起来，形成财务数据资源池。在此基础上，企业进行统一的财务核算、规划及管控。在以会计为中心的基础上，充分体现了公司的会计预算、财务结算、数据查询和财务监控督查等业务。

在财务共享模式运作的过程中，最重要的基础是信息技术，例如 ERP 财务、OCR 识别等。其实质是将数据分层，再进行业务融合，最终提取出各部门所需要的信息。因此，企业需要把握业务流程改造，使其更加规范化，运行更加顺畅。通过建立财务共享服务中心，有利于优化企业财务架构，实施内部控制；同时也有利于提升财务质量、降低企业成本，从而为企业创造更大的价值。

(二) 财务共享的特点

1. 财务处理更加集中高效。在传统的财务管理模式下，企业集团的各子公司、分公司都有一套独立的财务核算系统，且由于各子公司、分公司管理权限较大，经营体系不一致，采取不一致的会计制度，甚至提供虚假会计信息，造成了财务处理效率低、信息传递不及时、不准确等问题，对企业集团的发展造成了不良影响。而在财务共享模式下，各子公司、分公司重复的、与管理决策相关性较小的财务业务都集中到财务共享服务中心进行标准化处理（见图3-7），提高了财务信息处理效率，解决了财务人员冗余、财务岗位重复的问题，降低了经营成本。由于财务共享服务中心是一个独立性较强的机构，各子公司、分公司无法直接干预财务共享服务中心工作，因此，财务信息的真实性、及时性得到了保障，有利于企业作出正确的决策，促进企业发展。

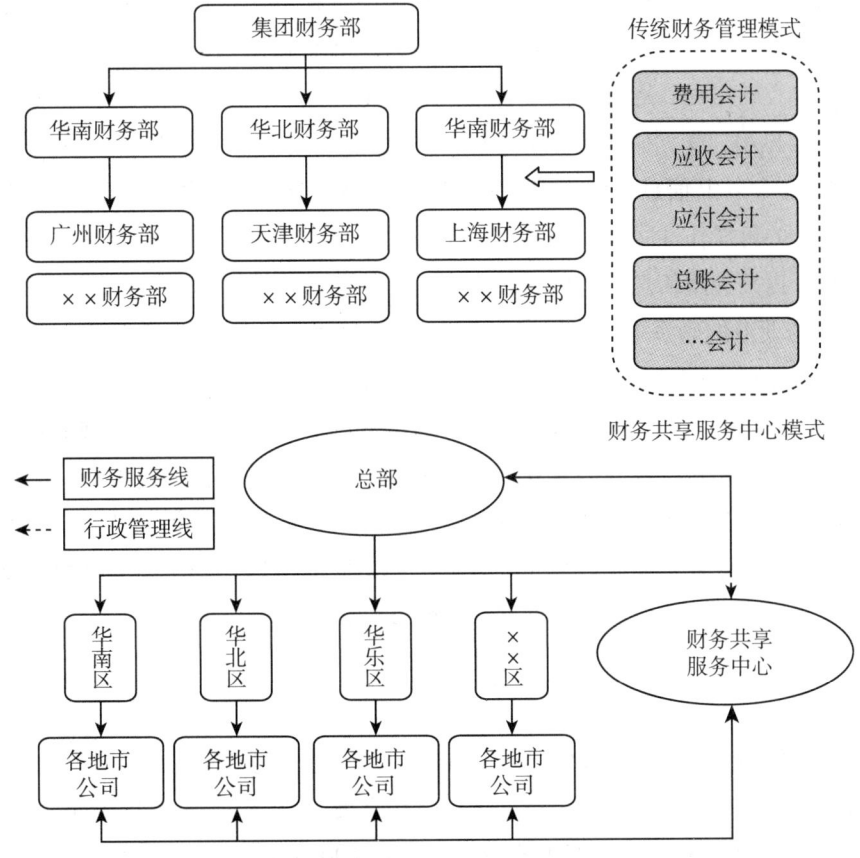

图3-7 财务共享模式与传统财务模式比较

2. 财务服务更加专业。在传统财务模式下，一方面，财务处理分散，各子公司、分公司的财务部门各自为政，更加注重财务核算、出具财务报表等基础财务服务，且各财务部门一般只对本公司内部提供财务服务，服务面积小，服务差异大，造成了财务资源的浪费。另一方面，财务人员专业水平参差不齐，财务信息可操作性差，财务服务的专业性存在疑问。在财务共享模式下，财务共享服务中心可以服务于集团总部和所有子公司、分公司，并且可以根据已经建立的财务共享系统门类对相关财务信息进行分别处理，提高了信息处理的专业化程度。同时，财务共享服务中心可以根据实际情况，在收取一定报酬的情况下，为外部客户提供专业化的财务服务，使企业获得额外收益。此外，财务共享服务中心人员的专业素质会更强，因为财务共享模式下，企业的财务处理活动会面向整个企业，这就对财务人员的专业水平提出了更高的要求，财务人员不仅需要学习财务知识还要更多地向计算机、影像技术靠拢，只有不断地学习才能符合财务共享中心的业务要求。

3. 财务信息的可信赖度更高。传统的财务模式虽然已经从手工记账发展到了会计电算化，也出现了许多新型记账软件，例如金蝶、用友等，但是相关财务人员在填制电子凭证时，随意性大、可操作性强，可以修改相关财务信息，这也就导致了纰漏的信息可信度较低，很多情况下无法正确反映子公司真实的业务情况。但在财务共享模式下，财务共享服务中心的构建和运营，需要较强信息技术的保障，据《2018 年中国共享服务领域调研报告》显示，受调研企业中有 52.7% 的企业应用了 6~10 个信息系统，7.1% 的企业应用了 10 个以上信息系统。高度的信息化能够增强企业业务处理的标准化程度，地方财务人员的可操作性降低，共享服务中心的人员操作性提高，能够减少业务处理中的灰色区域，提高披露信息的可信度。

4. 财务与业务的联系更加紧密。在传统财务模式下，财务系统与业务管理系统分离，由于企业经营管理的需要，设立多个管理部门，业务系统种类繁多，且各自独立，业务数据与业务数据之间、业务数据与财务数据之间联系松散，无法实现数据共享。而财务共享服务中心模式将各部门重复的、基础的财务业务集中在一起处理，加强了财务与业务的联系，达到财务系统与业务系统的集成，实现数据共享，促进业财融合。例如，企业可以将绩效考核和业务单元的数据按照不同的编码，录入同一个数据池下，然后输入相应的指令即可弹出业务数据和建议绩效结果。

（三）财务共享的发展趋势

财务共享作为一种新型的财务管理模式，已经越来越受到大型集团企业的欢迎。根据 ACCA、中兴财务云、通用电器（GE）联合发布的《2018 中国财务共享领域调研报告》中就指出在调研企业中年营业收入超过 100 亿元的公司中有 76% 已经建立了财务共享服务中心，年营业收入低于 100 亿元人民币的也有 38.1% 建立共享服务中心,可见财务共享已经成为一种发展热潮,对于许多深陷"大企业病"的集团公司而言,共享服务可以说是一味良药。成功企业的实践告诉我们未来财务共享中心会呈以下发展趋势。

(1)全球性中心。随着信息革命的热潮不断发展,财务共享服务中心也将从处理区域性的业务向处理全球性的业务衍变,一个成熟的财务共享服务中心能够处理不同地区的不同业务,并且可以根据不同地区的会计准则批量生成相关凭证,能够解决大型集团企业中的业务处理难题。

(2)拓展职能逐步范围。未来财务共享服务中心的职能不会仅仅拘泥于财务领域,它会逐步拓展至人力资源、信息技术、客户服务联络中心、法务等领域,成为一个独立的第三方组织机构,为企业的内部机构或外部客户提供标准化服务。

(3)外包。共享中心可以形成平台经济,与市场对标,形成标准化的服务产品向外部客户提供财务援助。大型集团企业成立的共享中心可以向小型企业提供财务援助,向他们提供纳税申报、业务处理、财务咨询等服务,实现市场资源的有效整合,发挥资源的最大效用。

三、财务共享主要模式

财务共享模式在不同的发展阶段有不同的模式,基于我国公司运作形式,其被分为四种,分别是基本模式、市场模式、高级市场模式和独立经营模式。对于企业来说,应根据自身的发展规模、业务特点、信息化水平及管理要求等来选择合理的模式。作为财务共享服务成功运用的关键因素,模式的错误选择可能导致达不到企业预期的效果;反之,高度匹配的模式则可能带来更佳的效果。

(一)基本模式

此模式是将财务共享服务中心作为企业的职能中心,主要面向企业内部业务进行服务,同时为跨界、跨组织提供专业的财务支持,例如财务核算、费用报销、合并报表等。其主要目的是集中处理财务中的资金交易、应收应付账款、总账业务等日常事务处理工作,以实现后台服务从零散走向集中,以规模经济理论为指导,提高效率,以达到降低成本的目标。基本模式是以客户需求为着眼点,跨地区、跨语言向各个区域的客户提供服务,因而对财务工作的人员的能力和素质要求较高。

在财务共享服务中心的建设初期阶段往往采用基本模式,在该阶段,企业会将日常的业务进行流程化处理,逐步把基础会计核算工作移交至财务共享中心。由此,基本模式下财务共享服务中心需要关注地址选择、人员招募、流程规划等环节。

(二）市场模式

市场模式是在基础模式发展到一定阶段后形成的，在该模式下，财务共享服务中心的定位转变为单独运营的经营实体，而不仅是企业内部的一个职能部门，强调运营单位的独立性。其控制权与运作权、决策权都已完全分离，且提供的服务更加专业。提供财务服务方、责任方与监督者的职能不再重叠，财务共享服务中心只需按照上级指示进行财务业务处理，同时更加注重客户的需求，并提供更加专业优质的财务服务。之前承担监督职能的部门或人员转为从事战略相关职能，例如财务数据分析、财务流程优化等。在市场模式下，共享服务中心的主要目标是提供覆盖面广、质量上乘的专业财务服务。在这种模式下，客户不再被动接受财务共享服务，而是可以根据自身意愿，按照自身情况自主决定接受与否，即财务共享服务不再是托管式，而是由客户决定。此时，财务共享服务中心，不仅只为企业内部服务，而且面向外部对象提供服务，并收取一定的服务费用。目前，该种模式是我国大多数企业的选择。

（三）高级市场模式

高级市场模式，顾名思义，是市场模式的进一步发展，其更加外向化和竞争化。正是因为竞争的驱动，财务共享服务中心需要不断提升自身的业务水平与服务质量才能在激烈的竞争中脱颖而出。同时，客户的选择范围更加灵活，其可以通过对比不同财务共享中心的服务态度、专业技能等，在多个机构之间进行自由选择，也可以从外部购买所需服务。

因此，高级市场模式具有以下特征：一是市场定价。尽管是为企业内部服务，但收费标准仍应遵循市场价格。因而财务共享服务中心需要提高工作效率，降低成本以维持客户关系。二是客户选择服务。和市场模式一样，客户选择具有灵活性，其可根据服务质量标准和自身具体情况相结合来进行选择。三是服务商业化。财务共享中心在达到企业内部的服务要求后，如能力允许，可向外提供外包服务以赚取利润。高级市场模式使得财务共享服务中心更加成熟，并与市场上其他系统服务商形成竞争，增强了其危机意识，促使其向前发展与进步。该模式一般运用于国外大型集团或跨国公司，在我国比较少见。

（四）独立经营模式

独立经营模式是财务共享服务中心运营呈现的高级模式，最明显的特征是独立经营实体。该模式下，财务共享服务中心完全独立，表现为一个单独的运营主体在经营。同时，财务共享服务中心的角色定位为向外部提供服务，因此，外部客户是其主要目标人群，需要与其他具有相同作用的企业展开竞争，并且按照市场价格收费。由此，其目标就是盈利，同时实现可持续发展，这也需要不断提升服务质量，以获取更多的新老客户。此时，财务共享服务中心由成本中心转型到价值创造中心。在独立经营模式下，财务共享服务中心为内外部用户同时提供相关服务，且更偏向于外部客户，以创造利润，实现了完全自愿服务。

这种模式在我国应用得很少，稳定投资的缺乏会成为该类型财务共享中心发展过程中的阻碍。为吸引更多的客户以保持持续发展，财务共享中心需要积极展示专业技能与个性化服务。

财务共享服务中心发展阶段如图3-8所示。

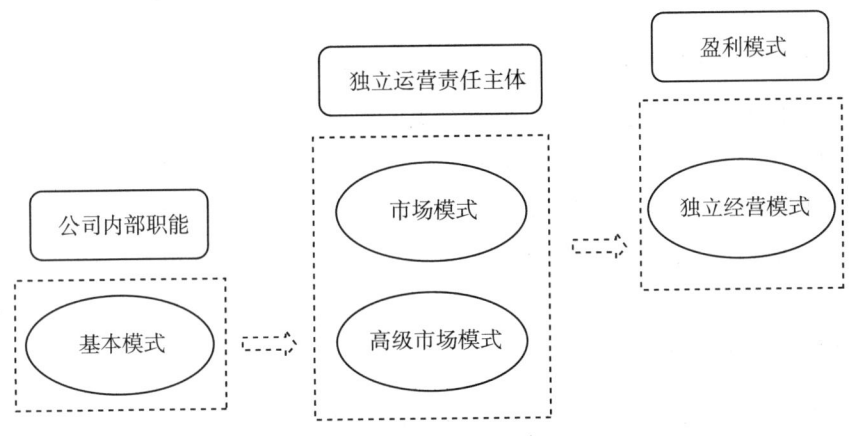

图3-8　财务共享服务中心发展阶段

就当前国内应用情况来看，使用率最高的模式为市场模式与基本模式。随着企业的运营发展和财务客户需求的变化，模式选择也会随之改变，因此，企业必须根据自我情况选择合适的运营模式。

四、财务共享的实施流程

（一）明确构建财务共享的目标

财务共享应当以提高满意度、低成本、高效率、高质量为目标，促进标准化的流程管理，提升运营管理水平。一般而言，企业构建财务共享服务中心的目的大致可以分为以下四点。

（1）构建标准化业务流程。改善并统一各业务单元的业务流程，简化组织结构，减少冗余，财务共享服务中心集中处理各业务单元的基础财务业务，提高财务业务处理效率；同时，标准化的流程管理，可以提高内部控制有效性，从而提升会计信息质量。

(2) 实施全程质量控制。财务共享服务中心使各业务流程标准化，每一项业务从发生到记录都经过"事前控制—事中干预—事后总结"的全程质量控制，加强风险控制能力。

(3) 降低财务业务成本。将共同的、重复的流程从企业个体中抽出，转移到财务共享服务中心，共享中心通过自动化技术改造，减少人工操作，精简财务人员，降低人力成本，实现规模经济效益。

(4) 提升服务水平。通过财务共享服务中心的运作，实现更有效的供应商管理，明确并统一服务水平标准，改善服务水平，更好地为业务部门服务，提高内部顾客满意度。

（二）确定财务共享的业务范围

在构建财务共享服务中心前，企业应当梳理财务管理的各项职能，并做了明确分工。财务共享服务中心承担交易处理财务职能，主要负责交易处理、财务信息和档案管理、财务报表编制等工作，为战略财务和业务财务提供财务数据查询服务等。同时，在制定业务规划时应当从企业的实际情况出发，明确首先要上线的财务模块，一般企业在构建财务共享服务中心时都会选择优先上线资产、总账、费用等模块；其次在相机选择上线其他板块。因此，企业在构架财务共享管理模式时一定优先考虑对企业业务关联性强、所占比重较大的业务。

（三）关注构建财务共享中可能出现的问题与解决措施

企业要构建一个成熟的财务共享服务中心，一定要事先了解构建财务共享过程中可能出现的问题和措施，对于一般企业构建财务共享管控模式常见的问题不外乎以下四大类。

1. 财务共享服务中心选址复杂。财务共享服务中心的选址问题是在构建财务共享服务中心过程中的一大难题。财务共享服务中心选址直接关系到财务共享服务中心建设的成本和后期运营效率。一方面，企业需要考虑财务共享服务中心构建在何处才能最大化地满足企业集团的需求，将运营效率最大化，并且最大程度上节约构建成本。据《2018年中国共享服务领域调研报告》显示，在受调研企业中，选择北上广深四个一线城市作为财务共享服务中心建造地址的企业有53.2%，较2017年降低了10.5个百分点，财务共享服务中心的选址逐渐开始呈现向除北上广深以外的一线城市转移的倾向，例如武汉、苏州、西安、成都等城市。

另外，建立一个还是多个财务共享服务中心也是企业面临的一大难题。建立一个统一的财务共享服务中心，能够实现高度集中的财务处理，最大限度发挥规模效应，有利于业务流程的标准化。多中心根据职能或服务对象不同，可分为法人/业务板块多中心、区域多中心、职能多中心。有利于实现不同中心之间的统一与协调，并避免自然灾害、恐怖袭击、系统故障等不可预见因素导致单一财务共享服务中心服务瘫痪的风险。财务共享服务中心的选址问题，需要企业根据自身情况，经过慎重考虑、研究后作出决定。

2. **财务人员转型困难。**财务共享中服务中心构建完成后，企业集团各下属子公司、分公司的财务业务将集中到财务共享服务中心来处理。这就意味着，部分财务人员将面临转型问题。财务共享服务中心模式下，基础的财务工作，例如财务核算、报税等都将由财务共享服务中心的信息系统来完成，财务人员需要将工作重心由基础财务工作转变为成本及预算控制、财务分析、财务风险控制等管理性质的财务工作。这就要求财务人员掌握管理会计的能力，对财务人员提出了更高的要求。财务共享服务中心构建后，企业集团可能面临部分财务人员离职的问题。据《2018年中国共享服务领域调研报告》显示，受调研企业中，32.5%的企业共享服务中心人员离职率超过10%。工作内容枯燥，缺少晋升通道以及不能满足预期待遇是共享服务中心人员离职最重要的原因。人力资源的财务共享服务中心的"使能者"。针对人员离职的问题，企业集团必须提早预防，采取措施解决（见图3-9）。

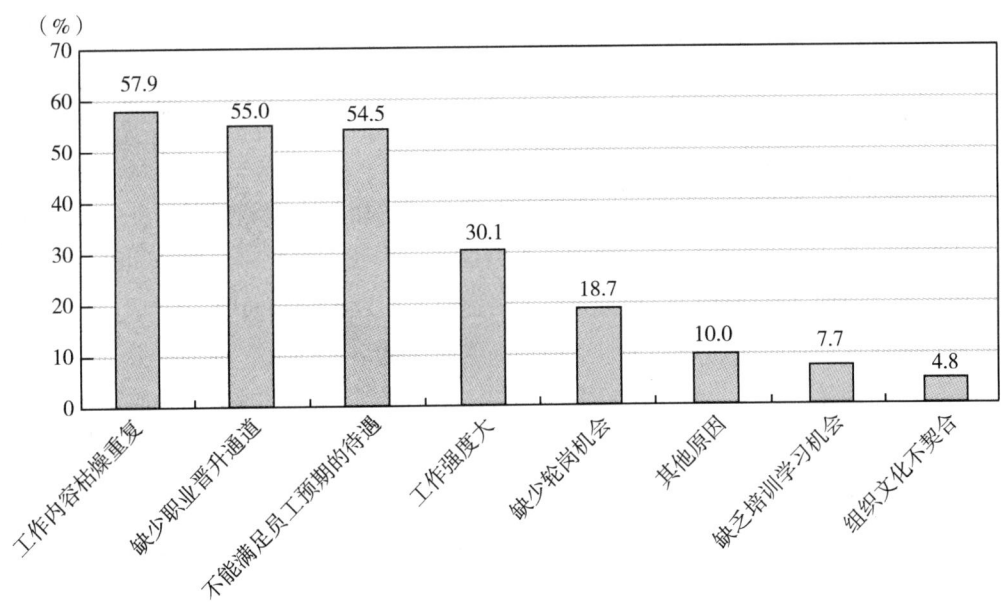

图3-9 共享服务中心人员离职原因所占比例

3. **信息系统整合程度及安全性低。**无论是在构建阶段还是在运营阶段，财务共享服务中心都与信息系统密不可分，可以说信息系统是财务共享服务中心的核心。一是财务共享服务中心需要信息系统来实现各单位业务数据、财务数据的共享，从而真正地做到跨地区，甚至跨国的沟通交流。二是财务共享服务中心需要通过信息系统来进行业务整合与集中化、标准化地处理。但是要达到以上效果，就需信息系统之间完成交互与整合、相互支持、相互联系。大多数企业集团的财务共享服务中心会采用多个信息系统。例如财务核算系统、银企互联系统、电子影像系统、电子档案系统、电子保障系统、资金管理系统等。将多个信息系统进行整合，使它们彼此交互，加大了信息系统整合的难度。同时，信息系统的开发与整合也需要充分配合企业的时间，并考虑功能需求。在这样的情况下，很有可能由于时间的不匹配，造成信息系统开发拖延整个财务共享服务中心构建的时间，降低效率，从而增加构建财务共享服务中心的成本。另外。如果信息系统功能建设不能满足企业集团的要求，也将使企业增加不必要的成本，甚至使整个财务共享服务中心瘫痪。信息系统开发完成后，也要制定策略预防出现信息系统的安全问题。财务共享服务中心集合了整个企业集团的各项数据及财务情况和业务情况。若由于信息系统的不稳定性而造成数据泄露，将对企业集团造成沉重的打击。

4. 业务流程再造难度大。业务流程再造是财务共享服务中心构建及高效运营的基础。企业集团在业务流程再造过程中需要对业务流程进行彻底性的变更，打破原本的组织构架，统一业务流程标准。

一方面企业集团规模较大，组织构架复杂，下属单位独立性较强，权限较大，有不同的经营体系，企业集团内的业务流程极其复杂，业务流程标准难以统一。打破原本的组织构架意味着有可能影响部分管理层的利益，难以得到全部管理者的支持。这将进一步加大业务流程再造的难度。

另一方面，在业务流程再造的过程中，企业集团的相关人员和设备可能无法适应新的业务流程，由此引发一些问题，造成工作失误或工作效率低。例如，公司部分管理者无法适应审批流程网络化操作，相关人员无法适应非面对面的沟通等。

业务流程再造是构建财务共享服务中心非常重要的一个环节，因此，只有保证了流程设计的合理性和可行性，解决流程再造过程中的一系列问题，财务共享服务中心的构建和运营才能得到有效保障。

针对上面问题，具体的解决建议如下。

（1）企业在构建财务共享服务中心前，要充分考虑影响财务共享服务中心选址的因素，并结合企业自身情况，制订财务共享服务中心的选址方案。比较优劣，择优而建。

据调查，各企业在确定财务共享服务中心选址时，主要考虑如下因素：①靠近公司总部，便于总部沟通与管理；②公司办公场所所在地，旨在依托公司的后勤保障等综合资源；③可接受的人力成本；④较低的运营成本；⑤高素质的人力资源；⑥与服务对象时区、语言、文化的接近；⑦完善的基础设施；⑧税收优惠等政策性支持；⑨便利的交通条件；⑩其他重要因素。

各企业选择建立多个财务共享服务中心的主要驱动因素有：①基于地域分布，服务于公司不同地区的分支机构；②承担除了财务以外，其他的职能，例如客户服务、人事服务等；③基于法人单位，服务于公司下属不同分支机构；④承担不同的财务流程。

（2）推进财务人员转型。财务管理模式的变化，对财务人员提出了更加严格的要求，财务人员面临转型。为了使财务人员转型成功，财务共享服务中心有人才可用，企业必须加强员工队伍建设，完善财务共享服务中心人力资源管理。

一是要加强员工培训，为财务人员转型提供必要的专业知识指导。一方面，企业要针对财务共享服务中心管理模式向员工进行解释说明，通过培训，让员工熟悉新的业务流程，掌握财务共享服务中心信息系统的操作；另一方面，企业应鼓励员工积极学习财务分析、财务风险控制等管理会计的知识，开设相关培训，并对考取CPA等证书的员工进行一定的奖励，激励财务人员转型的积极性。

二是建立弹性化工作制度及轮岗机制。按照工作量合理安排员工的工作，并根据员工的实际工作量确定薪酬。按照员工的能力水平和专业领域，合理地进行分工，由能力强的员工担任难度大的工作，避免出现员工压力过大的情况。除此之外，企业还可以设置轮岗制度，每隔一段时间，财务共享服务中心员工进行岗位轮换。员工可以体验到不同岗位的工作乐趣，避免员工重复机械地工作，维持员工的工作积极性。

三是设置科学的绩效考评制度。企业集团应该制定一套奖惩制度，以员工绩效作为依据，给予员工一定的物质或精神奖励，例如设置奖项、定期评选优秀员工等，以此提高财务共享服务中心人员的工作积极性和主动性，提高员工工作效率，进而提高财务共享服务中心绩效。

（3）提高信息系统的整合水平。信息系统为财务共享服务中心提供了技术支撑。信息系统的整合水平对企业数据的安全、财务共享服务中心工作效率的保障至关重要。

一方面，企业要加强信息系统的横向整合水平，即完成各信息系统的集成，保障数据在各子系统与跨系统的传输。如果各信息系统之间无法完成系统集成，各系统之间无法流畅地跨系统传输数据，或传输数据有误，都会严重影响财务共享服务中心的工作效率。只有加强信息系统的横向整合水平，完成信息系统集成，才能保证财务共享服务中心在构建完成后的后续运营效率，才能满足企业集团的各业务单位的业务需求。

另一方面，企业要加强信息系统的纵向整合水平，即企业集团要建立配套的信息系统。由于企业集团的各分、子公司信息系统不一致，很可能导致系统不兼容，系统对接失败，进而导致数据传输有误或失败。因此，企业集团需要为各分公司、子公司建立配套的信息系统，实现财务共享服务中心与各业务单位的信息系统横向一体化，建立各业务单位与财务共享服务中心数据流通的"安全通道"。

除此之外，企业集团还应对有可能出现的系统安全问题进行防范，培养优秀的技术人才，定期维护系统，不定时排查系统隐患，对财务共享服务中心的信息系统进行优化，防止出现信息泄露的情况。

（4）制订具体的业务流程再造方案。业务流程再造是一项复杂的工作。尤其是对于业务流程复杂，组织构架庞大的企业集团来说更是如此，因此，一定要做好充分的准备工作，制定具体的业务流程再造方案。

首先，企业集团应派遣调研小组对下属各单位进行实地调查，了解各单位的组织结构及业务流程，并对结果进行整理分析。归纳各单位组织结构和业务流程的优点、缺点及差异点。由于业务流程再造的最终目的是要实现符合企业集团的标准化的业务流程，因此，在业务流程再造的过程中，应对各子公司、分公司业务路程和组织构架的优点、缺点及彼此之间的差异进行详细分析。结合企业集团自身的情况，摒弃缺点，并将部分个性优点融入标准化的业务流程。建立符合企业特色的新业务流程。而差异点是企业建立标准化业务流程的关键，企业可以将业务流程细化，将业务流程分为一级流程、二级流程、三级流程……末级流程的差异点是流程再造的重点。从末级流程开始，将业务流程的差异点层层标准化。最终达到整个业务流程标准化的目的。

其次，业务流程再造工作的顺利开展，需要各单位管理层的支持。业务流程再造将打破原本的组织构架对业务流程进行彻底性的变革，这关系到企业管理层及全体员工的切身利益。彻底性的变革意味着岗位的变动，工作习惯、方式的改变，企业很有可能面临一部分员工甚至管理者不支持的情况。因此，企业在开展业务流程再造前，必须提前做好企业管理层的思想工作，并制定员工激励机制，赢得企业管理层的支持，获得员工认可，提高企业的凝聚力。进而推动业务流程再造工作的顺利进行。

最后，业务流程设计要保证合理性和可行性，必须结合企业实际情况进行，如企业的业务范围、财务情况、组织构架等，不能照搬其他企业的经验。

（四）重视企业的业务流程设计

业务流程的重新设计是企业构建财务共享模式的核心，可以说财务共享能否发挥其作用关键就在于业务流程的再造，合理的业务流程能够降低企业的管理成本，提升企业的效率，不合理的业务流程会适得其反，使整个企业的业务陷入停滞，因此，我们应当合理的规划业务流程。例如以下四种流程。

（1）应付应收账款流程。它主要面对外部供应商，即对提供原材料和服务的账款支付。应付账款流程包括发票信息采集、数据及业务处理、支付及反馈等过程。它是通过票据影像采集系统、ERP系统、网上银行以及供应商管理系统等来实现基于信息系统的财务共享服务流程。应收账款流程主要是指企业在正常的经营过程中因销售商品、产品、提供劳务向购买单位收取款项等所发生的业务流程如图3-10所示。

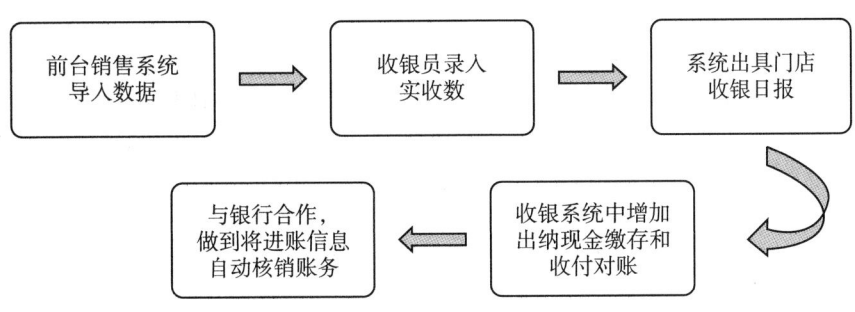

图3-10 应收账款流程

（2）费用报销流程。它主要针对员工的费用报销问题。在成立了财务共享服务中心后，员工进行费用报销要经历以下四个步骤。

第一步：整理票据，员工在提取电子单据前，要将发票进行整理，将其平整铺开粘贴在A4纸上。

第二步：在线填单，在整理完发票后，由相应的财务人员按照不同的费用类型，填制具体单据和金额，并提交单据。

第三步：单据审核，在填制完电子凭证后，由财务人员打印报销封面，并与实物票据一起邮寄至财务共享中心，由负责该部门的主管等人员进行审核。

第四步：审批发放，经审核部门成员审核无误后，由支付组成员将款项发放至报销员工账户，完成费用报销，如图3-11所示。

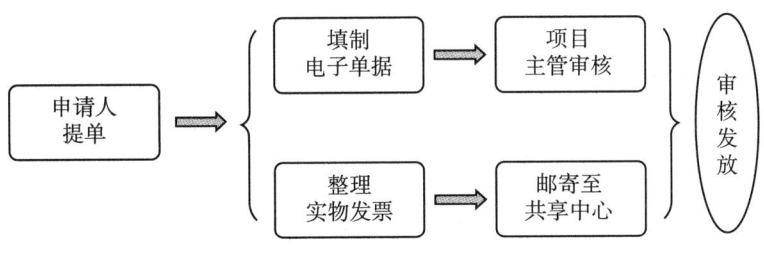

图3-11 费用报销流程

票据达到财务共享服务中心后，要经历扫描、审核、付款、归档四个流程，首先由专门的人员对票据进行扫描并上传至影像系统，并自动储存在待处理数据库中；其次根据单据上的票码系统将自动分配至各费用审批部门，影像审核无误后，导入EBS系统，批量生成电子凭证，并交由付款组进行款项的发放；最后将相应的电子和纸张档案分别建档管理完成费用报销。

（3）固定资产管理流程。主要是对资产的购置、折旧、维护、处置及相关盘点工作进行的业务处理。它以实物管理为基础,以编码技术的应用为特点,对固定资产的各个阶段进行全方位监管。

(4) 应付结算流程。应付结算流程具有较大的标准性,涉及的业务多为向供应商采购等,因此,经过财务共享服务中心的统一整合后,其流程如图3-12所示。

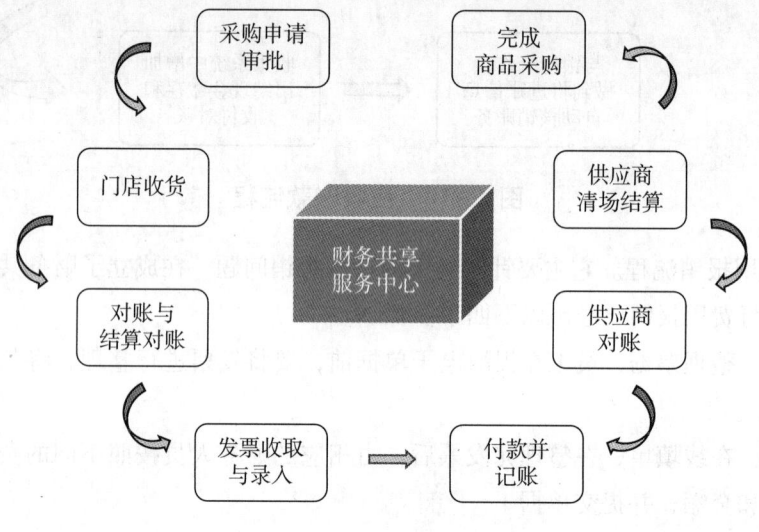

图 3-12 应付结算流程

建立财务共享服务平台后,对账、发票录入、付款、稽核等环节均通过财务共享服务平台进行,能够很大程度上缩短业务流程处理的时间,通过共享平台的构建企业能够很快地了解子公司的仓储情况,进行合理的资源配置,同时通过对采购数据的分析,能很快地了解市场上的消费者偏好,对于热销产品能够及时地补货,提高了企业的核心竞争力。

(五) 深化信息系统建设

财务共享服务中心的建立需要依靠信息技术的支持,通过强大的信息系统,企业才能实现对其他地区的业务处理。以费用报销模块为例,财务共享服务中心完美融合了费控系统、流程引擎、影像系统、PS、EBS、NC 付款平台六大系统,实现从费用申请到预算的冻结扣减,到凭证生成,再到报销款支付的费用全线管理,如图 3-13 所示。

由上述分析,不难看出信息系统对于财务共享的重要性,因而更应当注重信息技术的开发,加大系统投资力度,提高数据承载量和运行速度,这几乎是决定一个系统整合水平的核心。因此,在进行系统搭建的前期,决策者应将有限的成本重点配置在这个方面,以便为后期的使用、维护和升级打好基础。并且在后期的发展过程中企业应当注意系统的实时拓展,根据企业经营发展的需要对系统进行整合或者扩张。

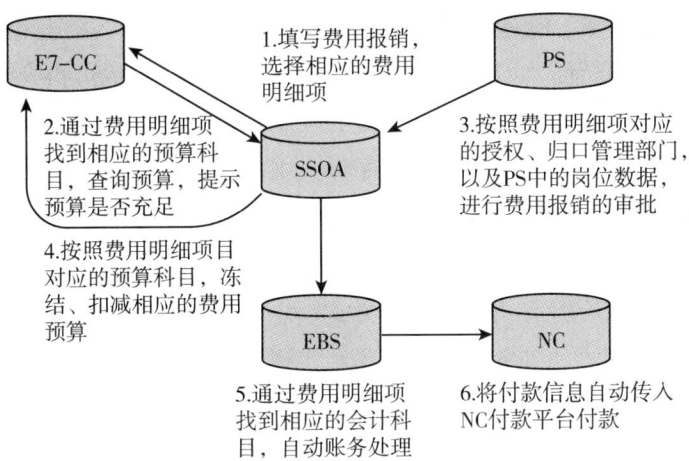

图3-13 费用模块信息系统示例

第五节 人工智能与财务信息安全

一、人工智能的概念

"人工智能"(artificial intelligence,AI)是当前最热的关键词之一,不管是新闻、培训、会议、论坛,还是学术文章,几乎我们能接触到的媒体和社交场合都能看到"人工智能"这个词。从"阿尔法狗"(AlphaGo)先后战胜了李世石和柯洁,到德勤财务机器人正式上岗,我们身边不断涌现出了各种各样人工智能的概念和应用场景。人工智能是现代科学技术发展最具代表性的技术之一,更是引领未来的创新性技术。毫不夸张地说,人类社会正在进入人工智能时代。

(一)人工智能的定义

人工智能作为一门交叉性学科和综合性学科,发展至今仍然存在着很多争议,人工智能的概念界定也没有得到统一,不同的学者对人工智能有不同的定义。如:帕特里克亨利·温斯顿(Patrick Henry Winston)教授认为人工智能是研究如何使计算机去做过去只有人类才能完成的智能工作;雷·库兹威尔(Ray Kurzweil)认为人工智能是一种创建机器的技术,这种机器能够完成需要人的智能才能完成的任务和工作;蒋新松、陈如明等认为人工智能是用计算机去分析和模拟人的智能行为及其规律的一门学科;刘毅则将人工智能看作一个解决知识表示、知识利用和知识获取核心问题的知识处理系统。

将人工智能拆分为"人工"和"智能"两个部分后,它的定义就能被更容易地理解。"人工"并不难理解，就是人为的或者由人进行的。"智能"在这里特定指人类的智能，一般指人的智能行为，如图像识别、学习、解决问题等；也可指人的内部认知反映功能和过程，如知觉、记忆、思维等。因此，人工智能就是研究编制能够模拟人的智能行为的计算机程序系统，并用某种物理机予以人工的实现。

从对人类发展的影响来看，人工智能的特征主要有以下三点：一是革命性通用目的技术。人工智能是能够对经济社会的各个领域产生巨大深远的一种革命性通用的技术，能够从根本上改变人们的生活方式、生产方式、思维方式，进而推动经济发展和社会变革。二是对人性的解放。人工智能可以模仿和实现人类的智能活动，能够自动地根据逻辑指令来运行和工作。人工智能可以看作人的主观能动性的一种具体的物化表现形式，其实质是人类的主观能动性。一种友善的人工智能体系通过推动生产力各要素的发展，提高劳动生产率和投资回报率，使人们获得更多发展自身智力水平和休闲娱乐的自由时间，从而有助于促进人的自由全面发展，实现对人类的解放。三是促进劳动力的更替。尽管短期看来，人工智能的应用会取代部分工作岗位甚至造成部分职位消失，使得劳动者暂时失去工作、技术排挤人力的现象客观存在，但是人工智能是替代人类完成那些高强度、高危险、高精度的任务，而人类需要做的是价值更高、创造性更强的工作。

（二）人工智能的发展阶段

20世纪50年代被称为人工智能之父的艾伦·图灵在《计算机机械与智能》的论文中，探讨了到底什么是人工智能，并提出了后来著名的"图灵测试"，标志着人工智能发展进入了第一次重要阶段。图灵测试的提出敦促了"人工智能"术语的正式诞生，并在专家系统、数字证明系统和知识推理系统等技术发展与应用中掀起了人工智能的第一个发展浪潮。但由于计算机的运行速度不够，以及相关程序的设计与算法理论不成熟，逐渐地，人们对人工智能的热情开始退却。

到了20世纪80~90年代，计算机心理学逐渐发展为认知科学，在人工神经网络模拟大脑神经元的基础上，推动了人工神经网络的研究。此外，语音识别和机器视觉的突破进展，使人工智能的研究进入新的发展阶段，即人工智能的第二个重要发展阶段。虽然这一时期语音识别等技术获得了很大的进步，但实际的使用价值却十分有限，且未能与大众的需求接轨、商用价值的不足也限制了人工智能的发展。

直到跨入21世纪，计算机产业的迅猛发展带来了计算性能和处理能力的大幅提高，一篇名为《一种深度置信网络的快速学习算法》论文的发表，宣告了人工智能的第三个重要发展阶段的到来。此时，基于深度学习的人工智能的应用发展涉及了各个领域，如银行、保险、交通运输等领域都实现了人工智能与产业链的结合。与前两个阶段相比，第三个发展阶段最大的不同是人工智能渗透到了人们生活的多个领域，为人们生活带来了更多的便利,且更被大众所接受认知。AlphaGo、机器人小爱等智能产品,推动了人工智能与商业模式的结合,更好地实现其商用价值。在此次热潮中,不仅有学术研究者、商业巨头的参与,还有各个国家层面的参与,美国发布了有关人工智能未来战略部署的三份重要报告,国际组织发布了《关于机器人伦理的初步草案报告》,法国、英国、日本等发达国家均针对人工智能未来发展做出了国际性层面的战略部署。我国在2017年,由国务院印发了《新一代人工智能发展规划》,提出面向2030年我国新一代人工智能发展的指导思想、战略目标、重点任务和保障措施,为我国人工智能的进一步加速发展奠定了重要基础。

(三)人工智能的主要应用领域

人工智能是一门综合性学科和交叉性学科,与经济学、政治学、心理学、哲学、社会学等领域密切相关,其研究方向和应用范围非常广泛。随着技术的发展与深化,人工智能相关的新思想、新设计、新理论和新技术会逐渐增多。对人类发展具有重要影响的研究应用领域主要包括专家系统、计算机视觉、自然语言处理、智能机器人、人工神经网络。

1. 专家系统。专家系统是一种通过模拟人类专家来解决问题的程序系统,是依靠人类专家的已有知识创建的知识系统,是具有某一领域大量知识、理论和经验的程序系统。专家系统利用人工智能技术来模拟人类专家思考问题的过程,其对现实问题的解释能力能够达到专业水平甚至远远超过人类专家。专家系统是人工智能领域的一个重要研究应用方向,目前,主要应用于医疗诊断、文化教育、地质勘探等领域。从当前人工智能应用于专家系统的情况来看,专家系统发挥着预测、设计、监督、建议、计划、控制、教育等作用,其发展前景和应用范围非常可观。

2. 计算机视觉。计算机视觉是指利用计算机技术来实现对人类感知系统的模拟,模拟人类对外部环境的感知能力,用计算机系统代替或辅助人类识别外部环境,进而能够达到确定目标位置、观察目标运动情况以及识别目标的目的,实现对人类感官的替代。

3. 自然语言处理。自然语言处理是人工智能技术应用的重要研究方向,主要研究内容是通过人工智能自然语言处理技术实现自然语言和机器语言的彼此理解和生成,使人机可以实现有效的互动。人工智能在自然语言处理领域的具体应用包括智能客服服务、机器人聊天、机器同声传译、多语种翻译、智能语音导航等。我国自然语言识别技术目前已经发展比较成熟,尤其是语音识别领域已经达到国际领先地位,基本可以达到95%以上的自然语言准确识别率。百度、科大讯飞等国内人工智能企业的领头军,都在自然语言处理领域取得了较好的研究进展,并且在国际上排名靠前。

4. 智能机器人。智能机器人是指通过人类或者人类所设计的程序进行操控,且机器自身已经具备一定的自主思考能力,能够进行独立性的自我控制和自动操作的机器人。与以往的自动化机器人相比,智能机器人至少应该具有感知要素、反应要素、思考要素等。智能机器人的感知要素不但可以对周围环境进行识别,而且还具有一定的运动能力,可以实现与外部环境之间的有效互动。此外,智能机器人还可以进行自主思考,能够对接收到的外部信息进行理解和回应。其中,服务机器人、工业机器人、农业机器人、医疗机器人等智能机器人已经在现实的社会生产生活中得到了广泛应用。智能机器人的研究范围比较广泛,其核心关键技术主要有多传感器信息融合、自主导航与定位、智能路径规划、人工智能识别、智能控制、人机接口技术等。

5. 人工神经网络。人工神经网络主要是通过研究人类大脑的组织结构和思维方式,试图使用大量的人工神经元、处理元件以及电子元件等来模仿人类大脑神经系统的结构及运行过程,属于人工智能技术在计算智能方面的重要应用,可以帮助或辅助人类存储、处理和分析大量的数据信息。

人工神经网络已经成为一种重要的信息处理系统,在现实经济发展中具有较强的应用价值和较好的发展前景。在人工神经网络中,信息主要依靠神经元之间的相互作用来进行传递和处理,依靠元件之间分布式的物理联系来进行储存,并依靠神经元连接权重的动态调整来实现网络的学习与识别。相对于传统的数据处理方式,人工神经网络技术既能够更好地分析模糊数据、随机性数据以及非线性数据,也能够处理巨大的、复杂的、模糊的系统数据。人工神经网络也许很难实现对人脑和人类智能的完全替代,但是它可以扩展和提升人类对外部世界的认识水平和控制能力。

二、人工智能对财务流程、技术与职业的影响

在财会行业中,会计核算主要经历了手工会计时代、电算化会计时代和智能会计时代三个发展阶段,每次迭代都能够看到财会工作效率的提高、质量的提升以及工作体系边界的扩展。在大规模应用人工智能技术的基础上能够促使现有财会体系制度的升级,甚至产生进一步"意想不到"的效果。现代人工智能可以采用语音录入、自动扫描等方式替代人工并自动生成会计的证、账、表,同时,电子票据、电子发票等也有效提升了会计工作的质量和效率。除了在会计工作中引入了人工智能技术,人工智能技术还被应用到税务、审计等多个领域。如德勤会计师事务所已与 Ki-raSystems 联手,在会计、税务、审计等工作中引入的智能软件不仅能代替人工完成对合同与其他文件的阅读,还具有良好的自我学习能力。从现有的应用模式来看,虽然还无法完全对财会体系造成影响,但是应用趋势以及在特定领域内的应用效能已经得到有效的发挥,其取代人工完成基础性工作是一种必然趋势。在会计税务处理方面,美国开发出自动化的税收筹划手机

应用程序,我国也开展了"互联网+税务"行动计划,推出了渠道多样、功能完备的电子税务局。人工智能技术已在财会行业中的多个领域得到一定的应用,但其目前应用层次不高、范围不广,为此,还需不断进行探究和创新。

在目前论到人工智能,离不开极其重要的构成部分——大数据,然而更进一步,随着我们对机器学习的深入研究,给人工智能领域带来了更多的突破和发展。我们把类似仿生学的人工智能称为第一代人工智能,而以大数据作为信息资产应用的时代称为第二代人工智能,然后,把机器学习称为第三代人工智能。那么,未来还会出现第四代人工智能、第五代人工智能……最终,人工智能达到甚至超越人脑的思维能力也是非常可能的。

有不少的书籍或论文资料从技术角度来研究人工智能,而这里主要讨论人工智能时代财务架构发生的改变,进而看到人工智能怎样改变财务组织的模式,怎样提升财务信息化的技术应用,怎样影响财务人未来的职业等。

(一)人工智能改变财务组织和模式

财务组织如生物一样不断在演变和进化。从发展历史过程中可以发现,财务组织始终与当时的科学技术发展和社会经济、环境相匹配的。我国的财务组织进化历程可以分为以下四个阶段。

1. 财会一体阶段。这个时期在我国财务发展史上是比较漫长的,从1949年到20世纪70年代末,持续了30年。财务与会计并没有那么显著地分离,即所谓的财会一体。在这个阶段财务管理实际上更多的是服务于内部控制和成本管理。

2. 专业分离阶段。随着改革开放的到来和市场经济的确立,企业更多地关注其自身的经营成果。在此背景下,财务的身份与地位发生了改变,从纯粹的"管家婆"变为"对内当好家、对外做参谋"的新身份。同时,财务组织也发生了变化,财务管理作为一个独立的学科被分离出来,企业也逐渐完成了财务管理部和会计部的分设。财务管理范畴逐步涵盖了预算管理、成本管理、绩效管理等内容,会计则涵盖了核算、报告、税务等内容。在后期,另一个专业领域也被不少大公司分离出来,即资金管理。

3. 战略、专业、共享、业务四分离阶段。实际上,战略、专业、共享、业务四分离的概念最早是咨询公司从国外引入并流行起来的。战略财务主要聚焦集团或总部的经营分析、考核、预算、成本管理等领域,专业财务则聚焦会计报告、税务、资金等内容,财务共享是会计运营的大工厂,而业务财务则是承接战略财务和专业财务在业务部门落地的地面部队。

从20世纪90年代开始到2015年的这个时期,是财务领域快速创新、积极变革的阶段,这也是最有技术含量的一个阶段。如图3-14所示,财务组织有两个三角形的颠倒变化,左边的正三角形里基础作业比重很大,右边的倒三角形里管理支持比重很大。在这种思想的引导下，国内很多企业开展了财务共享服务中心及业财一体化的建设，带来的直接影响就是基础作业被分到了财务共享服务中心，业务财务队伍成为财务组织的一个重要配置。

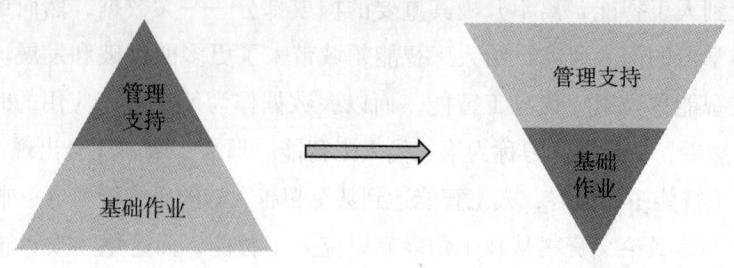

图 3-14　传统阶段到四分离阶段的职能转变

如图 3-15 所示，战略、专业、共享、业务四分离的出现使得财务的格局上升了一个层次。

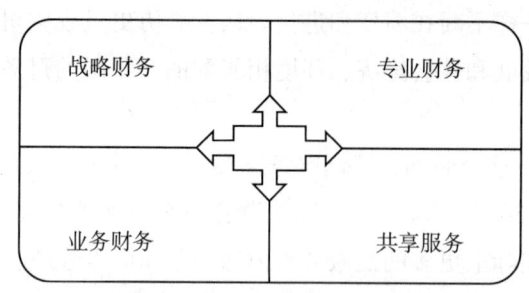

图 3-15　战略、专业、共享、业务四分离阶段

4. 外延扩展阶段。外延扩展阶段是在前面四分离的基础上进一步扩展了财务工作内涵的外延，属于高级阶段。这个阶段迫切需要创新能力。从 2016 年开始，科学技术的进步非常迅速，移动互联网具备非常成熟的技术，人工智能重新焕发青春，大数据思维得到普及，财务软件厂商开始迫不及待地布局云服务。

如图 3-16 所示，战略财务开始研究如何使用大数据来进行经营分析，有些公司在财务体系中分化出数据管理部或者数据中心。专业财务对管理会计的重视日趋加强，管理会计团队在财务组织中出现独立趋势。业务财务更加多元化，有的公司基于价值链配置业务财务，有的公司则基于渠道配置业务财务。而财务共享服务中心在步入成熟期后，开始向深度服务或对外服务转型，如构建企业商旅服务中心、承接服务外包业务、提供数据支持服务等。同时，基于机器作业的智能化应用也在财务共享服务中心出现。而另一项工作——财务信息化，在财务组织中也日趋重要，少数企业已经成立独立的财务信息化部门。随着智能时代的到来，财务信息化部门进一步演化出财务智能化团队，负责推动整个财务组织在智能化道路上前行。

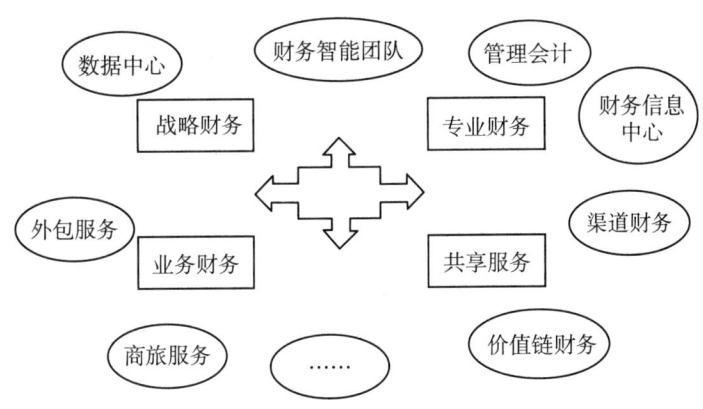

图 3-16 外延扩展阶段

在智能时代，财务组织的核心特点是与大数据、云计算、机器学习、区块链等技术进行协同。一方面，智能时代的新技术需要有配套的财务组织进行维护，如负责财务数据管理和维护的数据运营团队、具备学习算法能力的财务建模团队等；另一方面，财务需要拥有能够运用智能技术的团队，如基于大数据的智能风险控制团队以及能够运用大数据进行资源配置预测的新型预算团队等。由于智能技术的人才及相关资源还没有普及，财务组织的转变难以一蹴而就。在智能时代，合理路径应当是前瞻性的组织架构变革先行，人员培养和获取随后跟进，最终建立新型财务组织，如扁平化组织、团队结构组织及流程型组织等。这种财务组织将从刚性运营向柔性运营改变，为业务提供更加丰富灵活的支持。

（二）智能时代带来财务信息技术的升级

智能时代对财务信息技术的影响最直接。人工智能的核心是大数据和机器学习，而云计算又是支撑起大数据和机器学习的计算能力的基础，由此衍生出的区块链等新兴技术也会对财务管理产生重要影响。

1. 大数据的财务应用。在大数据方面，首先要求信息系统提升自身的数据采集和存储能力。大数据需要建立在高度的业财信息系统对接的基础上，财务信息系统将能够获取端到端的、更加全面完整的业务及财务数据，并且能够支持非结构化数据的处理。同时，需要引入新的数据存储技术，并最终形成应用。

（1）提升财务的风险管控能力。在风险发现方面，大数据技术通过纳入非结构化数据并进行相关性分析，能够发现一些风险事件的可能特征，并根据这些特征进行潜在风险线索的事前预警或事后警示。

（2）提升预测和资源配置能力。预算就是根据历史和现状，综合企业、行业和竞争对手三个维度，对未来进行预测并对资源进行有效的配置。而大数据可以在预测和资源配置这两个方面发挥其自身优势，带来传统预算管理难以实现的应用价值。

（3）提升经营分析的决策支持能力。传统的经营分析模式面临数据量不足、依赖结构化数据、关注因果关系等问题。大数据技术能够帮助企业更好地认清自身情况，更加客观地看待行业情况和竞争态势。这种情况下，目标的设定更为客观、合理。

2. 财务应用机器学习的人工智能场景。在机器学习方面，需要找到合适的机器学习切入场景，从技术层面简化实现的难度，让未来的财务管理人员有能力参与到机器学习建模的过程中，且应及早规划并积累可用于机器学习的财务管理场景的数据，这是因为没有数据的机器学习是没有应用价值的。

（1）智能作业。在机器学习模式下，计算机可以通过完成大量带有人工判断结果"标签"任务的训练来优化现有的规则，通过机器学习补充更多靠人工难以解读的规则，同时，也可以结合大量的外部数据进行辅助学习，使现有的规则作业能够在真正意义上转变为智能作业。比如通过对市场上经常开具假发票案例的学习，补充原本人的逻辑难以解读的假发票黑名单供应商规则。

（2）智能会计与智能报告。在很多企业的业财衔接中都能够看到会计引擎的存在，即基于会计准则的规则化来实现自动的会计作业处理。由于机器学习能够完善现有的规则库。那么理所当然可以将机器学习引入这种场景中。智能报告的固化结构可以用规则来形成，而报告中讲故事的部分可使用机器学习的方式，通过大量"报告特征——好市场反应"案例训练后让机器学会编写符合投资人口味的财务报告。

（3）智能风险控制。在风控模式下，可以设计各种算法去发现风险线索。而通过机器学习，计算机能够不断地完善算法，从而对所有进入财务流程的单据进行风险分级，并针对不同的风险等级设置相匹配的业务流程。要注意的是，智能风险控制能够更加精准地帮助我们去命中疑似风险案件，而非绝对拦截。

3. 财务实现与云计算的场景融合。在云计算方面，一是需要充分利用云计算所形成的强大的机器学习算力，以实现技术的可行性；二是让云计算在基础设施服务、软件服务、平台服务等方面给企业财务信息化带来多种价值。

（1）财务系统架构于 IaaS 模式。"IaaS"是基础设施服务，是云架构下技术上的硬件，比如网络、服务器等物理架构。将财务系统架构于 IaaS 模式之上，能够以较低的成本来实现基础架构的部署，能够以"轻"IT 的方式来实现财务信息系统的建设。

（2）使用基于 SaaS 模式的财务应用系统。"SaaS"是软件服务，是提供给客户在云架构下使用的软件应用。SaaS 是在云计算中最容易被理解、也最常被应用的一种模式，财务人员更是 SaaS 模式的直接使用者。在这种模式下，财务并不构建企业内的独有财务信息，而是选择租用第三方云服务产品。

(3) 财务以 SaaS 或 HRaaS 模式提供对外服务。"HRaaS"是人力资源服务，可以理解为财务共享服务的意思。一些企业的财务会尝试进行对外能力输出。这种能力输出有两种形态。一种形态是将自身的管理经营积累转换为系统产品，并将产品面向社会提供服务输出。另一种形态是财务共享服务中心对外输出，也可以简单理解为财务外包。在这种情况下，所提供的是基于 HRaaS 模式的对外服务。

4. 区块链与财务管理。区块链技术的应用，可在业财一致方面带来突破，并在跨境交易等领域解决现有财务技术模式下的一些难题。

(1) 跨境清结算。去中心化的区块链交易打破了基于中心组织的清结算体制，使得全球用户能够仅付出更低廉的费用，却以更快的速度完成跨境转账。

(2) 智能合约。从单纯的合约概念来说，它并不是一个财务概念，而是企业之间进行商贸活动的契约。智能合约是一个涉及双方甚至多方信任的场景。在区块链技术的支持下，合约的可信度得到很大的提升，并且基于电子数据完成合约的签订和承载后，合约背后的财务执行就可以更多地考虑自动化处理。

(3) 关联交易。由于关联交易各方的账簿都是由各自的属主管理的，这就使得关联交易发生后各方账簿进行记账和核对的工作异常复杂。以前，一些大型企业试图构建一个中心，让所有的关联交易方在这个中心完成交易登记，从而实现类似于银行清结算的对账机制。而现在我们可以探索另一条道路，关联交易既然无中心那么通过区块链的去中心化特征和其可靠的安全机制来实现新的关联交易管理模式。

(4) 业财一致性。与关联交易有些类似的另一个场景是长期困扰财务人员的业务账与财务账保持一致的问题，即业财一致性问题。由于企业中各个业务系统在建设的时候往往都是以满足业务发展为基本出发点的，多数的业务系统根本没有考虑对财务核算的影响，这就导致当下不少大型企业中业财一致性成为难点。如果使用区块链技术来解决这一问题，就需要在业务系统和财务系统底层构建一套分布式账簿，将业务数据自行记录传输至会计引擎转换为会计分录进行记账的模式，转变为业务和财务双方平行账簿记账的模式。当然，这个过程可能会造成海量的数据冗余，且技术实现也更为复杂。

(5) 社会账簿和审计的消亡。这是一种终极场景：如果整个社会的商业行为完全基于区块链展开，那么对于财务来说，就不会再是每个企业自行记账的模式了。每个企业都是区块链上的一个节点，企业与企业之间发生的所有交易都通过区块链进行多账簿的链式记账，这就使得很难出现假账。同时，高可靠性的全社会交易记载，对税务、财政等监管模式也会带来极大的影响，很可能发票也失去了其存在的价值。监管审计、第三方审计都可能失去其存在的必要性，并最终导致审计的消亡。

5. RPA 财务机器人的应用。RPA（robotic process automation），中文译为机器人流程

自动化，又可以称为数字化劳动力（digital labor），是一种智能化软件，通过模拟并增强人类与计算机的交互过程，实现工作流程的自动化。RPA 具有对企业现有系统影响小、基本不编码、实施周期短、对非技术的业务人员友好等特性，RPA 不仅可以模拟人类，还可以利用和融合现有各项技术，如规则引擎、光学字符识别、语音识别、虚拟助手、高级分析、机器学习及人工智能等前沿技术，来实现其流程自动化的目标，该技术能够加快产品和服务的上市速度，降低成本并释放员工能力，正成为企业数字化转型的重要途径。

RPA 的应用场景需要符合两大要点，即大量重复（让 RPA 有必要）、规则明确（让 RPA 有可能）。在此基础上，RPA 软件机器人可以应用于任何行业和业务场景，例如，应用于财务领域，RPA 就是财务机器人，用来实现财务处理自动化。RPA 财务机器人是一款能够将手工工作自动化的机器人软件。机器人的作用是代替人工在用户界面完成高重复、标准化、规则明确、大批量的日常事务操作。与一般软件或程序的区别在于：普通程序被动地由业务人员操作，机器人则替代人工主动操作其他软件。应用于税务领域，RPA 就是税务机器人，用来实现税务处理自动化。类似的，还有政务 RPA、保险 RPA、银行 RPA、物流 RPA、供应链 RPA、HR-RPA、IT-RPA 等。

作为一种新兴的技术，RPA 软件机器人正在不断发展进化。2017 年，麦卡锡在报告《智能流程自动化（IPA）将成为数字时代的核心运营管理模式》中将管理智能化从 RPA 提升到 IPA（intelligent process automation），并提出下一代 RPA 应至少具备五种核心技术：一是机器人流程自动化，这是 IPA 的基础。二是智能工作流（smart workflow），一种流程管理的软件工具，集成了由人和机器团队执行的工作，允许用户实时启动和跟踪端到端流程的状态，用来管理不同组之间的切换，包括机器人和人类用户之间的切换，并提供瓶颈阶段的统计数据。三是机器学习/高级分析，一种通过"监督"或者"无监督"学习来识别结构化数据中模式的算法。监督算法在根据新输入做出预测之前，通过已有的结构化数据集的输入和输出进行学习；无监督算法则通过观察结构化的数据直接识别出模式。四是自然语言生成（natural-language generation，NLG），一种在人类和系统之间创建无缝交互的引擎，遵循规则将从数据中观察到的信息转换成文字，结构化的性能数据可以通过管道传输到自然语言引擎中，并自动编写成内部和外部的管理报告。五是认知智能体（cognitive agents），一种结合了机器学习和自然语言生成的技术，它可以作为一个完全虚拟的劳动力，并有能力完成工作、交流、从数据集中学习、基于"情感检测"做出判断等任务，认知智能体可以通过电话或者交谈来帮助员工和客户。

由此可以预见，未来 RPA 将会插上 AI 的翅膀，通过机器学习，将变得更加聪明、效率更高。

三、财务信息安全与风险防范措施

信息安全是指信息系统的硬件、软件及其系统中的数据受到保护,不会因偶然的或者恶意的原因而遭到破坏、更改、泄露,系统连续、可靠、正常地运行,使信息服务不中断。信息安全的目标是指能够满足一个组织或个人的所有信息安全需求,通常强调信息的保密性、完整性以及可用性。

随着财务管理信息化的发展,人类已经进入以计算机作为操作平台的财务时代。财务信息化给传统财务带来质的变化,但引发的财务信息安全问题令人担忧,因此,应积极分析现阶段出现的问题,并提出科学的规避方法,有效地提升财务信息安全管理质量。

(一)财务工作中的信息安全问题

1. 内部人员操作问题。由于一些会计人员安全意识薄弱,缺乏相应的网络安全防范措施,例如网络中下载的电子邮件或者信息资源不进行安全性技术检查以及测试,从而引起安全问题。

2. 数据损坏风险。财务信息化是将所有重要的财务数据储存在服务器中,故一旦服务器出现问题不能正常运行,且整个财务系统将会崩溃。同时,由于财务系统基于网络模式运行,大量的财务数据通过网络进行传输时,可能会出现数据丢失或者泄漏等问题,最终将给企业带来不可估量的损失。

3. 信息失真风险。信息失真风险主要表现在以下两个方面。

(1)篡改数据。篡改数据是指攻击者在了解数据格式和规律后,将传送的数据中途篡改再发向目的地的过程。攻击者通常从以下三个方面对数据进行破坏:一是删除数据整体或数据流中的部分内容;二是改变数据流的顺序或者更改信息内容;三是插入多余信息使接收方读不懂信息内容。

(2)伪造数据。在传统的财务业务中,人们可以通过会计人员的笔迹以及签章判断业务的真实性。实施会计电算化后,由于签名和签章可以用计算机进行伪造,因此无法判断业务是由本人经手还是经过他人处理,最终会出现伪造他人数据的现象。

4. 非法入侵风险。财务部门在实现网络化管理时,很难避免非法入侵。例如,用户主机防病毒软件长时间不升级,防病毒数据库过旧,导致新的病毒不能被检测,最终新型病毒将会感染主机。另外,在越来越庞大的网络环境中,网络中的黑客攻击越来越多,公司财务信息安全将会受到黑客的威胁。

(二)财务信息安全风险防范措施

1. 强化工作人员网络安全防范意识。公司应对每一位工作人员开展多层次、多方位的信息安全宣传和培训,真正提高操作人员的网络安全意识。此外,财务人员还应加强职业道德修养,防止出现因财务人员自身原因最终造成财务信息泄漏。

2. 加强财务人员权限管理。所有财务人员应妥善保管自己的账号密码。如果某些财务人员不能正常行使职能,应在软件中使用权限委托的方式进行处理(吴晟,2010)。凭证和报表应使用数字签名或电子签章等方式,避免他人利用财务人员权限进入系统后填制和篡改凭证与报表,给公司带来损失。

3. 优化财务流程设计,强化财务审批流程。由于财务信息的特殊性,一般对外公示财务信息要统一口径,对于财务业务流程应突出审计环节,对会计风险的控制需始终贯穿于会计核算的每个环节。

4. 建立完整的日志记录制度。财务日志数据中应包括操作人员的登录时间、操作内容以及下线时间等信息。如遇到特殊情况需修改已审核的记账凭证,应在日志中保留修改过的痕迹。

5. 加强计算机病毒防治。由于网络病毒大部分是基于被动防御,因此网络管理人员应积极主动地从硬件及软件的使用、维护、管理和服务等各个环节制定严格的规章制度。

6. 隔离财务数据。一台计算机应同时运行两个相互隔离的操作系统,并将重要机密的数据操作隔离在一个单独的系统中进行处理。

7. 建立完善的网络财务信息备份机制。财务数据应实时备份或定期远程备份,不使用的备份数据应按有关规定删除和销毁。备份数据要保存在安全可靠的多个存储介质上,必要时使用压缩软件、加密软件对备份数据进行压缩和加密。

8. 建立完善的法律法规制度。财务管理信息化建设应结合不同行业的财务实情,制定有针对性的法律法规,规范财务信息安全管理体制。同时,国家及地方政府应对常见的网络犯罪行为制定相应的法律法规,对违法犯罪行为进行制裁,给财务管理信息化建设创建一个良好的环境。

参考文献

[1] 简祯富:《大数据分析与数据挖掘》,清华大学出版社2015年版。

[2] 李姝、李钰莹:《大数据时代的管理会计与企业核心竞争力》,《财务与会计》,2016年第13期。

[3] 李德毅:《人工智能导论》,中国科学技术出版社2018年版。

[4] Hinton, G. E. and Salakhutdinov, R. R. (2006), Reducing the Dimensionality of Data with Neural Networks. Science, 313, 504-507.

［5］Hochreiter, S. and Schmidhuber, J. (1997), Long Short-Term Memory. Neural Computation, 9, 1735–1780.

［6］艾文国、李锦、刘文：《基于信息化的事件驱动会计模式研究》，载《会计之友》，2016 年第 5 期。

［7］陈虎、孙彦丛：《财务共享服务》，中国财政经济出版社 2014 年版。

［8］陈剑：《构建财务共享服务中心》，清华大学出版社 2017 年版。

［9］李闻一、朱媛媛、刘梅玲：《财务共享服务中心服务质量研究》，载《会计研究》，2017 年第 4 期。

［10］陈孟建：《企业资源计划（ERP）原理及应用》，电子工业出版社 2018 年版。

［11］罗鸿：《ERP 原理设计实施》，电子工业出版社 2016 年版。

［12］王兴山：《数字化转型中的财务共享》，电子工业出版社 2018 年版。

［13］张敏：《中兴通讯财务共享模式研究》，《财会通讯》，2018 年第 5 期。

［14］董皓：《智能时代财务管理》，电子工业出版社 2018 年版。

［15］程平：《RPA 财务机器人开发教程》，电子工业出版社 2019 年版。

第四章

管理沟通与领导力提升

第一节 沟通、人际沟通与管理沟通

一、沟通、人际沟通与管理沟通概述

（一）沟通、人际沟通与管理沟通的基本含义及特征

关于沟通的定义，可以说是众说纷纭，都有各自的理解。美国威斯康星大学的教授F.丹斯就统计过：关于沟通的定义就有126种之多。现在我们不去深究沟通的定义，但为了更好地理解沟通、人际沟通与管理沟通三者的含义及它们相互之间的联系，这里简要地引用相关定义并做出解释。

1. 何谓沟通。沟通是意义的传递与理解。这可能是对沟通定义的最简单解释，这个定义包含了沟通本质的内涵与广阔的外延。首先，沟通所传递的信息必须是有意义的，没有意义的信息是无法理解的，可能还会造成误解；其次，信息是要经过传递的，从信息发送者传递给信息的接受者，然后再将信息接收者收到信息后的反应反馈给信息的发送者，由此形成信息沟通循环，成为双向沟通。在双向沟通中信息是交流的。信息交流的过程是一个动态的过程，在动态的流动中信息有可能部分的被遗失或增添等；最后，信息要被信息的接受者所理解，而且被理解的信息应该与信息发送者的意图相一致，这才是人们所期望的、理想的有效沟通。沟通是指组织中被理解的信息而非发出的信息。沟通是一个互动的过程，大多数都是沟通的双方往返传递信息，从双向沟通的概念来讲，沟通是意义的交流与理解。

2. 何谓人际沟通。沟通是人们在互动过程中通过某种途径或方式将一定的信息从发送者传递给接收者，并获得理解的过程。它是一个人获得他人思想、感情、见解、价值观的一种途径，是人与人之间交往的一座桥梁，通过这座桥梁，人们可以分享彼此的感情和知识，也可以消除误会，增进了解。从这个定义中，我们可以将人际沟通的含义理

解为，人际沟通所传递的不仅仅是信息，在所传递的信息中还含有传递者的情感、观点、态度和价值观等。所以，信息的接受者不但要理解信息的意义，而且要综合理解对方的思想感情、态度、观点和价值观。

3. 何谓管理沟通。沟通是一种双边的影响行为的过程。在这个过程中，一方（信息源）有意向地将信息码通过一定的渠道传递给意向所指的另一方（接受者），以期唤起对方做出所期待的特定反应或行动。在组织中，任何一项沟通的任务实际是一项管理工作。管理工作的最大特点之一就是目标性。从这个定义中，我们明显地看到管理沟通的目标性、指向性、特定性。因此，我们可以认为管理沟通是为完成特定的组织目标（期待对方做出特定的反应或行动），按照组织规定的沟通路线（一定的渠道），将特定的信息传递给目标人（意向所指的另一方）。另外，我们还可以认为管理沟通在信息的选择、渠道的使用、传递的对象方面都要受到组织规定的制约。

4. 人际沟通与管理沟通。沟通、人际沟通和管理沟通三者之间是不能截然分开的。它们相互联系，但各自又有自身的特点。我们了解它们之间的相互联系和各自的特点，有利于帮助我们提高沟通管理能力。

组织管理沟通是指涉及组织特质的各种类型的沟通，它不同于人际沟通，但包括了组织内的人际沟通，是以人际沟通为基础的。人类的大部分沟通都具有本能性、经验性和性格导向性。组织管理沟通不同于一般的人际沟通，必须符合组织特质和管理的要求，它在组织内的人际沟通基础上，强调沟通的科学性、有效性和理性。科学性是指组织管理沟通应该与组织文化、组织结构和管理流程及业务流程相匹配；有效性是指沟通要注重沟通效率和效果，同时，也要注意管理沟通的三大成本，即经济成本、时效（时间）成本和心理成本；理性是指沟通者不能太感情用事，应该多一些理性思考，倡导理性沟通。人际沟通与管理沟通各自的特征与区别在于：①沟通双方的关系基础不一样。人际沟通是以人际关系为基础，而组织管理沟通是注重人在组织中的职位关系，但它又不能完全排除人际关系的影响；②沟通的环境不一样。人际沟通的环境是广阔的社会环境，而组织内人们的沟通环境是组织环境；③沟通目的不一样。人际沟通的目的大多数是情感的交流，建立和维护良好的人际关系。而管理沟通是组织内人们的沟通，是协调工作为完成组织任务。总之，组织管理沟通要比一般的人际沟通复杂得多，需要管理者掌握更高的沟通技巧和更灵活的沟通策略。

（二）沟通过程与沟通要素

1. 沟通过程中的基本要素。沟通是一个过程，完整的沟通过程包括了以下9个要素。

（1）信息源（信息传递者）。信息传递者掌握或拥有要传递的信息，如事实、思想、知识、观点、期望、要求等。

（2）编码（组织信息）。信息传递者利用"信息—符号系统"将信息进行组织表达出来，所编辑的信息必须符合"信息—符号系统"的要求。

（3）信息传递媒介（语言、非语言信息传递技术等）。信息传递者通过语言、非语言以及现代通信设备技术等媒介，如文字、言语声音、身体语言、图片符号等视听途径传递给信息接受者。

（4）信息接受（信息接收者）。信息传递的接受对象或目标。

（5）解码（接收信息并对信息做出解释）。信息接收者收到信息后，用同样的"信息——符号系统"对信息的意义进行解释。

（6）反应。信息接收者对信息所产生的理解和态度。

（7）反馈。信息接收者将自己的反应通过信息传递渠道传回给信息源。信息源通过信息的反馈了解到信息接收者对信息的看法和反应。

（8）噪声。它代表那些能使信息扭曲的沟通障碍。例如知觉选择、信息超载、语义问题或文化差异等。

（9）沟通环境。任何沟通都是在一定的环境下发生的。环境对沟通过程和结果都会产生一定的影响。沟通的主要环境有物理环境、文化环境、社会环境、心理环境等。

2. 沟通过程。沟通过程的运作如图4-1所示。

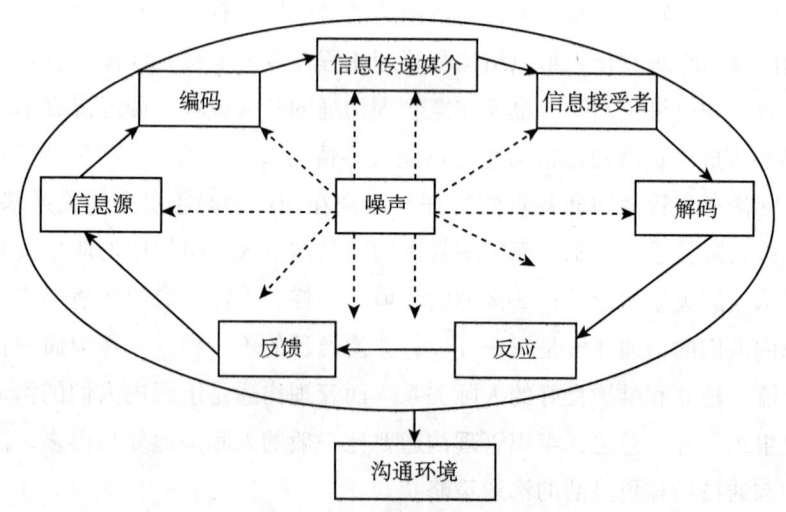

图4-1 沟通过程示意

从以上的沟通过程中我们可以看出，完整的沟通过程是一次信息旅行的循环，它始于信息传递者将信息进行"信息—符号系统"的编码，通过沟通渠道将信息发送给信息的接受者，信息接收者收到信息后对信息进行"信息—符号系统"的解码，并对信息的意义产生理解，做出反应，最后通过沟通渠道将此反应反馈给信息的传递者（信息源）。沟通可以不断地按照此过程循环进行下去。这种完整的沟通过程，使信息在沟通的双方之间进行交流，人们称其为双向沟通。如果在沟通过程中缺少反馈环节，只是将信息传递给信息的接受者，那么信息传递者并不了解对方的反应，这种沟通属于单向沟通。值得我们注意的是，噪声有可能对沟通过程中的每一个要素和沟通的每一个环节产生影响。

二、有效的人际沟通

（一）有效人际沟通的基本概念

1. 有效人际沟通的目标。有效人际沟通的目标主要包括如下方面。
（1）信息的接收者对信息的理解应该与信息发送者的意图相一致；
（2）确保信息接收者作出信息发送者所期待的反应；
（3）与信息接收者保持良好的关系。
这是沟通者期望达到的理想目标。要达到这一目标并非容易的事情。因此，我们在努力达到这一目标时要注意沟通过程中的关键环节。

2. 有效沟通与沟通的关键要素。前面分析了沟通过程的一般性因素，了解到这些因素有利于实施有效的沟通。要使沟通有效，首先要认识到哪些关键因素会影响有效的沟通，实施有效的沟通要注意哪些重要的沟通环节。下面对影响有效沟通的关键因素进行分析。

（1）编码与解码的对称。从沟通过程来看，编码与解码是有效沟通的关键因素。沟通双方使用的"信息—符号系统"必须对称。任何信息内容都必须通过符号系统的载体传递给对方，符号系统所代表的信息意义要能够被对方理解。而影响信息理解的因素除了沟通双方使用"信息—符号系统"的技术能力外，还有双方的知识范围、文化水平和专业领域，双方的人际关系、情感、态度和各自的文化背景及经历等因素。在人际沟通过程中，除了编码与解码的"信息—符号系统"的对称外，在编码与解码过程中，还存在着"情感码"与"文化码"的解释。

（2）选择正确的沟通媒介和渠道。随着科学技术的飞速发展，可利用的信息传递媒介和渠道也越来越多。为了达到有效的沟通，信息传递的媒介和渠道选择也是关键因素之一。由于每一种媒介和渠道都各有利弊，故在选择媒介渠道时，我们要注意媒介、渠道与信息内容、对象、目的相匹配的程度。既要考虑信息的传送速度，也要考虑信道的容量，还要考虑双方使用媒介和渠道的习惯和爱好。

（3）注重反馈，倡导双向沟通。反馈是有效沟通的另一关键因素。首先，通过反馈可以了解到对方是否接收到信息；其次，通过反馈可以了解到对方对信息的兴趣与态度以及对方的思想与观点；最后，通过反馈可以促进沟通双方的互动，增强沟通的积极性。因此，对于沟通双方来讲，都应该为建立沟通的反馈环节做出努力。沟通者要积极寻求反馈，信息接收者要主动提供反馈。这样才能促进双方在沟通中的相互了解，加深相互理解，达到有效的沟通。

3. 语言沟通与非语言沟通。语言与非语言是人际沟通中最主要的、使用最多的两大"信息—符号系统"。有效的人际沟通中很大程度上取决于使用语言和非言语的技能和方法。

（1）语言沟通。语言又分为口头语言和书面语言。

口头语言是日常生活和工作中使用最广泛的一种方式。它的优点在于快速传递和快速反馈，互动效果好。一旦发现所传递的信息不被理解或被误解时，可以及时地得到更正。它的缺点是不能将沟通的内容记录下来，容易被遗忘，在多人次传递过程中，容易造成信息的失真等。

书面语言是一种用文字表达的沟通方式。它的优点是可以通过文字符号将沟通的内容记录下来，利于核实和存档待查。在进行书面语言沟通时，人们一般都有一个准备的过程，要求人们更周全的思考。因此，书面语言显得更严谨、逻辑性更强、结构与条理更清楚。它的缺点是耗费时间，反馈速度慢，有时缺乏反馈。信息接收者对口头语言的理解准确性要高于对书面语言的理解，因为人们在口头语言沟通时常常伴随着非言语的行为，比如语音、语调、手势、面部表情等。

（2）非言语沟通。非语言的表达形式包括的范围比较广，根据行为科学理论，一切语言以外的行为方式都可以作为传递信息内容的符号载体，甚至沉默也是一种沟通。有人统计，非语言方式可以分为上千种。一般来讲，非语言符号系统可以归为以下六大类。眼神与面部表情、体语与手势、装饰性符号（衣着、颜色、气味）、近体语（泛指沟通个体给自己留出的空间距离，它也是有意义的）、副语言（音质、音幅、音调、音色、语速等）、时间与空间。

非语言大多数都是以身体的姿势、动作行为和符号标识表达某种特定的意义，人们常称之为身体语言。身体语言传递着两种最重要的信息：一是表达个体对另一个人的喜欢程度以及对他（她）的看法和感兴趣的程度；二是在沟通双方之间相对地位的感知。身体语言是对言语沟通的一种补充，一般情况下不会单独使用，偶尔也会单独使用一些非常简单容易理解的非语言形式，比如招手示意某人过来。通常情况下，非语言沟通是与言语沟通结合起来表达信息的意义的。它能够使发送者的信息更加生动、丰富、形象、富有感情，特别是眼神和面部表情。但是它同时也使发送者的信息更为复杂，容易使对方产生误解，特别是对来自不同文化背景的沟通对象。

(二) 单向沟通与双向沟通

沟通是属于单向沟通，还是属于双向沟通，根本的区别在于沟通过程中是否出现信息反馈这一环节。

单向沟通是指在沟通过程中缺乏反馈环节的信息沟通。信息传递者只是将信息传送出去，而不了解信息接收者对信息的反应，或者信息接收者不将反应反馈给信息传递者，这些都属于单向沟通。

双向沟通是一种互动的信息交流沟通。在双向沟通中，信息传递者可以通过信息反馈了解信息接收者对信息的理解及对信息的态度和看法，当出现理解有偏差，或存在不同的看法和观点时，信息传递者能够及时了解，并进行下一步的沟通。双向沟通可以通过信息交流促进双方的了解和理解。双向沟通必须要建立一条信息反馈渠道，及时做出反应，如讨论、面谈等。有了反馈渠道后，信息传递者还要为对方提供反馈的机会。即使是面对面的沟通，如果信息传递者一个人滔滔不绝地讲话，根本就不注意信息接收者的任何反应，那就不是双向沟通。

在组织管理中，单向沟通与双向沟通各有不同的作用。大多数情况下，当要求信息接收者对信息的理解准确无误时，需要得到信息接收者的认可和支持时，需要信息接收者参与重大事情的决策时，应该尽量采用双向沟通。而在强调工作速度、工作秩序和纪律时，宜用单向沟通。

相对单向沟通而言，双向沟通对促进人际关系和加强双方紧密合作等方面有着非常重要的作用。因而现代企业越来越多地注重双向沟通。因为双向沟通在组织管理方面更能激发员工参与管理的热情，有利于组织的发展。

(三) 沟通的主要障碍

在沟通过程的 9 项沟通要素中，有一个不可忽略的重要因素——噪声，就是沟通障碍。障碍是指妨碍和干扰沟通的任何因素，它存在于沟通过程中的各个环节，对信息的传递和理解都可能造成影响，使信息失真或造成误解。主要的障碍来自信息发送者与信息组织、信息传递、信息接受与理解三个方面。

1. 影响信息发送的因素。

(1) 信息发送者的表达能力差，口齿不清，说话含糊，逻辑混乱；身体语言不到位，行为举止怪异等。

(2) "信息—符号系统"差异。沟通双方使用的"信息—符号系统"存在差异，造成对信息理解的偏差和误解。

(3) 知识领域与个人经验的差异。如果信息的发送者所传递的信息超出了信息接收者的知识范围，或者是对方所没有经历过的内容，信息的接收者对信息的理解就会有困难，就会不理解或误解。

(4) 信息发送者的形象与声誉。如果信息接收者对信息发送者有看法，认为他（她）不可信任，或存有一定的偏见和看法，那么即使其发送的信息是真实的，信息接收者也极有可能用怀疑的心态去理解所接受的信息。

2. 影响信息传递的因素。

(1) 外界干扰。在信息沟通过程中受到外界环境因素的干扰，如噪音、喧哗等。

(2) 传递技术和设备条件的限制。如果你想与对方通过发送电子邮件进行沟通，但对方没有电脑，那你就无法进行沟通，或者对方使用电脑的技能比较差，打字速度很慢，也会影响到沟通。

(3) 传递媒介的不合理选择。当今科学技术和通信技术的高度发展给我们的信息传递带来了极大的快速和便捷，同时，多种传递媒介的选择也给我们带来了挑战。如果我们选择的传递媒介不合理的话，同样影响到沟通的效果。

3. 影响信息接受与理解的因素。

(1) 选择性知觉。知觉是人们对外界事物感受的初步判断。人们在感受外界事物的时候，由于个人的心理结构、需求、意向系统和期望预测等各不相同，故他们对接受外界事物所产生的感受是不一样的。同时，对外界事物存在着个人的选择。有些人对某些事物感兴趣，而对另一些事物不感兴趣，因此，在接受这些事物的感受时，就会注意自己感兴趣的事物，而忽略了不感兴趣的事物。正如有的学者指出的，你看到了你想看的，听到了你想听的。我们不是看到事实，而是对我们看到的东西进行解释并称之为事实。

(2) 信息"过滤"。信息"过滤"是指信息在传递过程中部分地被删除或省略了。发生这种情况的原因有多种，主要是认知选择、传递层次过多、背景知识差异等。

(3) 信息过量。在信息沟通过程中，如果传递的信息量超过了接受者的能力，信息接收者就可能遗漏一些信息。

(4) "信息—符号系统"差异。在接受和理解信息时，与信息编码一样，需要信息接收者利用同一套"信息—符号系统"对信息符号进行解释和理解。如果使用的这套"信息—符号系统"存在着差异，就会造成理解的偏差和误解。

(5) 知识与文化背景差异。对信息的解码同样受到信息接收者的知识范围和文化背景的影响。如果沟通的双方在知识领域、文化背景、个人经历等方面存在差异的话，就很可能会遇到理解上的障碍。

三、组织内部管理沟通

(一) 正式沟通与非正式沟通

在组织内部存在着两种不同类型的沟通,即正式沟通与非正式沟通。正式沟通是通过正式组织结构或层级系统运行的,而非正式沟通则是通过正式系统以外的途径进行的。

1. 正式沟通。

(1) 正式沟通的信息流向。正式沟通是指组织内部明确的规章制度所规定的沟通方式,它与组织的结构类型有着密切的关系,其沟通的信息流向是按照组织结构所规定的层级关系来运行的。由此所形成的信息流向可以分为下行沟通、上行沟通和平行沟通以及斜行沟通。

一是下行沟通。这是组织内部信息由上而下的沟通。它一般都发生在组织内部的管理层间和管理者与员工之间。下行沟通是传统组织中最主要的沟通流向。一般以命令的方式传达上级组织或由上级决定的政策、计划、规划等类似的信息。

二是上行沟通。这是组织中信息由下而上的沟通。主要是由下级依照组织规定向上级提供正式的书面或口头报告、请示、建议等。为了促进组织内部的双向沟通,许多组织现在更加注重上行沟通,鼓励员工和下级向上沟通。一方面了解下级和员工的思想情况、需求和态度,另一方面听取各方面的意见和建议,鼓励参与,提高工作的积极性和工作效率。因此,上行沟通在组织沟通中起着非常重要作用。

三是平行沟通和斜行沟通。平行沟通是指组织内部同一层次的不同部门之间的沟通;斜行沟通是指组织内部不同层次的不同部门之间的沟通。按照传统管理的理论,这种信息流向的沟通是不允许的。但是在组织管理的现实中,这种信息流向的沟通却客观存在,如果沟通得当,还是能够提高组织的工作效率。平行沟通和斜行沟通有利于协调组织各部门的工作关系,加强合作,加快工作节奏,提高工作效率。因此,许多组织都很重视组织内部的跨部门沟通。

(2) 正式沟通的优点与不足。正式沟通的优点是:沟通效果好,比较严肃,约束力强,易于保密,有利于信息的控制,可以使信息保持权威性。组织中一些重大决策、重要的信息和正式文件的传递等都采取正式沟通的方式。不足之处是:由于信息的传递是依靠组织结构和层级系统进行层层传递,所以造成信息传递刻板,速度缓慢,容易使信息失真或扭曲。尽管组织沟通也是在人际间发生,但由于组织中的人际关系被职位关系所替代,故不利于人际间情感的交流。因此,组织为了顺利开展工作,还需要利用非正式沟通补充正式沟通的不足。

(3) 正式沟通的主要媒介与渠道。根据组织内正式沟通信息流向的特点以及组织管理特征，大多数都采用以下沟通媒介和渠道：发布指示（文件、通知、指令等）；员工手册、年度报告、规章制度；请示、报告、备忘录、信件等；会议、交谈、座谈会、接待日、意见箱；企业杂志、报纸、板报、简报等；电视、广播等；现代通信技术，如电话、电传、电子网络等。

(4) 正式沟通形态网络。组织内部正式沟通的形态主要有五种（如图4-2所示），它们是：链式沟通、环式沟通、Y式沟通、轮式沟通和全通道式沟通。

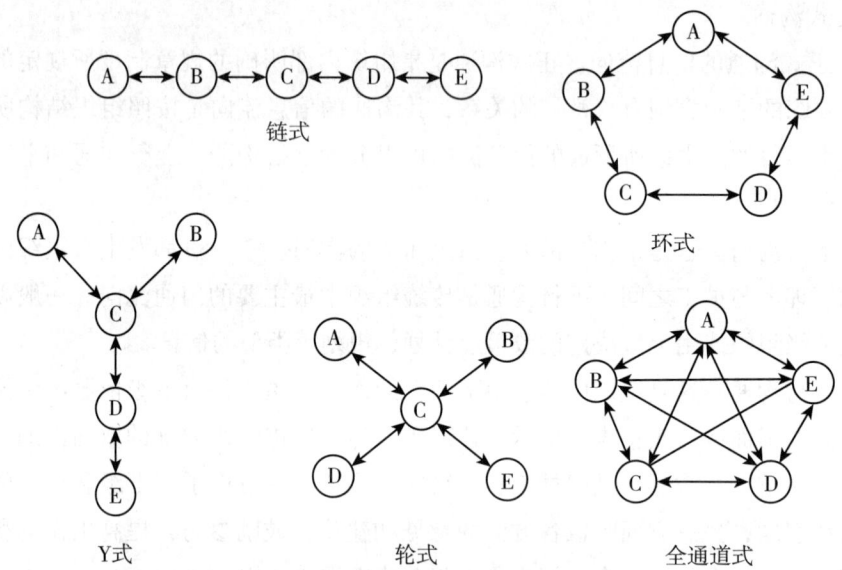

图4-2　五种正式沟通形态网络

资料来源：王磊：《管理沟通》，石油工业出版社2002年版，第64页。

第一，链式沟通。这表示的是组织中纵向沟通网络，反映的是信息由上至下，或由下至上的直线式沟通。它是由组织中的层级关系决定的，链条中的每个成员只能与自己相邻的成员进行沟通，按照传统组织理论，这里是不容许越级沟通的。因此，信息是层层传递、筛选，容易失真，而且传递速度也比较慢。

第二，环式沟通。这可以被认为是链式沟通形态两端的连接，形成了一个圆环。也可以理解为在组织层级的高层与基层中设立了一条信息的回路或反馈。在这种沟通形态中，组织的集中化程度和领导人的预测程度都较低，畅通渠道不多。组织成员容易产生较满意的联络，有较高的士气。

第三，Y式沟通。或称为倒Y式沟通，这是组织中纵向沟通的形式。表示组织领导通过信息沟通的枢纽向下分别传递信息；或下属各部门通过信息沟通枢纽向上传递信息。在这种沟通形态中，处于中间信息沟通枢纽位置的部门或人员起着非常重要的作用。这种形态集中化程度较高,解决问题的速度较快。但组织成员的满意度较低,易造成信息曲解或失真。由于信息沟通枢纽在信息传递中的重要作用,因此,它决定了这种沟通形态的沟通效率。

第四,轮式沟通。这是信息沟通的控制性网络。其中的一人控制着对其他四人的信息沟通,他是各种信息的汇集点和发布点,而其他成员之间几乎不存在沟通。这类似于事业部制企业中总公司与各事业部之间的沟通。这种沟通网络集中化程度高,解决问题速度快,领导的预测程度高。由于成员之间的沟通较少,故其满意度较低,士气低落。

第五,全通道式沟通。这是一个开放式的沟通网络系统,其成员之间都能够畅通沟通,相互了解,互通信息。该网络中组织的集中化程度和领导的预测程度都很低。由于组织各成员都能相互沟通、交流信息,因此,成员的满意度较高。这种沟通网络比较适用于团队、技术攻关和矩形结构的组织。

以上各种沟通形态各有优点和缺点,故必须了解各种沟通形态的特征,结合组织内部沟通的具体情况,选择合适的沟通形态。可以从表4-1中比较各种沟通形态的优缺点。

表4-1　　　　　　　　　　正式沟通网络形态的比较

网络类型	解决问题速度	信息准确度	组织化程度	领导人的产生	士气	工作变化弹性
链式	较快	较高	慢、稳定	较显著	低	慢
环式	慢	低	不一定	不发生	高	快
Y式	较快	较低	不一定	会易位	不一定	较快
轮式	快	高	快、稳定	较显著	低	慢
全通道式	较慢	最高	慢、稳定	不发生	最高	最快

资料来源:王磊:《管理沟通》,石油工业出版社2002年版,第65页。

2. 非正式沟通。

(1)如何看待组织内部的非正式沟通。非正式沟通在任何组织中都客观存在。管理者对待这种沟通方式,既不能完全禁止,也不能放任自流,或忽视它的存在,而是要对非正式沟通实施有效的管理。非正式沟通对于一个组织来讲,它是一把"双刃剑",既可以起到积极的作用,也可以起到消极的作用。如果管理者能够正确地认识非正式沟通的特点和管理意义,有效地控制利用非正式沟通,它将成为组织内正式沟通的补充,提高员工士气,增强组织凝聚力,提高工作效率;如果对非正式沟通缺乏足够的认识,管理不当,比如,简单而粗暴地制止,或放纵不管,非正式沟通将会破坏和影响组织的管理,容易形成内部成员的相互对立,形成派系和小团体,劳资矛盾激烈等。因此,管理者应该对组织内的非正式沟通有正确的认识,并掌握一定的管理策略和技能。

(2) 非正式沟通的起因与发展。非正式沟通的产生,首先,源于人们的天生需求。通过这种沟通途径来交流或传递信息,常常可以满足个人的某些心理需求,增强人与人之间的感情;其次,源于组织内部的正式沟通途径不畅通,员工无法从正式途径获取自己需要的信息,就会寻求非正式途径来获得信息,以满足自己对信息的需求;最后,组织内部非正式组织的存在是非正式沟通的温床。非正式组织的成员在一起活动,必然要进行沟通。

(3) 非正式沟通信息传播的特点和形态。在英文文献中,对这种非正式沟通的形式常常称为"葡萄藤"(grapevine),用以形容非正式沟通像葡萄藤一样,枝茂叶盛,随处延伸。与正式沟通不同,非正式沟通是一种无计划的、无序的、难以控制的沟通。非正式沟通的途径是通过组织内部的各种社会关系来实现的,它们超越了部门、单位以及层级。非正式沟通途径具有更大的弹性,它的信息流向没有一定的定势,一般以口头传递为主,不留证据、不负责任,传播速度快,范围广。非正式沟通的形态有4种(如图4-3所示),它们是:单线式、流言式、随机式和密集式。

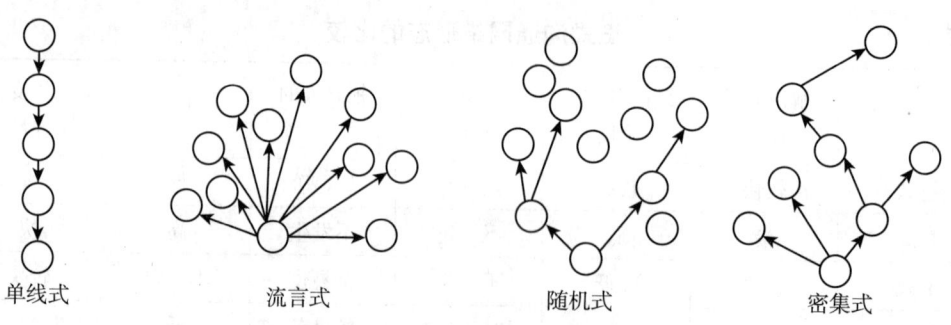

图 4-3 非正式沟通的形态

无论是什么形态的非正式沟通,它们都具有一些共同的特点:第一,消息越新鲜,人们谈论的就越多;第二,与人们的切身利益关系越密切,人们就越关注;第三,人们所熟悉的人和事,容易被传播;第四,在发生变化或人们处在不确定环境时,如组织变革、人事变动、突发事件等,人们会更为关注事态的发展和变化。非正式沟通传播形态的选择主要是由传播者在组织中的社会关系所决定的。

(4) 非正式沟通在组织管理上的意义和对策。在传统的管理和组织理论中,人们并不承认这种非正式沟通。即使发生这种情况,管理者都采取防范和杜绝的方式,不让其发生,或者将此影响降低到最小限度。但是,随着现代管理理论的发展,越来越多的管理学者和管理者更加重视组织内的非正式沟通。从管理的理念上,正确认识非正式沟通,了解它产生的原因、特征和运作规律,使它为组织管理发挥作用,成为组织沟通的一种补充。

非正式沟通的优点是：沟通形式不拘，直接明了，速度快，能够满足人们对信息的需求；由于非正式沟通的传递是建立在人们的社会关系基础上，因此，能够满足人们心理上和情感上的需求，增强人们的感情联络，这是组织内正式沟通所不能达到的。非正式沟通的缺点是：信息传播难以控制，信息在传播中容易失真，浓厚的感情色彩容易影响人们的情绪和关系，可能导致小团体、小集团、形成圈子，影响组织的凝聚力和团结。

非正式沟通在组织中能够起到以下作用：能够满足员工情感交流的需要；能够弥补正式沟通中信息传递的不足；能够了解员工真正的心理倾向与需要；能够了解民意和期望；能够减轻管理者的沟通压力；能够防止某些管理者滥用正式沟通，有效防止正式沟通中的信息"过滤"。

如何发挥非正式沟通在组织管理沟通中的作用。首先，要明确非正式沟通的地位，它不能取代正式沟通的位置，永远都是处在辅助的位置上。因此，作为管理者，首先是建造好组织的正式沟通，营造良好的组织文化，建立组织中良好的人际关系。非正式沟通能够发挥作用的基础是组织中良好的组织文化和人际关系。其次，管理者应该了解、适应和整合非正式沟通，使其有效地担负起应有的沟通作用。最后，管理者要不断提高自身的管理能力，对非正式沟通实施控制、利用。控制非正式沟通主要是控制非正式沟通的信息源；控制非正式沟通的信息内容，保证其信息内容不影响组织的正常运作；控制非正式沟通信息流动的方向和频率，并能够及时通过正式沟通消除或减弱其影响。利用非正式沟通，一是组织要明确利用的目的和目标；二是用管理的方法对非正式沟通进行计划、组织、领导和控制；三是达到利用非正式沟通对管理起积极作用的效果。

（二）组织内部沟通的主要障碍

一般来讲，组织内部沟通的主要障碍来自主观障碍、客观障碍和沟通方式障碍三个方面。

1. 主观障碍。在主观障碍方面，主要有四个方面的因素。

（1）沟通双方个人的性格、气质、态度、情绪、见解方面的差异，使信息在沟通过程中受到个体的心理因素的制约；

（2）由于沟通双方在个人经历、经验、知识结构和专业领域的不同，故使双方对信息内容的理解出现个人认知水平上的差异，产生沟通的障碍；

（3）由于沟通双方个人之间的人际关系原因，促使相互之间的偏见或偏好，故使得个人对信息和对对方的态度上产生不同，造成信息沟通的障碍；

（4）由于沟通个体在组织中所处的职位和扮演的角色不同，故在主观上各自维护自身利益和责任，从而造成沟通的障碍。

2. 客观障碍。在客观障碍方面，主要有四个方面的因素。

（1）沟通双方的空间距离过大，组织部门分布广阔所造成的沟通障碍；

（2）组织成员的文化背景多元化，地域差距所形成的社会距离带来的沟通障碍；

（3）组织结构过于庞大，中间层次太多，信息传递过滤造成信息失真；

（4）组织结构设计与业务流程或管理流程设计得不合理造成的沟通障碍。

3. 沟通方式方面的障碍。在沟通联络方式选择上，主要的沟通障碍有两个方面的因素。

（1）沟通双方在沟通时选择的沟通渠道和方式与沟通目标和策略不一致，而造成沟通障碍。正如沟通专家所说，沟通不在于你说了什么，而在于你怎样说。

（2）编码与解码的"信息—符号系统"运用错误导致沟通障碍。信息传递的符号系统主要由语言系统和非语言系统。来自语言符号系统运用错误的障碍主要有语音不准、词义不当、语义误解等；来自非语言符号系统运用错误的障碍主要是由文化差异产生的对同一符号意义的误解。

第二节　管理沟通

一、管理理论发展与管理沟通理论

作为管理科学的重要组成部分，针对组织管理沟通的理论研究是从管理科学形成时就已经开始了。美国管理学家斯通纳认为："沟通对于管理人员是非常重要的。因为在贯穿管理的全过程中，这一活动是不可缺少的。"在以泰勒、埃莫森、韦伯等为代表的科学管理理论及古典组织管理理论阶段对沟通理论研究的聚集点在于提高工作效率；而沟通实践的研究主要集中在非个人层面的沟通，即组织沟通，并以上行和下行的垂直沟通和平行沟通为基本特征，主要研究组织结构、业务流程与沟通及沟通网络的关系。商务沟通教学有两个学派。一个学派源于行为科学，它强调组织和有机体一样，有着极为复杂的沟通路径。从这个学派发展出了许多重要的观点，例如强调要根据听众的具体情况来谋划沟通策略。但是，这个学派往往低估了个人的作用。另一个学派——修辞学派认为，进行有效的商务沟通必须掌握公认的说和写方面的技巧。它强调清晰的思维和沟通之间的密切联系。他鼓励作者或演讲者要充分利用语言中内在的逻辑推理、实证、说服和象征等博大的资源。但是，它过于强调沟通者自身的作用而很少注重沟通者所处的沟通环境。总的来说，无论行为学派还是修辞学派都有对的一面，但是，单凭任何一个学派都不能满足管理人员进行沟通的所有需求。其实，每一次沟通既是情景的（组织的）又是个人的（有风格的）。

20世纪20~30年代，人际关系学说的理论促进了管理沟通理论的发展，人际关系学说理论提出了不同于传统管理理论的观点，不再把组织中的人单纯地看作"经济人"，而是看作"社会人"来研究。在此阶段的管理沟通理论研究以横向沟通和人际沟通为特征，同时，注重了非正式沟通和文化沟通。代表人物有梅奥、巴纳德、明茨伯格等，其主要观点是，"管理沟通即指组织信息的正式传递，又包括了人员、群体间的情感互访。沟通是技术性的，但比技术更有意义的是因此而建立起来的那种关系：相互了解，相互尊重，使人们能够彼此坦率讨论个人感情和个人问题的信心和信任等。这种关系往往正是管理者求之不得的"。

20世纪中叶，支持管理沟通的信息传递技术得到了迅速的发展。在此阶段，系统论、信息论、控制论、协同论等理论基础的发展对管理沟通理论研究的发展也起到了重要的作用。20世纪80年代以来，管理思想随世界经济政治的变化发生了重大的转变，管理沟通理论的研究也遇到新的挑战，此阶段管理沟通理论的研究就是以国际化、网络化为主要特征。伴随现代管理理论呈现出的管理理念更加人性化、知识化、管理组织虚拟化、组织结构扁平化、管理手段和设施网络化、多元化的组织文化融合等总体趋势，管理沟通理论也出现了企业流程再造沟通趋势、管理更加柔性化的文化管理沟通趋势、知识管理沟通趋势、网络经济和全球经济一体化的管理沟通的国际化趋势。从管理沟通理论发展的不同阶段看，管理沟通的理论研究经历了从无到有，逐步发展的历程。特别是在20世纪末期，随着管理沟通研究领域的飞速发展，对管理沟通的研究不再局限于人与人之间和组织内部，部门之间、组织之间、国家之间的管理沟通研究变得越来越重要。

二、组织内部管理沟通机制

（一）组织内部管理沟通机制的基本框架

组织是一个系统，组织中任何一个部分的变化或变动都会对整个系统产生连带的影响。沟通也是一个系统，在沟通的每个阶段有多种投入与多种产出，反馈贯穿沟通的始终。根据系统理论，探讨管理与沟通的关系，建立和完善组织内部沟通机制。图4-4管理沟通机制框架及运作模型解释了管理沟通机制构成的三大部分：运作保障体系、沟通机制的主体要素及运作模式、对机制要素的影响因素。同时，图4-4也表明了三大部分中各要素之间的相互关系。

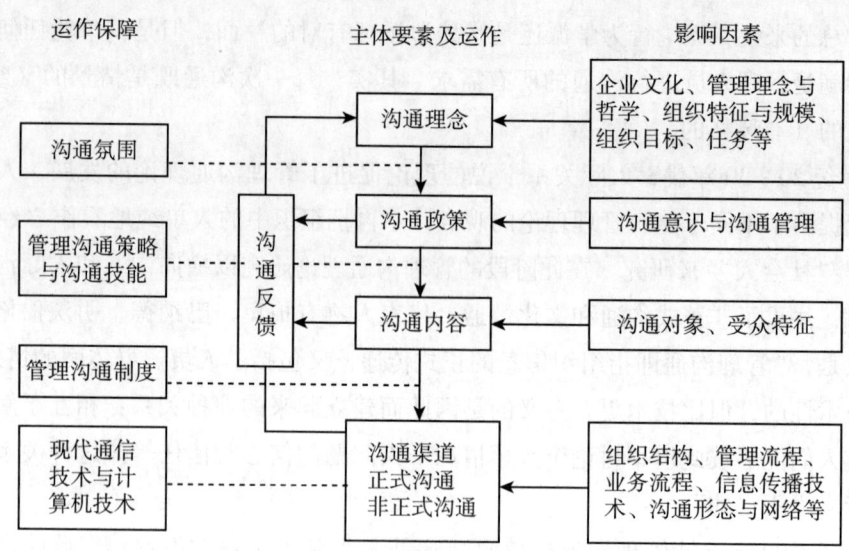

图4-4 管理沟通机制框架及运作模型

(二)组织内部管理沟通机制的构成要素及影响因素

1. 管理沟通理念。这是统率沟通机制的关键。一方面,管理沟通理念代表了组织高层领导对管理沟通的认知。它综合组织文化、管理理念与经营哲学等方面的观念,结合组织目标、任务、特征和规模等现实,形成相应的管理沟通理念。在这种沟通理念的指导下,实施组织的各项沟通活动。另一方面,组织的管理沟通理念同样要通过各种沟通活动传递给组织的每一个成员,并且被组织成员接受和理解,成为整个组织的共识。这样,管理沟通机制才有可能有效的运转。比如,美国通用电气公司的经营哲学是无边界行为、快速反应、简化和自信。由此产生了沟通无边界的沟通理念,倡导无边界沟通,"要把阻隔公司自己以及与外部世界之间的围墙一点一点地打开,最终彻底推翻"。

2. 管理沟通政策。从广义上来理解,政策是指一个组织在一定时期内为实现既定目标而制定的行动准则。管理沟通政策是在沟通理念的指导下,为实现组织沟通目标,为有效的管理而制定的一系列沟通行动准则。有若干项制定沟通政策的原则是值得注意的。大部分企业都会有这样一项沟通政策:不是所有的信息都能与所有的员工分享。理由非常简单,那就是商业秘密的需要。但是,随着民主政治的不断深入发展,人们民主意识的增强,对信息的需求日益剧增,组织的高层领导在制定沟通政策时,必须考虑员工对信息的合理需求。目前,"知情权""透明度"已经成为信息沟通中的常用术语。在这种形式下,组织的沟通政策就应该是"把员工应该知道的信息,适时地告诉员工"。在制定沟通政策细则时,应该包括沟通内容、方式和渠道,以及反馈、倡导双向沟通等方面的具体规定。

3. 沟通内容。沟通内容是在沟通政策的指导下,选择与员工沟通的信息内容。上文提到"不是所有的信息都能与所有的员工分享""把员工应该知道的信息,适时告诉员工"。在具体的沟通活动中,选择什么沟通内容、什么时候告诉应该告诉的人、通过什么方式和渠道告诉等问题都会影响到沟通的效果。首先,在沟通内容的选择方面,会因沟通对象的不同而不同。一家企业面对许多不同类型的沟通对象,比如,在对外沟通方面有政府、银行、税务、股东、供应商、客户、公众等。在内部沟通方面有不同层级的管理者和不同专业或业务领域的技术人员和员工。针对这些不同的沟通对象,应选择与他们相关的信息内容,以保证他们应有的知情权。其次,无论与谁沟通,都应该鼓励和倡导双向沟通,促进双方的信息交流,不断寻求反馈,了解对方的理解和需求。最后,有关组织的发展、经营状况、战略目标、经营业绩等方面的信息始终都是与所有沟通对象沟通的主题。

4. 建立有效的沟通渠道。建立有效的沟通渠道是组织沟通机制运作的关键。组织管理沟通一般有两种形式:正式沟通与非正式沟通。通信科技的飞跃发展,给人们的沟通途径与媒介提供了非常丰富的选择。用于组织日常管理的沟通方式和途径分文字沟通与口头沟通。文字沟通有指示、指令、文件、通知、备忘录、信函、请示、报告、板报等。口头沟通有会议、座谈、面谈、接待日等。除此之外,其他沟通方式和途径也是非常重要的。比如,员工手册(指南)、企业杂志、报刊、简报、电视、广播等。通信技术和计算机网络技术的发展为组织管理沟通提供了便利、快捷、广泛等优势。任何一种沟通方式和途径都既有特点和优势,也有不足。在选择沟通方式和途径时,要依据沟通的目标、任务、对象等因素选择有效的沟通渠道。近些年来,管理沟通出现了值得注意的现象,一些企业在正式沟通与非正式沟通的界限上逐渐模糊。许多企业建立扁平化组织结构,倡导直接面对面沟通,在沟通的形式上打破过去层级管理的链式沟通形态,减少中间环节,提高管理沟通的效率。

5. 沟通反馈。从沟通过程来看,沟通反馈是双向沟通的一个重要环节。但从组织管理沟通机制的建立来讲,它是组织系统管理沟通体系的重要核心部分。沟通反馈不是沟通过程的最后环节,而是可以发生在沟通过程中的每一个环节上。反馈可以是信息接收者主动表现对信息的理解和态度,也可以是信息发出者寻求反馈,了解信息接收者对信息的理解和态度。"沟通是指组织中被理解的信息而非发出的信息。"管理者要了解发出的信息是否被理解,反馈起到非常重要的作用。通过反馈,管理者还可以得到新的信息以对组织沟通系统进行修正。

(三)组织内部管理沟通机制的保障体系

组织系统沟通机制建立后,其运作的效率如何还取决于组织沟通氛围、管理沟通策略与沟通技能、管理沟通制度和现代通信技术与计算机技术的应用。这些都是沟通机制运作过程中参与沟通个体在沟通操作层面上的问题。特别是管理者起到非常重要的主导作用。

1. 沟通氛围。沟通氛围分为鼓励性沟通和防御性沟通。组织管理沟通氛围的营造，不仅受到沟通机制中沟通理念和沟通政策的影响，还取决于管理者在实施沟通的过程中能否采取与此相适应的沟通行为。管理者善于倾听，主动了解员工的想法，虚心接受下属建设性意见，能够与员工平等交流不同的看法和观点，就容易营造鼓励性沟通，促进组织和个体的发展。反之，沟通气氛就会封闭沉闷，给个体造成威胁，使员工不敢提出自己的看法和意见，造成劳资关系紧张，从而降低组织效率。

2. 管理沟通策略与沟通技能。管理沟通策略与沟通技能是管理者为保证实现管理沟通目标所必须具备的。策略有助于选择合适的沟通方式，实施有效的沟通；技能有助于提高沟通的效率。管理沟通的技能是多层面的，它不但涉及沟通技术问题，而且还涉及与此相关的组织和社会层面的沟通知识的应用。管理者的沟通技能应该包括如下方面：语言交往能力，如语言知识与语言应用；非语言交往能力；超语言交往能力，社会文化能力；沟通策划能力、沟通影响力；管理沟通技能，如管理文书写作、会议管理、演讲、与人交谈、谈判、倾听、冲突管理沟通、授权技巧、鼓励说服等；现代通信技术和计算机技术应用能力。

3. 管理沟通制度。管理沟通制度是组织将沟通机制中重要的沟通方式和方法制度化、规范化、常规化。管理沟通的规范化、常规化和制度化，是保障沟通机制有效运作的重要措施。许多企业（组织）建立信息中心，制定企业信息管理规章制度，规范企业沟通行为，举行各类沟通技能培训等。常见的一些沟通制度有：职工代表大会制度、厂长（总经理）接待制度、劳资双方对话制度、信息交流制度、部门例会制度等。许多企业（组织）对会议管理和文书往来制定规章，提高会议和文件的沟通效率。另外，有些企业还制定了组织内部非正式沟通的制度，如午餐会、旅游、文体活动等。

4. 现代通信技术与计算机技术。人类正处在信息化时代，随着通信技术和计算机网络技术的飞跃发展，信息交流的方式和途径的变化越来越快。组织成员，特别是管理者，能够熟练掌握现代化通信技术和计算机技术，设计高效的电子沟通网络，有利于加快组织沟通机制的运作，提高运作效率。

组织沟通机制的运作是动态的，需要不断地改进和完善。第一，沟通机制必须与组织系统相匹配，通过沟通协调组织系统内部的运作，从而达到为组织目标服务的目的。第二，沟通机制内部各个部分需要协调一致，以使其运作顺畅有效。第三，由于组织存在的外部环境不断变化，且变化速度非常快。故组织为了适应外部环境的变化，需要不断对组织系统进行改进。组织内部管理沟通机制处在不断变化的组织内外环境中，同样需要不断变化来适应组织系统的需要。

三、组织结构与组织沟通

组织内部的组织结构反映了组织成员的职位关系、信息沟通流向和业务流程等,它在本质上反映的是组织内部人与人之间的职位关系和联结方式。不同的组织结构形式决定了组织内部的信息流向、方式和方法。

根据组织设计原理,常用的组织设计形式有三种:简单结构、官僚结构和矩阵结构。人们也常把组织结构形式化分为直线制、职能制、直线职能制、事业部制、矩阵式等形式。随着现代管理理论的发展,许多企业采用组织结构设计的新方案,如团队结构、虚拟组织和无边界组织等。无论组织采取怎样的组织结构,它都与沟通存在密切的联系。下面对简单结构、官僚结构和矩阵结构的特征与沟通特点进行简单分析。

简单结构的最大特点是"扁平化"。部门化程度低,控制跨度宽,正规化程度低,权力和决策集中在一个人或少数人身上,员工之间的联系比较松散,一般多用于规模较小的企业。在组织沟通上,非正式沟通多于正式沟通,由于组织形式的低正规化和高集权化,使得上层领导的信息负荷过重,难以适应组织的扩展需要。如果在组织发展过程中不对组织结构进行改造,将会失去许多发展机会,甚至导致企业的失败。

官僚结构的特点是"标准化"。其标准化主要表现为工作专门化,任务部门化,十分规范的操作流程,非常严格的规章制度,集中权威,控制跨度窄,通过命令链进行决策,员工之间使用"相同的语言"进行交流。一般官僚结构多适用于中等以上规模的组织。但是,工作专门化会经常导致各部门之间的矛盾冲突,高层领导的沟通协调任务加重。严格的规章制度和规范的操作流程使得组织内部沟通效率降低。

矩阵结构是两种部门化形式的融合——职能部门化和产品部门化。矩阵结构试图将职能部门化和产品部门化各自的优点集中起来,并且避免两者的缺点。在矩阵组织中,不同的专业人员可以通过直接且频繁的接触进行更好的交流,达到更高的灵活性。组织中充满了信息,这些信息能够迅速抵达需要它们的组织成员那里。但是,信息控制力低,模糊性大,容易造成信息混乱与角色冲突。

在组织结构设计方面,还有两项重要内容与组织管理沟通存在密切的关系,即管理流程与业务流程。这两个流程的设计在很大程度上决定了沟通的信息流向与程序、信息内容及信息沟通的对象。

四、组织文化与沟通

组织文化与组织沟通存在着非常密切的关系。从组织文化的功能来看,就有这样的功能:"……文化是一种社会黏合剂,它通过为组织成员提供言行举止的恰当标准,而把整个组织聚合起来。最后，文化作为一种意识形态和控制机制，能够引导和塑造员工的态度与行为"。可以这样认为，沟通是文化的一部分。沟通是一种行为，而文化为沟通行为提供了恰当的标准，同时，也限制和控制了沟通方式。由于每个组织的文化是不同的，故文化对组织成员的影响是必然的。

（一）文化的基本概念

文化是社会学和人类学的一个基本概念。关于文化的定义有很多表述，总的来讲，文化的概念可分为广义的概念和狭义的概念。文化的广义概念是指人类创造的所有物质财富和精神财富的总和；狭义的概念是指一切意识形态的精神产品，包括语言、文学、艺术等。目前，人们较多地使用文化的广义概念。

文化是一个体系，整个体系构成的基本要素是：认知体系、规范体系、社会关系和社会组织、物质产品、语言和非语言符号系统。

文化的功能。对于个人，文化起着塑造个人人格、实现社会化的功能。对于一个群体，文化起着目标、规范观念和行为整合的作用。对于整个社会，文化起着社会整合和社会导向的作用。

（二）组织文化的基本概念

组织文化是社会文化体系中的一个重要的有机组成部分，它是民族文化和现代意识在组织内部的综合反映和表现，是民族文化和现代意识影响下形成的具有组织特点的群体意识以及这种意识产生的行为规范。

组织文化是在一定的民族文化、道德、伦理文化背景下生成的，并在一定的组织中形成自己的个性，它是影响组织成员思考、体验和行为的主要方式。

组织文化，是企业立身于社会所必需的精神支柱，它不仅能够解释组织内部的运行情况，还能向组织的领导者指出什么是组织最重要的问题。组织文化是由组织的高层领导阶层创造的，他们的一个重要职能，就是创造、管理并在必要时改进和完善组织文化。

组织文化有广义和狭义两种解释。广义的组织文化是指组织所创造的具有自身特点的物质文化和精神文化；狭义的组织文化是组织所形成的具有自身个性的经营宗旨、价值观念和道德、行为准则的总和。

组织文化的基本内容包括科学精神、价值观念、组织精神、道德准则、行为规范、形象策划和组织传统。

（三）组织文化与组织管理沟通

1. 文化是在人类发展过程中衍生出来或被创造出来的。文化是发展变化的，是人们后天习得的，在一个群体中具有共享性。从文化的传承、积淀、习得、共享等方面来看，文化与沟通是密不可分的。

2. 从文化的体系构成来看，其基本要素是认知体系、规范体系、社会关系和社会组织、物质产品、语言和非语言符号系统，其中任何一种体系要素不但都与沟通有关系，而且还影响着人们的沟通。从沟通过程理论来看，语言与非语言符号系统就是沟通过程信息编码与解码的识别体系，认知体系、规范体系、社会关系体现等在人际沟通方面影响着人们对信息的理解及沟通方式。

3. 从组织文化的特点来看，它一方面体现和反映自身民族文化的核心概念和现代意识，另一方面具有自己的组织个性，成为组织的精神支柱，并影响着组织成员的思考、体验和行为。组织文化的另一个特点是，它是由组织的高层领导，特别是初建时期的高层领导在组织发展过程中建立起来的组织理念、道德价值观、行为规范、社会形象和组织传统等。它的传承和发展需要组织自上而下传播教育，使成员接受并达成共识。因此，组织内部管理沟通在组织文化建设方面发挥着非常重要的作用，同时，也受到组织文化的制约和影响。

4. 组织文化环境创造相应的组织沟通氛围，沟通氛围影响沟通的效果。组织的沟通氛围将会促成鼓励性沟通或防御性沟通。民主开放的组织文化容易形成鼓励性沟通，鼓励性沟通促使组织成员进行开放式的交流，促进组织和个体的发展；封闭保守的组织文化容易形成防御性沟通，防御性沟通是封闭式交流，对个体是一种威胁，从而会降低组织的效率。管理者对组织内的沟通氛围有着重要的影响。

第三节 管理沟通策略与领导力提升

一、管理沟通策略概述

根据玛丽·蒙特（Mary Munter）的《管理沟通指南——有效商务写作与交谈》中的沟通策略的基本思想，成功的沟通是信息的传递者不但传递了重要的信息，而且能够得到信息接收者做出自己所期待的反应。但在实际的沟通活动中，由于沟通双方的背景、地位、角色、关注的利益点等方面的不同，沟通者很难获得对方做出所期待的反应。为了能够获得自己所期待的反应，沟通者需要在沟通之前对沟通过程进行策略性思考。沟通策略基于沟通过程的五大要素，即沟通者策略、读者（听众）策略、信息组织策略、渠道选择策略和文化背景策略。

（一）沟通者策略

沟通者作为沟通的主体，在信息沟通活动开始之前应该确定沟通的目标。为了达到这一目标,沟通者必须针对沟通对象——信息接收者,分析自己的沟通影响力,选择合适的沟通风格。沟通者策略包括三个部分:沟通目标、沟通风格和沟通者的可信度。

1. 沟通目标。沟通目标分为三个层次:总体目标、行动目标和沟通目标。

(1) 总体目标:这是沟通者的综合目的,它概括性地表述沟通者所希望实现的情景。如,希望公司各部门的工作情况都能相互了解,以达到部门之间的沟通协调。

(2) 行动目标:这是指导沟通者实现总体目标的具体的、可度量的并有时限的步骤。例如,每周一上午召开部门领导例会,各部门通报上一周工作情况、本周工作计划以及与其他部门的工作联系。

(3) 沟通目标:在行动目标的基础上,使沟通目标更为具体,明确了沟通者希望对方对沟通活动做出的反应。例如,通过每周的部门例会,各部门之间达到相互了解、互相协作及部门协调良好的效果。

2. 沟通风格。沟通风格是指采取怎样的沟通形式进行沟通。在确定了沟通目标之后,就要选择适当的沟通形式。至于采取怎样的沟通形式才是最合适的,没有一个固定的模式,而是要根据不同的情景、不同的目标、不同的沟通对象来决定。一般来讲,沟通形式分为4种:告知、说服、征询和参与。对沟通者来讲,这4种沟通形式是用于平衡信息内容控制和受众参与的程度。图4-5勾画了这4种沟通形式在信息控制和受众参与程度方面的作用。

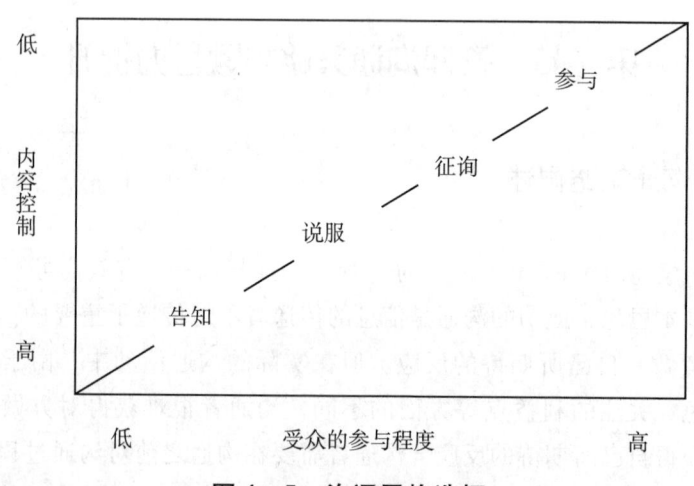

图4-5 沟通风格选择

资料来源:[美] Mary, Munter 著,钱小军,张洁译,《管理沟通指南——有效商务写作与交谈(第4版)》,清华大学出版社1999年版,第5页。

在使用上述沟通风格时,沟通者不是只使用一种沟通形式,而是根据不同的沟通情景做出合适的选择。首先,沟通形式是为沟通目标服务的,要根据沟通目标的要求,选择合适的沟通形式；其次，根据受众的情况选择适当的沟通形式；最后，沟通风格的选择还取决于沟通者期望受众做出怎样的反应和反馈。

当采用告知和说服沟通方式时，传递者必须掌握足够的信息，不需要听取他人的意见、想法或补充，或者自身高度控制信息的内容。要求听众（读者）对信息理解并服从，经过说服或劝说，能够改变他们的想法或做法。

当采用征询和参与沟通方式时，传递者可能没有足够的信息，需要通过征询了解足够的信息，或在决策前需要听取他人的意见、想法或补充，或需要通过他们的参与提高其工作的热情和士气。

3. 沟通者的可信度。在沟通活动中，沟通双方之间的关系直接影响到沟通的效果。这种关系的关键在于双方之间的相互信任，也就是可信度。可信度不仅是对信息内容的信任，还是对信息传递的信任、信心以及信赖。当信息的接受者对信息的发送者产生了信任和信赖后，他们对信息内容的理解和态度都将会做出积极的反应和反馈。可信度的程度直接影响到沟通者的沟通方式，如何利用自身的可信度是沟通者策略中的一个关键因素。

按照富任茶、雷文和科特（French，Raven & Kotter）的理论，沟通者可信度将会受到 5 大因素的影响。它们是身份和地位、良好的意愿、专业技术、形象和气质、共同价值观。下面对这 5 大因素做简单介绍。

（1）身份和地位，主要是指沟通者所承担的职位等级和具有的头衔高低。与沟通对象相比，沟通者的身份和地位较高，其沟通的影响力就较大，并具有较高的可信度。一般在建立初始可信度时重点强调沟通者的身份和地位。

（2）良好的意愿（goodwill）①，主要是指沟通者个人良好的人际关系，良好的"长期记录"和给人的信赖感。可以理解为沟通者在沟通对象心目中的印象和口碑。一般对于建立后天可信度具有较好的效果。

（3）专业技术，主要指沟通者的专业知识水平，或是某一领域的专家，其中包括专业工作经验和经历。在建立初始可信度和后天可信度方面都具有较好的效果。特别是在沟通说服对方时，利用专家和专业技术特长策略能达到预期的目的。

（4）形象和气质，主要是指沟通者的外貌形象和内在的气质。在沟通过程中，沟通者能够很好利用其身体语言和语言技巧，增强个人的感染力，让对方有喜欢你的欲望，特别有利于建立沟通者的初始可信度，给听众（读者）形成良好的"第一印象"，为建立后天可信度奠定基础。

---

① Goodwill 在许多译本中都被译为"良好的意愿"。但是从英文的原意上来讲，该词蕴含着比"良好意愿"更广的含义。在朗文当代英语词典中的解释是：kind feelings towards or between people and a willingness to be helpful; the success of a company, and its good relationship with its customers.

(5) 共同价值观,这属于文化概念的范畴。强调共同价值观是一种文化认同策略,让听众(读者)感觉到"我们是一起的"。一般都用于沟通开始的时候,与听众(读者)建立共同点和相似点,以便后面观点的展开。听众(读者)也容易接受其观点和思想。

了解了这些因素后,在运用可信度策略时,就能通过强调自身的初始可信度和增加后天可信度来不断提高自己的综合可信度。

所谓初始可信度是指在沟通开始之前,也就是受众在接受沟通者所传达的信息之前,对沟通者产生的影响,或沟通者在受众心目中的印象。因此,沟通者的初始可信度可能与其身份、代表的角色以及与受众曾经有过的接触有关。

与前者相比,后天可信度是指沟通者与受众沟通之后,也就是受众在阅读或倾听了沟通者所表达的信息内容之后,对沟通者产生的印象和看法。即使受众对沟通者在事先并不了解,但是,沟通者通过高超的沟通技巧,说服性地表达了受众接受的观点,从而赢得受众的信任和尊重。因此,获得后天可信度的最佳办法就是对受众进行深刻分析,把握好整个沟通过程,在受众面前做出令人折服的表现。

(二)听众(读者)分析策略

听众(读者)策略在整个沟通策略中占据最重要的位置。管理沟通的目的之一就是通过策略性沟通使听众(读者)更好地理解和接受沟通的内容以达到预期的目标。听众(读者)策略就是研究如何根据听众(读者)的背景、信息需求和爱好来调整沟通的方式和风格的有关策略技巧。在管理沟通的整体策略中,其他策略,即沟通者策略、信息组织策略、渠道选择策略和文化策略都是围绕着听众(读者)策略分析的变化而变化的。因此,听众(读者)策略在整个管理沟通策略运用中将起到关键性作用。

听众(读者)策略需要研究解决以下4个方面的问题:(1)他们是谁?(2)他们了解什么?(3)他们的态度如何?(4)如何激励他们?下面分别对这4个问题做初步的探讨。

1. 他们是谁。"他们是谁"主要分析沟通对象,充分了解沟通对象的类型和特征,并确定沟通的重点。按照沟通对象的人数来划分,可以将沟通对象分为个体和群体。由于个体沟通与群体沟通存在着一定的差异,故对沟通对象的个体和群体的分析方法也有所不同。

(1)个体沟通对象分析。对沟通个体的分析主要是了解他们各自的教育层次、专业知识背景、社会阅历、年龄、性别、个人兴趣爱好、价值观念、期望和态度等。

(2)群体沟通对象分析。对沟通群体的分析主要了解群体特征是什么?立场如何?群体文化,包括他们的共同规范、传统、行为方式和标准、价值观念是怎样的?

（3）沟通对象类型分析。在管理沟通活动中，大多数的沟通都是群体沟通，或沟通过程将会涉及许多沟通对象，因此，如何将沟通对象进行分类，并确定重点沟通对象至关重要。在群体沟通中，沟通对象一般分为5类沟通对象。

第一，主要听众（读者），是指那些与信息内容有着密切关系的听众（读者）。一方面，要求这些听众（读者）能够正确理解信息内容并做出所期待的反应和反馈；另一方面，他们还要与沟通者保持直接的联系和联络。

第二，次要听众（读者），是指那些与信息内容有着一定关系的听众（读者）。沟通的目的只是要求他们了解信息的内容，做出一定的协作和配合性的反应与反馈。

第三，守门人，是指信息传递过程中那些转述信息给最终接受者的"中间人"。如果在沟通过程中存在守门人，那么就要考虑守门人是否会因为某些原因造成信息失真或封锁信息。

第四，"意见领袖"是指那些在听众（读者）中具有强大、非正式影响力的人物。他们往往会左右听众（读者）对信息的理解和态度。

第五，关键决策者，是指那些可以影响整个沟通结果的沟通对象。他们可能是决策者，也可能不是决策者，但他们可以对决策产生重要影响。

2. 他们了解什么。"他们了解什么"主要分析沟通对象对信息内容和背景知识了解和掌握的情况。该分析帮助解决3组问题。

（1）他们已经了解和掌握了哪些信息背景知识？对这些信息背景知识的需求程度如何？信息背景知识对理解即将传递的新信息起着非常重要的作用。如果信息沟通对象已经了解和掌握了较多的信息背景知识，且需求程度不高，那么就不需要对背景知识作详细介绍或必要解释，而是直接进入信息内容的传递；反之，就要花一定的时间来进行背景知识的介绍和必要的解释。

（2）他们需要了解和掌握哪些新的信息内容？对这些新的信息内容的需求程度如何？对这些新的信息内容的了解和掌握需要从两个方面来分析，一方面是沟通主体期望沟通对象要了解并能够理解的新的信息内容，另一方面是沟通对象期望自己得到的新的信息内容。在沟通活动中，这两方面可能会出现偏差，这就需要沟通主体协调沟通对象的信息需求，并能够将自己期望沟通的内容传达给对方，并得到正确的理解。

（3）他们在沟通的风格、渠道或格式方面更偏好于哪一种？有沟通专家讲，在沟通过程中，信息固然重要，但沟通方式比信息内容更重要。这说明，采取怎样的方式进行沟通直接影响到沟通对象对信息内容的接受和理解。因此，应该充分了解和分析沟通对象的沟通风格偏好、渠道偏好和格式偏好。

3. 他们的态度如何。"他们的态度如何"主要是预测和分析沟通对象在沟通过程中可能产生的情感反应。这种情感反应一般包括两个方面：一是信息接收者对信息发送者的情感反应。同样的信息由不同的人发送可能会产生不同的接受效果。因此，如果要让对方接受你的信息，那么就必须先让对方接受你这个人。如果对方对信息发送者采取排斥态度，那么，该信息不管怎样重要，可能对方都不会接受。二是对信息本身的情感反应。对信息接收者而言，信息所属的优先级程度如何？信息内容是否引起他们的兴趣？这些信息对他们所关注的事情和利益将会产生何种程度的影响？对于兴趣较高者，可以直接引入主题，不必花太多的时间去激发他们的兴趣；对兴趣较低者，而且又是必需的沟通对象，就要运用一些激励技巧激发他们的兴趣。下面将讨论激励他们兴趣的技巧。

在群体沟通中，可能存在3种不同的态度者：支持者、中立者和反对者。在预测和分析这3种不同的态度者在群体沟通中各自所占的比例情况的基础上，根据比例情况选择应该采取的沟通策略。对于支持或中立态度者，需要强调信息中的利益部分以加强他们的信念。对有反对意见倾向者，可以试用以下技巧。

（1）将要求限制到可能范围内最小的程度，如一个项目的部分，而不是整个项目。

（2）对可能的反对意见给予回应。首先，预测他们的反对意见将会是什么内容，他们反对的理由是什么，这与他们的利益关联度如何。其次，将可能的反对意见列举出来。最后，有针对性地解释或驳斥。这样要比让可能的反对者自己思考并提出反对意见再回应更有说服力。

（3）先列出信息接收者可能同意的几个观点。如果他们赞成其中的几个关键之处，那么，他们接受沟通者整体思想的可能性会更大。

（4）先让他们同意和承认问题确实存在，对问题的认识上达成一致，然后提出解决问题的建议和意见。

对于可能的反对意见，不能简单地驳斥和回击，或者采取压制和强迫的方式让对方接受，那样会起到反效果。了解和分析可能反对的原因，针对其原因采取相应的沟通策略才是上策。反对的原因是多方面的，各自的利益关系、任务的繁重程度都会影响到接受者的态度。如果所要完成的任务过于繁重和复杂，接受者可能会有畏难情绪而不愿意接受，那么就可以采取分解任务，分段实施，最终到达完成整体任务的目的。

4. 如何激励他们。无论信息接收者的态度如何，他们都需要在沟通过程中得到激励。根据人们对影响力、说服力、驱动力的研究，证明存在大量有效的沟通激励技巧。可以从以下3组技巧中选择将对特定听众（读者）产生最佳效果的一项或几项。

（1）通过听众（读者）利益进行激励。利益激励是最基本的激励方式之一。利益激励可分为物质利益和精神利益、有形利益和无形利益、长远利益和近期利益等各种不同类型的利益。无论哪一种利益激励，沟通激励的要点就是强调信息中可能使听众

（读者）受益的要点，并且让他们明白和理解自己是其利益的受益者。沟通者必须明白其利益是对方所需求之一，才能达到激励作用。因此，沟通者应该对听众（读者）所需求的利益要点进行分析，并站在对方的角度强调其要点作用，以达到激励的目的。一般来讲，沟通者可以从以下4个方面进行利益激励：具体实惠的利益；有助于个人职业发展或完成任务过程中获得的利益；自我实现和工作满足感的利益；团队利益。

（2）通过沟通者可信度进行激励。前面讨论了影响沟通者可信度的各项因素。应用可信度作为驱动手段，是激励听众（读者）的较好方法之一。一般沟通者在听众（读者）对主题的涉及或关注程度较小时，使用可信度激励的意义较大。在影响可信度的5大因素中，下列3大因素激励技巧值得注意。

第一，利用"共同价值观"的可信度和"共同出发点"的激励技巧。共同价值观的可信度激励技巧是最为有效的方法之一。如果在沟通开始的时候与听众（读者）达成一致，这里不仅是意见或目标上的一致，还是情感上的一致，那么在接下来的沟通中他们就很容易接受观点和思想。从寻找与听众（读者）的共同点开始，引发他们的"同理心"，是非常重要的人际关系认同技巧。这种认同技巧一般有兴趣认同、志向认同、身份教养认同、籍贯同乡认同、观点情感认同、遭遇经历认同等。人际关系认同技巧的目的就是首先获得对方的好感，得到对方的认可，从而树立可信度，为以后的沟通铺平道路。

第二，利用良好意愿和"互惠"的技巧。这种技巧是利用人们常有的"投桃报李，礼尚往来"的心理，让听众（读者）明白，只有在给予利益的前提下，才能获得利益；或通过自己的让步，才能争取他人的让步。在人际交往过程中，人们的思想往往受"互惠互利"原则的影响，因而即使不甚情愿也会主动让步或不期然地获得利益。

第三，利用地位可信度与惩罚的技巧。这是管理中的一种极端手段，万不得已不要使用这种方式。但是在某种特殊情境或紧急情况时，使用这种手段将会产生一定的效果。即使使用地位可信度与惩罚的技巧，在使用时也要保持极度谨慎。研究人员发现，惩罚会导致人们产生紧张、对立、恐惧、厌恶甚至仇恨等情绪。在使用过后，沟通者最好是采取一些相应的安抚手段，平息其情绪。如果这种情绪继续延续下去的话，可能会严重影响到以后的沟通，最危险的是出现逆反心理。因而，惩罚与恐吓对绝大多数听众（读者）或多数场合都不适用。

（3）通过信息结构进行激励。无论是口头沟通，还是文字沟通，沟通者所组织的信息结构都将会对信息传递的结果产生影响。组织有策略性的信息结构将会对听众（读者）产生激励影响，反之，将会产生消极影响。一般的信息结构都由开场白、正文和结尾三大部分构成。

开场白,是信息沟通的关键,是否能在开场的10秒钟内吸引住听众(读者),将决定这次沟通的成败。开场白不仅要引发听众(读者)的兴趣,还是引入主题的前奏,通过怎样的方式引出主题正文,一直保持听众(读者)的兴趣,同样起着非常重要的作用。

正文,就是信息内容的主体。其主体结构主要是策略性地安排主题内容,在主题内容不止一个的情况下,先安排哪个主题内容,后安排哪个主题内容,以构成整体内容的逻辑关系、层次递进关系,使其更有说服力。如果是一事一议,也存在策略性信息组织结构的问题,即要考虑背景知识与主题内容的关系,一般要由主题内容的性质来决定。

结尾,是激励听众(读者)的另一处地方。一方面,要做到前呼后应,强调总结信息的主题思想,加深印象;另一方面,提供必要的行动指导,简化听众(读者)对沟通目标的实现步骤,提出相应简便的检查措施,这对听众(读者)后续的行动具有很好的激励作用。

(三) 信息组织策略

任何策略的运用都是为了尽快地达到目标,获得预期的结果。一个策略性的信息结构不仅可以起到激励听众(读者)的作用,还具有更强的说服力,使信息接收者能够接受和理解沟通者所发出的信息内容和行为意图。在策略运用的技巧上,信息组织策略主要解决两大问题:一是怎样强调信息,引发听众(读者)对信息内容的兴趣,并且将兴趣一直保持下去;二是如何组织信息,就是将思考过程中一些零散的、杂乱无序的想法和念头变为有序的、层次分明、思路清晰、结构严谨、逻辑严密的观点和思想。

1. 怎样强调信息。根据对记忆曲线的研究,人们发现,信息沟通的开始阶段和结束阶段是听众(读者)最为关注的阶段,也是他们接收信息的最佳时间。因此,沟通者一般都将信息的重点放在信息沟通开始或结束的时候,有时候为了强调信息的特别重要性,在信息开始和结尾时反复强调信息的主题思想。一开始就点明主题、阐述重点、告知结论,这被称为直接切入主题;如果将主题内容或结论放在最后,这被称为间接贴入主题。

(1) 直接切入主题。直接切入主题,是管理沟通中最常用的方式之一。人们之所以喜欢使用这种方式,是因为它具有以下优点:一是增进理解。听众(读者)首先就了解到主题内容和结论,有助于吸收和理解整体内容。从沟通心理的角度分析,人们都习惯在一开始就能明白方向,知道目标。否则,如果让人们始终猜疑或琢磨沟通者的意图和目的,那么将会增加听众(读者)的心理负担。二是面向听众(读者)。直切主题强调了分析的结果或结论,它体现的是以听众(读者)为中心,而不是以沟通者为导向的信息沟通。三是节省时间,效率高。由于听众(读者)在一开始就了解到信息的主题和结论,故无须沟通者对主题和结论作更多的解释、分析和归纳。

尽管直接切入主题的方式在管理沟通中得到广泛的运用,但是它并不适应所有的管理情景。在以下的管理情景中运用直接切入主题方式更为有效:信息内容属于好消息的范畴,信息本身具有强烈的激励作用;听众(读者)对信息的背景知识有充分的了解,对信息内容和结果已经有思想和心理准备,并且对信息具有正面倾向;听众(读者)对信息的结果有着强烈的关注,迫切期望了解信息的主题和结论;沟通者的可信度特别高,其沟通影响力极强;信息内容无感情倾向成分,且不敏感。

(2) 间接贴入主题。间接贴入主题在以下的管理情景中运用可以体现下列优点:减少听众(读者)的排斥感,降低对信息的敏感度;通过背景信息的铺垫和过程分析,缓和可能由观点不同而引发的冲突;减弱主观情感作用,促使他们站在公平的立场上考虑沟通者建议的可能性;使听众(读者)接受他们同意的部分见解,或在沟通者给出结论之前关注到他们必须解决的问题;循序渐进,以理服人。

间接贴入主题,主要被运用于一些特殊的管理情景,其主要目的是争取听众(读者)对信息主题和结论的接受和理解。在以下管理情景中运用间接贴入主题方式效果会比较好:信息内容敏感,事关听众(读者)的切身利益,且含有主观感情成分;听众(读者)对信息内容可能会有排斥心理,有负面倾向;听众(读者)更注重分析过程,期望了解更多的背景信息和事件的发展过程;沟通者可信度较低。

2. 如何组织策略性信息。如何组织策略性信息注重信息主题的展开,解释、分析、判断事情发展的过程,为其观点、建议或结论提供强有力的理由。强调信息策略主要是为了突出信息重点,关注信息主题和结论;而组织策略性信息要从信息的整体结构出发,围绕主题思想展开辨析、说服、解释。无论是直接切入主题,还是间接贴入主题,两者都离不开对信息主题内容的论证过程。整个信息结构包括了论点、论据和论证三个环节,可以从图4-6和图4-7看出这三者之间的关系。

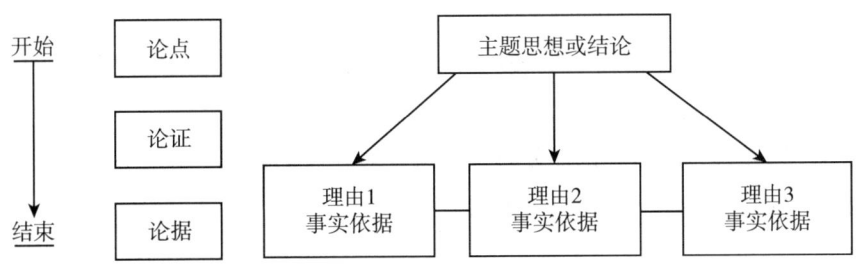

图4-6 直接切入主题的信息结构

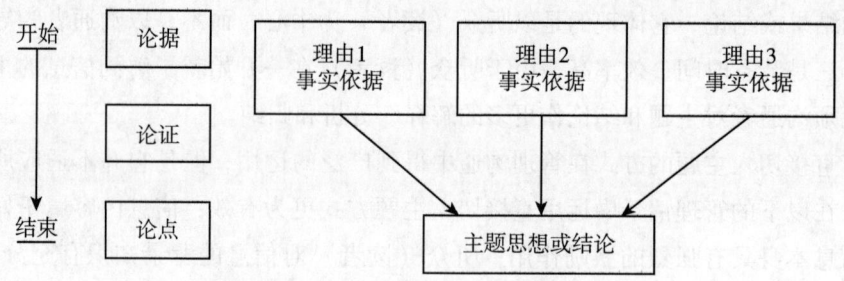

图4-7 间接贴入主题的信息结构

对于论点部分的信息主题或结论，必须有明确的沟通目标和鲜明的观点。对于作为论据来支持这一信息主题和结论的理由和事实依据必须翔实可信，具有说服力。在主题思想或结论与理由或事实依据之间必须有一个强有力的论证过程。因此，在组织策略性信息的时候，应当处理好论点、论据和论证三者之间的关系。

（1）保证所阐述的理由和引用的事实依据与信息主题和结论存在高关联，能够对观点、思想和建议起到强大的支持作用。

（2）保证所阐述的理由和引用的事实依据与听众（读者）存在高关联，是听众（读者）所熟悉知晓的，这样才容易让其接受。

（3）保证所阐述的理由、事实依据之间存在高关联，相互之间存在互补、递进、相互印证的逻辑关系，共同支持其主题思想或结论。

在信息组织的时候，也许有非常充足的理由和事实依据来为观点、想法、建议辩护。但是，有时候，这些理由和事实依据是零乱的、无序的，只有组织了策略性信息，才能使这些理由和事实具有辩解力。因此，策略性信息需要有步骤、有次序、通过一定的方式来组织信息。具体包括以下六步。

第一步，确定信息目标、主题思想和观点。

第二步，搜集相关的事实材料作为论据，其论据资料包括：事实和数据、共同的背景知识、共同的意愿和认同的范例、权威的观点等。

第三步，对论据资料进行筛选。

第四步，按照论据资料之间的关系，以及与信息目标、主题思想和观点的关联程度建立起一定的逻辑关系，它们之间相互补充、相互印证逐级递进。

第五步，选择有力的信息论证分析方法或管理分析工具。

第六步，构建策略性信息的整体框架。

（四）渠道选择策略

科学技术的发展，特别是通信技术和网络技术的迅速更新，使得信息沟通快捷、便利、多样化，给人们带来许多的选择。过去，人们对沟通渠道的选择基本上局限于口头沟通和书面沟通两种方式，通信工具也只限于电话、电报和传真等。而今，信息沟通渠道和通信方式包括电子邮件、语音信箱、视频、电子公告栏、网站访问、可视远程会议等。在使用众多的沟通渠道和媒介时，更需要沟通渠道选择策略。

1. 渠道选择策略的基本原则。无论我们使用何种沟通渠道和方式，都应该考虑以下六条原则。

（1）控制信息传播的速度。在管理沟通中，有时信息的传播是分阶段和层级逐步传递的。

（2）控制信息传播的范围和接受的人群，保证应该接收信息的人群能够收到信息，且不会超越信息传播的范围。

（3）保证信息的反馈渠道，及时发现和排除信息传递故障，保持双向沟通的畅通。

（4）既要考虑信息的透明度，又要注意企业信息的保密。

（5）既要考虑信息沟通的效率，又要注意信息传递过程中的成本。

（6）既要考虑信息沟通的便利、随机和个性化，又要注意管理信息的严谨、严肃、正式性以及信息文档的保存。

2. 渠道选择策略的思考。渠道选择策略是建立在对以下问题的分析上。

（1）书面沟通还是口头沟通？书面沟通，有利于保存记录，可以反复研读，用词严谨，结构严密，不易产生异议，便于理解，适合处理大量细节问题。口头沟通，可以附加许多非语言行为，如语音语调、抑扬顿挫、语速节奏、音质音频等，当面对面时，还可以附加身体语言，表达丰富，形象生动，可以获得即时反馈，没有严格与持久方面的要求，无须永久记录，有利于双方的情感交流。

（2）正式沟通还是非正式沟通？正式沟通或非正式沟通渠道都可以是书面的和口头的。正式沟通渠道，一般适用于严肃的、正规的、具有权威性的信息传递，其传递的流向一般按照组织事先规定好的信道流通，要求信息精确、逻辑性强，内容集中、有条理、概括性强，语言肯定果断、具有力度。正式书面渠道包括文件、报告、通知、建议书、备忘录、信件等；正式口头渠道包括演讲、报告、概况说明及讲座等。非正式沟通渠道，与正式沟通渠道相反，信息传递迅速、交互性强、无拘束、新颖、有创造力、开放、直接、流动性强且较灵活。它包括书面的（电子邮件、通知、草稿）、对团队的口头表达（互动性研讨或小组会）以及对个人的口头交流（面对面或通过语音信箱）。

（3）个体沟通还是群体沟通？个体沟通，适用于个体问题的交流，构建个人关系，了解他人的反应，获取属于个人隐私和机密的信息。采用的沟通方式有面对面沟通、电话、电子邮件、信函、传真等。群体沟通，适用于群体或公众关注的信息交流，构建团体关系或公共形象,获得团体反应(包括可能的一致意见),采用的沟通形式有各种会议、电子公告栏、视频、电子邮件、传真、电视讲话、新闻媒介、传统书面表达等。群体沟通渠道选择要保证应该获得信息的人群都能够同时接收到信息。

(4)即时反馈还是控制信息的接收?如果需要即时反馈的话,可以考虑的个体渠道有面对面、电脑可视会议、电话等;可以考虑的团体渠道有报告会、座谈会、问题答疑、电子会议、电话会等。如果不需要即时反馈的话,可以考虑书面渠道,如传统方式、传真、电子邮件或语音信箱等。

(5)听众(读者)高参与还是低参与?需要听众(读者)高参与时,可采用一对一渠道,如电话、电脑可视系统、面对面等。还可以通过会见渠道,如电子、录像、面对面等。如果是低参与时,可以采用书面形式,如传统方式、传真、电子邮件,语音信箱或报告等。

(6)集中传递还是分散传递?在听众(读者)工作地点和时间较为集中的情况下,一般都采用面对面交流,如报告、会议、一对一讨论等方式;如果听众(读者)工作地点分散,时间不一致,可以采用书面沟通,如传统方式、传真、电子手段等,还可采用声像、影像传播。

(五)文化策略

以上讨论的每一沟通策略都会受到沟通双方所处的文化背景的影响。在应用管理沟通策略的时候,一定要注意到沟通双方文化背景对沟通策略的影响。按照东西方文化的概念,下面逐项分析文化因素对沟通策略的影响。

1. 对沟通者策略的影响。沟通者策略由目标、沟通风格和可信度3个部分组成。文化因素的影响主要是:在沟通目标的设定方面,会因为文化观念的时间概念和态度上的不同而改变;在沟通风格的选择方面,会因为集体主义观念还是个人主义观念而不同,个人主义观念较强的文化背景较偏好告知和说服的风格,而集体主义观念较强的文化背景较喜欢咨询和参与的风格;在可信度方面,不同文化对可信度的5个纬度的看法各不相同。在高权力距离文化中,人们更容易强调头衔、地位和权威的作用,而低权力距离文化中可能更偏重良好的意愿和价值观。

2. 对听众(读者)策略的影响。听众(读者)策略主要是对听众(读者)的类型、信息需求、态度和激励方式进行分析,从而采取相应的对策。文化因素对听众(读者)策略的影响主要体现在是以"沟通对象为导向",还是以"信息内容为导向"。在激励方面,个人主义文化更注重物质激励,而集体主义文化更关注人际关系激励和精神激励。在高权力距离文化中,利用地位可信度与惩罚的技巧会更有效,而在低权力距离文化中,采用共同价值观与认同技巧会更有效。

3. 对信息组织策略的影响。信息组织策略主要受到高情景文化和低情景文化的影响。在高情景文化中，人们更习惯先做一番铺陈，表达比较婉转、含蓄，让对方领悟其含义；而在低情景文化中，人们表达更为直截了当，直接切入主题，不拐弯抹角，就事论事，很少有个人情感作用。"面子"文化对信息组织策略也会产生较大的影响。

4. 对渠道选择策略的影响。个人主义文化注重书面沟通，强调文字协议；而集体主义文化注重人际关系，强调个人信义，多采用口头沟通和协议。

5. 其他因素。文化因素不仅对以上沟通策略产生影响，还会影响到个人风格、语言以及非语言信息。对个人来讲，要针对不同的文化背景，适当调整自己的沟通风格、语言和非语言信息，以适应其文化背景的要求。

二、领导力提升与管理沟通策略应用

（一）领导与管理、领导力的基本含义

1. 领导的含义。据不完全统计，关于领导的研究报告、文献、书籍大约有 40 000 种之多。关于领导的定义更是众说纷纭。归纳起来，关于领导的具有代表性的定义如下。

（1）领导是促使下属充满信心，满怀热情地完成他们任务的艺术。

（2）领导是对组织内的团体和个人施加影响的活动过程。

（3）领导是一项程序，使人们在选择及达成目标上，接受指挥导向和影响。

（4）领导是影响人们自动地为组织目标努力的一种行为。

（5）领导是一个影响过程，包括影响他人的一切活动。

（6）领导是一种说服他人热心于一定目标的能力。领导是为了帮助团体达到一定目标。

（7）领导是规划远景，通过语言和非语言的沟通方式清楚地表明其远景，使下属理解和接受。

（8）领导是对远景具有坚定的信念、执着追求的精神和行为，以自己的行为为下属设立了效仿的榜样，使其自愿地追随之。

综合以上对领导定义的表述，不难发现，这些关于领导的定义包含了两个重要的意思：影响力和沟通。一是人际影响力，贯穿于所有指向目标实现的沟通；二是影响他人的艺术，它劝说或示范他人遵循一系列行为；三是激励和协调组织实现目标的主要动力；四是表达对下属的信任和期望，提高下属的自尊和自信，使其接受一种新的价值观体系。领导的影响力是基于其良好的沟通能力，其影响力的不断累积，超越了对指导和命令的机械性服从。

2. 领导与管理。为了更好地理解领导的含义，把握领导与管理之间的区别是非常重要的。在任何一个管理的位置上都包含了领导与管理的职能。作为一名管理者，必须掌

握领导艺术和管理技能。因此,需要理解领导和管理两者的特点和差别。表4-2给出了关于领导与管理之间区别的常见看法。尽管这些区别有些夸张,但有助于更清晰地认识领导和管理。

表4-2　　　　　　　　　　　领导与管理的区别

领导	管理
充满愿景的	理性的
热忱的	循规蹈矩
创造性的	热衷经营
鼓舞的	呆板的
富有勇气的	结构性的
敢于冒险的	稳定的
富有想象力的	保守的
分享知识的	防御性的
充满信心的	谨慎的
热情洋溢的	不卑不亢
乐观向上的	回避错误
推动者	执行者
教练、导师	老板、监工
做正确的事	正确地做事

如何认识领导与管理的区别,可以从管理功能的标准概念得到启发:计划、组织、指导(或领导)、控制。领导是管理者工作的一个重要组成部分,但管理者还必须计划、组织和控制。广义地讲,领导处理管理工作中人际方面的问题,而计划、组织、控制则处理事务方面的问题。具体地讲,领导主要处理变化的问题,领导者通过开发未来前景而确定前进的方向,然后把这种前景与其他人进行交流、联合,激励和鼓舞其他人克服障碍达到目标,从而带来企业建设性或适应性的变革;而管理则主要处理复杂的问题。优秀的管理通过制订正式计划、设计规范的组织结构以及监督计划实施的结果而达到有序一致的状态,带来的是特定的组织秩序和规律,使之高效运转。

尽管在定义上将领导与管理加以区别,但在实际管理工作中,领导与管理是不能截然分开的。管理者必须既要知道如何去管理,也要知道如何去领导。如果只有管理而没有领导,或只有领导而没有管理,那么组织离消亡就不远了。如何在实际的管理工作中正确地实施领导与管理,这是一门领导艺术。这需要管理者掌握以下三项原则。

(1)正确认知自己所处的管理层次和职位,充分了解职位所赋予的职责和任务,认清职位对领导和管理的要求。一般来讲,高层管理者的领导职能会偏多些,中层和基层管理者的管理职能会偏多些。正职的领导职能会偏多些,副职的管理职能会偏多些。

（2）明确目标要求，清楚地知道为完成目标所需要哪些领导和管理工作，并能够根据目标实施的各个不同阶段采取不同的领导或管理方式，在目标制定和启动阶段更多地需要发挥领导职能，在目标已经启动走向正规实施阶段后更多地逐步多采用管理的职能。

（3）正确分析管理对象的特征和能力，并根据其特征和能力采取适合的领导和管理方法；根据员工"意愿—能力"分析理论，对"高意愿—高能力"员工多采取领导方式确定目标和任务，在具体的实施方面给以更多的自主空间；对于"低意愿—高能力"或"高意愿—低能力"的员工则多应该采取管理方式。

简而言之，领导和管理的区别只是一方面，主要是帮助管理者在实际工作中分清哪些工作是属于领导，哪些工作是属于管理。如何将领导与管理有机地结合起来是管理者不断实践学习的艺术。有效的领导者需要有效地管理；而有效的管理者也需要有效地领导。

3. 领导力与领导技能开发。通过对领导定义的讨论，可以得出领导的基本能力就是能够有效地影响他人。影响他人的能力是构成领导能力的主要因素，即领导力。

（1）对领导力的理解。管理者的各种领导角色的一个共同的特性是，管理中的领导者以特定的方式激励或影响他人。企业领导者中的绝大多数基本的角色是要释放人的工作热情，以促成主动性、创造性和创业精神。实践证明，各个层级的管理者都可以运用领导力。故领导力不仅是高层职位上的管理者才拥有的能力，还是组织中所有层次的人都需要的。而且在一定程度上，那些没有任何正式管理职位的人也可以运用。例如，一位担任初级会计师工作的人，可以主动向管理层建议，需要正确地理解什么是真正的销售。员工可以凭借自己的工作经验和知识向上级提出合理的建议，从而影响上级的想法，有利于上级做出正确的决策。

（2）理解领导力的架构。领导力是如何形成的？作为一名管理者，如何才具有领导影响力？有研究认为，领导过程是领导者（leader）、群体成员（group member）或追随者（follwer）和其他情境变量（situational variables）的函数。换句话说，领导并不是以抽象的方式存在的，而是涉及领导者、被领导者或群体成员、环境中的各种力量等相关因素。判断领导方式是否有效，主要是检验它的四项关键变量：领导者的特征与特质、领导行为与风格、群体成员的特征以及内部外部的环境。图4-8所给出的模型展示了这种情境观点。如图4-8所示，位于圆圈顶部的领导者特征与特质指的是领导人的内在品质，例如自信和解决问题的能力。它们能帮助领导者在许多情境中有效地运作。领导行为与风格是指领导者所参与的、与他/她的有效性有关的活动，包括他/她独特的行为方式。群体成员特征是指群体成员们的某些属性，它们会影响领导的可能效果。内部与外部环境也影响到领导的有效性。

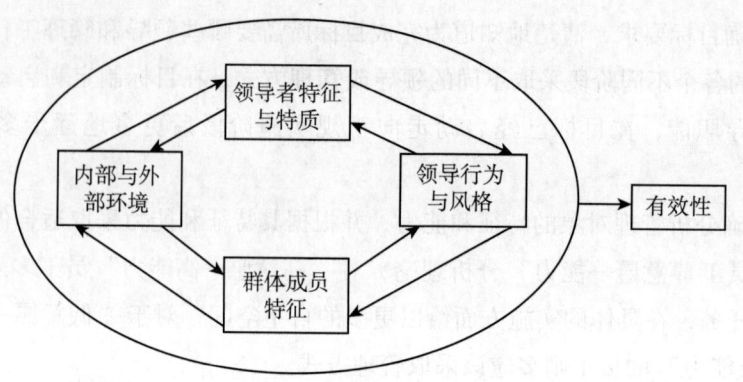

图4-8 理解领导力的架构

资料来源：[美]安德鲁·J.杜伯林（Andrew J. DuBrin）著，王垒译：《领导力——研究·实践·技巧》，中国市场出版社2007年版，第22页。

图4-8中联结四组变量的箭头说明它们之间的相互影响关系。其中有些联结关系比另一些更密切，其影响程度也更大。如领导特征与特质将影响领导者的风格。如果一个特定的个体是外向的、温和的、关怀的，他/她将会很自然地采用员工取向的领导风格。又如群体成员的特征会影响领导者的风格。如果群体成员富有能力、工作热情高、自我充实，领导者则往往会采用对群体授予更多自主管理的领导风格。再如领导特征与特质在一定程度上会受到内部与外部环境的影响。四组变量的相互作用产生领导的有效性。领导有效性是指获得所期望的结果，诸如生产率、质量以及给定情境中的满足感。

领导力最突出的外显部分是领导行为与风格。领导行为与风格受到领导特征与特质以及群体成员特征的影响。在变量的相互作用中，领导行为与风格成为因变量。一位有效的领导者，应该融合多种领导方法以满足特定环境的要求。

（3）领导技能开发。领导力的产生和作用受到诸多因素的影响。其中最重要的是领导技能。人们在考察或选拔管理者时，往往把领导技能作为首选的特质。一项调查显示，47%的经理们把领导技能列为第一项技能，35%的人选择沟通技能[①]。组织行为学关于管理者的研究表明，有效的管理者的沟通时间所占比例最大；成功的管理者的社交时间所占比例最大。根据沟通的概念，社交活动也是沟通活动。其区别是，它是一项对外沟通活动。无论是有效的管理者，还是成功的管理者都需要有较强的沟通能力。沟通能力是领导技能的重要组成部分。开发领导技能比开发其他结构化的技能要复杂得多。这里给出一般性的学习建议。

一是概念知识和行为指导。学习和掌握有关领导的基本概念知识和领导行为，将其

---

① [美]安德鲁·J.杜伯林（Andrew J. DuBrin）著，王垒译：《领导力——研究·实践·技巧》，中国市场出版社2007年版。

作为自己领导行为的指导。

二是案例学习和对领导实践进行分析。通过案例学习，分析有效的（或无效的）的领导行为来获得经验和知识。

三是体验式练习。通过案例学习、情景模拟、角色扮演、自我评价测验进行概念知识的练习和消化，并从中感悟领导技能的真谛。这些训练是帮助内化所学习的内容进而对概念化信息进行融会贯通的有效方法。

四是听取他人对自身领导技能和绩效的反馈。通过沟通反馈不断了解他人对自身领导技能和绩效的意见和建议。

五是在自然环境中不断实践。领导就是实践。领导技能开发要求领导者主动的实践。一种特定的技能必须在自然环境中多次实践练习，才能够完全地整合到领导者的行为方式中。

（二）领导风格与管理沟通策略选择

1. 领导风格类型与行为特征。领导风格是指一名领导者的相对一贯的行为模式。对领导风格的研究是理解领导行为和态度的延伸。大多数的领导风格分类是基于关心工作任务和关心人的维度，通常人们将领导风格分为两大类别：参与型领导与专断型领导。

（1）参与型领导。其主要的行为特征就是与群体成员一起进行决策制定。参与型领导者与群体成员共同进行决策的行为具有多种形式，内容丰富。因此，又可以被分为三种亚类型：咨询型、一致型和民主型。咨询型领导者在做出决策前向群体成员进行咨询和确认，但保留最后的决策权。一致型领导者会力图达成意见的一致。民主型领导者则将最后的决定权交给群体，他们充当在进行决策前收集群体意见和组织投票表决的角色。

（2）专断型领导。相对于参与型领导，他们拥有绝大部分权力。他们自信地做出决策，假设群体成员将会遵从，而且也不太考虑群体成员对于决策的态度。专断型领导被看作是工作任务取向的，因为他们非常强调工作任务的完成，并注重工作效率。典型的专断型领导的行为包括告诉他人去做什么，坚持自己的权利以及为团队成员树立榜样。

依据领导的路径——目标理论，领导风格又被分为以下四种类型：指挥型、支持型、成就导向型和参与型。

（1）指挥型领导。关注于明确的任务安排、成功绩效的标准和工作程序。

（2）支持型领导。努力建立舒适工作环境的同时，表现出对员工健康和需要的关心。

（3）成就导向型领导。为员工设立较高的期望；员工在实现挑战性目标时，与员工对能力的自信进行沟通并且努力塑造意愿行为。

（4）参与型领导。征询员工提供有关决策的建议，并且在最终决策中努力吸收采纳他们的建议。

2. 领导风格与管理沟通策略选择。通过理解领导力架构的分析，可得出领导特征与特质、群体成员特征、组织内部与外部环境都和领导行为与风格产生相互的影响。要达到领导的有效性，领导行为与风格应该和领导特征与特质、群体成员特征、组织内部与外部环境相匹配。在领导行为与风格中，领导的沟通策略与风格是非常重要的因素。表4-3列出了各种情境下的领导行为和风格与沟通策略选择的参考建议。

表4-3 领导行为和风格与沟通风格选择参考

沟通风格	沟通者情景与目标	受众情景	期望的反应与反馈
告知（适合指挥型或专断型领导）	高度控制所传递的信息，通过告知形式的沟通，让受众知道信息的内容，并且能够正确理解。多用于传达上级的决议、决策、指令、指示、信息通报等。此时，受众只是信息的接收者或倾听者	掌握一定的背景信息，对信息传递者有较高的信任，理解或赞成所传递的信息，明白信息传递者的意图，或能够正确认知自己的沟通角色，接收信息内容	期望对信息理解和赞成，并能够明白沟通者的信息意图，做出信息传递者期望的言语或行动反应和反馈，表现出服从和支持的态度
说服（适合一致型领导）	完全控制信息内容，通过说服形式的沟通，能够对信息内容达成一致意见和共识。多用于协调各种不同意见，以采取一致行动，或使对方接受和采纳自己的观点或建议，以影响或改变信息接收者的态度和行为	对所传递的信息在理解上存在差异，或有不同的意见和看法，而且这种意见和看法将对信息传递者产生较大的影响，在某种程度上会影响到决策的形成或决策的执行	期望能够理解信息内容和信息传递者的意图，改变态度和行为，与信息传递者达成一致。尽管有不同意见，但也能按照信息要求做出信息传递者期望的反应和反馈
征询（适合征询型领导）	通过征询形式的沟通，了解更多的信息、征询意见和建议；多用于沟通者需要更多、更具体的信息，或了解信息接收者的意见和看法，以帮助自己做出更准确的判断和决策。沟通者需要控制信息主题和方向，控制征询过程中的互动环节	信息接收者掌握一定的信息，了解具体的情况，对信息有一定的判断和理解。所征询的信息内容与自己的工作有着密切的联系，并关注着自己的切身利益，被征询者多数都乐意提供所掌握的信息和意见	期望被征询者能够提供自己所需要的信息，表达出他们的意见、建议和态度。在某种程度上，被征询者是信息的提供者，而征询者却成为信息的接受者，但仍拥有最后的决策权
参与（适合民主型领导）	通过参与形式的沟通，与信息接收者共同研究和解决问题，互通信息，实现信息共享，形成共识，以形成最终的决策。多用于减少决策执行中的偏差或阻力，吸纳执行者共同参与决策过程，激励参与者的积极性	受众的情景与征询的情景似乎一样，所不同的是征询的受众只是提供相关的信息，表达自己的意见和看法，而决策不受此影响；而参与的受众的意见将会对决策产生一定的影响	期望受众能积极参与决策过程，提供相关的决策信息，并共同研究讨论，帮助选择正确的决策。参与的不仅是建议和意见，还包括了他们的情感和归属感

(三) 魅力型领导者及其沟通风格

1. 魅力型领导的定义。在对领导的研究中，魅力是一种特定的领导品质，具有这种品质的领导者的意愿、力量和非凡的决断力，使得他们与众不同。魅力是个人的、积极的、引人注目的品质，使得其他许多人愿意接受他/她的领导。简言之，这些领导者的下属渴望接受他们的领导。这些领导者被称之为是有魅力的。

魅力主要源自知觉。因此，魅力型领导的一个重要成分包括了群体成员对于领导者的特征和他们所取得的成绩的归因。依据归因理论，如果人们知觉到领导者具有某种品质，诸如有愿景，领导者就更有可能被认为是有魅力的。

领导者是否有魅力，一个关键的维度是它包括了领导者与被领导者之间的关系或者互动。而且，人们必须将魅力的品质归因于领导者。魅力应用于领导者——被领导者之间的关系主要体现为：领导者具有鼓舞和非理性沟通的异常能力，与此对应的下属的回应是敬畏、尊重、投入和情感依附。因此，魅力型领导者可以有意通过印象管理来培养与群体成员的关系。换言之，他们可以有步骤地创造一个受人喜爱的、成功的印象。

魅力型领导者意识到下属的知觉决定了他们的魅力，那么他们是如何使用印象管理来强化这种知觉的呢？下面的两条建议值得参考①。

(1) 魅力型领导者，与非魅力型领导者相比，他们更看重和追求一套内部相互关联的印象：可信赖的、可靠的、精神可敬的、有创新精神的、有尊严的和有力量的。对于领导者的魅力印象而言，在追随者的心目中构建和维持这些印象是不可或缺的。

(2) 魅力型领导者，在一定程度上，比非魅力型领导者更使用极度自持而率真的印象管理策略，包括用示范和宣传，来维护他们自己、愿景和组织的特定印象。

魅力型领导者的领导有效性必须符合某些情况。下属的信念必须与领导者的信念一致，并且毫无疑义地接受领导者的必然存在。群体成员必须愿意服从领导者，并且他们必须在情感上专注于魅力型领导者的使命和他们自己的个人目标。此外，下属必须强烈意愿认同领导者。

2. 魅力型领导者的类型与特征。魅力，在日常生活中经常被使用，说明它是一个很简单易懂的特质。然而，人们对魅力含义的理解是多样的。归纳起来，魅力领导者可以区分为五类：社会魅力者、私人魅力者、工作魅力者、个人魅力者和超凡魅力者。

(1) 社会魅力者是指领导者为了他人的福利而限制权力的滥用。这类领导者还会试图在他/她自己和下属之间发展有价值的一致性。

---

① [美] 安德鲁·J. 杜伯林（Andrew J. DuBrin），王垒译：《领导力——研究·实践·技巧》，中国市场出版社 2007 年版。

(2)私人魅力者不限制他们对于权力的使用,由此满足他们自己的兴趣。私人魅力者将私人的目标强加在下属身上,并且只在促进他们个人目标的时候才会考虑和支持群体成员。

(3)工作魅力者是指那些视职位为财富而非他/她的个人品质。凭借占据一个显赫的职位,工作魅力者获得了很高的地位。

(4)个人魅力者,不同于私人魅力者,凭借他人在相当程度上把他看作一个普通人加以信赖,而获得很高的尊严。由于他们具有恰当的特质、品格和行为,故个人魅力者无论职位高低都可以发挥影响力。

(5)超凡魅力者是指那些具有超凡魅力的人,有神秘感,具有个人吸引力,有坚定的意志和信心,不畏艰难,能够及时出现并带领人们渡过难关。

魅力型领导者的突出特征就是他们有魅力。他们具体的特征表现如下。

(1)魅力型领导者是幻想家。他们心中有一副组织发展的美好愿景,并将该愿景不断地向人们展示,不断地与人们讨论实现愿景的规划和实施措施。人们常常被鼓舞且愿意跟随。

(2)魅力型领导者通常都有精湛的沟通技能。为了鼓舞人们,魅力型领导者通常使用语言和非语言的技能进行宣传鼓动。通过沟通和示范,很快使人们对他/她产生信任。下属对于魅力型领导者正直性的强烈信任,导致他们甘愿以他们的职业生涯为代价去实现领导者的愿景。

(3)魅力型领导者精力充沛,行动导向。大部分魅力型领导者精力充沛,并且在完成任务方面常常起到表率作用。魅力型领导者善于情感表露,用语言和非语言的形式表达自己的情感。

(4)魅力型领导者信念坚定、不畏风险地勇往直前。在风险面前,魅力型领导者抱着乐观的态度。敢于挑战,喜欢探讨新事物,做前人没有做过的事情。针对风险,魅力型领导者使用非常规的策略获得成功。

(5)魅力型领导者通常都有自我激励的人格。他们经常自我激励,并且让其他人知道他们有多重要。

以上特征的综合表现是:魅力型领导者用有意义并且积极的方式戏剧性地、与众不同地表现自我。

3.魅力型领导者的沟通风格。魅力型领导者的一个显著特征就是他们具有精湛的沟通能力。除了具备一般领导者的沟通能力和技能外,他们开放地与群体成员沟通,并且创建一个舒适的沟通氛围。他们提倡与团队成员开展双向沟通,并借此不断提升相互之间的信任感。他们通常用两种与众不同的沟通风格来管理:凭借鼓舞来管理和凭借逸事来管理。

（1）凭借鼓舞来管理。鼓舞他人的一个重要途径就是清晰地表达一个高度情感化的信息。所表达的情感必须与听众产生共鸣，才能达到鼓舞的作用。鼓舞型领导者通常使用两个主要的修辞技巧：隐喻和类推、选择适合听众（读者）的语言。

隐喻和类推。一个恰当的隐喻或者类推有赖于智力、想象和评估。魅力型领导者必须能够使用恰当的隐喻或者类推以唤起听众的兴趣，并且能够使听众从隐喻或者类推中明白道理、受到鼓舞。

选择适合听众（读者）的语言。隐喻和类推是鼓舞性的，但是有效的领导者必须能够选择适合听众（读者）的语言。也就是说，你使用的语言必须符合听众（读者）的口味。领导者使用通俗易懂的语言说话有助于创造吸引力。例如，"撸起袖子加油干""幸福都是奋斗出来的"等，都被广大民众所接受并广泛流传。

（2）凭借逸事来管理。魅力型领导者的另一个显著的沟通风格就是广泛地使用难忘的逸事来传递信息。逸事本身就已经在人群中广泛流传。在特定的环境下，魅力型领导者再次拿出来与大家分享容易得到大家的认可，并能很好地理解它的寓意。逸事是一个民族文化的重要组成部分，逸事里包含了文化的精神和哲理。魅力型领导者使用逸事与人沟通，不仅可以鼓舞和教导团队成员，还是建立强大组织文化的主要方式。

三、授权管理与管理沟通策略

（一）领导力与授权管理

一位领导者授权给他/她的下属是否会削弱其权力，影响他们的领导力呢？一部分的解释是相反的：一位领导者和他人一起分享自己的权力时，他/她的权力和影响力就增加了。这是因为集体成员得到相应的工作权力，可以拥有一定的自主权，从而提高了工作积极性，产生了更大的生产力。如果领导者由于集体的成功而获得声誉，他/她就更加有领导力了。一位真正有领导力的领导者会让每个集体成员感到自己可以对自己的工作拥有一定的自主权，依靠自己来完成任务。一位能够向他人授权的人被视为是一位有影响力的人。这也符合管理者的定义：管理者通过别人来完成工作。在一个竞争激烈的、需要快速反应且对知识、判断力、信息的依赖程度不断增加的环境中，最成功的组织应当是那些可以有效地利用团队成员才能的组织。

授权的原意是，管理者将决策权和责任授予集体成员。任何类型的参与型管理、分享型决策、委派任务都被视为是一种授权。授权管理的有效性取决于以下5个因素：意义、胜任力、自主、影响和内在承诺。

1. 意义。意义就是让工作的承担者感觉到这份工作是有意义的，并能理解到工作目标的价值。使他们认识到工作角色的需求同一个人的信念、价值观和行为之间是有契合之处的。一个做着有意义工作的人很可能感到自己被授权了。

2. 胜任力。胜任力或者自我效能，是对自己有能力做好某项工作的信任。一个感觉到自己是有竞争力的人，可以在某个既定的情形下靠自己的能力完成任务。

3. 自主。自主是指人们在完成工作时拥有一定的自主权，对某些事可以自行做出选择。比如，选择工作步骤、工作场所以及解决问题的方法等。

4. 影响。影响是指人们能够在工作中影响战略性的、管理的或者经营的结果。他们可以对公司的发展发表自己的意见和建议，而不是唯命是从，跟随他人的指挥棒转。

5. 内在承诺。内在承诺是集体成员针对工作目标所开发的。当集体成员对某个项目、个人或个人动机的计划做出承诺时，也就有了内在承诺。

除了上面有效授权的 5 个因素外，有效授权的领导方式非常重要。授权管理的实践表明，下面的 8 种领导方式对有效授权有一定的帮助：强化主动性与责任心；把工作与组织目标联系起来；提供充足的信息；允许集体成员选择工作方法；鼓励自我领导；实施以团队为基础的人力资源政策；划定授权的边界；持续领导。

综上所述，授权管理的实质就是领导者将工作任务指派或委派给下属，同时，也将相应的责任和权力授权于下属，使下属更有效地完成其任务。授权管理是一个过程。有效的授权不仅在于有效授权的 5 个因素和 8 种领导方式，还在于授权管理过程中的沟通。

（二）授权管理过程的沟通

从有效授权的因素和领导方式不难看出，授权管理与沟通密不可分。按照授权管理过程，有步骤地、有计划地实施相应的沟通策略与技能。

1. 选择合适的人承担相应的工作任务。领导者向合适的人分派工作任务，只有将任务交给胜任的、有责任心的、自我激励的集体成员，授权才有可能成功。充分了解团队成员的能力、品行、性格与发展需求，可以使授权更为有效。了解团队成员的途径就是与他们进行充分的沟通。比较可行的沟通策略就是前面所讲的听众（读者）分析策略。

2. 使团队成员明白工作的意义、目标和责任。领导者将工作任务授权于下属时，下属对工作的意义、目标和责任并不能一步理解到位。故需要领导者不断进行宣传和教导，从而不断强化他们的工作动机。只有当领导者与团队成员在工作意义、目标和责任上达成一致的认识后，授权才能有效地进行。

3. 对团队成员给予适当的指导。领导者应该根据该组织成员的能力、性格特征尽可能地给予适当的指导。有些人需要非常详细的指导，而另外一些人只需要简单的指导就可以开展工作。在指导下属工作时，领导者扮演的是教练或教师的作用，而非领导的角色。此时的领导风格是支持性、指导性和参与性，沟通方式是说服和征询。

4. 双向沟通，积极倾听与反馈。授权管理的一个基本管理准则就是要得到授权工作任务所完成情况的反馈信息。把一件复杂的工作交给一位集体成员后，负责任的管理者不能等到工作完成后才与该成员谈及这项工作。管理者们应该事先确定什么时候、什么阶段要了解工作的进展情况，进而知道工作过程的反馈信息。在组织内部建立双向沟通的机制，保证反馈渠道的畅通。

5. 交流总结，评估奖励。工作完成后，要及时地进行交流总结，对工作结果进行评估。哪些工作做得好，哪些工作应该做得更好，哪些工作还需要进一步改进。对于做得好的要表扬和奖励。对于做得还不够好的，不能一味地批评，而是要给出改进的具体意见和建议。通过交流总结可以提高团队成员的积极性和工作能力，这对以后授权管理的有效性更有益。

授权管理在很大程度上是领导者与被领导者的互动过程。沟通将会促进这种互动向有利的方面发展，故领导者的沟通策略和技能将起到非常重要的作用。

（三）授权型领导者的人际交往技巧

要成功授权，领导者必须具有正确的态度和有效的人际交往技巧。表4－4是一份领导者的授权态度和行为的自我测评表。对照表4－4，可以检测一下哪些已经做到了，哪些需要改进，哪些还需要加强和提高。

表4－4　　　　　　　　授权型领导者人际交往技巧自我测评

授权态度与行为	现在能做到的	还需要改进的
1. 相信团队成员具有取得成功的能力 2. 对他人有耐心，给他人学习的时间 3. 为团队成员提供做事的指导和框架 4. 循序渐进地教会团队成员新的技能 5. 与团队成员一起讨论问题，激发他们的新思路 6. 与团队成员共享信息，有时仅仅是为了联络感情 7. 定时向团队成员反馈，通过学习过程来鼓励他们 8. 向团队成员提供新的工作方法 9. 表现出幽默感和关怀 10. 注重工作结果，认可团队成员的个人进步		

作为一名管理者或领导者，如果你已经拥有上述绝大部分的态度并实践了上述绝大部分的行为，那么你的授权一定是成功的。你不需要改变你的个性就能具有上述绝大部分的态度和行为。否则，你将要通过学习和实践改变自己的态度和行为。

第四节 团队建设与团队沟通

一、群体与团队的基本概念

(一) 群体与群体类型

群体是指为了实现特定的目标,由两个或两个以上相互作用、相互依赖的个体组合而成的集合体。人际关系学说发现,在组织中存在正式群体和非正式群体。正式群体是指由组织结构界定的、成员有很明确工作分工的集合体。在正式群体中,个体的行为必须遵循组织的行为规范,有组织目标规定,并且指向组织目标。与正式群体不同,非正式群体是由组织成员之间的社会关系自发结成的联盟。它既没有正式的结构,也不受组织的指派。它们是组织成员为了满足各自社会交往的需要而在工作环境中自然形成的。

如果将组织中的各种群体细分的话,还可以将群体划分为 4 种类型:命令型群体、任务型群体、利益型群体和友谊型群体。其中,命令型群体和任务型群体属于正式群体的范畴,而利益型群体和友谊型群体是非正式的联盟。

正式群体,包括命令型群体和任务型群体,它的组成是组织根据组织目标任务的需要,按照组织结构设计,将组织成员分派到各个组织中。组织成员的行为都要遵循组织规定和行为指南。

非正式群体,包括利益型群体和友谊型群体,它是由组织成员自发地组织起来的联盟。它建立在组织成员间的社会关系、共同的利益、兴趣爱好、文化背景等因素的基础上。非正式群体在满足成员的社会需要方面发挥着重要的作用。它促进成员间的社会交往、感情联络和凝聚力。如果对非正式群体管理恰当的话,它将会有利于组织绩效的提升。

大多数人在组织中可能都会属于多个群体。对个人来讲,不同的群体能够满足其成员不同的需要。人们为什么要加入群体?其主要的原因是群体可以满足其成员的各种需要:安全的需要、地位的需要、自尊的需要、归属的需要、权力的需要和目标实现的需要。

(二) 团队与团队类型

1. 团队与群体的差异。团队在形式上与群体并没有很大的差别,但在实质上两者存在相当大的差别。在工作群体中,成员之间的相互作用主要是为了共享信息,进行决策,有助于每个成员更好地承担起自己的责任。工作群体中的成员可以依靠自己的能力来完成自己所承担的工作任务。很少有机会完成需要成员共同努力的集体工作。因此，工作群体的绩效主要是其成员的个人绩效之总和。

工作团队则不同。它需要通过成员的共同努力、协同合作来完成集体任务。团队成员努力协同的结果促使团队的工作绩效远远大于个体绩效之总和。工作团队与工作群体的区别主要体现在目标、协同效应、责任和技能4个方面（如图4-9）。

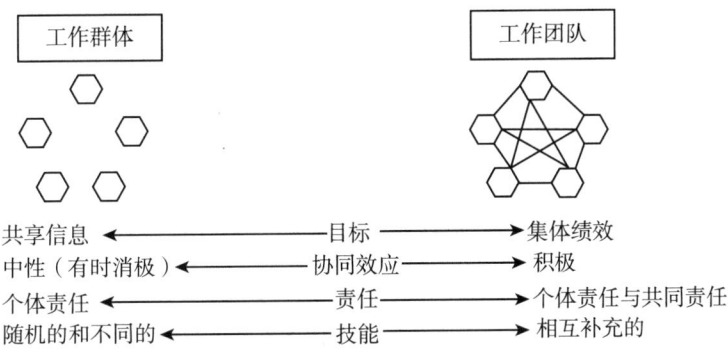

图4-9 工作群体与工作团队的比较

2. 团队的类型。组织中有许多工作都可以由团队来完成。他们可以从事生产、研发、提供服务、谈判、协调项目、研讨问题以及做出决策等。根据所能够从事的工作任务性质，可以将团队划分为4种最主要的团队类型：问题解决型团队、自我管理型团队、交叉功能型团队和虚拟团队。

（1）问题解决型团队。问题解决型团队是团队盛行初期的最早形式。团队成员都来自同一个部门，他们每周利用一定的时间会面，讨论如何提高生产质量和工作效率，改善工作环境等问题。他们对如何改进工作程序和工作方法互相交换意见看法或提出建议。但是，他们几乎没有权力来实施这些建议。只有这些建议被领导层认可，并通过组织的决定，他们才能实施。

问题解决型团队的做法行之有效，但在调动员工参与决策的积极性和全身心投入工作方面尚有不足。为了改进这些不足，企业开始尝试建立真正的独立自主的团队。他们不仅为解决问题提出方案，还要实施解决问题的方案，并对工作的结果承担全部责任。

（2）自我管理型团队。自我管理型团队，顾名思义，就是团队成员实行自我管理。他们分担了主管以前所承担的责任。他们的责任范围包括：制订计划和安排工作日程；分配各成员的工作任务；总体掌握工作进度；做出操作层面的决策；对出现的问题采取措施并解决；甚至他们还可以与供货商和客户接触谈判。完全自我管理的团队还可以自己挑选成员，实行自我的绩效评估。这样，主管人员的管理角色被淡化，而只是一名组织者。

自我管理型团队要取得良好的效果可不那么容易。因为自我管理型团队有极高的要求，如团队成员对目标任务的共同认知、工作中的协同合作、沟通协调、行为规范、绩效评估等都是影响团队绩效的重要因素。

（3）交叉功能型团队。交叉功能型团队，是企业为完成一项必须由多个部门合作才能完成的工作而组成的跨部门界线的横向组织。团队成员来自各个不同的部门，他们的特长和技能都有所不同，他们的合作共事能够承担起组织的项目和任务。最常见的就是研发团队。交叉功能型团队可以成为一种有效的方法，它使组织内部（甚至是组织之间）不同领域的员工交流信息，激发人们采用新办法解决问题，并使人们共同合作完成复杂的任务。

交叉功能型团队任务复杂、规模较大、成员的背景多元化、其专长和技能涉及领域较广，因此，在初建时期运作难度较大。因为团队成员需要学会处理复杂性和多样性的工作任务，故在成员之间，尤其是那些背景、经历、专业和认知方法不同的成员之间，需要一定的时间才能建立起信任并且真正合作共事。

（4）虚拟团队。虚拟团队，是随着网络技术的发展而出现的新型团队形式。它利用电脑技术把实际分散的成员联系起来，为实现一个共同目标而组成的工作团队。虚拟工作团队可以承担完成其他团队能够完成的所有任务。他们在沟通联系方面可以快速地与本组织内的成员或组织外的相关人员联系。例如，通过宽带网、可视电话会议系统、电子邮件、微信等沟通联络方式，无论他们只有一墙之隔，还是远隔千山万水，都可在"线上"进行合作。

虚拟团队，与其他面对面活动的团队相比，在沟通联络方面具有快速、传播广泛的优势，但是，他们缺乏副语言和非语言的线索。在面对面的沟通中，这些副语言（语音、语调、语速、抑扬顿挫、音量等）和非语言（眼神、面部表情、手势以及其他身体语言）提供了更多的意义，使沟通的内容更容易理解。但是在"线上互动"中，这些内容并不存在。虚拟团队成员更多的可能是任务取向，相互交流的信息和更少有社会—情感的内容。

二、建设高效的工作团队

（一）团队建设与开发

1. 团队有效性模型。无论是何种类型的团队，关键是他们必须要有效。他们所产生的绩效应该大于工作群体个人绩效之总和。如何才能使团队运作有效，研究者与管理实践者进行了各种努力，他们提出了一个影响团队绩效因素的基本模型（如图4-10所示）。由于各种类型的团队工作在形式上和结构上存在差异，故该模型不可能面面俱到都包括进来，但是它为我们提高团队运作效果提供了概括性的建议。

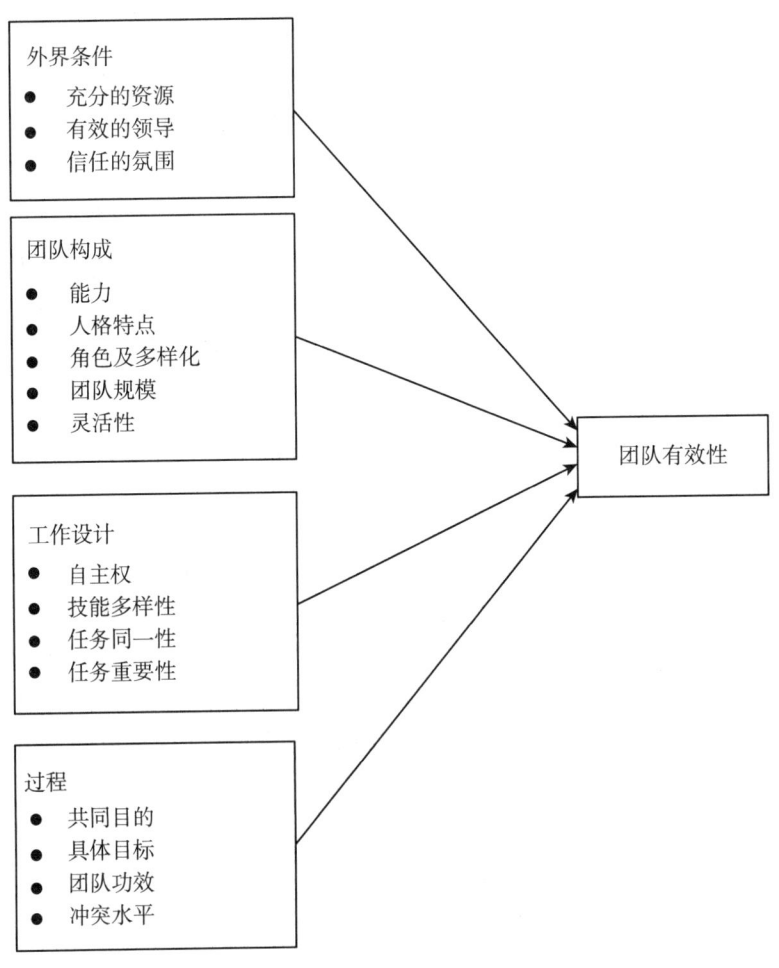

图 4-10 团队有效性模型

2. 团队建设与开发。团队的有效性在于团队内蕴藏着的潜能。通过团队建设与开发将团队内的绩效潜能激发出来,提高团队的有效性。

(1) 团队文化与团队精神。任何一个组织都有组织文化。组织文化和精神是组织发展的灵魂。团队也不例外,首先需要建立起团队文化和团队精神。

根据团队的特点,团队的精神内涵应该是:在团队与其成员之间的关系方面,团队精神表现为团队成员对团队的强烈归属感与一体化;在团队成员之间的关系方面,团队精神表现为成员之间的相互协作及共为一体;在团队成员对团队事务的态度方面,团队精神表现为团队成员对团队事务的尽心尽力及全方位的投入。

高效团队的根本特征是高绩效。但从团队建设的角度来看,高效团队的特征具体表现为:共同愿望、共同目标与有效的策略;健全合理的考核制度与升迁制度;民主的、和谐的与善于沟通的文化环境;重视人才;有效的激励机制;提倡学习和创新。

概括地说,一个真正的团队应该有一个共同的目标,其成员在行为上相互依存、相互影响,并且能很好地合作;在心理上能意识到其他成员的存在,并有彼此归属感和工作合作精神,以追求整体成功的意愿和行动。而团队精神是团队成员以团队的利益为目标而相互协同,尽心尽力地发挥作用。

团队精神是需要逐步培养的。培养团队精神的切入点包括:培养共同的价值观、工作理念和工作态度;正确地认识自己、认识同事和认识团队;个人与团队共同成长,创造成就感;培养协调沟通的能力及处理冲突的能力;培养相互信任的精神及与人合作共事的能力;关心他人,乐于助人、互惠互利;创造"家"的感觉,树立整体观念。

(2) 建立团队管理规则、制度及机制。任何组织的运作都需要规章制度来维护,并规范成员的行为。高效团队,无论它是何种类型,都需要根据自己的工作特点和性质制定相应的规章制度,建立多种管理机制,以保证团队能够有效地运作。

一是建立快速有效的决策机制。决策是管理中的首要工作。团队决策的显著特点是所有成员尽量达成一致。团队需要决策的问题有:工作如何分工,如何安排工作日程,需要开发什么技能,如何协调解决工作中的矛盾冲突,如何做出和调整决策等。决策的形式,可以是团队的领导直接做出决策,也可以由团队成员集体决策。有证据表明,自我管理型的工作团队往往比正式指派领导者的团队完成工作的效果更好。

二是建立沟通协调机制。高效的工作团队必须有一套内部沟通机制和体系。工作团队的运作要求员工积极参与管理,拥有一定的自主权来决定自己的事情,工作上相互协同,这需要员工掌握足够的信息,相互之间充分了解。为了保证员工能够及时掌握必要的信息,保证员工之间沟通渠道畅通,工作团队必须建立起相应的沟通制度。例如,例会制度、日志、信息通报制度、研讨会等。另外,不可忽略一个重要的沟通形式——有组织的非正式沟通。

三是建立员工技能培训提升机制。与工作群体比较,一个明显差异就是工作团队成员的技能是相互补充的。员工技能相互补充需要对员工的技能水平进行协调,使他们的技能水平能够相互适应配合达到工作任务的需要。随着科学技术的高速发展,技术更新速度很快,需要员工迅速掌握这些新技术,以适应社会、市场的需要。培训已经成为企业的常规工作,对于工作团队来讲,建立员工培训提升机制尤为重要。

四是建立绩效评估与奖酬体系。与工作群体的绩效评估不同,团队绩效是成员相互协同的结果,组织考核的是团队的集体绩效。因此,团队的绩效评估应该是以集体为基础在绩效评估、利润分享、小组激励以及其他相关方面进行变革,以达到强化团队努力和团队承诺的效果。但是,团队成员的个人绩效也不可忽略。团队绩效评估应该能够使团队成员在集体和个体两个层面上都具有责任心。在团队成员个体绩效评估方面,除了对个体的能力和贡献度进行评估外,还需要强调协同合作、工作态度、人际关系、沟通协调等方面的因素。

五是建立激励及团队功效机制。为了防止团队的社会惰化，强化团队功效，团队需要建立一套激励及团队功效机制。一是在团队成员中树立目标意识，认识工作意义，让他们感觉到自己工作的重要性。二是使工作具有一定的挑战性，培养成员敢于挑战的勇气。三是培养成员的集体责任心、个体责任心以及集体荣誉感。四是通过不断帮助成员成功，可以从小小的成功开始，增强他们的自信心。五是管理者通过一些培训来提高成员的技能和人际能力。团队成员的素质技能得到提高，他们的自信心和工作热情也会相继提高。

（3）选拔合适的员工。从团队的构成上看，团队需要三种不同类型技能的成员：第一，具有技术专长的成员；第二，具有解决问题和决策技能的成员，他们能够发现问题，分析问题，提出解决问题的建议，并权衡建议，最后做出有效选择；第三，具有善于倾听，提供反馈，解决冲突及处理人际关系技能的成员。如果一个团队不具备以上三类成员，就不可能发挥它的绩效潜能。团队的组建并不是在工作群体的基础上更改一下名称就可以开始实施团队活动的。组建团队，一开始就要按照这三种类型的人员进行选拔，同时控制好三种类型人员之间的人数比例。当然，并不是被选拔上的成员就能完全符合这三种类型成员的要求，但至少要具备这三种类型人员的技能倾向。进入团队后，经过不断培训，在工作中学习提高，不断增强自己的技能。

（4）控制团队规模，合理配置员工。实践证明，团队的规模不宜过大。有效团队的秘密在于：往小处想，理想的情况下，团队人数应该为7~9人。通常来说，最有效的团队规模不超过10人。而且专家建议，在能够完成任务的前提下应该使用最少的人数。此外，不能忽略这样一个问题，随着团队成员的补充，人员合作方面的问题成几何倍数增长。当人数过多时，团队内聚力和相互信任就会下降，社会惰化现象就会增加。

控制团队的规模，做到不用闲人，这就要求团队成员都成为多面手，具备多种技能和知识才能。比如，有人既是具有技术专长的成员，又是具有解决问题和决策技能的成员。或者有人既是具有解决问题和决策技能的成员，又是具有解决冲突和调解人际关系技能的成员。在团队成员的角色配置方面，更是需要团队成员扮演多种角色。成功的工作团队需要成员扮演的角色有：组织者、评估者、推动者、创造者、联络者、建议者、维护者、控制者和生产者。管理者需要了解团队个体的优势、工作偏好、性格特征等情况，合理配置员工的角色。这样可以最大程度地发挥团队成员的效能，减少人员的补充。

如果团队承担的工作任务过于繁重而复杂，需要的人数确实较多，又希望采取团队的做法，那么最好的办法就是把团队分解成几个10人左右规模的亚团队。

(二) 团队成员的培养与训练

工作团队的运作成功以及它的有效性证明了它的价值，且这种方式也日益盛行。但是，不是所有人都是天生的团队队员。大部分人都需要经过培训和实践锻炼才能够转变成合适的团队队员。

1. 培训的基本核心内容。使一位普通的员工成为合适的团队队员，困难的不是团队成员的个体技术技能，而是团队意识和团队精神、与人共事合作沟通的技能、解决冲突的技能等。

（1）文化价值观培训。与工作群体的文化价值观不同的一个重要点是，工作团队成员的成功与否不再由个人绩效所决定。要成为一名团队成员，首先是改变思想观念，树立集体主义观念，将个人的目标升华为团队的利益。特别是对于来自民族文化是高度个人主义背景的员工以及高度重视个人成就感群体的员工，这种思想观念的转变是非常困难的。

（2）相互信任的培训。相互信任是相互合作共事的基础。培养团队成员之间的相互信任非常重要。信任的维度包括正直、诚实、可信赖；能力：技术技能、人际能力和解决问题的能力；一贯性：可靠、行为可以预测、在处理问题时具有较强的判断力；忠实：愿意为别人维护和保全面子。

如何才能被他人信任呢？下列的行为表现能够被信任：表明你是既在为自己的利益工作，又是在为别人的利益工作；成为团队的一员，用言语和行动来支持你的团队；开诚布公；公平、公正、公开；说出你的感受；表明指导你进行决策的基本价值观是一贯的；保密、尊重他人的隐私；表现出你的才能。

（3）沟通技能培训。高效的工作团队有赖于团队有效的沟通。高效团队必须建立起有效的沟通机制、建立沟通制度、开展多种沟通活动，使团队能够高效地运作。这就要求团队成员必须掌握一定的沟通技巧。

第一，提问的技巧。提问的目的主要是引导对方的话题，控制沟通的内容，引发对方的思维和想法。提问的方式有许多种，比如，封闭式问题和开放式问题、启发式问题和结论式问题、假设式提问和判断式提问、追问、反问、设问、转换话题的提问等。

第二，倾听的技巧。倾听的目的主要是充分了解对方对某一事情的思想、观点和态度，发现对方的思维模式和心理状态。倾听，首先，要让对方把话讲出来，而且要讲真话和事实，让对方敢于暴露自己的想法，给对方讲话的信心；其次，要关注对方语言和非语言所表达的心理倾向和情绪信号；再其次，及时地给予对方积极的反馈，鼓励对方；最后，在倾听的过程中，与对方进行适当的互动和交流。

第三，说服的技巧。说服的目的是要对方能够接受自己的某些建议和主张，或者改变某些观点和想法。说服首先要以事实和数据说话，通过逻辑推理、重要性和利害关系的分析、前景展望分析等各种方式来说服对方。说服要避免强加于人，要给对方思维的空间。

第四，暗示的技巧。暗示的目的是既能让对方认识到某些事情的重要性或问题的所在，同时，又能给对方留有一定的"面子"。暗示主要是通过比喻、借喻、暗喻、讲故事、提问题等方式引发对方对问题的思考和解惑。暗示有语言暗示、行为暗示、环境暗示和物件暗示等。

第五，批评的技巧。批评的目的是要让对方认识到自己的过错或过失。从人的本性来讲，谁也不愿意听到批评，但有时候又不得不批评。批评就成了一门艺术。批评，首先，要让对方认可过错或过失的事实，最好是能够让对方主动承认这一事实；其次，共同分析其原因；最后，提出改进的建议和措施。批评要注意对事不对人，避免对人格方面的批评语言和表情，用理解的态度看待对方的过错或过失。

第六，叙述的技巧。叙述的目的是能够客观地对事实进行描述，尊重客观事实，以达到双方对事实的了解和认可。叙述要求所描述的事实层次分明、结构紧凑、事实连贯并具逻辑性，客观不加任何评论，可以结合相关的文字记录、文档资料或工作日志等。

第七，评述的技巧。评述的目的是让对方了解自己对某些事情的看法和观点，对绩效或事件的评价。在进行评述时，观点明确、态度鲜明；论据要具体，实事求是；论证有理、有力。在语气方面，要以交流和交换意见的态度进行评述。

第八，总结的技巧。总结的目的是综合各方意见，并对达成的一致意见和各方的某些重要观点进一步强调和确认。总结以概括、简洁、肯定的语言明确地表述出来，要条理清晰、层次分明、观点明了。不要忘记，最后对参与人员表示感谢。

（4）处理冲突的技能培训。再和谐的团队都难免会发生冲突。团队成员处理冲突的能力关系到能否将冲突转化为动力促进团队的绩效。因此，团队成员必须掌握一定的处理冲突的技能。这里给出一些处理冲突的建议：达成一致的目标；解决问题；确保自己不拘泥于固定的观点；阐明双方的利益关系；认识到双方保全面子的需要；让对方感觉到你的诚意；避免争执，控制自己的情绪；力求理解对方的观点、需要和最低要求；确保双方的利益，希望取得成功；当冲突结束时，给予对方足够的信任。

在沟通方面，团队成员应该做到：以倾听态度进行背景询问；告知来龙去脉，让对方知道自己的处置、立场和难处；针对对方的需要考虑，提出双方都可以接受的要求；提出两种务实方案，通常是合作或不合作；当机立断，进退适宜地采取行动。

2. 培训的基本形式和方法。如何培训团队队员，关系到员工个体是否可以成功转换为合适的团队队员。行之有效的培训方法就是参与式训练，或者叫"动起来"训练。请专家或由企业培训师为他们授课，讲授理论知识，使团队成员提高认知和理论水平是必不可少的培训方式。从提高认识到改变行为，参与式培训能够取得较好的效果。参与式培训的特点就是能够让每一个成员都有机会参与到活动之中，通过活动深刻地体会到行为的真正含义和意义，从而促进自己行为上的改变。参与式培训的主要形式有：户外训练、拓展训练、无领导小组讨论、案例分析、情景模拟与角色扮演等。

（1）户外训练与拓展训练。这是一种流行的培养团队合作和领导技能的实验性方法。无论是户外训练还是拓展训练，都是通过"动起来"进行学习的形式。参与者通过面对生理挑战并超越他们自身的局限而获得领导和团队合作的技能。训练项目的设计就是将参与者置于一个特定的户外环境中，给他们一个自认为不能完成的任务。在情景和任务的压力下，他们必须依赖他们没有意识到的自己以及他人所拥有的技能来完成任务。这里所强调的不仅是团队合作的培养，还包括了领导能力和自信心。这种类型的训练可以帮助达到下列效果：发现你的优势和不足；测试你的极限（它们远远超乎你的想象）；像团队一样一起工作；获得乐趣；更加清楚地了解自己；寻找机会突破自身的障碍；寻找机会打破你与他人之间的障碍。

户外训练与拓展训练设计的项目种类众多。选择怎样的环境，选择哪些活动，设计哪些障碍？这些都必须与团队工作紧密结合，根据团队成员技能培训需求来选择。总体上来说，户外训练与拓展训练通过帮助参与者在完成任务中与其他人一起工作来促进团队合作。参与者在训练中可以锻炼他们的沟通能力、相互合作协作的能力、相互鼓励、增强自信心和领导力。

要提高户外训练与拓展训练的效果，必须把握好两个重要的环节：一是在训练前，给参与者教授相关的理论知识，因为他们要掌握一定的理论知识的基本概念。二是在训练之后，参与者坐下来认真讨论总结训练的过程。哪些是做得好的，哪些还做得不够，还应该怎么做才会更好。通过行动实践和讨论总结使参与者领悟理论知识的真谛，并能够将理论知识转化为自己的内在知识和经验，能够指导自己的行为。

（2）情景模拟训练。它包括了无领导小组讨论、案例分析、角色扮演等。这些同样属于参与式训练。它不同于一般的理论知识授课，但它又是紧密结合授课而开展的课堂活动。它同样需要事先设计一种情景，可以是文字的，也可以是视频、电影等，将参与者置于这种情景中，通过集体讨论或活动解决情景中出现的问题。

第一，无领导小组讨论。顾名思义，这种小组讨论是没有领导来组织的。团队成员集合在一起对某个情景里的问题进行讨论分析，并做出决策解决问题。首先，这种形式可以促使参与者积极发言，各抒己见，允许各种不同的观点和想法在这里撞击。这可以锻炼人们的发散性思维。其次，需要将各种不同的观点和意见综合归纳，提出一个能包含大多数人意见、观点和看法，同时，还要能够说服一些不同意见的人接受他人的观点和意见。这可以锻炼人们的概括归纳及说服能力。最后，要做出决策，这个决策需要得到大多数人的认可。通过这个活动可以锻炼参与者的分析思维能力、沟通能力、领导能力和决策能力。虽然是无领导小组讨论，但在讨论过程中会产生和发现具有领导力的成员，同时也培养了人们的影响力。

第二，案例分析。案例分析训练已经成为企业培训的重要方法。案例分析可以帮助参与者提高分析问题、解决问题以及决策的技能。通过给参与者一个案例（可以是书面的案例报告，也可以是影视作品），向他们描述组织面对的困境和难题，参与者组织成4~6人的小组，按照案例分析的步骤进行讨论，最后提出解决问题的方案，并做出决策。在案例分析过程中，参与者的自我思考和自我发现可以促使他们对原理更好地理解和更长时间的记忆。案例分析的方法不仅是一种训练的工具，还可以运用到实际的工作中，帮助解决实际的问题。同时，这种方法还可以培养参与者的沟通协调能力。

第三，角色扮演。这种技术是将参与者置身于一个情景中，并由参与者扮演情景中的各种角色，根据情景设计的情况，各种角色面对各种问题进行互动，最后解决问题。角色扮演主要运用在人际问题的分析、态度的改变以及人际关系技能的发展方面。这种训练可以使参与者有更多的机会经历许多工作中的问题。他们可以通过尝试各种不同的方法来解决问题，并且考虑哪种方法更有效、为什么会有效。角色扮演的学习效果取决于参与者是否愿意实际地进入角色，就好像在实践工作中一样。

第四，情景模拟。这是一种模拟现实生活中的某一场景的培训方式。在这种场景下，参与者的行为所产生的结果就是在其工作中做出同类的行为所可能产生的结果。例如，在企业的管理培训中所采用的"一周厂长制、模拟董事会"等培训方法。团队模拟训练也是要提供一个与真实情况相符的情景，在这种情景下员工所做出的行为表现极有可能在现实工作中会出现。在采用情景模拟训练方法的时候，要注意模拟的情景必须与实际的工作环境有相同的构成要素。但是这种培训方法的成本会比较高。

以上各种情景模拟训练方法的要点是通过情景模拟和参与将理论与实际联系起来，使理论知识内化为自己的心得和体会，并能够在实践工作中得到运用。其培训的效果和收获的多少在于参与者的参与度，全身心的投入和参与将会得到丰硕的成果。

（三）促进团队合作的领导行为

团队领导与工作群体领导比较，在领导风格和类型上存在较大的差异。尽管团队的领导风格多数是分权式领导，使团队成员分享领导角色。但是，团队领导在团队建设和合作中依然起着非常重要的作用。

1. 团队领导者的职责、作用及角色。作为团队的领导者，在很大程度上强调团队的建设，并根据团队的发展水平来评估他们自己的绩效。对于一个以团队为基础的组织来讲，一项重要的目标就是使团队成员参与到领导和管理的活动中。因此，他们需要学习新的领导方式，需要对团队过程的知识有充分的了解，从而帮助处理团队中人际方面的要求。他们需要帮助团队保持团结，解决个性和工作方式的不同所带来的问题。他们还需要不断鼓励成员协同合作，教导他们不断学习新技能，帮助团队发挥出其潜能。从某种程度上讲，团队领导担任了更多的领导职责，较少的管理职责。他们的作用更多的是组织和引导。团队领导主要扮演以下角色：建立信任和鼓励团队合作；指导团队成员达到更高的绩效水平；促进和支持团队的决策；开发团队的潜能；保持团队一致性；参与和影响变革；鼓励团队向更高的绩效努力；授予权力和方法，使得团队成员完成他们的工作；鼓励团队成员消除没有价值的工作；调节处理团队的冲突矛盾，保持良好的人际关系；营造良好的沟通氛围，保持团队的沟通通畅。

2. 促进团队合作的领导行为。促进领导合作，一方面是领导者富有鼓舞力的人格特质，另一方面是可以通过特定的行为和态度来鼓励团队合作。表4-5列出了提高团队合作的行为。这些行为被划分为两类：领导者可以利用他们自身资源的行为（非正式方式）和通常需要依靠组织结构与政策的行为（正式方式）。

表4-5　　　　　　　　　　鼓励团队合作的领导行为

领导者可以利用自身资源的行为	通常需要依靠组织结构与政策的行为
确定团队的使命	设计利于沟通的物理结构
建立团队合作的标准	强调集体的认同和奖励
强调因为出色而骄傲	建立仪式和典礼
举行聚会	实践透明化管理
成为团队合作的榜样	选择团队取向的成员
采用一致性领导风格	采用利于团队合作的技术
进行督促、制定绩效标准、提供方向	
鼓励与其他群体竞争	
鼓励使用团队内的术语和行话	
征求团队有效性的反馈	
最小化微观管理	

从表4-5中可以看出，大多数促进团队合作的行为都属于有效的人际技能。这就要求团队领导具有较强的人际技能，并能够在促进团队合作中得以发挥。

3. 采用鼓舞性的、支持性的、具有说服力的沟通策略和技巧。研究和实践证明：有效领导者同样也是有效沟通者。优秀的领导者是通过鼓舞、激励和说服他人来培养自己的领导力。如何让沟通变得更有效和更有说服力？语言和非语言是沟通的两大渠道，其中语言又分为口头语言和书面语言。

（1）语言沟通（口头的和书面的）。语言在表达愿景时是最有力的方法之一。成功的领导者会运用比喻和形象的语言；他们列举事例，讲故事，还会想到趣闻轶事；他们用语言描绘蓝图；他们会引用名言并且背诵出有吸引力的口号。大多数有效领导者的沟通风格中都会包含一些额外的策略和技巧。下面列出一些具有鼓舞性的口头及书面沟通建议：值得信赖；运用影响说服力组合；针对听众调整信息；将建议的益处推销给团队成员；使用高冲击力和激发情绪的词语；运用趣闻轶事来表达含义；用数据支持结论（要点）；尽量减少语言错误、无用的词汇和声音停顿；书写清晰、语言流畅、简短明了的备忘录，信函和报告。

（2）非语言沟通。高效领导者既是优秀的语言沟通者也是专业的非语言沟通者。非语言沟通之所以重要，是因为领导力包括情绪，而情绪的表达绝大部分是依赖非正式语言。一名自信的领导者不仅会有把握地进行口头和书面沟通，还会通过身体语言、手势和讲话的方式来表现出自信，并将其自信传播给他人。通常能够表达出自信并具有影响力的非语言行为方式如下：挺拔笔直的姿势。行走、站立、就座时保持挺拔笔直的姿势以体现积极向上的精气神，是一种充满自信的表现；与人接触时，保持目光接触，不要东张西望，不要目光漂移；讲礼貌、懂礼节；尊重对方的文化习惯；与人交谈时，保持语速适中、语调平稳、控制好抑扬顿挫，富有情感；有很强的时间观念，守时、守约、守承诺。工作有较详细的时间安排表；衣着得体、整洁，配饰合理；合理布置办公环境和工作场所。

虽然并不是所有的人都会以相同的方式来解释同一种身体语言和其他非语言符号，但是非语言行为的某些方面会在很多情况下反映出自信和领导形象。

三、团队合作与团队沟通

（一）团队合作的基本概念

团队，仅仅是群体的另一个代名词。团队区别于其他工作群体的关键是其成员通过团队合作能够体验到最优的成功和成就。团队合作是指在理解和忠于组织目标的基础上，与其他成员一起协同完成工作。所有的团队都是群体，但并非所有的群体都是团队。团队与群体的差异主要表现为如下方面。

1. 团队的成员对组织都拥有一个共同的承诺是团队的特征之一；在群体中这种承诺则不一定有这么强烈。

2. 团队的绩效是团队成员合作得来的；而群体成员的工作则较为独立，它强调的是成员个人的绩效。

3. 群体成员需要一位强有力的领导，甚至是一位专断型领导；而团队则是分享领导角色，需要的是一位善于授权的参与型领导。

4. 在团队中，既有个人的责任，也有大家共同承担的责任；相反，在群体中强调个体责任。

5. 团队成员的工作相互联系、相互补充、共同合作；而群体成员有时则只是完成自己的那份工作。

为什么不是所有的群体都可以是团队呢？这是因为团队合作要求甚高，它对团队领导者和团队成员都有独特的要求。团队合作必须要有一个和谐的工作氛围、高效的工作节奏和良好的人际关系。这里包括了团队领导者与团队成员之间的关系以及成员之间的关系，这些都依赖于有效的团队沟通。

（二）团队沟通的基本原则与制度

工作群体的沟通多数是遵循组织内部管理沟通的原则，依照组织架构形成的沟通路线，强调成员之间的职位关系实施正式沟通。而非正式沟通是成员按照自己的社会关系和个人兴趣爱好结成的结盟关系进行沟通。与工作群体沟通不同，团队沟通的主要任务和目标都是为了更好地促进团队合作、使团队高效运作。因此，需要建立团队沟通的基本原则和制度。

团队沟通的基本原则是：全员参与原则、民主集中制原则、目标导向原则、系统思考原则、全局观念原则。

1. 全员参与原则。团队运作的一个最大特点就是全员参与，成员之间的沟通也应该是全员参与式的沟通。人人都可以发表自己的意见和看法，人人也都在听他人的意见和看法。这样可以达到群策群力、集思广益的效果。

2. 民主集中制原则。团队运作的另一个特点就是达成一致性。在全员参与的沟通基础上，如何将各种不同的意见和看法形成一致性，那就要靠民主集中制。民主是第一步，大家一起发表意见和看法。集中是第二步，在大家充分发表意见和看法的基础上，将大家的意见和看法进行统一，求同存异。

3. 目标导向原则。团队成员在沟通时遵循目标导向原则，大家围绕着同一目标进行沟通比较容易趋于一致。特别是在解决冲突矛盾的沟通中，只要大家目标一致，就可以保持冲突维持在过程冲突的水平上，利于矛盾冲突的解决。

4. 系统思考原则。系统思考是指团队成员思考问题、提出问题从组织系统的角度出发，防止片面性。这样可以发现问题的内在联系，有利于提出系统的解决方案。

5. 全局观念原则。团队运作依赖于其成员之间的密切合作，创造的是集体绩效。他们之间的沟通必须有全局观念，而非个人或局部观念。他们考虑的不仅是现在，还有未来。

团队成员除了遵循其沟通原则参与沟通活动外，还要有一定的沟通制度来保障团队沟通的通畅和有效。团队沟通的基本制度有：各类会议制度、请示报告制度、信息通报制度、调研咨询制度、反馈回应制度等。

1. 会议制度。会议是组织沟通的一种重要形式,将会议制度化是提高会议沟通效益的重要手段。

2. 请示报告制度。请示报告是组织沟通中的两项重要程序。事先请示、事后报告便于掌握工作的进展,及时发现问题、解决问题,也利于协调成员之间的工作。

3. 信息通报制度。信息共享是团队运作的重要基础。建立信息通报制度可以保证团队成员之间信息共享。

4. 调研咨询制度。调研咨询既是团队的一项工作,也是团队沟通的一种形式。它有利于全面地了解情况、分析问题、解决问题,广泛听取大家的意见和看法。

5. 反馈回应制度。反馈是双向沟通的重要标志。团队沟通是全员参与的沟通,其沟通的形式必然是双向的沟通。为了保证有效的双向沟通,必须建立起反馈回应制度。

(三) 团队沟通的形式与方法

1. 建立团队沟通网络。组织沟通网络形式有五种:链式沟通、环式沟通、轮式沟通、Y式沟通、全通道式沟通。根据团队工作的性质和任务特点,适应其运作的沟通网络应该是全通道式沟通。

全通道式沟通是一个开放式的沟通网络系统,其成员之间都能够畅通沟通,相互了解,信息分享。该网络中组织的集中化程度和领导的预测程度都很低。由于组织各成员都能相互沟通,交流信息,因此,成员的满意度较高。这种沟通网络比较适用于团队、技术攻关和矩形结构的组织。作为领导决策团队,在实行这种沟通网络时,应该建立集中机制及保密机制。这种沟通网络形式最初被认定为是一种非正式沟通形式。但是,随着组织结构的创新和发展,全通道式沟通网络形式也被列为正式沟通的形式之中,而且在团队沟通中被广泛使用。

现代化电子网络技术的发展使得团队的全通道式沟通更加便利。团队成员建立一个工作群,所有成员都可以在这个工作群里发表意见、讨论问题、互通信息等。即使是成员之间相隔千里之外,网络技术的沟通也能达到及时互动双向沟通的效果。

2. 利用各种形式的会议。会议是组织群体沟通的重要形式。会议的形式和类型有很多,比较适合团队沟通的会议形式主要有:例会、研讨会、座谈会、访谈会、工作协调会等。

会议是日常生活和工作中必不可少的一项沟通活动。会议,就其本身字面的含义,包括了两层意思:一是会,就是大家聚在一起;二是议,就是大家讨论、商议、交换意见等。会是聚集的行动,议是行动的目的。如果大家聚集在一起什么都不做,那么这种聚集就没有任何意义。聚集在一起的目的就是大家共同商议、讨论、交换意见,对一些特定的问题提出解决的办法。在团队合作中,会议是必不可少的重要沟通形式。

如何开好一次成功的会议，无疑需要实施有效的会议管理。从会议的过程来看，会议管理应该从会议准备、会议召开和会后跟踪三个阶段进行会议管理。

（1）会议准备。在会议准备阶段，如何组织会议主要是通过拟定会议议程来制订会议计划。会议议程一般都包括了会议准备工作的各个项目。会议议程一方面可以检查会议的准备情况，另一方面可以为下一步的会议召开奠定基础。拟定会议议程或制订会议计划是如何组织会议的第一步骤。

（2）会议召开。会议召开一般都是按照事先拟定好的会议议程进行。会议召开过程可以分为三个阶段：会议开始、按照会议议程实施开会和会议结束。会议召开期间，要安排好会议记录和工作人员的服务。

（3）会后跟踪。会后跟踪是会议结束后执行会议决议，完成会议各项事宜的关键，也是提高会议效益的必要措施。会后跟踪一般包括撰写和发送会议纪要或会议决议；督促检查会议有关的落实情况；协调各部门落实会议决议事宜；兑现会议的承诺；必要时发送催办通知等。

3. 利用非正式沟通。与工作群体相比，工作团队的正式沟通与非正式沟通的界限不是十分的清晰。一般的工作团队规模较小，团队成员10人左右。团队合作强调成员之间平等的沟通，很多事情也就在随机的非正式沟通中得到了解决。但是，非正式沟通是把双刃剑，团队需要有组织地、有计划地开展非正式沟通。

（1）举行聚会。这种聚会是故意被设计为非正式的、友好的和无结构的。其目的就是能够让团队成员在轻松愉快的环境下畅所欲言地讨论问题、解决问题，并建立和维护成员之间的合作关系。这种聚会都包括三个部分的内容：技能表述、兴趣表述和项目交流。技能表述给予每位团队成员一个机会来描述他/她和任务相关的技能、经验和资质；兴趣表述使每位成员有机会描述他们工作之外的兴趣爱好，这些公开的兴趣爱好可以成为团队成员之间关系的纽带；项目交流是让每位团队成员都有机会表达他/她对于项目（任务）的想法和感觉。其他成员认真倾听，让其把话讲完。一个有效的项目（任务）交流可以减少抱怨，因为团队中的每位成员都有机会来表达他们对项目的想法。

（2）设计利于沟通的物理结构。当团队成员被安排在一起且比较接近，并能够经常容易地进行交流时，团队和谐及进一步的团队合作就可以得到提高。频繁地接触通常可以带来友谊的诞生和归属感。为了便于团队成员更多的接近，应当有一个轻松沟通的环境，设计一些利于沟通的物理结构。比如，通透的办公室、休闲的会议室、休息的咖啡屋或茶水间。在这样的环境下，成员们既可以休息补充精力，又可以进行群体沟通。

参考文献

[1] 安德鲁·J. 杜伯林（Andrew J. DuBrin）著，王垒译：《领导力——研究·实

践·技巧》，中国市场出版社2007年版。

［2］查理斯·E.贝克著，康青、王蔷、冯天泽译：《管理沟通——理论与实践的交融》，中国人民大学出版社2004年版。

［3］程艳霞：《管理沟通》（修订版），武汉理工大学出版社2005年版。

［4］姜少敏、侯书森：《财富论谈——破译世界500强经营内幕》，中国城市出版社1999年版。

［5］罗锐韧、曾繁正：《管理沟通》，红旗出版社1997年版。

［6］迈克尔·E.哈特斯利著，葛志宏、陆娇萍、刘彧彧译：《管理沟通——原理与实践》，机械工业出版社2008年版。

［7］史蒂文·麦克沙恩：《组织行为学》，中国人民大学出版社2008年版。

［8］Mary，Munter著，钱小军、张洁译：《管理沟通指南——有效商务写作与交谈》，清华大学出版社1999年版。

［9］诺曼·B.西格班德，亚瑟·H.贝尔：《经理人员的沟通》，机械工业出版社1998年版。

［10］邱毅：《冲突管理与沟通技巧》，载《经济前瞻》，1999年第1期。

［11］申明、郭小龙：《管理沟通》，企业管理出版社2002年版。

［12］斯蒂芬·P.罗宾斯著，孙健敏、李原译：《组织行为学》（第12版），中国人民大学出版社2009年版。

［13］王磊：《管理沟通》，石油工业出版社2002年版。

［14］魏江、严进：《管理沟通——成功管理的基石》，机械工业出版社2006年版。

［15］赵建平：《企业文化——管理的灵魂》，中国石化出版社2002年版。

［16］钟金、杜俊鸿：《华为文化密码》，电子工业出版社2019年版。

第五章

职业道德

第一节 商业伦理与管理会计职业道德规范

一、伦理、道德与商业伦理

(一) 伦理及其本质属性

伦理指在处理人与人、人与社会和人与自然相互关系时应遵循的道理和准则。它是一系列指导行为的观念,也是从概念角度上对道德现象的哲学思考。英文的"伦理"(ethics)源于希腊语 ethos,表示常住的住所。亚里士多德道首先将名词 ethos 转变为一个形容词 ethikos,意为"伦理的""道德的",从而使其具有了德行的含义。在中国,"伦理"一词首先出现在《礼记·乐记》中,"凡音者,生于人心者也。乐者,通伦理者也。是故知声而不知音者,禽兽是也;知音而不知乐者,众庶是也。唯君子为能知乐"。这段话表面是在讨论音乐,大意是说:音乐是人们内心世界的体现,音乐的道理、规律与事物的"伦理"相同;只懂得声音而不了解音乐的,是动物;只懂得音乐,而不知其理的,是一般的庶民;唯有君子,才懂声音、音乐,也懂得音乐之理。这里的"伦理"是将不同事物、类别区分开来的原则和规范。

随着历史的演进,"伦理"两字有了新的含义。具体而言,关于"伦理",有以下五种定义。

第一,美国《韦氏大辞典》对于伦理的定义是:探讨什么是好什么是坏,以及讨论道德责任与义务的问题。

第二,伦理一般是指一系列指导行为的观念,是从概念角度上对道德现象的哲学思考。它不但包含着对人与人、人与社会和人与自然之间关系处理中的行为规范,而且也深刻地蕴含着依照一定原则来规范行为的深刻道理。

第三,所谓伦理是指人类社会中人与人、人与社会、人与国家的关系和行为的秩序规范。任何持续影响全社会的团体行为或专业行为都有其内在特殊的伦理的要求。企业作为独立法人，有其特定的生产经营行为，故也有企业伦理的要求。

第四，伦理是指人们心目中认可的社会行为规范。伦理也是对人与人之间的关系进行调整，只是它调整的范围包括整个社会的范畴。管理与伦理有很强的内在联系和相关性：管理活动是人类社会活动的一种形式，当然离不开伦理的规范作用。

第五，伦理是指人与人相处的各种道德准则。生态伦理是伦理道德体系的一个分支，是人们在对一种环境价值观念认同的基础上维护生态环境的道德观念和行为要求。

概括以上五种定义，伦理主要被用于考证个人、群体或一个社会的道德标准是否合理，以及如何应用于个人、群体或一个社会的各种行为中。从本质属性来说，伦理回答的是有关生命、有关好坏、是否存在是非对错以及如何判断是非对错之类的基本问题（Kinnon，2001）。与道德相比，伦理显然更强调秩序规范。伦理之所以被视为是秩序的关键，其核心就在于它能指导人与人之间的交往。好的伦理，诸如信任、诚信、诚实、忠诚、公平等，是人际交往的基本原则和标准。基于这些基本原则和标准，人类建立了一系列的权利、义务和责任观，从而规范了人际交往社会关系的结构框架。在这一点上，东西方并无太多差异。

（二）伦理与道德

在西方哲学和伦理学界，"伦理"（ethics）与"道德"（morality）有明确的区分。黑格尔在《哲学史讲演录》中指出，伦理是指社会行为规范，包括风俗习惯等，而道德主要是指个人的内在操守。两者之间，伦理侧重于反映人伦关系以及维持人伦关系所必须遵循的规则，道德更偏向于反映主体自身的行为应当，是个体的内在精神境界。后人将"道德"引申为一个人的品德、品质。伦理内化为人的操守即为道德。伦理与道德的差异详见表5-1。

表5-1　　　　　　　　　　　伦理与道德的比较

对象	本质	评价尺度	具体表现	本义	英文
伦理	外在的规则	应当、不应当	社会规范、习俗	人与人之间的相处规则	ethics
道德	内在的心理	善、恶	个人品质、行为	个人内在的境界差异	morality

在中国，"伦理"常与"道德"联系在一起。关于"道德"，老子说："道可道，非常道。"那意思无非是说，"道"并非指的是一条具体的道路，而是一个抽象出来的概念，例如几何学上的"点，线，面"的概念，物理学上的"质点"的概念。那么"道

德"，就是指走路的德行，类似于约定俗成的交通秩序，引申为人在社会上为人处世的规则。那么伦理与道德在内涵上是有一些共通之处的。伦：次序之谓也，"伦理"似乎便是指长幼尊卑的道理，比如中国有"天地君亲师"的古训。伦理与道德都在一定程度上起到了调节社会成员之间相互关系的规则的作用。规则是为现实的存在不被破坏服务的，它本身并不倡导创新，甚至在一定程度上束缚了创新，而规则与创新的矛盾无一不是以创新的成功和规则的被打破之后形成新的规则而结束的，可以说形成了一种社会的"微扰"机制。

（三）商业伦理

商业伦理是一门关于商业与伦理学的交叉学科，是商业与社会关系的基础。随着我国经济的蓬勃发展，在市场经济领域中的商业伦理已成为社会讨论的焦点。商业伦理研究的是商业活动中人与人的伦理关系及其规律，研究使商业和商业主体既充满生机又有利于人类全面和谐发展的合理的商业伦理秩序，进而研究商业主体应该遵守的商业行为原则和规范、应当树立的优良商业精神等商业道德问题。研究商业伦理的目的在于，在商业领域中建立经济与正义、人道相一致的理想秩序：不仅能促进经济良性循环和持续增长，还能使商业起到激励和促进每个人满足需要、发展能力、完善自我的作用，更能将商业整合到社会整体协调发展的大系统中去。

具体而言，商业伦理涉及四部分内容：第一，商业伦理是商业组织及其成员的规范。第二，商业伦理是关于商业活动善与恶、应该与不应该的规范。第三，商业伦理是关于怎样正确处理商业组织及其成员与利益相关者关系的规范。第四，商业伦理是通过社会舆论、内心信念和内部规范来起作用的。

从商业伦理的研究范围来看，主要有三个层次的研究内容：第一，宏观层面的研究。这类研究主要关注社会和制度层面，包括经济制度、金融制度、社会政策等方面的伦理问题与伦理责任。第二，中观层面的研究。这类研究主要关注各种经济组织（如公司、厂家、贸易组织、消费者组织、行业协会、工会等）的伦理问题。第三，微观层面的研究。这类研究主要关注微观个体之间（如雇主和雇员、管理者和被管理者、同事、投资者、供应商和消费者等）的伦理关系与伦理问题。

二、社会主义核心价值观与新时代公民道德建设实施纲要

弘扬社会主义核心价值观是以德治国的重要抓手。2017年10月，党的十九大报告将社会主义核心价值观视为新时代中国特色社会主义思想和基本方略，2018年3月，新修订的《宪法》第三十九条规定"国家倡导社会主义核心价值观"。

党的十九大报告指出，社会主义核心价值观是当代中国精神的集中体现，凝结着全体人民共同的价值追求。要以培养担当民族复兴大任的时代新人为着眼点，强化教育引导、实践养成、制度保障，发挥社会主义核心价值观对国民教育、精神文明创建、精神文化产品创作生产传播的引领作用，把社会主义核心价值观融入社会发展各方面，转化为人们的情感认同和行为习惯。坚持全民行动、干部带头，从家庭做起，从娃娃抓起。深入挖掘中华优秀传统文化蕴含的思想观念、人文精神、道德规范，结合时代要求继承创新，让中华文化展现出永久魅力和时代风采。

2018年3月11日，第十三届全国人民代表大会第一次会议通过中华人民共和国宪法修正案，将"国家提倡爱祖国、爱人民、爱劳动、爱科学、爱社会主义的公德"修改为"国家倡导社会主义核心价值观，提倡爱祖国、爱人民、爱劳动、爱科学、爱社会主义的公德"。具体来说，社会主义核心价值观的基本内容是：富强、民主、文明、和谐，自由、平等、公正、法治，爱国、敬业、诚信、友善。24字核心价值观分3个层面：富强、民主、文明、和谐，是国家层面的价值目标；自由、平等、公正、法治，是社会层面的价值取向；爱国、敬业、诚信、友善，是公民个人层面的价值准则。

2019年10月，中共中央、国务院印发了《新时代公民道德建设实施纲要》（以下简称为《纲要》），并发出通知，要求各地区、各部门结合实际认真贯彻落实。《纲要》是为了加强公民道德建设、提高全社会道德水平，促进全面建成小康社会、全面建设社会主义现代化强国而制定的法规。

《纲要》的总体要求如下。

要以习近平新时代中国特色社会主义思想为指导，紧紧围绕进行伟大斗争、建设伟大工程、推进伟大事业、实现伟大梦想，着眼构筑中国精神、中国价值、中国力量，促进全体人民在理想信念、价值理念、道德观念上紧密团结在一起，在全民族牢固树立中国特色社会主义共同理想，在全社会大力弘扬社会主义核心价值观，积极倡导富强民主文明和谐、自由平等公正法治、爱国敬业诚信友善，全面推进社会公德、职业道德、家庭美德、个人品德建设，持续强化教育引导、实践养成、制度保障，不断提升公民道德素质，促进人的全面发展，培养和造就担当民族复兴大任的时代新人。

坚持马克思主义道德观、社会主义道德观，倡导共产主义道德，以为人民服务为核心，以集体主义为原则，以爱祖国、爱人民、爱劳动、爱科学、爱社会主义为基本要求，始终保持公民道德建设的社会主义方向。

坚持以社会主义核心价值观为引领，将国家、社会、个人层面的价值要求贯穿到道德建设各方面，以主流价值建构道德规范、强化道德认同、指引道德实践，引导人们明大德、守公德、严私德。

坚持在继承传统中创新发展，自觉传承中华传统美德，继承我们党领导人民在长期实践中形成的优良传统和革命道德，适应新时代改革开放和社会主义市场经济发展要求，积极推动创造性转化、创新性发展，不断增强道德建设的时代性与实效性。

坚持提升道德认知与推动道德实践相结合，尊重人民群众的主体地位，激发人们形成善良的道德意愿、道德情感，培育正确的道德判断和道德责任，提高道德实践能力尤其是自觉实践能力，引导人们向往和追求讲道德、尊道德、守道德的生活。

坚持发挥社会主义法治的促进和保障作用，以法治承载道德理念、鲜明道德导向、弘扬美德义行，把社会主义道德要求体现到立法、执法、司法、守法之中，以法治的力量引导人们向上向善。

坚持积极倡导与有效治理并举，遵循道德建设规律，把先进性要求与广泛性要求结合起来，坚持重在建设、立破并举，发挥榜样示范引领作用，加大突出问题整治力度，树立新风正气、祛除歪风邪气。

要把社会公德、职业道德、家庭美德、个人品德建设作为着力点。推动践行以文明礼貌、助人为乐、爱护公物、保护环境、遵纪守法为主要内容的社会公德，鼓励人们在社会上做一个好公民；推动践行以爱岗敬业、诚实守信、办事公道、热情服务、奉献社会为主要内容的职业道德，鼓励人们在工作中做一个好建设者；推动践行以尊老爱幼、男女平等、夫妻和睦、勤俭持家、邻里互助为主要内容的家庭美德，鼓励人们在家庭里做一个好成员；推动践行以爱国奉献、明礼遵规、勤劳善良、宽厚正直、自强自律为主要内容的个人品德，鼓励人们在日常生活中养成好品行。

《纲要》强调的重点任务包括以下四个方面。

1. 筑牢理想信念之基。人民有信仰，国家有力量，民族有希望。信仰信念指引人生方向，引领道德追求。要坚持不懈用习近平新时代中国特色社会主义思想武装全党、教育人民，引导人们把握丰富内涵、精神实质、实践要求，打牢信仰信念的思想理论根基。在全社会广泛开展理想信念教育，深化社会主义和共产主义宣传教育，深化中国特色社会主义和中国梦宣传教育，引导人们不断增强道路自信、理论自信、制度自信、文化自信，把共产主义远大理想与中国特色社会主义共同理想统一起来，把实现个人理想融入实现国家富强、民族振兴、人民幸福的伟大梦想之中。

2. 培育和践行社会主义核心价值观。社会主义核心价值观是当代中国精神的集中体现，是凝聚中国力量的思想道德基础。要持续深化社会主义核心价值观宣传教育，增进认知认同、树立鲜明导向、强化示范带动，引导人们把社会主义核心价值观作为明德修身、立德树人的根本遵循。坚持贯穿结合融入、落细落小落实，把社会主义核心价值观要求融入日常生活，使之成为人们日用而不觉的道德规范和行为准则。坚持德法兼治，以道德滋养法治精神，以法治体现道德理念，全面贯彻实施宪法，推动社会主义核心价值观融入法治建设，将社会主义核心价值观要求全面体现到中国特色社会主义法律体系中，体现到法律法规立改废释、公共政策制定修订、社会治理改进完善中，为弘扬主流价值提供良好社会环境和制度保障。

3. 传承中华传统美德。中华传统美德是中华文化的精髓，是道德建设的不竭源泉。要以礼敬自豪的态度对待中华优秀传统文化，充分发掘文化经典、历史遗存、文物古迹承载的丰厚道德资源，弘扬古圣先贤、民族英雄、志士仁人的嘉言懿行，让中华文化基因更好植根于人们的思想意识和道德观念中。深入阐发中华优秀传统文化蕴含的讲仁爱、重民本、守诚信、崇正义、尚和合、求大同等思想理念，深入挖掘自强不息、敬业乐群、扶正扬善、扶危济困、见义勇为、孝老爱亲等传统美德，并结合新的时代条件和实践要求继承创新，充分彰显其时代价值和永恒魅力，使之与现代文化、现实生活相融相通，成为全体人民精神生活、道德实践的鲜明标识。

4. 弘扬民族精神和时代精神。以爱国主义为核心的民族精神和以改革创新为核心的时代精神，是中华民族生生不息、发展壮大的坚实精神支撑和强大道德力量。要深化改革开放史、新中国史、中国共产党史、中华民族近代史、中华文明史教育，弘扬中国人民伟大创造精神、伟大奋斗精神、伟大团结精神、伟大梦想精神，倡导一切有利于团结统一、爱好和平、勤劳勇敢、自强不息的思想和观念，构筑中华民族共有精神家园。要继承和发扬党领导人民创造的优良传统，传承红色基因，延续精神谱系。要紧紧围绕全面深化改革开放、深入推进社会主义现代化建设，大力倡导解放思想、实事求是、与时俱进、求真务实的理念，倡导"幸福源自奋斗""成功在于奉献""平凡孕育伟大"的理念，弘扬改革开放精神、劳动精神、劳模精神、工匠精神、优秀企业家精神、科学家精神，使全体人民保持昂扬向上、奋发有为的精神状态。

三、职业道德与会计职业道德

职业道德是伦理学发展的产物，是道德生活在职业活动中的延伸。按基督教传统的说法，只有侍奉上帝的工作才有意义，而从事世俗工作本身是没有意义的。《圣经》告诫，"我实在告诉你们，财主进天国是难的。我又告诉你们，骆驼穿过针的眼，比财主进神的国还容易呢！"在中国，由于人们长期受儒家文化影响，故传统上重义轻利的思想比较盛行。孔子在《论语》中说"不义而富且贵，于我如浮云"。历史上，耕读传家流传甚广，深入民心；善不掌兵，义不经商，在传统社会也颇有市场。

在西方，新教改革改变了传统对世俗工作的看法，使职业行为具有宗教意义。"基督徒在尘世中的社会行动完全是为了'增加上帝的荣耀'，服务于共同体世俗生活的、履行天职的劳动也具有这一性质"。这样，从事职业活动是响应上帝的召唤，职业也成了天职（calling），赚钱也不再卑贱。从此，"把履行尘世事务中的责任看作是个人道德活动所能采取的最高形式。这就必然使日常的世俗活动具有了宗教意义，并且第一次产生了这个意义上的天职观"。天职观使得职业道德具有神圣的宗教意义。此后，亚里士多德的德性论、康德的道义论和罗尔斯的正义论等伦理思想对职业道德均产生了重大的影响。

职业生活实践是职业道德产生的基础。在原始社会末期，由于生产和交换的发展，出现了农业、手工业、畜牧业等职业分工，职业道德开始萌芽。进入阶级社会以后，又出现了商业、政治、军事、教育、医疗等职业。在一定社会的经济关系基础上，这些特定的职业不但要求人们具备特定的知识和技能，而且要求人们具备特定的道德观念、情感和品质。各种职业集团，为了维护职业利益和信誉，适应社会的需要，从而在职业实践中，根据一般社会道德的基本要求，逐渐形成了职业道德规范。在古代文献中，早有关于职业道德规范的记载。例如，公元前6世纪的中国古代兵书《孙子兵法·计》中，就有"将者，智、信、仁、勇、严也"的记载。智、信、仁、勇、严这五德被中国古代兵家称为将之德。明代兵部尚书于清端提出的封建官吏道德修养的六条标准，被称为"亲民官自省六戒"，其内容有"勤抚恤、慎刑法、绝贿赂、杜私派、严徵收、崇节俭"。中国古代的医生，在长期的医疗实践中形成了优良的医德传统。"疾小不可云大，事易不可云难，贫富用心皆一，贵贱使药无别"，是医界长期流传的医德格言。

公元前5世纪古希腊的《希波克拉底誓言》，是西方最早的医界职业道德文献。在历史发展的长河中，西方许多工业、商业的行会条规以及从事医疗、教育、政治、军事等行业的著名人物的言行和著作中广泛包含有职业道德的内容，出现过具有高超技艺和高尚品德的人物，他们的职业道德行为和品质受到广大群众的称颂，并世代相袭，逐渐形成优良的职业道德传统。在许多国家和地区，还成立了职业协会，制定协会章程，规定职业宗旨和职业道德规范。从而促进了职业道德的普及和发展。目前的西方社会职业界，职业道德几乎无处不在、遍布各行各业，如企业道德、审计师道德、管理会计师道德、律师道德、科学家道德、教师道德、作家道德、体育道德等。

职业道德主要从业人员在职业活动中应该遵循的行为准则。一般来说，职业道德有以下五个特征：（1）职业性。职业道德是一种职业规范，反映着特定职业活动对从业人员行为的道德要求。每一种职业道德都只能规范本行业从业人员的职业行为，在特定的职业范围内发挥作用。（2）继承性。职业道德是长期实践过程中形成的观念、习惯和信念。由于同一种职业的服务对象、职业责任和义务等相对稳定，因此，即便在不同的社会经济发展阶段，职业行为的核心道德要求通常会被继承和发扬，从而形成被社会普遍接受的职业道德规范。（3）指导性。与法律规范相比，职业道德大多没有强制力，主要靠文化、内心信念、习惯及员工的自律实现。（4）实践性。职业行为过程就是职业实践过程，只有在实践过程中，才能体现出职业道德的水准。职业道德的作用是调整职业关系，对从业人员职业活动的具体行为进行规范，解决现实生活中的具体道德冲突。

（5）多样性。不同的行业和不同的职业，有不同的职业道德标准。职业道德的要求，概括来说，主要应包括忠于职守，乐于奉献；实事求是，不弄虚作假；依法行事，严守秘密；公正透明，服务社会。

职业道德是社会道德体系的重要组成部分，它一方面具有社会道德的一般作用，另一方面又具有自身的特殊作用。首先，职业道德是整个社会道德的主要内容。从规范的角度来看，职业道德规范是社会道德、伦理体系的重要组成部分，前者不能违反后者，在作用发挥上前者是后者的深化和补充；从执行人的角度来，若每个从业人员、每个职业群体具备优良的道德行为，整个社会的道德水平就会提高。其次，每个社会主体（包括政府、行业、企业、社会组织等）的职业道德，在组织内部可以调节从业人员内部的关系，即运用职业道德规范约束职业内部人员的行为，促进职业内部人员的团结与合作；在组织外部，职业道德又可以调节从业人员和服务对象之间的关系。如职业道德规定了公务员如何对待老百姓、服务人员如何对待顾客、医生怎样对待病人、教师怎样对待学生等。最后，职业道德还有助于维护和提高本行业或企业的信誉，促进本行业或企业的发展。一个行业、一个企业的信誉，也就是它们的形象、信用和声誉，主要依赖于其提供的产品和服务的质量，而从业人员职业道德水平高是产品质量和服务质量的有效保证。

需进一步说明的是，社会主义的职业道德是适应社会主义物质文明和精神文明建设的需要，除了不同社会形态共同的职业操守之外，在意识形态上有自己鲜明的特点。比如，在中国要服从共产党的领导，要遵循社会主义核心价值观。

综合所述，职业道德是职业团体制定的，用来判断对错的各种信念，是被广泛接受的用来判断职业行为是好还是坏的标准。一般来说，职业道德决策的程序是：第一，识别各种职业道德问题（使用职业道德准则识别职业道德问题）；第二，分析各种选择（考虑各种方案好的以及不好的结果）；第三，进行职业道德决策（权衡各种后果，做出最佳选择）。

目前，社会上有人将职业道德扩展到社会责任。社会责任是指企业应该关心自己的行为会对社会造成什么样的影响。企业的社会责任包括捐赠、减少污染、改善员工工作条件、支持继续教育等。不但是大公司，而且很多小企业也在积极履行自己的社会责任，比如为学生和老人提供折扣等。

大部分职业都有来自不同文化和宗教的成员，他们可能具有不同的道德准则。因此，不同的专业团体需要制定不同的职业行为规范来约束其成员的职业活动。

会计行为具有经济后果，对社会、经济和企业的发展有重大影响。1987年3月27日，美国总统里根在给美国注册会计师协会（AICPA）成立100周年的贺信里写道："你们协会和注册会计师职业在建立、维持和完善我国的资本市场中起着卓越的作用……独立审计为企业和政府的会计报表提供可信度。没有这种可信度,债权人和投资者就难以做出为我们的经济带来稳定和活力的决策。没有CPA,我们的资本市场将土崩瓦解。"因此,优秀的会计师应具备社会责任感、专业和诚信的品德。

会计职业道德是指会计人员在会计活动中应当遵循的、体现会计特征的、调整会计职业关系的行为准则和规范。会计职业道德是一般社会公德在会计工作中的具体体现,是引导、制约会计行为,调整会计人员与社会、会计人员与不同利益集团以及会计人员之间关系的社会规范。会计职业道德具有指导、约束、评价和教化会计人员的功能。通常认为,会计职业道德的素质要求包括知识、能力和道德三个方面。美国会计继续教育委员会(2012)为众多组织(包括NASBA、AICPA、IMA、IIA、CGFM、Robert Half、Grant Thornton和国际机构IFAC)编制了会计人员的能力要求,该汇编将要求的能力归为三类,即技术知识、专业技能和职业操守、责任与承诺。在能力要求方面,强调综合性的整体能力。

我国会计职业道德主要内容有八项,包括以下方面。

(1)爱岗敬业。要求会计人员热爱会计工作,敬重会计职业;对工作严肃认真,一丝不苟;要忠于职守,尽职尽责。

(2)诚实守信。要求会计人员做老实人,说老实话,办老实事,不搞虚假;要实事求是,如实反映;要保守秘密,不为利益所诱惑;要执业谨慎,信誉至上。

(3)廉洁自律。要求树立正确的人生观和价值观;要公私分明,不贪不占。

(4)客观公正。要求会计人员端正态度,依法办事;实事求是,不偏不倚;保持应有的独立性。

(5)坚持准则。要求会计人员熟悉准则、遵循准则和坚持准则。

(6)提高技能。要求会计人员要有不断提高会计专业技能的意识和愿望;要有勤学苦练的精神和科学的学习方法。

(7)参与管理。要求会计人员在做好本职工作的同时,努力钻研业务,熟悉财经法规和相关制度,提高业务技能,为参与管理打下基础;要熟悉服务对象的经营活动和业务流程,使参与管理的决策更具针对性和有效性。

(8)强化服务。要求会计人员强化服务意识,提高服务质量。

四、管理会计职业道德

从学科上来说,管理会计是向内部管理者提供其决策所需信息的信息系统,是通过提供有价值的信息来辅助管理者决策,从而创造价值的系统。从工作的角度来看,管理会计是一项管理工作，是管理与会计的融合。因此，不同等级的管理会计人员应具备不同的管理能力，比如高级管理会计人员应具有较高水平的领导能力；在知识结构上，要具备必要的中国管理文化与哲学、管理学基础、商业伦理、战略管理、组织行为学、绩效管理、沟通与协作知识、管理信息系统等知识；在职业道德上，要诚实守信、正直无私、专业胜任，要注意提高自己的职业道德修养。

2015年1月生效的CIMA（英国皇家特许管理会计师公会）的职业道德准则（CIMA Code of Ethics）包括五个基本原则：诚信（integrity）：指在处理任何职业或者商业关系时保持直率、诚实和信任。管理会计人员不可以和任何认为有重大错误的信息，或者不管是由于虚假陈述还是由于忽略而导致的误导信息，有任何关系；客观（objectivity）：指不存在偏见，不因利益冲突或被他人因素影响自己的专业判断；职业能力和尽职关心下属（professional competence and due care）：指对自己的专业知识和能力不断精益求精，关注实务、立法以及技能的最新发展变化。关心下属的成长，对他们进行合适的培训和监督；保密（confidentiality）：指除非经同意或者有法律或职业的义务，否则不得透露任何关于职业方面的信息；专业行为（professional behaviour）：指遵守相关的法律与法规，避免任何可能对职业名声造成恶劣影响的行为。

为了反映商业和监管环境的变化、管理会计职业的全球变化以及管理会计职业的全球化，IMA对其《职业道德实务公告》（statement of ethical professional practice，SEPP）进行了修订，目的在于协助、指导管理会计专业人士的个人决策。该版SEPP于2017年7月1日生效并取代2005年发布的旧公告。

新IMA职业道德实务公告提出了四个核心道德原则（IMA's overarching ethical principles），即诚实、公平、客观和负责（honesty, fairness, objectivity and responsibility）"诚实"原则要求：诚心诚意地工作，并确保所有分析和沟通结果的真实性。"公平"原则要求，在做决策时，要公正地考虑其他人的要求，并完整披露一切必要的信息。"客观"原则要求，要公平、冷静地思考，考虑有冲突的不同观点，正确地下结论。"负责"原则要求：在处理一切事务时，必须保持忠诚、责任心。

"新IMA职业道德实务公告"在四项核心道德原则的基础上，提出了四项具体的职业道德标准，即能力、保密、正直和守信（standards of competence, confidentiality, integrity and credibility），具体要求是：

（一）胜任（competence）

1. 通过提升知识和技能，来保持适当水平的职业领导力和专业能力；
2. 按相关法律、法规和技术标准的要求，履行职业责任；
3. 提供准确、清晰、简洁和及时的决策支持信息和建议。识别和帮助管理风险。

与旧的 IMA 职业道德实务公告相比较，新标准主要有三点变化：第一，"胜任能力"除了原有的"专业能力"外，增加了"职业领导力（professional leadership）"，突出强调了管理会计师的领导力；第二，除了原有的"提供决策支持信息和建议"外，增加了"识别和帮助管理风险"，强调了管理会计师协助管理层"管理风险"的作用及责任；第三，删除了旧版"胜任能力"的第 4 条，即"识别和沟通妨碍负责判断或者成功开展活动的职业限制或者其他约束"。

（二）保密（confidentiality）

1. 除授权披露或法律要求披露之外，要对所获取的信息保密；
2. 告知所有相关方，要适当地使用所获得的保密信息，监督并确保相关方合规；
3. 禁止利用保密信息获取不道德利益或非法利益。

该条与旧版 IMA 职业道德实务公告相比基本上没有变化。

（三）正直（integrity）

1. 减缓现实中的利益冲突。定期与商业伙伴沟通以避免明显的利益冲突。告知所有相关方任何潜在的利益冲突；
2. 避免实施任何对履行道德责任有害的行为；
3. 禁止从事或支持任何有损职业信誉的活动；
4. 致力于道德文化建设，将正直的职业道德置于个人利益之上。

与旧版 IMA 职业道德实务公告相比，第 4 条是新增加的条款，其他基本上没有变化。

（四）守信（credibility）

1. 公允、客观地沟通信息；
2. 为目标信息使用者提供所有可合理预计的，对其理解报告、分析意见或建议有影响的相关信息；
3. 根据组织内部政策或适用的法律，报告在信息、及时性、流程或内部控制方面的任何延误或缺陷；
4. 对妨碍负责任的判断或一项业务的成功执行方面的专业局限或其他约束进行沟通。

与旧版 IMA 职业道德实务公告相比，第 4 条是新增加的条款，其他基本上没有变化。

在 2017 版"IMA 职业道德实务公告"中，IMA 还提出了系统解决职业道德问题的

思路:

当面临不道德的问题时,管理会计师应该按其所在组织制定的制度行事,包括应用匿名报告系统(若适用)。

假如其组织没有制定相关的政策,当事人(管理会计人员)则应采取以下步骤行事:

(1)在解决问题过程中,与自己的顶头上司讨论。若顶头上司也明显卷入了该道德问题,则应将问题报告给更高层次的领导;

(2)给 IMA 打热线电话求助,IMA 为其成员提供了运用 SEPP 解决道德问题的匿名热线电话;

(3)应该考虑向自己的律师咨询,了解任何与该道德问题相关的法律责任、权力和风险。

假如以上解决问题的努力都不成功,则应考虑辞职。

新版公告是 IMA 道德委员会经多年努力,在对多家专业组织的道德准则及国际会计师职业道德准则理事会发布的全球道德标准进行深度研究的基础上,并考虑了 2010 年《多德-弗兰克华尔街改革和消费者保护法》的举报人保护规定,在旧版公告基础上修订而成的综合研究成果。IMA 道德委员会名誉主席卡特·维厄斯库(Curt Verschoor)说:"自 2005 年以来,会计行业发生了不少变化,本次发布的新版《职业道德实务公告》能够确保我们对会员的职业道德指导与行业发展实践保持同步。新版公告鼓励积极的专业判断、强调个人责任及对举报人的保护。"

2016 年 11 月,IMA 正式发布新《管理会计能力框架》,对管理会计人员的能力和素质提出了全面的要求,为管理会计行业的人才管理与职业发展提供了新的指引。IMA 归纳了五类、共计 28 项具体能力的管理和职业发展指南,五类能力分别是:第一类,规划与报告能力。需具备的能力包括洞察未来、衡量绩效和报告财务业绩。第二类,制定决策能力。需具备的能力包括指引决策、管理风险和建立道德环境。第三类,科技能力。需具备的能力包括管理技术、信息系统和驱动有效运营。第四类,运营能力。需具备的能力包括作为跨职能的商业伙伴和助力于全公司的运营转型。第五类,领导能力。需具备的能力包括与他人合作和激励启发团队去达成组织目标。

2018 年 6 月 18 日,IMA 发布了最新的《管理会计能力素质框架》,该框架以职业道德和价值观为指引,从五个方面重构了管理会计能力框架,即:

(1)战略、规划和绩效。该模块为管理会计人员制定领先的战略规划及评估业务发展提出了能力要求。该模块包括八项能力,即:战略和技术规划;决策分析;战略成本管理;资本投资决策;企业风险管理;预算和预测;公司理财;绩效管理。

(2)报告及合规。该模块,为管理会计人员提供以合规的方式衡量和报告组织业绩提供了工具。该模块包括七项能力,即:内部控制;财务记录;成本核算;财务报告编制;财务报告分析;税收合规及税收筹划;企业整合报告。

(3) 技术及分析。该模块展示如何利用数据提升企业分析能力,以及如何利用技术推动组织前行。该模块包括四项能力,即:信息系统;数据治理;数量分析;数据可视化。

(4) 商业敏锐度及运营。该模块展示了管理会计人员如何进行跨职能协作,以推动整个组织实现运营转型。该模块包括四项能力,即:行业特定知识;运营知识;质量管理和持续提升;项目管理。

(5) 领导力。该模块提出了帮助管理会计人员成长为领导者去建设并指导其负责的团队实现个人和组织目标所应具备的能力。该模块包括七项能力,即:沟通技巧;激励并启发他人;协作、团队合作和关系管理;变革管理;冲突管理;谈判;人才管理。

职业道德及价值观包括职业道德行为、识别并解决不道德行为和法律法规要求三项内容,要求管理会计人员树立正确的职业价值观,遵守道德标准和法律法规,确保个人职业和企业发展符合道德、历久弥新。

2014年4月,CIMA与美国注册会计师协会(AICPA)共同推出全球特许管理会计师(CGMA),旨在提升管理会计职业的全球影响力。CIMA和AICPA联合发布了《全球特许管理会计师能力框架(CGMA COMPETENCY FRAMEWORK)》,简称"CGMA能力框架"。"CGMA能力框架"对管理会计人员提出了全面的能力标准及要求。它以道德、诚信和专业精神为基础,构建了四个方面的职业技能框架:即技术技能、商业技能、人际技能和领导技能。

由于技术、政治、全球竞争加剧等因素的变化,CGMA对管理会计能力框架进行了修订,CGMA认为社会变化将驱动财务、组织的变革,其中全球化(globlization)、地缘政治(geopolitics)、消费者权力(consumer empowerment)、技术(technology)、人口结构(demography)是重要的驱动因素。2019年CGMA发布了新的能力框架,CGMA新框架以道德、诚信和专业精神为基础,强调五个模块的能力,即专业技能、商业技能、领导技能、人际技能和数字技能。

(1) 专业技能。该模块包括八个方面的技能,即:财务会计与报告;成本会计与管理;商业规划;管理报告与分析;公司理财与财资管理;风险管理与内部控制;会计信息系统;税务策略、筹划与合规。

(2) 商业技能。该模块包括八个方面的技能,即:战略;商业模式;市场和监管环境;流程管理;商业关系;商业生态系统管理;项目管理;宏观经济分析。

(3) 人际技能。该模块包括四个方面的技能,即:影响力;谈判与决策;沟通;协作与合作。

（4）领导技能。该模块包括五个方面的技能，即：团队建设；辅导与指导；推动绩效；激励与鼓舞；变革管理。

（5）数字技能。该模块包括六个方面的技能，即信息和数字素养、数字内容创作、问题解决、数据战略与规划、数据分析、数据可视化。

2017年6月16日，作为我国首家具有法人资格的管理会计师协会——广东省管理会计师协会（简称GAMA），发布了《中国管理会计能力框架》（简称GAMA能力框架），提出了"135"能力框架（"一目标，三维度，五特征"的能力框架）。即以激发管理会计人员最大价值，实现企业价值创造最大化为目标，从职业道德与职业精神、通用技能、专业技能三个维度塑造管理会计师的能力框架，将管理会计能力框架的具体内容归纳为"多技能、善沟通、会管理、有远见、敢担当"。

2019年3月25日，中国总会计师协会发布了《中国管理会计职能能力框架》，该框架将管理会计职业能力分为专业能力、综合能力两大类。其中专业能力包括财务会计能力和管理筹划能力（战略管理能力、预算管理能力、成本管理能力、运营管理能力、绩效管理能力、投融资管理能力、风险管理能力和管理会计报告能力）；综合能力包括创新能力（思维创新能力、信息技术应用能力和管理会计工具方法创新能力）和领导力（沟通协调能力、团队建设能力和组织能力）。

与财务会计不同，管理会计并没有严格的法律法规约束，由于决策需求不同，信息提供、沟通的方式也不尽相同。因此，不同的组织、职业团体发布的管理会计职业道德准则可能不完全一致。但为了规范管理会计工作的职业行为，促进管理会计行业发展，提供管理会计执业水平，又必须制定管理会计职业道德标准。根据我国国情和目前现实的需要，可得出管理会计的职业道德是管理会计人员在开展管理会计工作中应当具有的职业品德、应当遵守的职业纪律和应当承担的职业责任的总称，它可以分为三个层面：(1) 针对个人品德要求。诚信（诚实、讲信用）敬业，奉公守法。(2) 针对职业特点的要求。专业胜任、能力强（对自己的专业知识和能力精益求精并终身学习，勇于创新）。(3) 履行职业行为要求（包括对内部管理者、对客户、对社会等）。客观公正（客观、独立、公正地作出自己的专业判断和决策，不因私利而发表有偏见的观点或虚假信息），保守机密（保守商业秘密和组织机密，不经允许不能泄露任何需保密的信息）。当然，这三个方面的划分不是绝对的，它们之间相互关联。

具体要求包括以下五方面。

（1）诚信敬业。

第一，诚实守信，自觉加强自己的品德修养，在专业人员中起表率作用。

第二，有责任心、有担当，勇于承担责任。

第三，倡导工匠精神，精益求精。

第四，公允、客观地提供和沟通所有与决策相关的信息。

第五，根据组织政策和相关法规的要求，报告所有的与信息、及时性、流程或者内部控制及风险管理有关的延迟或缺陷。

第六，坦诚沟通可能会影响尽责判断和成功履职的专业限制或其他制约行为。

（2）奉公守法。

第一，遵守社会主义核心价值观。

第二，依法行事，遵守法令，按规矩办事。

第三，在管理会计工作中讲政治、讲大局（顾全大局），致力于为组织创造价值；

第四，廉洁奉公，不谋取不道德、不合法的个人利益。

（3）客观公正。

第一，避免潜在或者实际上的利益冲突，告知全部当事人所有的潜在利益冲突。

第二，禁止任何不按职业道德办事的行为。

第三，禁止从事或者支持任何损害管理会计职业的活动。

第四，弘扬积极的道德文化，将职业声誉置于个人利益之上。

（4）保守秘密。

第一，对管理会计工作中所获取的信息保密，除非有效授权、法律规定或其他合法事由，否则不得披露。

第二，告知所有相关人员正确使用涉密信息，履行保密义务，警惕非故意泄密的可能性。严格监督以确保合规。

第三，禁止利用工作时获取的信息牟取不正当利益，或者以有悖于法律法规、组织规定及职业道德的方式使用信息。

（5）专业胜任。

第一，通过不断学习获取新知识和提高技能（特别是知识整合、创新能力和大数据处理技能），保持适当水准的专业引领能力。

第二，按照有关的法律法规和技术标准履行职责。

第三，提供准确、清晰、简洁和及时的决策支持信息和建议。

第二节 管理会计职业面临的道德挑战

一、管理会计职业面临的道德挑战

从一系列财务丑闻来看，在相当一部分企业中，管理会计职业面临以下的道德挑战。

(一) 责任意识缺乏

管理会计人员缺乏对工作负责的责任意识，任职工作马马虎虎、得过且过，抱着一种敷衍了事的心态；在会计工作中不想着精益求精，频出差错、成本核算失误，导致管理决策失去准确信息支持；工作中从不主动，消极懒惰，推一步走一步，不去想着如何克服困难、创新方法，好逸恶劳、懒懒散散。对自己也缺乏必要的责任态度，缺乏明确的个人职业生涯规划，工作之余忙于其他娱乐活动、忽视对自我的继续教育，不注重职业能力的继续提升，荒废时间和精力。

(二) 诚信的缺失与是非观念模糊

缺乏明确的道德信仰，在外来诱惑和利己主义的冲动下，容易为了个人私利而放弃应当坚守的底线和立场。不能正确对待大是大非，容易受到外界影响；会因自己的一时冲动而违反执业准则，放弃自己的操守，利用职务之便泄露敏感数据信息、伪造会计资料、提供虚假会计信息等。

(三) 过度追求自我

盲目追求个性，忽视团队沟通与合作，在会计工作中对其他同事吹毛求疵或是缺乏协作互助精神，影响了整个团队的工作效率。对自我的极端追求导致其将自己摆在错误的位置，忽视了责任、法律、道德等，并将自己凌驾于它们之上，张狂自大。尤其是一些受到西方独立人格思维熏陶的会计人员，更是错误地将自尊和自大混同起来。

(四) 专业胜任能力的不足

尤其是在互联网、大数据、人工智能迅猛发展的今天，管理会计师的专业胜任能力不足问题尤其显得突出。在互联网等信息技术发展迅猛的时代，社会变化将驱动财务、组织的变革，信息技术是驱动企业业财融合的重要动力。在此背景下，管理会计师仅仅拥有会计与管理的知识显然是不足够的，还需要掌握一定的数据分析、信息技术等相关知识。

二、管理会计职业道德问题及社会的危害

管理会计是现代企业财务决策的重要支持工具，管理会计师就是为这一管理活动提供职能服务的群体。管理会计师能够正确、恰当地履行好自己的职责，关乎企业的正常健康运营。如果管理会计师在履职过程中，未能全面、正确地遵循应当的制度和操守，

就有可能因为自己的不当行为给企业带来损失。

　　管理会计是从传统会计中分离出来与财务会计并列的、着重为企业改善经营管理、提高经济效益服务的一个企业会计分支。专业胜任能力的不足也会带来一系列的问题。如因为管理会计师的成本核算失误给企业提供了错误的决策信息，导致企业盲目决策从而产生重大损失；又如管理会计师因为利益驱使向外部泄露商业机密，给竞争对手提供帮助，使得企业遭遇危机和损失；再如有些管理会计师因为一时意气辞职，却不给企业缓冲交接的时间，导致企业管理会计工作陷入停顿。凡此种种，都会给企业造成这样或那样的损失。企业是经济的基本单元，企业的不健康经营对正常经济秩序会造成一定的影响。而且，某些管理会计师的失德行为如没有得到惩治，也会引来不良效仿，助长负面风气，这些对社会主义核心价值观和道德体系的建立都是极大的损害。

三、对管理会计师职业道德现状的审视与剖析

（一）管理会计发展的滞后

　　在国际上，管理会计起源于19世纪中期的成本会计，经历了一百多年的理论研究和管理实践，已经形成了一套相对完善的会计方法体系。管理会计理论、实务操作、会计师能力标准、执业准则等都形成了比较科学、系统的体系；反观国内，直到20世纪80年代末期管理会计才被引入国内，起步较晚。不仅如此，由于理论界和企业并未引起足够的重视，管理会计理论研究和企业实践一直停滞不前，相应地，会计准则和从业人员道德规范也迟迟没有制定，管理会计和会计师缺乏科学的指引。

（二）管理会计的职业道德受制于管理层与社会的道德水平

　　从事管理会计的管理会计师一般不属于企业高层，其行为决策自然会在一定程度上受制或听命于企业高层。一旦企业高层存在强烈的动机从事一些违法违规行为，必然会在一定程度上影响管理会计师。此外，社会道德水平，如诚信水平不高等社会不良风气很容易影响管理会计人员自律机制，进而影响管理会计人员道德水准。

（三）会计与管理会计职业道德规范体系尚不健全

　　我国的会计与管理会计职业道德规范体系明显缺乏系统性与完整性，相关的实施机制也欠完善。具体表现是：我国的会计与管理会计职业道德规范体系散见于相关的会计法规中，缺乏系统性与层次性，对违反会计与管理会计职业道德规范的行为处罚力度不足，使得一些不当行为反而是有利可图的。故会计与管理会计职业道德规范体系尚不健全，实际上纵容了违反会计与管理会计职业道德规范的行为。

(四) 职业体系和教育机制的不完善

当前管理会计师职业体系并不健全，针对管理会计师的职业技能培训和道德教育相对于成熟完善的注册会计师来说，还比较欠缺。这也导致了管理会计师发展较为缓慢，管理会计师的职业道德发展和提升还有很大空间。

(五) 内部矛盾没有合适的解决渠道

在具体的会计实践中，管理会计师经常会遇到各种同职业道德相违背的会计实务问题。许多时候由于缺乏必要的沟通反映渠道或是协商解决机制，不少管理会计师不得不采取不适当的措施来应对。如面临上司不恰当的干预压力，管理会计师难以坚持职业操守，违心充当了虚假会计角色。

延伸阅读 5-1

2019 年 4 月 19 日，财政部发布了《关于加强会计人员诚信建设的指导意见》（以下简称"指导意见"）。"指导意见"指出，要强化会计职业道德约束。针对会计工作特点，进一步完善会计职业道德规范，引导会计人员自觉遵纪守法、勤勉尽责、参与管理、强化服务，不断提高专业胜任能力；督促会计人员坚持客观公正、诚实守信、廉洁自律、不做假账，不断提高职业操守。

2019 年 10 月的《会计法修订草案》（征求意见稿）第四十一条指出，会计人员应当遵守职业道德，提高专业能力。对会计人员的诚信管理和教育培训工作应当加强。

第三节 道德的治理、责任与管理

一、现代企业的治理模式

传统的现代企业①治理框架，即公司治理是指为实现资源配置的有效性，所有者（股东）对公司的经营管理和绩效改进进行监督、激励、控制和协调的一整套制度安排，它反映了决定公司发展方向和业绩的各参与方之间的关系。典型的公司治理结构是由所有者、董事会、监事会②和经理层等形成的一定的相互关系框架。

---

① 现代企业是指股份制企业。
② 在英美治理模式中，不存在监事会；而在日德模式以及中国的治理结构中，存在监事会。

一般认为，在国际范围内，公司治理主要有三种模式，即：英美公司治理模式、日德公司治理模式与家族治理模式。

（一）英美公司治理模式

英美公司治理模式的主要特征包括以下三点。

1. 股东大会。从理论上讲，股东大会是公司的最高权力机构。但是，英美公司的股东不但非常分散，而且相当一部分股东是只有少量股份的股东，其实施治理权的成本很高，因此，不可能将股东大会作为公司的常设机构，或经常就公司发展的重大事宜召开股东代表大会，以便作出有关决策。在这种情况下，股东大会就将其决策权委托给一部分大股东或有权威的人来行使，这些人组成了董事会。股东大会与董事会之间的关系实际上是一种委托代理的关系。股东们将公司日常决策的权利委托给了由董事组成的董事会，而董事会则向股东承诺使公司健康经营并获得满意的利润。

2. 董事会。董事会是股东大会的常设机构，董事会的职权是由股东大会授予的。关于董事会人数、职权和作用，各国公司法均有较为明确的规定，英美也不例外。除公司法的有关规定以外，各个公司也都在公司章程中对有关董事会的事宜进行说明。公司性质的不同，董事会的构成也不同。在谈到公司治理问题时，常常要根据不同性质的公司进行分析。为了更好地完成其职权，董事会除了注意人员构成之外还要注意董事会的内部管理。英美公司的董事会在内部管理上有两个鲜明的特点：其一，在董事会内部设立不同的委员会，以便协助董事会更好地进行决策。一般而言，英美公司的董事会大都附设执行委员会、任免委员会、报酬委员会、审计委员会等一些委员会。其二，将公司的董事分成内部董事和外部董事。内部董事是指公司现在的职员，以及过去曾经是公司的职员、现在仍与公司保持着重要的商业联系的人员。

3. 首席执行官（CEO）。董事会有权将部分经营管理权力转交给代理人代为执行。这个代理人就是公司政策执行机构的最高负责人。这个人一般被称为首席执行官，即CEO。在多数情况下，首席执行官是由董事长兼任的。即使不是由董事长兼任，担任此职的人也几乎必然是公司的执行董事且是公司董事长的继承人。由于首席执行官是作为公司董事会的代理人而产生，授予他何种权利、多大的权利以及在何种情况下授予，是由各公司董事会决定的。首席执行官的设立，体现了公司经营权的进一步集中。

（二）日德公司治理模式

日德公司治理模式基本特征表现在以下方面。

1. 商业银行是公司的主要股东。目前，日德两国的银行处于公司治理的核心地位。在经济发展过程中，银行深深涉足其关联公司的经营事务中，形成了颇具特色的主银行体系。

所谓主银行是指某企业接受贷款中居第一位的银行称为该企业的主银行，而由主银行提供的贷款叫作系列贷款，包括长期贷款和短期贷款。商业银行虽然是日德公司的最大股东，呈现公司股权相对集中的特征，但是两者仍然存在一些区别。在日本的企业集团中，银行作为集团的核心，通常拥有集团内企业较大的股份，并且控制了这些企业外部融资的主要渠道。德国公司则更依赖于大股东的直接控制，由于大公司的股权十分集中，使得大股东有足够的动力去监控经理阶层。另外，由于德国公司更多地依赖于内部资金融通，所以德国银行不像日本银行那样能够通过控制外部资金来源对企业施加有效的影响。

2. 法人持股或法人相互持股。法人持股，特别是法人相互持股是日德公司股权结构的基本特征，这一特征尤其在日本公司中更为突出。"二战"后，股权所有主体多元化和股东数量迅速增长是日本企业股权结构分散化的重要表现。但在多元化的股权结构中，股权并没有向个人集中而是向法人集中，由此形成了日本企业股权法人化现象，构成了法人持股的一大特征。由于日德在法律上对法人相互持股没有限制，因此，日德公司法人相互持股非常普遍。法人相互持股有两种形态：一种是垂直持股，如丰田、住友公司，它们通过建立母子公司的关系，达到密切生产、技术、流通和服务等方面相互协作的目的。另一种是环状持股，其目的是相互之间建立起稳定的资产和经营关系。总之，公司相互持股加强了关联企业之间的联系，使企业之间相互依存、相互渗透、相互制约，在一定程度上结成了"命运共同体"。

3. 严密的股东监控机制。日德公司的股东监控机制是一种"主动性"或"积极性"的模式，即公司股东主要通过一个能信赖的中介组织或股东当中有权行使股东权利的人或组织，通常是一家银行来代替他们控制与监督公司经理的行为，从而达到参与公司控制与监督的目的，如果股东们对公司经理不满意，不像英美两国公司那样只是"用脚投票"，而是直接"用手发言"。

（三）家族治理模式

家族治理模式的基本特征表现在以下方面。

1. 企业所有权或股权主要由家族成员控制。在东南亚的家族企业中，家族成员控制企业的所有权或股权，表现为五种情况。第一种情况是，企业的初始所有权由单一创业者或其子女拥有。第二种情况是，企业的初始所有权由参与创业的兄弟姐妹或堂兄弟姐妹共同拥有，待企业由创业者的第二代经营时，企业的所有权则由创业者的兄弟姐妹的子女或堂兄弟姐妹的子女共同拥有。第三种情况是，企业的所有权由合资创业的具有血缘、姻缘和亲缘的家族成员共同控制，然后顺延传递给创业者第二代或第三代的家族成员，并由他们共同控制。第四种情况是，家族创业者或家族企业与家族外其他创业者或企业共同合资创办企业时，由家族创业者或家族企业控股，待企业股权传递给家族第二代或第三代后,形成由家族成员联合共同控股的局面。第五种情况是,一些原来处于封闭状态的家族企业,迫于企业公开化或社会化的压力,把企业的部分股权转让给家族外的其他人或企业,或把企业进行改制公开上市,从而形成家族企业产权多元化的格局。

2. 企业主要经营管理权与经营权掌握在家族成员手中。在东南亚的家族企业,家族成员控制企业经营管理权主要分两种情况。一种情况是企业经营管理权主要由有血缘关系的家族成员控制;另一种情况是企业经营管理权主要由有血缘关系的家庭成员和有亲缘、姻缘关系的家族成员共同控制。

二、现代企业的治理模式与责任框架

公司治理理论强调两种不同的目的,即:第一,公司治理是为股东服务(也称为传统公司治理理论);第二,公司治理是为利益相关者服务(也称之为利益相关者理论)。

(一)传统公司治理理论

在很长一段时间内,学者们强调的是:公司治理是为股东服务,良好的公司治理机制应当有助于保护股东利益。以下从具体的公司治理机制来阐述。

1. 股权结构。以我国的《公司法》《证券法》为例,其规定股东大会是公司的权力机构,股东根据其股权进行投票,股东有权通过股东大会选取公司的董事或监事。对于有损股东利益的行为,股东有权通过股东大会否决相关议案;股东也有权通过股东大会罢免有损股东利益的董事与监事。

2. 董事会与独立董事。以我国的《公司法》《证券法》为例,董事会成员是由股东大会任免的,董事会需要执行股东大会的决议;召集股东大会,并向股东大会报告工作。

独立董事除应具备董事职权外,还应行使以下特别职权:重大关联交易(指上市公司拟与关联人达成的总额高于300万元或高于上市公司最近经审计净资产值的5%的关联交易)应由独立董事认可后,提交董事会讨论。独立董事作出判断前,可以聘请中介机构出具独立财务顾问报告,作为其判断的依据;向董事会提议聘用或解聘会计师事务所;向董事会提请召开临时股东大会;提议召开董事会;独立聘请外部审计机构和咨询机构。

无论是独立董事,还是董事会的其他董事都由股东大会任免,并向股东大会报告工作,为股东负责。

3. 监事会。以我国的《公司法》《证券法》为例,监事会行使下列职权:第一,检查公司财务;第二,对董事、高级管理人员执行公司职务的行为进行监督,对违反法律、行政法规、公司章程或者股东会决议的董事、高级管理人员提出罢免的建议;第三，当董事、高级管理人员的行为损害公司的利益时，要求董事、高级管理人员予以纠正；第四，提议召开临时股东会会议，在董事会不履行《公司法》规定的召集和主持股东会会议职责时召集和主持股东会会议；第五，向股东会会议提出提案；第六，满足相关法律规定，对董事、高级管理人员提起诉讼；第七，公司章程规定的其他职权。

监事由股东大会任免，代表股东履行监督董事、高级管理人员的职责，监事可以提出罢免董事、高级管理人员的建议。

4. 高管激励机制。经营管理机关是由董事会聘任的，负责公司日常经营管理活动的公司常设业务执行机关。经营管理机关即经理。与董事会、监事会不同，经理不是以会议形式形成决议的机关，而是执行机关。经理对董事会负责，主持公司的生产经营管理工作，组织实施董事会决议。

为了避免和控制经理的代理问题，国内外通行的做法就是给予经理一定的奖金、股权或股权激励计划，这些可以统称为高管激励机制。高管激励机制的基本原理就是让高管与股东利益趋同，如果高管从事一些有损股东利益的事情，一方面股东财富可能会有所降低，另一方面高管自身的财富也可能会有所降低；反之，如果高管努力工作，努力帮助股东创造价值，高管自身的财富也会因为奖金、股权的提高而提高。

5. 财务信息披露。股东把钱投给了企业，持有企业一定的股份，但股东不参与企业日常经营。那问题就出来了，如何保障股东利益，如何确保经理按照股东的目标进行日常经营。财务信息披露可以在一定程度上解决这个问题，即经理努力工作的结果可以通过财务报告以及相关的信息披露反映出来；反之，如果经理不努力工作或者决策错误，通常会导致企业财务状况恶化，这也会在财务报告中有所反映。

延伸阅读 5-2

两类代理问题与公司治理

一系列的研究发现，现代企业主要存在两类代理问题，即：第一类代理问题与第二类代理问题。

所谓的"第一类代理问题"是指由简森和麦克林（Jensen and Mecking, 1976）提出的经理人与股东之间的代理问题。第一类代理问题的产生是由于经理人（代理人）的目标函数与股东（委托人）的目标函数不一致，加上存在不确定性和信息不对称，经理人有可能偏离股东目标函数，而委托人难以观察和监督，从而出现经理人损害股东利益的现象。

所谓的"第二类代理问题"是指由 LLSV 四位学者[①]提出的大股东与中小股东的代

---

① LLSV 是指 La Porta, R., Lopez-De-Silanes, F., Shleifer, A., Vishny, R. W 四名学者。

理问题。第二类代理问题的产生是由于大股东（代理人）的目标函数与中小股东（委托人）的目标函数不一致，加上存在不确定性和信息不对称，在股权较为集中的情况下，经理人受制于大股东，大股东就有可能侵占中小股东利益。在中国，由于股权集中程度相对英美等成熟市场更高，加上信息披露等一系列制度尚不完善，代理问题主要是第二类代理问题，即大股东侵占中小股东利益的问题。

针对这两类代理问题，显然需要一系列的制度去解决这两类代理问题，这一系列制度的一个重要组成部分即公司治理。一般认为，公司治理包括内部治理与外部治理。内部治理包括董事会（包括董事会的各个委员会）、监事会、高管薪酬激励机制、股权结构、财务信息披露等。外部治理包括外部并购市场、法律体系、对中小股东的保护机制、市场竞争、媒体监督等。这些内、外部治理机制的存在，都是为了解决两类代理问题，确保经理人与股东的利益趋同，确保大股东与中小股东的利益趋同。

（二）利益相关者理论

近年来，公司治理理论在强调为股东服务的基础上，还出现了另一种观点，即：公司治理是为利益相关者服务。与第一种观点强调经济利益不同，这个观点的出现开始强调道德、社会责任的因素。

1963年，斯坦福研究所（Stanford Institute）首次提出了"利益相关者"（stakeholder）的概念，受到学术界的关注。在一大批学者的努力下，利益相关者理论的分析框架、核心理念和研究方法逐渐明晰，该理论认为，企业的经营与公司治理的目标是综合平衡各个利益相关者的利益。与传统的股东至上主义相比较，该理论认为任何一个公司的发展都离不开各利益相关者的投入或参与，企业追求的是利益相关者的整体利益，而不仅仅是某些主体的利益。

企业的利益相关者可能是客户内部的（如雇员），也可能是客户外部的（如供应商或压力群体）。大多数情况下，利益相关者可分类如下：所有者和股东；银行和其他债权人；供应商、购买者和顾客；广告商；企业各级管理人员；员工；工会；企业的竞争对手；地方政府及国家；管制者与监管机构；媒体公众利益群体；政党、宗教群体及军队。简言之，凡是与企业利益直接或间接相关的个人与群体，都属于利益相关者的范畴。

每个利益相关者群体都希望组织在制定战略决策时能给他们提供优先考虑，以便实现他们的目标，但这些权益主体的相关利益及所关心的焦点问题存在很大的差别，且往往互有矛盾。公司不得不根据对利益相关者的依赖程度作出权衡，优先考虑某类利益相关者。"股东优先"的治理模式正是因此而产生的。然而，随着人们对企业行为社会效应的关注，利益相关者理论被提了出来，要求在公司治理过程中兼顾各类利益相关者。为使社会期望与企业行为达成一致，最直接的方式是通过政府管制或社会调控。但这种方式的效果是不令人满意的，一方面因为管制成本过高，另一方面也因为管制的可行性或效果有限。出现后一种情况的一个重要原因是，对企业社会效应的考核和评价体系尚未完善。传统的评价方式如利润的现值评价，由于无法计算企业导致的社会成本增加，包括对人们健康和财产的损害、对公司的调查研究和起诉费用等，已越来越不可靠。此外，由于股票市场受多种因素影响，有的只是反映了经济和市场的短期模式与一般水平，或者受到人为操纵而不能真实地反映公司本身的绩效，因而通过股票市场同样无法作出充分评价。鉴于社会管制方法的失效，人们提出将政府管制或社会调控内生于企业治理结构中，以内部调控替代外部调控。其方法是采用一定的组织制度设计方式逐步向企业内部渗透，这种组织制度方式就是重组企业的治理结构。

延伸阅读 5-3

利益相关者理论应用的案例

利益相关者理论是如何指导强生和默克这两家在过去的 50 年中最成功的公司走向辉煌的。几十年内，强生的成长和成功都是由公司的信念（credo）所驱动的，credo 为强生设定了一个明确的使命：为所有的利益相关者服务。credo 指明了所有的利益相关者包括医生、护士、医院和消费者。当芝加哥的商店出售的被人掺入了氢化物的胶囊药品，造成了几起死亡事件后，强生的 CEO 詹姆斯·伯克面临着职业生涯中最严峻的挑战。伯克通过 credo 寻求最合适的解决办法。强生不但解决了危机，而且通过解决这次危机，使伯克声名鹊起。

乔治·默克，默克创始人的儿子，告诉他的员工，要永远记住：药品是为人而制的，而不是为了利润，利润是随之而来的。如果我们记牢这一点，我们就不会失败。我们记得越牢，效益就会越好。默克的目标是保障和提高人们的生活水平。正是这个目标，奠定了默克作为世界药品领头羊的地位，同时，确定了下一任领导在解决非洲的河流和艾滋病等社会问题时的总方针。

一些管理者错误地认为，为所有的利益相关者服务会导致公司股东的利益受损。强生、默克的例子强有力地驳斥了这种论点。只有服务公司所有的利益相关者，才能使公司持续增长，使股东永恒受益。

总之，利益相关者理论强调公司治理是为利益相关者服务，存在更多的优越之处，也更容易被社会公众所接受。一些理论（如共生理论等）开始强调商业生态系统的共同进化。所谓的商业生态系统，就是由组织和个人所组成的经济联合体，其成员包括核心企业、消费者、市场中介、供应商、风险承担者等。不难得出，商业生态系统也就是企业的利益相关者，共生理论强调的是企业与企业利益相关者的共同进步、共同发展。

延伸阅读 5-4

共生理论

长期以来，人们形成了一种商场如战场的观念。在这个没有硝烟的战场上，企业与企业之间、企业的部门之间乃至顾客之间、销售商之间都存在着一系列的冲突。

美国学者詹姆士·穆尔（James F. Moore）1996年出版的《竞争的衰亡》一书，标志着竞争战略理论的指导思想发生了重大突破。作者以生物学中的生态系统，这一独特的视角来描述当今市场中的企业活动，但又不同于将生物学的原理运用于商业研究的狭隘观念。后者认为，在市场经济中，达尔文的自然选择似乎仅仅表现为最合适的公司或产品才能生存，经济运行的过程就是驱逐弱者。而穆尔提出了"商业生态系统"这一全新的概念，打破了传统的以行业划分为前提的竞争战略理论的限制，力求"共同进化"。

穆尔站在企业生态系统均衡演化的层面上，把商业活动分为开拓、扩展、领导和更新四个阶段。商业生态系统在作者理论中的组成部分是非常丰富的，他建议高层经理人员经常从顾客、市场、产品、过程、组织、风险承担者、政府与社会七个方面来考虑商业生态系统和自身所处的位置；系统内的公司通过竞争可以将毫不相关的贡献者联系起来，创造一种崭新的商业模式。在这种全新的模式下，作者认为制定战略应着眼于创造新的微观经济和财富，即以发展新的循环代替狭隘的以行业为基础的战略设计。

所谓的商业生态系统，就是由组织和个人所组成的经济联合体，其成员包括核心企业、消费者、市场中介、供应商、风险承担者等，在一定程度上还包括竞争者，这些成员之间构成了价值链，不同的链之间相互交织形成了价值网，物质、能量和信息等通过价值网在联合体成员间流动和循环。不过，与自然生态系统的食物链不同的是，价值链上各环节之间不是吃与被吃的关系，而是价值或利益交换的关系，也就是说，他们更像是共生关系，多个共生关系形成了商业生态系统的价值网。商业生态系统也是一种企业网络，是"一个介于传统组织形式与市场运作模式之间的组织形态"，但它不是一般的企业网络，它强调以企业生态位的思想来看待自己和对待他人。无论是哪一种企业网络，它们共同的目标都是在一个不断进化和变化的环境中求得生存。要达到这个目标，一个企业网络必须能够快速准确地感知到环境的变化，明白其所处的状态，并制订出一套可行的方案。不仅如此，它还应当展现出良好的学习行为。所以，商业生态系统是一种新型的企业网络。

三、现代企业治理与责任的若干威胁

利益相关者理论强调公司治理是为利益相关者服务，也更容易被社会公众所接受。

但利益相关者理论也受到了诸多的质疑与挑战，主要包括以下四点。

1. 与强调股东财富最大化的传统企业理论不同，利益相关者理论强调除了经济上的目标以外，企业也必须承担社会上、政治上以及针对不同利益相关者的责任，这很可能会导致企业陷入"企业办社会"的僵局。一旦利益相关者理论被大众所接受，企业的行为势必受到框架限制，企业无形中被套上公益色彩，结果很可能会导致企业经济利润上的损失。更有可能让企业陷入一种顾此失彼的境地，比如，企业实现了经济利润的最大化，却又照顾不到社会责任；若过多地考虑到社会责任，又会让对手有可乘之机，丧失了经济上的优势。

2. 利益相关者的界定过于宽泛，利益相关者的边界到底在哪里？虽然国内外很多专家和学者都对利益相关者的界定和划分阐述了自己的看法，但大部分都只是停留在探讨和假设阶段。从涉及的十几种利益相关者来看，孰轻孰重，也不得而知。利益相关者理论认为，企业的经营与公司治理的目标是综合平衡各个利益相关者的利益。然而，到目前为止，还找不到一种理论和方法能够定量地衡量众多利益相关者的权重。此外，经理人的激励契约设计与利益相关者总剩余挂钩也并不可取。实际上，衡量一个企业对员工、供应商或顾客有多少贡献，比衡量企业的利润要难得多。当经理人追求多任务时，经理人绩效中的噪声显然会更多，多任务还可能导致模糊任务的产生，进而削弱正式和非正式的激励。为了追求"最大化利益相关者利益"的目标，经理人的激励机制必然变得十分复杂。

3. 如何将利益相关者理论运用于实践？国内很多学者从多方面对利益相关者可行性进行了分析和探讨，从理论上证明利益相关性理论可行。不过，由于利益相关性理论本身的不完善，实在是很难实践。比如，理论中所涉及的利益相关者太多太杂，仅顾客这一项，要想对他们进行集中起来采取行动是不可能的。很多学者提出的利益相关者参与公司的治理这一提法，目前为止也不具备可操作性。虽然弗里曼提出了支持利益相关者如何参与公司治理的"利益相关者授权法则"，但理论的实施过程需要操作人对利益相关者理论，以及利益相关者参与实施的基础有比较深的认识。再则，这些参与机制的实现可能本身就存在缺陷。

4. 如何让利益相关者参与治理呢？对于让利益相关者参与治理，或是给利益相关者一定的控制权，有四种反对意见。第一种反对意见认为，给非投资者以控制权，必然会妨碍融资。利益相关者自然会关心自身利益，而不是关心投资是否可以收回，一旦利益相关者在治理结构中取得了话语权，他们就有可能采取损害股东利益的行为来谋取自身利益，这必然会打击投资者投资的积极性。第二种反对意见认为，给非投资者以控制权，与投资者控制相比，不仅会导致更少的融资，还会导致决策过程的低效。由于投资者与利益相关者在很多决策目标上都存在冲突，且不同利益相关者群体之间的目标函数也存在冲突,故分享控制权可能会导致决策的僵局。第三种反对意见认为,多重的、难以衡量的任务,可能会成为经理人谋取私人利益的护身符。例如,经理人可能会选择一个成本较高的供应商,理由是该供应商提供的产品更好地服从了环境保护的政策,但实际上可能是该供应商给经理人提供了回扣。第四种反对意见认为,对企业社会责任的推动,实际上等于对企业征税,但这种征税若不受任何政治程序与相关制度的约束,必然会出现一系列问题。

四、如何提高现代企业的治理与责任:道德的视角

舞弊三角理论认为,舞弊的发生通常需要三个条件:动机/压力(incentives/pressures);机会(opportunities);态度/合理化(attitude/ rationalization)[①]。

动机/压力是指管理层或员工进行舞弊的倾向和意愿。刺激个人为其自身利益而进行企业舞弊的压力大体上可分为四类:经济压力、恶癖的压力、与工作相关的压力和其他压力。

机会要素是指可进行企业舞弊而又能掩盖起来不被发现或能逃避惩罚的时机,主要有六种情况:缺乏发现企业舞弊行为的内部控制,无法判断工作的质量,缺乏惩罚措施,信息不对称,能力不足和审计制度不健全。

在面临压力、获得机会后,真正形成企业舞弊还有最后一个要素——借口(自我合理化),即企业舞弊者必须找到某个理由,使企业舞弊行为与其本人的道德观念、行为准则相吻合,无论这一解释本身是否真正合理。企业舞弊者常用的理由有:这是公司欠我的,我只是暂时借用这笔资金、肯定会归还的,我的目的是善意的,用途是正当的等。

动机/压力、机会及态度/合理化三要素,缺少任何一项要素都不可能真正形成企业舞弊行为。

延伸阅读 5-5

万福生科财务造假:基于舞弊三角理论的分析

万福生科(股票代码为 300268,2017 年 6 月更名为"佳沃股份")是一家从事稻米精深加工系列产品的研发、生产和销售企业,也是我国"稻米精深加工第一股"。该公司将"信为人之本,德为商之魂"作为核心价值观。然而,2013 年 3 月 2 日,万福生科

[①] 也称之为借口。

发布自查公告，承认 2008~2011 年累计虚增收入 7.4 亿元左右，虚增营业利润 1.8 亿元左右，虚增净利润 1.6 亿元左右。万福生科也被称为"创业板造假第一股"。下面，本文以万福生科为例，运用舞弊三角理论分析企业财务造假的形成因素。

动机/压力

经营困境导致的资金压力。近两年来稻米精深加工行业由于遭遇了产能过剩且产能利用率低的危机，故导致万福生科积压了大量的存货，产能过剩却无法将产品销售转化为收入；加上万福生科所提出的"实施稻米精深加工及副产物高效综合利用的循环经济生产模式"需要引进先进的生产设备和技术，两方面原因导致企业在资金方面严重短缺，资金链面临断裂的危机。

各方面给予的业绩压力。企业上市之后受到了来自多方主体，包括各种监管机构、证券公司、投资者等的监督，业绩上面临的压力很大；同时，市场对上市公司有业绩上的要求，如果连续亏损甚至净资产为负值，公司就将被 ST 甚至退市。可见，业绩上企业面临较大的压力。

限售解禁的巨大利益。由于企业即将迎来上市之后首次限售流通股解禁机会，在巨大的个人利益驱动下，万福生科的实际控制人龚永福和其妻子（公司第二大股东杨荣华）选择了继续铤而走险，通过财务造假来维持公司股价，以获取解禁减持收益。

机会

地方政府出于政绩、税收等方面的考虑，积极地支持企业上市。在万福生科登陆创业板之前，它所在的常德市在公司上市方面处于停滞状态，而其所在的桃源县则更是从未出现过上市公司，万福生科的上市无疑将极大地提升这些地方政府的政绩，带动地方的经济发展。据悉，自 2008 年底，湖南省、常德市、桃源县三级政府便开始为万福生科的上市打点关系、疏通道路。

各中介机构的不当行为也促成了万福生科的造假上市。保荐机构，譬如涉及此次事件的平安证券受巨额保荐上市佣金的诱惑，忽略了风险控制和社会责任，盲目将企业包装上市。而会计师事务所和法律机构也受到自身利益的驱使，纵容了万福生科的舞弊行为。

高科技概念的掩护。万福生科凭借着其"稻米精深加工"的高科技外衣，得以轻松地获得政府的高额补贴和税收优惠。这使得它在 2008~2011 年共虚构 1.6 亿元的净利润之后，可以承受并不高的税负，使其造假没有在第一时间暴露；而且由于其属于一个科技新兴产业，各方面尚未形成有效的监督和监管机制，使得万福生科财务造假上市的行为有了可乘之机。

内部环境提供的机会。万福生科的实际控制人兼总经理龚永福和其妻子杨荣华共同持有的股份占公司股份总数的 59.88%，形成了一股独大的局面。同时，公司的内部控制形同虚设，2011年的年报显示公司的三位独立董事均出席了所有的六次董事会，却从未对明显存在的造假提出意见。另外，杨荣华的两个妹妹曾担任监事会的主要成员。这说明以龚永福及其利益集团控制的万福生科，为他们财务造假提供了极大的方便。

借口

被相关方面"逼着走"。在万福生科的财务造假案东窗事发之后，公司的实际控制人、法人代表龚永福曾在公众场合表示，企业原先并不想上市，但是在各方的压力下不得不上市，用他自己的话说就是被相关方面"逼着走"。但是这个理由无疑是十分牵强的，因为公司并不属于相关方面，在万福生科上市以前，龚永福与其妻子杨荣华可以说拥有着公司的全部股份，一旦公司造假上市，最大的收益人必定是龚杨两人。

为了给投资者留下好印象。对于公司上市之后再一次粉饰财务报表、虚增业绩的行为，龚永福是这样解释的："我们不想给投资者留下不好的印象嘛，虽然也不想这么做（财务造假）。我们前景是好的，后续发展也是好的。"这无疑也是龚永福将造假行为在道德上合理化的一个借口。因为这样的财务造假行为不仅是对广大投资者和利益相关者的欺骗，还会葬送公司的声誉和前景。

为了股东和职工的利益。有些舞弊者还将"为了股东和职工的利益"作为他们舞弊的借口，这也是龚永福将财务造假合理化的借口之一。他们认为通过粉饰财务报表而募集更多的资金，让企业渡过难关，符合股东和职工的利益。这个借口看似冠冕堂皇，实际上是站不住脚的。不通过发展科学技术来提升工作效率，而一味依靠造假来提升企业的业绩，这样的行为不能带领企业走出困境，反而会使它越陷越深，最终让股东和职工的利益受到更为巨大的损失。造假的行为只会给少数的管理层带来一时的个人利益，而不利于股东和职工。

综上分析，三个因素共同作用、相互强化，最终导致万福生科财务造假行为的发生。

在舞弊发生的三个条件之中，态度/合理化这个因素与管理层、员工的道德因素及职业道德有关。换言之，在同样的公司、同样的内外部环境下，有些人可能会从事舞弊行为，而另一些人却可能不从事舞弊行为。那么，如何提高管理层、员工的道德水准与职业道德呢？这是一个与社会环境、文化环境、法治环境都密切相关的问题。

在我国，一系列法律法规均强调诚信等道德问题。例如，由全国人民代表大会颁布的《合同法》《会计法》《公司法》《证券法》《商业银行法》等法律法规构成规范企业诚信行为、夯实社会信任建设的法律基础。2002年1月，证监会和国家经贸委联合发布《上市公司治理准则》，要求"控股股东应当对上市公司及其他股东负有诚信义务，控股股东不得利用资产重组等方式损害上市公司和其他股东的合法权益，不得利用其特殊地位谋取额外的利益"。2008年5月，财政部等五部委联合发布《企业内部控制基本规范》，强调企业应当加强诚信文化建设，倡导诚实守信。2012年4月，证监会发布《证券期货市场诚信监督管理暂行办法》，要求公民、法人或其他组织从事证券期货市场活动，应遵守法律、行政法规、规章和依法制定的自律规则，禁止损害投资者合法权益的不诚实信用行为。2013 年 12 月，证监会出台《上市公司监管指引第 4 号——上市公司实际控制人、股东、关联方、收购人以及上市公司承诺及履行》，强调超期未履行承诺或违反承诺的，应当记入诚信档案。2014 年 8 月 8 日，为贯彻党的十八大及十八届三中全会中关于加强诚信建设、建立健全社会征信体系的要求，落实国务院关于推动行业信用信息系统建设的工作部署，特别是《国务院关于进一步促进资本市场健康发展的若干意见》中关于"加强社会信用体系建设，完善资本市场诚信监管制度，强化守信激励、失信惩戒机制"的要求。

在美国，公司或组织需要遵循相应法律规定的职业道德。例如，《海外反腐败法》(the foreign corrupt practices act，FCPA) 是 1977 年通过的，该法案在 1988 年进行了大规模的修正。该法案旨在确定以下的行为为违法行为，即某一类人和企业通过向国外官员进行行贿以谋取商业利益。

如何提高管理层、员工的道德水准与职业道德？这既是一个与社会环境、文化环境、法治环境都密切相关的问题；也可以通过企业自身的一些实践，来提高管理层、员工的道德水准与职业道德。这些实践包括以下方面。

（一）确定道德规范的重要性

在当代的经济现实中，知识管理和无形资产是企业获得竞争优势的重要来源，企业的声誉变得越发重要。从高管到企业的一线员工，既能为企业赢得声誉，又能毁掉企业的声誉。此外，全球化的进程中，在不同国家经营的企业可能会发现企业所在国家的价值观和道德规范与本国文化存在冲突。凡此种种问题都需要企业明确树立自己的价值观，制定道德规范和行为规范，定义自己的行为准则，以便为制定内部决策提供指南，且满足外部监督，达到合规的目标。如果企业成功实施了道德规范，那么就会为改进风险评估、增加公司治理透明度、提高经营运作效率奠定基础。

（二）"榜样式领导"的作用

道德规范并不仅仅针对员工，遵守道德人人有责。在道德规范发挥作用的过程中，没有什么比管理层，尤其是高级管理人员在日常工作中表现出来的道德行为更重要了，这主要包括以下五点：与各级员工的沟通；让他人参与决策；指导和帮助他人；处理员工发展和绩效问题；在办公场所的个人行为等。普通员工与企业的其他利益相关者往往相信自己看到的，而不是管理层的"唱高调"。因此，处于高层的管理人员要以身作则，希望员工执行、遵守各种道德规范时，首先要自身严格执行、遵守各种道德规范。

(三) 人力资本的力量

在当今大多数企业中，人工成本在企业各种费用中占有很大比例。这迫使管理者努力去降低人工成本，对经营决策实行分权，并简化监督和管理。其结果是，企业不在监督和控制员工，而是在很大程度上信任员工。那么，企业应如何保障员工的行为符合企业预期，且能促进员工人力资本的不断提升呢？

建设基于一定价值观的道德文化可以成为一个优化、高效的知识型组织的基石。然而，其挑战在于，道德文化是无形的，一般不会列示在资产负债表中，也很难加以确认计量。即使会计准则和相应的报告无法确认并计量道德文化，管理会计师也必须设法确保这些资产得到高效的利用。管理会计师应该做到：通过一定的方法方式，量化期望的员工道德行为与其实际行为之间的差距；通过规划、干预、项目等方法方式，弥补这些差距；让期望的道德行为渗透到经营活动的各个方面；建立指标、完善考核，防止道德倒退。

(四) 招聘合适的员工

企业的道德政策必须运用到招聘阶段。这就要求招聘人员通过相应的测试来判断应聘者是否符合企业的道德行为规范。管理会计师应当与人力资源部门合作，确保相关的测试符合法律及其他政策要求。

(五) 员工的培训

招聘到合适的员工后，还应建立和完善相应的员工培训。员工培训不仅包括业务方面的培训，还应包括与道德规范、遵守道德规范相关的培训。道德规范方面的培训至少包括：道德规范的概念与思想；道德行为背后所隐含的内容；企业的道德规范与道德准则等。遵守道德规范的培训应该涵盖：员工的一般行为、个人行为与企业道德规范的关系；如何把道德规范融入相关工作中；道德规范如何影响具体的工作、流程、活动等；企业如何监督道德规范的遵守；如果员工不遵守道德规范，可以寻求哪些途径加以解决；查实道德规范问题后应该采取哪些行动、实施什么处罚等。

(六) 用于监督道德合规的方法

这包括：第一，人员绩效反馈环。员工的绩效考核、发展体系必须满足道德规范的要求。能力、岗位职责和目标也应该包括道德规范的要求。第二，调查工具。持续的调查、监督是评估道德绩效很有价值的一个工具。管理会计师应确保调查数据足够详细，以便把关注的问题和行为联系在一起。

(七) 设置举报框架的重要性

有效的反馈系统应包括建立保密框架，让员工可以举报违反道德规范的行为。国内外的很多统计数据都表明，大量职业欺诈案件、舞弊案件都是通过员工举报发现的。这样的结果并不意外，因为员工拥有与企业经营直接相关的各方面信息。

(八) 道德与内部控制的关系

良好的内部控制制度并不等同于良好的内部控制执行，虽然很多企业都存在内部控制系统与制度，但在执行的过程中却出现了越权、合谋等问题。良好的道德规范执行体系将有助于企业内部控制系统的执行，可以在一定程度上避免越权、合谋等问题。

从另一个角度来说，健全、完善的内部控制体系将有助于企业道德规范的执行。一旦企业出现违背道德规范的行为，内部控制系统可以在一定程度上发出预警，并提供一定的制衡。

第四节 道德决策的应用：商业伦理决策

一、商业伦理分析工具

决策是指产业经营管理者对本商业企业的发展方向、发展道路、发展手段等重大经济问题做出的关键性选择。决策的正确与否，不仅关系到企业的利益，同时，还影响着整个社会的利益。所以在决策活动中考虑道德问题就显得非常重要。实践中，道德决策有很多应用，其中较为成熟的理论与模型包括与商业伦理相关的决策模型。以下重点介绍这部分内容。

商业伦理学中一个非常重要的问题是，在商业活动中，人们面对一个伦理道德问题时是如何进行价值判断，并进行行为决策的？要回答这个问题，就必须借鉴和使用伦理道德的分析工具。在西方伦理学中，与伦理相关的理论包括：目的论（purpose theory）、义务论（duty theory）和美德论（virtue theory）。其中，目的论又包括利己主义和功利主义；义务论又包括道义论和正义论。另外，近年来，关怀论作为一种新的伦理分析工具也产生了一定的影响。以下分别介绍这六种理论。

(一) 利己主义

利己主义是一种早期的伦理思想。利己主义是个人主义的表现形式之一，其基本特点是以自我为中心,以个人利益作为思想、行为的原则和道德评价的标准。利己主义一词源于拉丁语 ego,意为"我"。利己主义思想产生于私有制社会,有些学者认为中国先秦时期(前 21 世纪~前 221 年)的杨朱"拔一毛而利天下不为也"的主张,是古代利己主义思想的典型。近代西方资产阶级革命时期,利己主义被发展成为一种系统完整的道德学说。资产阶级的思想家霍布斯、孟德维尔、爱尔维修等人,从抽象的人性论出发,把几千年来剥削阶级信奉的"人不为己,天诛地灭"的道德观念,看作是人不变的利己本性,并作为一种普遍的道德原则。总之,从利己主义者的角度来看,判断一种行为是否符合道德标准,就看这种行为是否能为行动者带来最大的利益或最大的幸福。

利用利己主义进行伦理分析,大体有以下八个步骤。

第一,对需要评价的行为进行详细而清晰的描述。

第二,对行动者的最大利益或最大幸福进行分析与界定。如果行动者不是一个个人,而是一个团体,则应该分析或界定这个团体占主导性地位的最大利益或最大幸福。

第三,明确可以导致行动者最大利益或最大幸福的主要影响因素是什么。

第四,对行动者可以采取的每种行为所造成的后果进行详细的描述和分析,考虑每一种后果可能产生的正面或负面效应,以及现实中发生的可能性。

第五,根据行动者所能获得的最大利益或最大幸福,赋予每种行为正面或负面效应相应的权重。

第六,对每种行为正面或负面效应进行加权计算。

第七,比较所有的备选方案,选择能够产生最大利益或最大幸福的行为作为最终方案。

第八,如果行动者关于最大利益或最大幸福的观点是不明确的,则需要重新确认行动者需要主要考量的指标,如最大净收益;再按照最大净收益的标准,按照以上步骤进行再一次的分析,选择其中最大净收益的方案作为最终方案。

利己主义的优点是明显的,那就是它非常符合人性,人们有内在动力去追求自身最大利益或最大幸福,这种观点很容易被人们接受,操作起来也具有较高的可行性。

但从另一个角度来说,利己主义的缺点同样突出。奉行利己主义的个体,虽然也可能因为利益问题与他人、其他团体合作,但他们最终是要实现自身利益最大化的目标;他们不会选择那些对自身不利,但对团队或社会有益的行为。因此,利己主义存在损人利己的可能。

(二)功利主义

功利主义,即效益主义是道德哲学(伦理学)中的一个理论。提倡追求"最大幸福"(maximum happiness)。认同该思想的主要哲学家有约翰·史都华·密尔(John

Stuart Mill)、杰瑞米·边沁（Jeremy Bentham）等。功利主义认为人应该做出能"达到最大善"的行为，所谓最大善的计算则必须依靠此行为所涉及的每个个体之苦乐感觉的总和，其中，每个个体都被视为具有相同分量，且快乐与痛苦是能够换算的，痛苦仅是"负的快乐"。不同于一般的伦理学说，功利主义不考虑一个人行为的动机与手段，仅考虑一种行为的结果对最大快乐值的影响。能增加最大快乐值的即是善；反之即为恶。边沁和密尔都认为人类的行为完全以快乐和痛苦为动机。密尔认为人类行为的唯一目的是求得幸福，所以对幸福的促进就成为判断人的一切行为的标准。在中国，战国思想家墨子以功利言善，是早期功利主义的重要代表。宋代思想家叶适和陈亮主张功利之学，注重实际功用和效果，反对唯言功利和空谈性命的义理之学。

功利主义注重决策行为的最终结果，对这种行为的后果进行量化，并加以道德判断。功利主义评价一个行为是否符合道德的评价原则是：一种行为如有助于增进幸福或利益，则为正确的；若这种行为导致幸福或利益的降低或减少，则为错误的。

利用功利主义进行伦理分析，大体有以下八个步骤。

第一，对需要评价的行为进行详细而清晰的描述。

第二，对受该行为影响的人群进行界定，不仅要考虑直接受影响的人群，还要考虑间接受影响的人群，甚至是整个社会的影响。

第三，将该行为对影响群体可能造成的后果进行详细的描述和分析，考虑每一种后果可能产生的正面效应或负面效应，以及现实中发生的可能性。

第四，为可能带来利益的各种因素和可能带来损失的各种因素分配相关权重。

第五，考虑准则得到普遍遵守时，所带来的积极影响或消极影响；如有必要，对受到该行为间接影响的群体也要做同样的分析。

第六，对所有正面效应和负面效应进行加权计算总数。

第七，考虑是否还存在其他备选方案，如果有，则需要针对备选方案进行上述步骤的分析。

第八，比较所有方案与备选方案的分析结果，选择能够产生最大功利（例如，最大净收益）的行为作为最终方案。

功利主义作为社会或组织中各个利益集团普遍认同的原则，显然具有一些优点。功利主义的优点在于强调功效和利益有利于人的解放，打破宗教禁欲主义的精神枷锁；功利是功效和利益，追求功利是人类不同于动物的特性。

但功利主义也存在一些缺陷，功利主义注重个人功利，具有片面性，容易导致利己主义；此外，功利主义强调追求多数人的最大幸福。但由于人们的需求、诉求往往很不一致，多数人的最大幸福通常无法计算。过分地强调功利主义，可能会导致社会上出现以多数人利益为名、侵占少数人利益的现象。

(三) 道义论

道义论,是具有"道义"色彩理论的统称,也译作"务本论""义务论"或"非结果论"等,在西方现代伦理学中,指人的行为必须遵照某种道德原则或按照某种正当性去作为的道德理论。该理论体系侧重的是道德行为动机及其所依据的行为规则、规范及标准,而不注重行为的后果,其理论的核心是义务和责任。也就是说,一个行为的正确与否,并不由这个行为的后果来决定的,而是由这个行为的动机和标准来决定的,注重的是这个行为的动机是否是"善"的,行为的本身是否体现了预设的道德标准,这样就突出了道义理性的地位,把道义行为的内在本质认定为是预设的和普遍的。

在近代道义论研究中贡献最大的是康德,他所理解的道义论是典型的规则道义论。康德认为:人必须为尽义务而尽义务,而不能考虑任何利益、快乐、成功等外在因素,道德行为的动机是善良意志,这种善良意志不是因快乐而善、因幸福而善或因功利而善,而是因其自身而"善"的"道德善"。这样,康德就把道德理想与功利价值对立了起来,为道义而道义的观念使得道德成为枯燥、乏味和空洞的形而上学的理论。正如黑格尔在其《法哲学原理》中所说的那样:伦理学中的道义论,如果是指一种客观学说,就不应包括在道德主观性的空洞原则中,因为这个原则不规定任何东西。他进而指出空泛、抽象的道德原则如果要成为能够作用于人的道德规范,那么就必须将其纳入人们生活的群体性特征所构筑的文化之中,也就是纳入人的伦理生活之中。由此可以看到,"道义"是社会的产物,它一经脱离社会实践就不再具有其实践价值。

利用道义论进行伦理分析,大体有以下六个步骤。

第一,对需要评价的行为进行详细而清晰的描述。

第二,思考与分析行动者具有的相应权利与义务。

第三,思考与分析受该行动影响的人群具有哪些相应的权利与义务。

第四,分析行动者与受该行动影响的人群的权利与义务是否有冲突;如果没有冲突,就按照权利与义务的规定实施行动。

第五,如果存在冲突,则需要进一步明确,冲突哪一方的权利与义务更为基本、更为优先。

第六,找到处于优先地位的权利与义务之后,考虑该权利与义务是否受其他因素的制约和支配,如果是,则需要对这些因素进行分析;如果不是,则选择处于优先地位的权利与义务实施行动。

道义论的主要优点是,从个人道德意识出发,考虑行动是否符合道德的基本要求,而不需要花过多的精力考虑各种利益的平衡问题。另外,运用道义论来构建社会道德伦理体系也很简单,只需要把不同人群的权利与义务明确即可。实践中,很多西方发达国家的社会伦理规范都是运用这个方法来构建的。

但道义论也存在一些缺点，这限制了道义论的应用，这些缺点包括：第一，道德与幸福无关。按照康德的观点，如果没有来世，道德的本质不是幸福，只是一种义务。道义论的分析一般不考虑幸福因素，这使得人们失去了追求道德、实施道义论的主动性。第二，每一个人对道德、义务的认知也不尽相同。一些基本的道德规范，可能可以得到大众的普遍认同；但针对一些具体的情况，每个人的道德标准却不尽相同，这会在一定程度上影响道义论的实施。

（四）正义论

正义论研究中最有影响力的是美国哈佛大学教授约翰·罗尔斯。在罗尔斯看来，社会基本机构主要就是用来分配公民的基本权利和义务、划分由社会合作产生的利益和负担的主要制度。因而，《正义论》的主要目的就是为社会基本结构的设计确立一个合理的标准和原则，即正义原则。它主要处理的是分配问题。他坚持权利（right）优先于善（good）的义务论伦理观，认为公正（正义）是社会的首要价值。但是什么样的分配原则是公正的或正义的，这个原则又是怎样得来的呢？

为了获得这个原则，罗尔斯提出了一种新的契约理论。他率先设计了一个纯粹假设的原初状态。这种状态有以下三个特征：第一，在这种状态里，每个人都不知道他在社会中的地位、阶级出身、天生资质和自然能力的限度，更不知道他的善的观念、心理特征和社会经济政治状况等。即人们选择正义原则是在"无知之幕"之后进行的。第二，在这种状态里，为选择正义原则而参加订约的各方都是平等的。第三，参加订约的各方也都是理性的。罗尔斯认为，在上述条件下，人们最有可能或最有理性的选择方法是按照游戏理论中的最大最小值规则来选择，即选择那种其最坏结果和其他选择对象的最坏结果相比是最好结果的选择对象。

罗尔斯认为正义论的第一个原则是平等自由原则。所谓自由，指的是"这个或那个人自由地（或不自由地）免除这种或那种限制而这样做（或不这样做）"。他认为，自由可以划分为许多不同的种类，其中公民的基本自由有以下三种：政治自由（选举和被选举担任公职的权利）及言论和集会自由；良心的自由和思想的自由；依法不受任意逮捕和剥夺财产的自由等。所有这些基本自由必须被看成是一个整体或一个体系，而且各种自由互相依存又互相制约。罗尔斯强调，以上各种基本自由作为权利对每一个公民来说都应该是平等的。之所以如此，是由人的自然特性即人的道德人格所决定的，这种道德人格有两个特点：一是有能力获得善的观念；二是有能力获得正义感。

罗尔斯的第二个正义论原则是机会的公平平等原则和差别原则的混合。如果说第一个原则是支配社会中基本权利和义务分配的原则，那么第二个原则就是支配社会和经济利益（主要包括权力、地位、收入和财富）分配的原则。第一种分配是人人平等的，但第二种分配无法做到完全平等，所以只能保证机会的公平平等。"机会的公平平等"是针对保守主义的"机会平等"原则而言的。机会平等的核心是"前程为人才开放"，这种平等是以平等的自由权利和自由的市场经济为先决条件的。罗尔斯认为，这只是一种形式的机会平等，因为它除了承认平等的自由权利以外，没有保证一种平等的或相近的社会条件，结果资源的最初分配总是受到自然和社会偶然因素的强烈影响，如人的才能、天赋、社会地位、家庭、环境、运气等偶然因素都会造成个人努力与报酬的不相等。在罗尔斯看来，这种分配方式是不合乎正义要求的。为此，他主张在前程向才能开放的主张之外，再加上机会的公平平等原则的进一步限定。也就是说，各种地位不仅要在一种形式的意义上开放，还应使所有人都有平等的机会达到它们，以便尽量减少社会因素和自然运气的影响。为了实现这一点，他强调，自由市场不应是放任的，不能听任毫无限制的自由竞争导致不公平，必须由以公正为目标的政治和法律制度来调节市场的趋势，保障机会公平平等所需要的社会条件。

利用正义论进行伦理分析，大体有以下五个步骤。

第一，对需要评价的行为或政策进行详细而清晰的描述。

第二，分析需要评价的行为或政策涉及哪些社会普遍认同的正义标准或原则。

第三，需要评价的行为或政策是否涉及一些不为社会普遍认同的正义标准或原则？如果涉及，需要进一步考察其适用性。

第四，是否存在特殊的情况，可能会让行动者和政策突破某些正义的标准或原则的要求。

第五，如果没有，则选择符合正义标准的行为或政策。如果存在特殊的情况，则应交由专家、学者进行讨论和判断，决定是否修改或微调某些正义的标准。

关于正义论的优缺点基本与道义论相似。

（五）美德论

美德论认为道德主体即使做出了正确的道德选择，并履行了相关义务，这并不必然说明他是具有美德的人。一个具有美德的人，经常会做出有道德的事情，因为他的内在品格具有相关的特质，使他能够自律地遵守伦理道德规范。这种内在特质就是美德。

与制度、规范相比，美德具有以下特性：第一，内在性。美德内在与个体自身，一个具有美德的人是指其内在具有美德的特质。第二，自律性。个体自身具有什么样的内在美德，就会表现出什么样的外在行为。第三，超越性。美德是个体的能动品质，这使得个体能够在没有制度、规范约束的情况下，自主地选择做出正确的行为。

美德论的伦理分析有两个层次：第一，判断一个人是否具有某种品德；第二，判断一个人是否是一个好人或有道德的人。

美德论的优点是充满了对人性的关怀。在美德伦理学家眼中，只知道遵守相关制度与规则的人是机械的、缺乏人性的，伦理学的目的就在于造就能够持续行善、有道德习惯的好人。

美德论的缺点在于美德的内在性，导致人们很难判断一个人时候否具有美德或者是一个有道德的好人。一般情况下，人们只能根据表面的行为判断一个人是否具有美德，故有时候可能会产生错误的判断。

（六）关怀论

关怀论有时被称作女性伦理学，由心理学家卡罗尔·吉利根（Carol Gilligan）所创立的，她认为男女在做道德决定时的态度有所不同。男性的伦理推理方法是以普遍道德原则为基础进行抽象逻辑分析；女性的伦理推理方法应用的是一个集中于实际关系和感情的，对于事件发生情境进行细节分析的推理方法。

关怀论的一个显著特点是不关心抽象的和普遍的原则，也不强调个人或群体利益的计算。它强调体验和关心人们的欲望、需要和情感，对待他人要仁慈，要富有同情心，即强调对道德情感的体验与激发。

利用关怀论进行伦理分析，大体有以下六个步骤。

第一，全面了解和评价行为及行为产生的情境。

第二，如果当事人是你的亲友，则提醒对方是我的亲友，在他们需要帮助时，我应该帮助和关心他们。

第三，如果当事人不是你的亲友，则应该通过换位思考的方式，感受当事人的情感和面临的具体情境。然后，努力感受自己的道德情感，给予当事人更多的关心和帮助。

第四，如果自己的道德情感告诉自己应该做的事情与道德伦理标准一致，则按照道德情感的要求去做。

第五，如果自己的道德情感告诉自己应该做的事情与道德伦理标准不一致，则应该重新审视道德标准，反思自己的道德标准是否符合其他的道德标准。

第六，如果反思后，发现确有其他道德标准支持自己的道德情感，则选择符合道德情感的行为；如果反思之后，发现没有道德标准支持自己的道德情感，则应进一步反思自己的道德情感是否夹杂了其他不合理的私心杂念，若是，则选择相应的道德标准行动。

关怀论的优点在于：把爱心从我们的亲友身上扩展到需要我们关怀的人群中，有利于培养人与人之间互相关爱和信赖的关系，对于构建和谐社会有特别的价值。

当然，关怀论也有一些缺陷：第一，它不适合作为一个独立的伦理分析工具，在很多情况下，仅仅依靠关怀论进行道德评价，会显得非常吃力。第二，关怀论要求能推己及人，按照"老吾老以及人之老，幼吾幼以及人之幼"的方式去关怀更多的人，但这个过程并不是每个人都能够轻松做到的。第三，关怀论在应用的过程中可能与正义、公平、效率等产生矛盾。

二、商业伦理决策的影响因素

在商业活动中，进行伦理决策受到多重因素的影响，这些因素大体可以从个人、组织和社会三个层面来分析。

（一）个人层面的因素

个人层面的因素主要是指个人进行伦理决策的能力和意愿。个人进行伦理决策的能力主要是指个人对如何进行道德思考和怎么承担道德责任两个方面的了解和把握。

个人进行伦理决策的能力涉及的一个因素是道德思考，通常包括三个方面：第一，对我们的道德标准及其要求、禁止、重视或者谴责内容的理解。很多时候我们常常认为其他人和我们一样具有同样的道德标准，但事实并非如此。也许经过反思后，我们会调整和修正我们事前的道德标准。第二，关于特定的人、政策、制度或行为是否涉及道德标准的证据和信息。在很多情况下，我们很难获得关于事实的全部信息，只能基于一些线索进行推断，但这种推断的结论在多大程度是靠得住的，需要具体情况具体分析。第三，关于特定的人、政策、制度或行为应该被禁止还是允许，是对是错，是否公正。

总结起来，道德思考涉及三个要点，即道德的标准是什么？面临的事实是什么？做出道德判断的依据是什么？

个人进行伦理决策的能力涉及的另一个因素是怎么承担道德责任的问题。一般情况下，伦理学者认为，如果满足以下三个条件，那么个人要为伤害或过失承担道德责任。

第一，起因。这个人造成或协助造成了伤害，或者他可以并应该阻止伤害的时候没有采取必要的行动。例如，警察有阻止犯罪分子犯罪的义务；幼儿园的老师有保护孩子的义务等。在这些情况下，如果不作为就形成了承担道德责任的起因。第二，知情。如果一个人在知情的前提下，因为个人疏忽、懒惰或故意没有采取必要措施弄清楚他明知很重要的事情，那么就不能逃避道德责任。第三，自愿。这个人的行为完全出于自愿。

另外，存在一些因素可以减轻伤害的道德责任。第一，个人极少参与整个伤害过程；第二，个人对某件事情是否违反伦理道德不确定，或者不知道后果的严重性；第三，个人如果完全不参加伤害的过程，会因此付出承重的代价。

（二）组织层面的因素

在现代社会中，人们基本都生活在组织中，组织对伦理学的影响力很大。伦理学中有一个"染缸"理论，这个理论就认为，组织应该对其成员的不道德行为负主要责任，组织如同一个"大染缸"，影响了组织的成员，使得成员习得了不道德的行为。"染缸"理论进行了大量的实证调研，研究发现：商业个体的不道德行为确实与组织有密切的关系，激烈的竞争造成高管只注重结果不关心过程的导向，组织缺乏道德行为的强化、约束机制等，都容易导致个体的不道德行为。

组织层面的影响因素，还体现在组织文化方面。组织文化是指组织为了应付内外部环境，并在这些环境中指导其成员行为，而在组织内发展起来的一组共同信念和价值观念。组织文化的核心是价值排序，也可以理解为组织的伦理，这会在很大程度上影响伦理决策。例如，如果一个企业把利润看得比环境保护还要重要，那么就难免出现为了追求利润破坏环境的行为。

（三）社会层面的因素

社会层面的因素包括法律、政策、行业环境和文化传统等若干方面。如果国家政策和法律对违反伦理的行为没有具体的相关规定与规范，或者惩戒力度很轻，那么个人、企业、组织就更有可能从事违反伦理的行为。

行业环境也是影响伦理决策的重要因素。如果行业内很多企业都从事了违反伦理的行为，并因此而获利，那么行业内其他企业也会采取类似的行为；反之，如果行业内有一种遵循相关伦理道德的风气，且从事违反伦理的行为会被行业内其他企业所不容，那么这会在很大程度上减少违反伦理的行为。

文化传统对伦理决策也有较为重要的影响。例如，如果一个社会对贿赂的行为比较宽容，那么，个人或企业就很难抵挡这种观念的影响。中国传统儒家文化强调"礼义仁智信"等思想，对很多个人、企业的伦理决策也产生了十分深远的影响。

三、商业伦理决策的过程

伦理决策过程一般包括以下步骤。

（一）识别伦理过程

人们在商业活动中会面临形形色色需要作出决策的问题，但这些问题只有一部分涉及伦理问题。根据一些学者的观点，有以下四条标准可以帮助识别一个问题是否属于伦理问题。满足以下的标准,则可以认为是一个伦理问题。

第一,需要决策的行动是否涉及对一个人或多个人施加严重的伤害。

第二,伤害有可能发生或很快就要发生(或实际已经发生),受害者将受到严重的伤害(或者已经受到严重的伤害)。

第三,受害者与我们相近或相似。

第四,施加伤害可能违背我们或大多数人的道德标准。

(二)判别行为的伦理性

人们经常需要识别决策行为的伦理性,但还是会有很多偏见影响我们的决策。比如我们评估行为的后果,有时会忽略很小概率的事件,有时会过分关注部分利益相关者,而忽略另一部分利益相关者。再如我们会低估行为后果的严重程度。

(三)做出合乎伦理的决策

经过了以上步骤后,我们明白了什么是合乎伦理的事情,即从伦理角度来说,什么是正确的,什么是不正确的。但这并不见得我们一定会做正确的事情。在很多情况下,人们虽然意识到某些事情是正确的、应该做的,但受环境、他人、组织、文化的影响,不见得依然可以做出合乎伦理的决策。

(四)执行决策

伦理决策过程的第四个步骤是执行决策。有时候,一旦行动起来,可能会发现诸多困难,我们的决策不一定能贯彻到底。实际上,由于缺乏执行力、意志力等原因,会导致决策执行偏离原计划或无法完成原计划。

参考文献

[1] 高顿财经研究院:《财务决策》(第二版),中国财政经济出版社2016年版。

[2] 刘爱军、钟尉:《商业伦理学》,机械工业出版社2019年版。

[3] 伦纳德·布鲁克斯、保罗·邓恩著,任明川改编:《商业伦理与会计职业道德(英文版·第8版)》,中国人民大学出版社2019年版。

[4] 张曾莲:《商业伦理与会计职业道德》,经济管理出版社2014年版。

[5] Jensen, M. and Meckling, W., Theory of the firm: managerial behavior, agency costs, and ownership structure. Journal of Financial Economics, 1976 (3): 305 - 360.

第六章

营运管理

企业的战略目标不可能天然实现。企业的战略要"落地"并取得预期成效有赖于营运管理。所谓营运管理，是指为了实现企业战略和营运目标，各级经理人通过计划、组织、指挥、协调、控制、激励等活动，实现对企业从研发到生产经营全过程的价值增值管理。有鉴于此，本章在简要描述营运管理基本问题的基础上，以管理会计师的视野，重点讨论与管理会计密切相关的营运管理问题。①

第一节 营运管理概述

为了更好地理解营运管理，首先必须理解营运管理的主要工具和营运管理工具方法的运用程序。

一、营运管理的主要工具

客观地说，任何管理工具都可以运用于营运管理。不过，营运管理还是存在某些通用管理工具。② 营运管理的通用管理工具主要包括因果图（cause-and-effect diagram）、流程图（flowchart）和排列图（pareto chart）。

---

① 营运管理的内容非常丰富。尽管项目管理、质量管理和产品设计也是与管理会计密切相关的营运管理问题。但项目管理和质量管理将有专章讨论，而产品设计与目标成本法相关，将在《管理会计实务》一书的"成本管理"这章讨论。

② 根据财政部发布的《管理会计应用指引第400号——营运管理》，营运管理领域应用的管理会计工具方法，一般包括本量利分析（cost-volume-profit analysis）、敏感性分析（sensibility analysis）、边际分析（marginal analysis）和标杆管理（benchmarking management）等。根据"中级管理会计师考试知识点与考试大纲"，本量利分析、敏感性分析、边际分析和标杆管理等管理会计工具方法不是考试的范围。对这些管理会计工具方法有兴趣的读者，可以参阅胡玉明主编的《管理会计应用指引详解与实务》（经济科学出版社）的相关章节。

(一) 因果图

因果图是将营运管理的关键问题（结果）与潜在原因联系在一起的一种图示。因果图的形状像鱼的骨架，因此，因果图也形象地被称为鱼骨图（下面用鱼骨图替代因果图）。

营运管理的关键问题以"鱼头"标出，其潜在原因的类别构成"骨头"，而各类别原因的具体原因构成"鱼刺"。经理人可以借助鱼骨图识别出营运管理的关键问题（如机器故障）与背后潜在原因的类别（如操作、设备、维修、生产、备件和环境等）。经理人还可以进一步分析各类别原因的具体原因。例如，经理人可以进一步分析"操作"这个类别原因的具体原因（如操作不良、维护不良、拼机器、安排不当等）。图6-1展示了鱼骨图的一个范例。

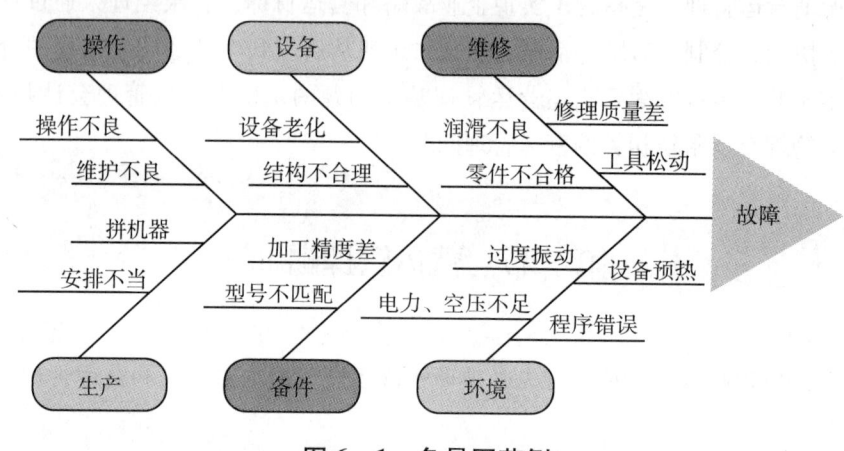

图6-1 鱼骨图范例

由此可见，制作鱼骨图的过程，就是分析问题的过程。经理人根据鱼骨图，就可以"按图索骥""对症下药"。显然，鱼骨图层次分明、条理清楚，也非常形象，具有可视化特征。因此，鱼骨图是一种透过现象看本质的分析方法，也是寻找营运管理关键问题背后隐藏的潜在原因的一种有效工具。

(二) 流程图

流程图是描述一个流程各个环节的信息、顾客、设备或物料流向的一种图示。用于营运管理的流程图主要描述企业的某个过程。这种过程既可以是生产线上的工艺流程，也可以是完成一项任务必须实施的管理过程，甚至是整个企业的业务流程。图6-2展示了流程图的一个范例。

如果图6-2的流程图落实到某个工艺或管理过程，还可以进一步细化。当然，流程图的"粗细"程度取决于营运管理的需求，必须考虑成本效益原则。

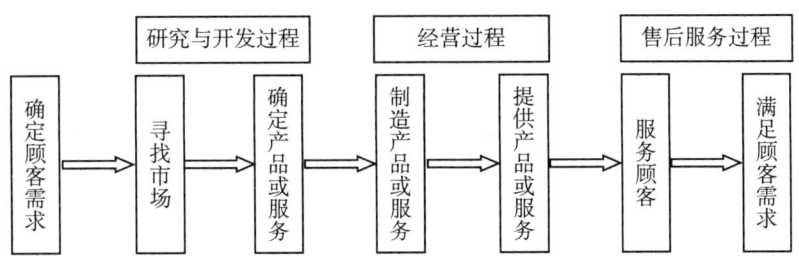

图 6-2　企业通用业务流程图范例

显然，流程图绘制的过程，就是经理人描述、理解企业业务流程的过程。因此，流程图是经理人改善、优化业务流程的有效工具。

(三) 排列图

排列图是描绘影响营运管理问题的少数关键因素的一种图示。具体地说，排列图是将影响营运管理问题的各种因素，按照出现的频数，按从大到小的顺序排列在横坐标上，在右边的纵坐标上标出各种因素出现的累积频数，并画出对应的变化曲线的分析方法。排列图由两个纵坐标、一个横坐标、若干个直方图形和一条曲线组成。其中，左边的纵坐标表示频数，右边的纵坐标表示频率，横坐标表示影响营运管理问题的各种因素。若干个直方图形分别表示影响营运管理问题的各种因素，直方图形的高度则表示影响营运管理问题相应因素的影响程度，按其影响程度大小的顺序由左向右排列，该曲线表示影响营运管理问题各种因素影响程度的累计百分数。图 6-3 展示了排列图的一个范例。

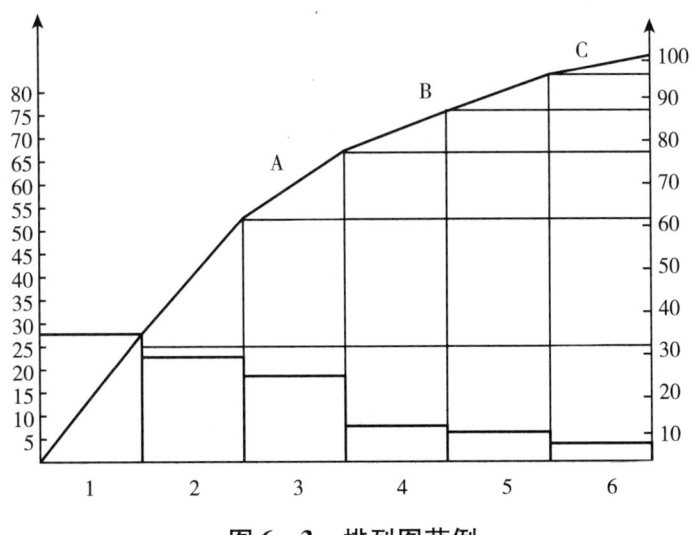

图 6-3　排列图范例

在实践中，经理人总会发现某些影响营运管理问题的因素比其他因素显得更为关键或重要。这就是帕累托现象（pareto phenomenon）或帕累托法则（pareto rule）即"20%的影响因素引起80%的问题"。经理人只要解决这"20%的影响因素"就可以解决"80%的问题"。排列图一目了然地描绘了帕累托现象或法则。有鉴于此，排列图也被称为帕累托图。

显然，排列图有助于经理人区分"微不足道的大多数"和"至关重要的极少数"，进而找出影响营运管理问题的关键因素，抓住重点，集中精力和时间解决重要问题。因此，排列图是营运管理最重要且最具影响的工具之一，适用于营运管理的各个方面。

综合上述，无论鱼骨图、流程图还是排列图，都一目了然，体现了"发现问题、分析问题、解决问题"的逻辑思路。

二、营运管理工具方法的运用程序

经理人应该根据企业自身业务特点和管理需求，单独选择或综合运用营运管理工具方法，以便更好地实现其营运管理目标。经理人应用营运管理工具方法的一般程序包括营运计划的制订、营运计划的执行、营运计划的调整、营运监控分析与报告、营运绩效管理。

（一）营运计划的制订

所谓营运计划，是指企业根据其战略决策和营运目标的要求，从时间和空间上统筹安排营运过程所需要的各种资源。营运计划的主要作用是分解营运目标、分配企业资源、安排营运过程的各项活动。

1. 营运计划的分类。营运计划按计划的时间可以分为长期营运计划、中期营运计划和短期营运计划，而按计划的内容则可分为销售、生产、供应、财务、人力资源、产品开发、技术改造和设备投资等营运计划。

2. 制订营运计划应当遵循的原则。营运计划的制订，往往需要借助全面预算的编制来实现。经理人制订营运计划应当遵循以下原则。

（1）系统性原则。经理人在制订营运计划时，不仅应该考虑营运的各个环节，还要从整个系统的角度出发，既要考虑大系统的利益，也要兼顾各个环节的利益。

（2）平衡性原则。经理人在制订营运计划时，应该考虑内外部环境之间的矛盾，有效平衡这些矛盾可使对营运过程的研发、生产、供应、销售等存在影响的各个方面，保持合理的比例关系。

（3）灵活性原则。经理人在制订营运计划时，应当充分考虑未来的不确定性，保持一定的灵活性和弹性。

3. 如何制订营运计划。经理人在制订营运计划时，要注意以下七个问题。

（1）经理人在制订营运计划时，应当以战略目标和年度营运目标为指引，充分地分析宏观经济形势、行业发展规律以及竞争对手情况等内外部环境变化，同时，还应该评估企业自身研发、生产、供应、销售等环节的营运能力，客观地评估自身的优势和劣势以及面临的风险和机会，做到知己知彼，求真务实。

（2）经理人在制订营运计划时，应该开展营运预测，将其作为制订营运计划的基础和依据。所谓营运预测，是指通过收集整理历史信息和实时信息，恰当运用科学预测方法，对未来经济活动可能产生的经济效益和发展趋势做出科学合理的预计和推测的过程。

（3）如果经理人应用多种营运管理工具方法制订营运计划，那么应该根据企业自身的实际情况，单独选择或综合应用全面预算管理、平衡计分卡、标杆管理等管理会计工具方法；同时，应该充分应用本量利分析、敏感性分析、边际分析等管理会计工具方法，为营运计划的制订提供具体量化的数据分析，有效支持决策。

（4）经理人应当科学合理地制订营运计划，充分考虑各层次营运目标、业务计划、管理指标等方面的内在逻辑联系，形成涵盖各价值链（value chain）的、不同层次和不同领域的、业务与财务相结合的、短期与长期相结合的目标体系和行动计划。

（5）经理人应当采取自上而下、自下而上或上下结合的方式制订营运计划，充分调动全员积极性，通过沟通、讨论达成共识，使得营运计划成为计划执行者自愿的计划，而非强加的计划。

（6）经理人应该根据营运管理流程，逐级上报并审批营运计划。企业各部门应该在已经审批通过的营运计划基础上，进一步制订各自的业务计划，并按流程履行审批程序。

（7）经理人应该充分预估未来的不确定性，在科学营运预测的基础上，制订多方案的备选营运计划（例如，可以采用弹性预算与滚动预算相结合的方式），以便应对未来不确定性带来的风险与挑战。

（二）营运计划的执行

营运计划的执行包括以下内容。

1. 营运计划的下达。经审批的营运计划应该以正式文件的形式下达执行。经理人应该逐级分解营运计划，按照横向到边、纵向到底的要求分解落实到各所属企业、部门、岗位或员工，确保营运计划得到充分落实。

2. 营运计划的分解落实。经审批的营运计划应该分解到季度、月度，形成月度的营运计划，逐月下达、执行。各所属企业、部门、岗位或员工应该根据月度的营运计划组织开展各项营运活动，使企业各项业务活动有据可依。

3. 建立配套的监控机制。经理人应该建立配套的监督控制机制，及时记录营运计划执行情况，开展差异分析与纠偏，持续优化业务流程，确保营运计划有效执行。

4. 开展滚动预测。经理人应该在月度营运计划的基础上，开展月度、季度滚动预测，及时反映滚动营运计划所对应的实际营运状况，为企业资源配置的决策提供有效支持。

（三）营运计划的调整

营运计划的调整主要包括以下内容。

1. 营运计划的调整条件。营运计划一旦批准下达，通常不宜调整，以维护营运计划的严肃性。但是，如果宏观经济形势、市场竞争形势等发生重大变化，导致企业营运状况与预期出现较大偏差，那么经理人可以适时调整营运计划，避免营运计划的僵化与死板，使营运目标更加切合实际。为此，经理人应该制定出明确而具体的营运计划调整条件并严格执行，以防营运计划调整的随意性。

2. 适时启动营运计划的调整。经理人在营运计划执行过程中，应该关注和识别存在的各种不确定因素，分析和评估其对企业营运的影响，适时启动调整原计划的有关工作，确保企业营运目标更加切合实际，更合理地配置企业现有资源。为此，经理人应当依照企业制定的标准仔细研判企业是否出现营运计划调整的条件，只有对符合调整条件和标准的营运计划才予以调整，否则不予调整，以谨慎做出营运计划调整决策。

3. 评估营运计划调整的影响。经理人在做出营运计划调整决策时，应该分析和评估营运计划调整方案对企业营运带来的影响，包括对短期的资源配置、营运成本、营运效益等方面的影响以及对长期战略的影响。经理人要认真测算这些影响，能量化的影响，应尽可能量化；对于难以量化的影响，应该写出详细的说明与解释。

4. 规范营运计划调整的流程。经理人应该建立营运计划调整的流程和机制，规范营运计划的调整流程。营运计划的调整应该由具体执行的所属企业或部门提出调整申请，经批准后下达正式文件。经理人可以结合内部控制制度，规范营运计划调整的流程和机制。

（四）营运监控分析与报告

营运监控分析与报告主要包括以下内容。

1. 建立和优化营运监控体系。为了强化营运监控，确保企业营运目标的顺利完成，经理人应当结合企业自身的实际情况，按照日、周、月、季、年等频率建立营运监控体系，并按照 PDCA 管理原则,^① 不断优化营运监控体系的各项机制,做好营运监控分析工作。

2. 营运监控分析的基本任务。所谓营运监控分析,是指以本期财务和管理指标为起点,通过指标分析查找异常,并进一步揭示差异所反映的营运缺陷,追踪缺陷成因,提出并落实改进措施,不断提高企业营运管理水平。

营运监控的基本任务是发现偏差、分析偏差和纠正偏差。

(1) 发现偏差。经理人通过各类手段和方法,分析营运计划的执行情况,发现计划执行中的问题。

(2) 分析偏差。经理人深入探究营运计划执行过程中出现的问题和偏差原因,以便采取针对性的措施纠正偏差。

(3) 纠正偏差。经理人根据偏差产生的原因,采取针对性的纠偏对策,做到对症下药,使企业营运过程的活动按既定的营运计划展开或按照营运计划的调整条件和流程调整营运计划。

3. 营运监控分析的内容与步骤。企业营运监控分析应该至少包括发展能力、盈利能力、偿债能力等方面的财务指标,以及生产能力、管理能力等方面的非财务指标,并根据企业所处行业的营运特点,通过趋势分析、标杆管理等工具方法,建立完善营运监控分析指标体系。

营运监控分析的一般步骤主要包括以下四点。

(1) 明确营运目的,确定有关营运活动的范围。

(2) 全面收集有关营运活动的资料并分类整理。

(3) 分析营运计划与执行的差异并追溯原因。

(4) 根据差异分析采取恰当的措施,并编制营运监控分析报告。

4. 营运监控分析报告。经理人应当将营运监控分析的对象、目的、程序、评价及改进建议形成书面的营运监控分析报告。营运监控分析报告按照分析的范围及内容可以分为综合分析报告、专题分析报告和简要分析报告,而营运监控分析报告按照分析的时间可以分为定期分析报告和不定期分析报告。

5. 建立营运监控机制。经理人应当建立预警、督办、跟踪等营运监控机制,及时通报和预警营运监控过程中发现的异常情况,按照 PDCA 管理原则督促相关责任人将工作举措落实到位。

6. 建立营运监控管理信息系统。经理人可以建立信息报送、收集、整理、分析、报告等日常管理机制,保证信息传递的及时性和可靠性。同时,经理人还应该建立营运监

---

① 所谓"PDCA"就是计划(plan)、实施(do)、检查(check)、处理(act)的英文单词第一个字母的组合。营运管理应当区分计划、实施、检查和处理四个阶段,即 PDCA 管理原则,形成闭环管理,使营运管理工作更加条理化、系统化、科学化。

控管理信息系统和营运监控信息报告体系,保证营运监控分析工作的顺利开展。

(五) 营运绩效管理

经理人应该重视营运绩效管理,激励员工为实现营运管理目标做出贡献。为此,经理人可以建立营运绩效管理委员会、营运绩效管理办公室等不同层级的绩效管理组织,明确绩效管理流程和审批权限,制定绩效管理制度。

经理人应当以营运计划为基础,制定绩效管理指标体系,明确绩效指标的定义、计算口径、统计范围、绩效目标、评价标准、评价周期、评价流程等内容,确保绩效指标具体、可衡量、可实现、相关以及具有明确期限。绩效管理指标应该以企业营运管理指标为基础,做到无缝衔接、层层分解,确保企业营运目标的落实。

财眼看问题 6-1

在技术上,有许多专门的制图工具可以制作鱼骨图、流程图和排列图,管理会计师可能未必会制图,但管理会计师务必能够"看图识字""看图讲故事",管理会计师更应该通过"看图识因""按图索骥"并"溯本求源"地提出解决营运管理中关键问题的针对性建议。

管理会计是管理与会计相融合的实践性学科。顾名思义,管理会计就是为管理或经理人服务的会计。哪里存在管理活动,哪里就有管理会计。企业的任何一个管理流程都应该有管理会计师的"倩影",企业的每一个发展阶段也都应该有管理会计师的"烙印"。因此,管理会计师不做营运管理,但必须理解营运管理。

"任何伟大战略的实施都离不开财务资源,而任何战略之所以伟大就在于最终必须能够创造财务资源"。全面预算以企业的战略为导向,诠释了企业的经营理念与财务理念之间的关系,使企业不同领域的经理人不仅具有经营理念,还具有财务理念,使各个领域的经理人都"讲同一种语言"(持续创造价值),从而使企业的战略与管理会计相融合,企业业务与管理会计连为一体,从而达到"整合四流(资金流、物资流、信息流和人力资源),创造一流(一流绩效)"之理想境地。因此,管理会计师应该立足全面预算,将全面预算与营运计划连为一体。

第二节 库存管理

库存管理(inventory management)是营运管理的核心问题之一。[①] 有效的库存管理

[①] 管理会计将库存(inventory)称为存货。

是多数企业及其供应链成功营运的关键。库存管理可能影响企业的营运、营销和财务等职能。相反,不良的库存管理可能影响营运和顾客满意度,进而增加营运成本,降低营运效益。

一、库存成本

一般来说,库存主要包括原材料(raw materials)、在产品(work-in-process)和产成品(finished goods)。库存可以起到"蓄水池"的作用。因此,存储必要的原材料和在产品可以保证企业正常的生产经营活动,避免停工待料,存储一定量的产成品,有利于销售,避免脱销。对于季节性生产企业而言,存储一定量的库存便于均衡生产,降低产品成本。同时,存储一定量的库存作为保险储备,可以防止意外事件的发生。然而,应该看到库存必然占用一定量的资金,由此产生库存成本。库存成本包括取得成本、储存成本和缺货成本三部分。

(一)取得成本

取得成本是指企业为了取得某种库存而发生的成本。通常用 TC_a 来表示。取得成本又可以分为订货成本和购置成本。

1. 订货成本。订货成本是指企业取得订单的成本,如办公费、差旅费、邮费、电话费等支出。订货成本有一部分与订货次数无关,如常设机构的基本开支等,称为订货的固定成本,用 F_1 表示。另一部分订货成本与订货次数有关,如差旅费、邮费等,称为订货的变动成本。每次订货的变动成本用 K 表示;订货次数等于库存的年需求量(D)与每次订货批量(Q)之商。这样,订货成本的数学表达式为:$K \times D/Q + F_1$。

2. 购置成本。购置成本是指库存本身的价值,通常用库存数量与单位库存价格的乘积来确定。假设库存的单位价格为 U,则购置成本为 DU。

这样,取得成本的数学表达式为:

$$TC_a = K \times D/Q + F_1 + DU \qquad (6-1)$$

(二)储存成本

储存成本是指企业为了保持库存而发生的成本,包括库存占用资金的机会成本、仓库费用、保险费用、库存破损和变质损失等。通常用 TC_c 表示储存成本。同理,储存成本也可以分为固定成本与变动成本。固定成本与库存数量无关,如仓库折旧、仓库职工的工资等,通常用 F_2 表示。变动成本与库存数量有关,如库存的机会成本、库存的破损和变质损失、库存的保险费用等。单位库存储存变动成本用 K_c 表示。这样,库存储存成本的数学表达式为：

$$TC_c = K_c \times Q/2 + F_2 \qquad (6-2)$$

（三）缺货成本

缺货成本是指企业由于库存供应中断而造成的损失，包括材料供应中断造成的停工损失、产成品库存缺货造成延迟发货的损失和丧失销售机会的损失（还应该包括需要主观估计的商誉损失）；如果企业以紧急采购代用材料解决库存材料中断之急，那么，缺货成本表现为紧急购货成本（紧急购货成本通常高于正常采购成本）。缺货成本用 TC_s 表示。

综合上述，如果用 TC 代表库存的总成本，则其计算公式为：

$$TC = TC_a + TC_c + TC_s$$

$$TC = K \times D/Q + F_1 + DU + K_c \times Q/2 + F_2 + TC_s \qquad (6-3)$$

二、经济订货批量模型

显然，库存既不能过多，也不能过少。如何确定"适量"的库存呢？这就涉及经济订货批量模型（economic order quantity model）。为了讨论问题的方便，首先做一些假设，然后再逐步放宽假设条件，以便使得经济订货批量模型更接近企业的管理实践。

（一）经济订货批量模型的假设条件

经济订货批量模型的建立需要设立一些假设条件。这些假设条件主要包括以下七点。

1. 企业能够及时补充存货，即需要订货时便可立即取得库存。
2. 能集中到货，而不是陆续入库。
3. 不允许缺货，即没有缺货成本（$TC_s = 0$）。这是因为有效的库存管理本来就不应该出现缺货成本。
4. 需求量不变且能确定，即 D 为常数。
5. 库存的单位价格不变，不考虑现金折扣，即 U 为常数。
6. 企业的现金充裕，不会因现金短缺而影响进货。
7. 企业所需要的库存市场供应充足，不会因买不到需要的库存而影响其他问题。

基于上述的假设，库存总成本的计算公式为：

$$TC = K \times D/Q + F_1 + DU + K_c \times Q/2 + F_2 \qquad (6-4)$$

如果 F_1、K、D、U、K_c 和 F_2 为常数，那么 TC 的大小取决于 Q。

（二）经济订货批量基本模型

根据上述库存总成本的计算公式，为了求出库存总成本 TC 的极小值，根据数学的微积分原理，只要对上述库存总成本的计算公式求一阶导数即得：$Q = \sqrt{2KD/K_c}$。这就是经济订货批量模型。由此求出的每次订货量（Q）就是使库存总成本最小的订货批量，称为经济订货批量（economic order quantity，EOQ）。

经济订货批量模型还可以演变成如下形式。

1. 每年经济订货次数（N）= D/Q = $\sqrt{DK_c/2K}$
2. 库存相关总成本（TC）= $\sqrt{2KDK_c}$
3. 年经济订货周期（T）= 1/N
4. 经济订货量占用资金（I）= U × Q/2

【例 6-1】 华美公司每年耗用 A 种材料 3 600 公斤，该种材料单位成本为 10 元，单位储存成本为 2 元，一次订货成本为 25 元。那么：

经济订货批量（Q）= $\sqrt{2 \times 25 \times 3\,600/2}$ = 300（公斤）

每年经济订货次数（N）= 3 600/300 = 12（次）

库存相关总成本（TC）= $\sqrt{2 \times 25 \times 3\,600 \times 2}$ = 600（元）

年经济订货周期（T）= 12/12 = 1（个月）

经济订货量占用资金（I）= 10 × 300/2 = 1 500（元）

（三）经济订货批量模型的扩展

如前所述，经济订货批量模型建立在一定的假设条件基础上，然而，企业的管理实践能够满足上述假设条件的情境相当罕见。为了使经济订货批量模型更接近于实际情况，具有较高的实用价值，需要适当放宽假设条件，同时，改进经济订货批量模型。

1. 订货提前期。企业的库存通常不能做到随用随补，因此，不能等到库存全部用完再去订货，而需要在库存没有用完之前提前订货。在提前订货的情况下，企业再次发出订货单时，尚有库存的库存量，被称为再订货点，用 R 表示。其数量等于交货时间（L）和日平均需用量（d）的乘积：R = L × d。

【例 6-2】 续〖例 6-1〗，进一步假设华美公司订货日至到货日的时间为 10 天，每日库存需要量为 10 公斤，那么，再订货点 R = 10 × 10 = 100（公斤）。这意味着华美公司的库存还有 100 公斤时，就应当再次订货，等到下批订货到达时（发出再次订货单 10 天之后），原有库存刚好用完。此时，有关库存的每次订货量、订货次数、订货间隔时间等并没有发生变化，与前述瞬时补充时相同。订货提前期的情景如图 6-4 所示。

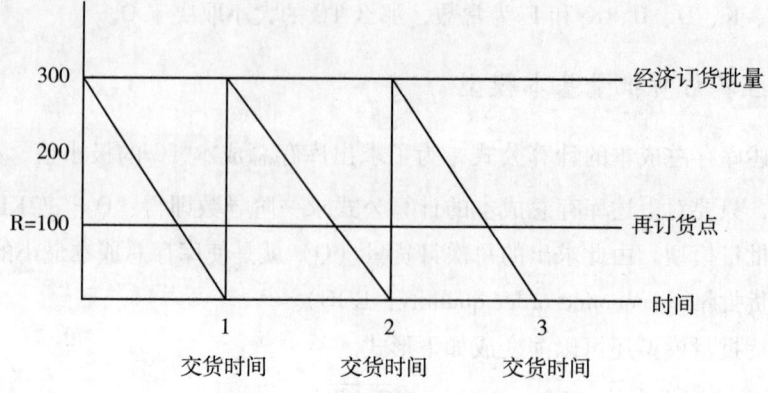

图 6-4 订货提前期库存模式

这就是说,订货提前期对经济订货批量并没有影响,可以仍然按原来瞬时补充情况下的 300 公斤为订货量,只不过要在达到再订货点(库存 100 公斤)时发出订货单而已。

2. 存货陆续供应与使用。经济订货批量模型假设存货一次全部入库。事实上,库存可能陆续入库,库存量陆续增加。尤其是产成品入库和在产品的转移,几乎都是陆续供应和陆续耗用。这时,需要修改经济订货批量模型。

假设每日送货量为 P,那么,该批货全部送到所需日数为 Q/P,称为送货期,具体如图 6-5 所示。

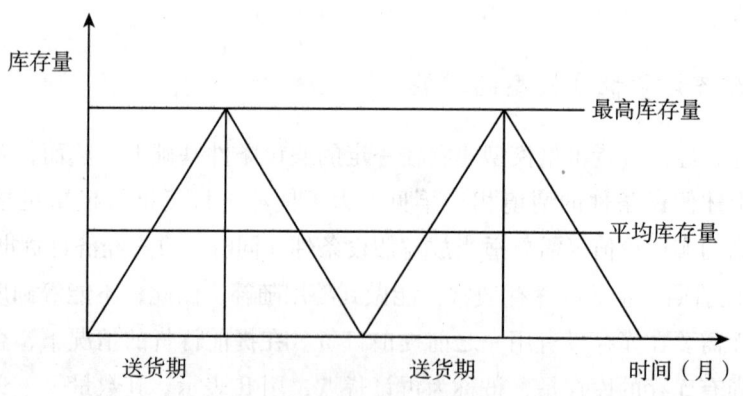

图 6-5 库存陆续供应和使用模式

因库存每日耗用量为 d,因此,送货期内的全部库存耗用量为 $d \times Q/P$。由于库存一边送货、一边耗用,因此,每批库存送完时,最高库存量为 $(Q - d \times Q/P)$,而平均库存量则为 $(Q - d \times Q/P)/2$。

这样,与批量 Q 相关的总成本为:

$$TC(Q) = K \times D/Q + K_c \times (Q - d \times Q/P)/2$$
$$TC(Q) = K \times D/Q + K_c \times Q(1 - d/P)/2 \tag{6-5}$$

对上述公式求一阶导数，得到经济订货批量为：

$$Q = \sqrt{(2KD/K_c) \times P/(P-d)} \tag{6-6}$$

由此，得到库存陆续供应和陆续使用的经济订货批量相关总成本为：

$$TC(Q) = \sqrt{2KDK_c \times (1 - d/P)} \tag{6-7}$$

【例6-3】续〖例6-1〗，进一步假设华美公司的某种零件年需求量为3 600件，每日送货量为30件，每日耗用量为10件，单位价格为10元，一次订货成本为25元，单位储存成本为2元。那么：

$$Q = \sqrt{(2 \times 25 \times 3\,600/2) \times 30/(30-0)} = 367\,（件）$$
$$TC(Q) = \sqrt{2 \times 25 \times 3\,600 \times 2 \times (1 - 10/30)} = 490\,（元）$$

陆续供应和陆续使用的经济订货批量模型，还可以用于零部件自制或外购的选择决策。自制零部件属于边送边用的情况，平均库存量较少，单位成本也可能较低，但是，每批零部件投产的生产准备成本比一次订货的成本可能高出很多。外购零部件的单位成本可能较高，平均库存量也较高，但是，其订货成本则较低。要在自制零部件还是外购零部件之间做出选择，需要全面衡量各自的相关总成本。

3. 保险储备。前述讨论假定库存的供需稳定且确知，也就是说每日的需求量不变，交货时间也固定不变。实际上，每日需求量可能变化，交货时间也可能变化。按照经济订货批量和再订货点发出订单之后，如果需求量增加或者送货延迟，就会发生缺货或者供应中断。为了防止出现这种情况，就需要多储备一些库存。这种为了防止意外而储备的库存，就是通常所说的保险储备。保险储备在通常情况下是不使用的，只有当库存使用过量或者送货延迟时才动用。建立保险储备量（B）之后，再订货点相应提高了，即：$R = L \times d + B$。

建立保险储备固然可以避免缺货的现象，但却由此增加了库存的储备量和相应的库存成本。研究保险储备量的目的在于找出合理的保险储备量，使缺货损失与储备成本之和最小。就方法而言，可以先计算出基于各种不同保险储备量的总成本，然后，比较、选择保险储备量总成本较低的方案。

如果假设与此相关的总成本为$TC(S、B)$，缺货成本为C_s，保险储备成本为C_B，那么：

$$TC(S、B) = C_s + C_B \tag{6-8}$$

进一步假设单位缺货成本为K_u，一次订货缺货量为S，年订货次数为N，保险储备量为 B，单位储备成本为 K_c，那么：

$$C_s = K_u \times S \times N$$

$$C_B = B \times K_c$$

$$TC(S、B) = K_u \times S \times N + B \times K_c \tag{6-9}$$

在企业的管理实践中，缺货量（S）具有概率性，其概率可以根据历史经验估计出来，而保险储备量（B）则可以选择而定。

【例6-4】续〖例6-1〗，进一步假设华美公司 A 零部件的年需求量为3 600件，单位储备变动成本为2元，单位缺货成本为4元，交货时间为10天，已经计算出经济订货批量为300件，每年订货次数为12次。交货期的存货需要量及其概率分布如表6-1所示。

表6-1　　　　　　　　A 零部件需求量及其相应概率

需求量	70件	80件	90件	100件	110件	120件	130件
概率	0.01	0.04	0.20	0.50	0.20	0.04	0.01

先计算不同保险储备量的总成本。

（1）不设置保险储备量。这时，B=0，R=100件。如果需求量为100件或其以下，不会发生缺货，其概率为0.75（0.01+0.04+0.20+0.50）；如果需求量为110件，缺货10件，其概率为0.20；如果需求量为120件，缺货20件，其概率为0.04；如果需求量为130件，缺货30件，其概率为0.01。因此，如果 B=0，缺货的期望值 S_0、总成本 TC（S、B）可计算如下：

$$S_0 = 10 \times 0.20 + 20 \times 0.04 + 30 \times 0.01 = 3.1（件）$$

$$TC(S、B) = 4 \times 3.1 \times 12 + 0 \times 2 = 148.80（元）$$

（2）设置保险储备量10件。这时，B=10，R=110件。如果需求量为110件或其以下，不会发生缺货，其概率为0.95（0.01+0.04+0.20+0.50+0.20）；如果需求量为120件，缺货10件，其概率为0.04；如果需求量为130件，缺货20件，其概率为0.01。因此，如果 B=10，缺货的期望值 S_{10}、总成本 TC（S、B）可计算如下：

$$S_{10} = 10 \times 0.04 + 20 \times 0.01 = 0.6（件）$$

$$TC(S、B) = 4 \times 0.6 \times 12 + 10 \times 2 = 48.8（元）$$

（3）设置保险储备量20件。这时，B=20，R=120件。如果需求量为120件或其以下，不会发生缺货，其概率为0.99（0.01+0.04+0.20+0.50+0.20+0.04）；如果需求量为130件，缺货10件，其概率为0.01。因此，如果 B=20，缺货的期望值 S_{20}、总成本 TC（S、B）可计算如下：

$S_{20} = 10 \times 0.01 = 0.1$（件）

$TC(S、B) = 4 \times 0.1 \times 12 + 20 \times 2 = 44.8$（元）

（4）设置保险储备量 30 件。这时，B = 30，R = 120 件。该保险储备量可以满足最大需求，不会发生缺货，因此：

$S_{30} = 0$

$TC(S、B) = 4 \times 0 \times 12 + 30 \times 2 = 60$（元）

根据上述计算，如果保险储备量为 20 件，其相关成本最低。因此，华美公司的保险储备量应当为 20 件或者说再订货点为 120 件。

上述讨论的是由于需求量变化引起的缺货问题。至于因延迟交货而引起的缺货，也可以通过建立保险储备量的方法来解决。确定保险储备量时，可将延迟交货的天数换算为增加的需求量，其余计算方法与上述方法相同。例如，上述〖例 6-4〗中，如果华美公司延迟 3 天交货的概率为 0.01，就可以认为缺货 30 件（3×10）或者交货期内需求量为 130 件的概率为 0.01。如此一来，就把交货延迟问题转换为需求过量的问题。

上述有关经济订货批量的确定都建立在一定假设条件下，经理人在管理实践中，应该注意其假设条件是否满足或基本满足，切不可"刻舟求剑"，盲目运用。客观地说，经济订货批量只能为企业的库存管理提供一种基本思路，经理人具体如何确定经济订货批量，还需要结合企业自身的生产经营特点、供货条件和市场环境等因素加以调整。

三、库存 ABC 分类管理方法

企业一旦拥有库存，马上就面临如何管理这些库存的问题。经理人可以借助库存 ABC 分类管理方法管理库存。所谓库存 ABC 分类管理方法是指经理人在对存货实施分析、分类排队的基础上，确定库存管理的重点和管理措施，从而有效地管理库存的一种方法。库存 ABC 分类管理方法的一般程序如下。

1. 计算各种库存在一定时期的占用额或耗用额。

2. 计算各种或各类库存的耗用额占全部库存耗用额的比重，并按其比重高低顺序排列。

3. 根据事先确定的标准将全部库存划分为 A、B、C 三类。例如，就某个企业而言，A 类库存是指那些消耗量大但品种不多的库存。这类库存通常只占企业全部库存品种的 8~10%，但其耗用量却占企业总消耗量的 70% 以上；B 类库存是指那些消耗量占企业总消耗量 20% 左右，品种占全部库存种类 25% 左右的库存；其他占全部库存品种 65% 左右，但仅占全部消耗量 10% 左右的库存，则划为 C 类库存。经理人可以根据企业的具体管理情境确定 A、B、C 三类库存的划分标准。

4. 区别对待，分类管理。对于 A 类库存，应当实施重点管理，可以按前述的经济订货批量进行控制，对订货的数量和时间严格按照事先经过计算所确定的经济订货批量和再订货点组织订货。库存的日常管理采用永续盘存制，以便对其购入、发出和结存情况进行详细反映，并与经营预算进行比较，及时纠正偏差；对于 B 类库存，也应当事先逐项确定经济订货批量，采用永续盘存制，系统地反映其库存动态。如果库存余额达到订货点，那么就应通知相关部门按原定的订货计划进行补充。与 A 类库存的管理有所不同，经理人只关注 B 类库存偏离原定经营预算的问题，不像 A 类库存那样要经常逐项地具体分析对比；至于库存中为数众多、单位价值比较小的 C 类库存，经理人可以采用一些比较简化的方法，如"双箱（堆）法"①"定时补给制"。

四、"零库存"的库存管理理念

显然，前述的经济订货批量模型假设库存是必要的。基于这个前提条件，测算既能保证企业生产经营活动正常进行，又能最低限度地控制库存成本所需要的订货批量。

20 世纪 70 年代以来，世界科学技术发生了日新月异的变化。在高新技术蓬勃发展的新形势下，以美国和日本等为代表的发达国家，企业面对日趋激烈的全球竞争压力，纷纷将高新技术应用于生产领域。奠基于高新技术的生产，其基本特征是在电子技术革命的基础上形成生产高度电脑化、自动化，乃至计算机一体化的制造系统。从产品订货开始，直到设计、制造、销售等所有阶段，所使用的各种自动化系统综合成一个整体，由计算机统一调控。这对营运管理（包括管理会计）的理论与实践产生重要影响。其中，具有代表性的影响便是"适时生产系统"（just-in-time production system，JIT）的理念。

适时生产系统是高新技术广泛应用于生产领域，在生产高度电脑化、自动化基础上形成的一种全新的生产管理系统。适时生产系统要求企业供产销各个环节尽量实现"零库存"（zero inventory）。也就是说，在供应阶段，企业所需要的原材料、外购部件能保质保量"适时"供生产使用；在生产阶段，各个生产环节密切配合，协调一致，前一道工序按后一道工序的要求"适时"地、保质保量地提供半成品；在销售阶段，按顾客的要求，保质保量、"适时"地将产品送到顾客手中。

"适时生产系统"的理念对企业生产现场控制系统产生了重要影响。原先企业采用由前往后的"推进式"（push through）生产现场控制系统。此时，整个生产过程从供应

---

① 所谓"双箱（堆）法"是指将某项存货分别装成两个货箱或两堆，第一箱（堆）的库存量是达到订货点的耗用量，当第一箱（堆）用完时，就意味着必须马上提出订货申请，以便补充生产过程已经领用和即将领用的部分。

阶段开始，由原材料仓库依次向各生产工序供应原材料，通过加工形成在产品、半成品，继续转入下一道生产工序，由下一道生产工序继续进行加工，以此类推，由前往后顺序推移，直至最终完成全部生产工序，形成可以对外销售的产品，转入成品仓库等待销售。在这种生产现场控制系统下，前面生产工序居于主导地位，后续生产工序只能被动地接受前面生产工序转移而来的加工对象，并对之进一步加工。"推进式"生产现场控制系统，在企业生产经营的各个环节存在大量的库存，并且各个环节存在适量的库存是必要的。根据"适时生产系统"的理念，企业采用由后往前的"拉动式"（pull through）生产现场控制系统。这时，整个生产过程以市场需求为导向，从销售阶段开始，以最终满足顾客需求为起点，根据顾客订货所提出的产品数量、质量和交货时间等特定要求作为组织生产的依据，由后往前逐步推移，全面安排生产活动。这样，前一道生产工序只能严格按照后续生产工序所要求的在产品或半成品的数量、质量和交货时间组织生产，前一道生产工序生产什么、生产多少、质量要求如何以及交货时间，只能根据后续生产工序提出的具体要求进行。与"推进式"生产现场控制系统相比，基于"适时生产系统"的理念，前后生产工序的主、客位置颠倒过来了，后续生产工序处于主动地位，而前一道生产工序则处于被动地位。这样，由于整个生产系统遵循"适时"的理念，从理论上说，企业应该在各个生产经营环节实现"零库存"。

然而，有些人一听到企业要实现"零库存"就急了，并迫不及待地反问"原材料不需要加工就能自动转化成产品吗？难道在产品不是库存吗？"其实，这误解了"适时"的理念。"适时"的理念与其说是一种理念，不如说是一种管理哲学：一种"持续改善"的管理哲学！经理人不能机械地理解"零库存"。其实，企业要真正实现"适时"的理念，进而实现"零库存"远没有想象得那么简单。"适时"的理念和"零库存"的目标涉及企业内外部环境的诸多因素或限制条件。但是，这是一个理想境界。既然库存是不必要的，本应该消除而没有消除，说明企业生产经营活动远没有达到理想境界。由此促使经理人加强经营管理，拓宽视野，竭尽全力，持续改善，以达到"零库存"的理想境界。

如前所述，过去经理人一直都认为企业的库存是必要的，库存可以起到"蓄水池"的作用。由此便产生了在保证库存必要的前提下，降低库存相关成本的经济订货批量（EOQ）模型。这曾是营运管理（包括管理会计）的主要内容之一。基于"适时"的理念，经理人认为企业的库存是不必要的，库存管理的目标就是消除库存即实现"零库存"。由此看来，基于"适时生产系统"的环境，经济订货批量模型失去了存在的基础。库存除了"企业正常的生产经营活动"这个"蓄水池"的作用之外，还"蓄"了企业生产经营活动的潜在问题。因此，库存是浪费资源之祸首，应该尽量消除库存。如果"供水系统"（企业供产销各个环节）能够完全做到"适时"的"无缝对接"，还要"蓄水池"（库存）吗？既然库存是不必要的，除非特殊行业，[①] 只要企业没有实现"零库存"，那么企业经营管理方面就存在改进的空间。由此就产生了"持续改善"的新观念。例如，波音公司原先每个分支机构都设有仓库和库存。受到"适时"的理念启发，通过调查研究，波音公司重新整合，采用共享仓库，大大减少了库存所占用的资金及其相关成本。进一步看，配售中心和第三方物流的产生与发展也都可归功于"适时"的理念。

当然，作为一种管理哲学，"适时"的理念改变了营运管理（包括管理会计）的主题。协调和时间因素已经成为营运管理（包括管理会计）的重要主题。

> **财眼看问题 6-2**
>
> 　　严格地说，库存管理并非管理会计师的职责，但企业把资金投放于库存便"牵扯"上管理会计师。
>
> 　　计算机可以轻易计算出经济订货批量等指标，管理会计师需要做的工作不是计算，而是根据计算结果，合理地配置财务资源。
>
> 　　库存 ABC 分类管理方法体现了排列图的基本精髓，管理会计师应该结合排列图理解库存 ABC 分类管理方法，抓住库存管理的重点。
>
> 　　管理会计师要密切关注科技发展动态及其对营运管理的影响。

第三节　供应链管理

显然，有效的库存管理需要供应链的配合。由此，供应链管理（supply chain management, SCM）应运而生。

一、供应链管理的基本概念

理解供应链管理的基本概念是理解供应链管理的基础。

（一）供应链的概念

所谓供应链（supply chain）就是由供应商、制造商、仓库、配送中心和渠道商等构成的物流网络。从管理的角度看，供应链就是围绕核心企业，通过对信息流、物流、资

[①] 某些特殊的行业（如烟草、酿酒等行业）不应该强调"零库存"。就这些特殊的行业而言，经济订货批量（EOQ）模型和库存 ABC 分类管理方法依然"管用"。

金流的控制，从采购材料开始，制成中间产品以及最终产品，最后由销售网络把产品送到消费者手中，将供应商、制造商、分销商、零售商，直到最终顾客连成一个整体的功能网链结构模式。供应链是一个范围更广的企业结构模式，包括所有加盟的节点企业，从原材料的供应开始，经过链中不同企业的制造、加工、组装、分销等过程直到最终顾客。供应链不仅是一条连接供应商到顾客的物料链、信息链、资金链，还是一条增值链。物料在供应链上因加工、包装、运输等流程而增加其价值，给相关企业都带来效益。

根据上述定义，供应链如图 6-6 所示。

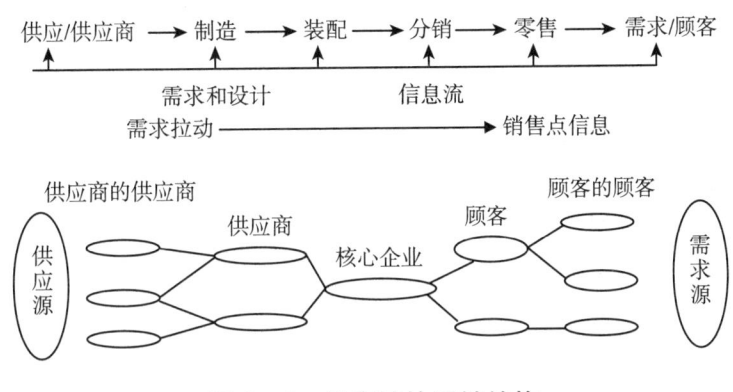

图 6-6　供应链的网链结构

由此可见，供应链由所有加盟的节点企业组成。一般有一个核心企业（可以是产品制造企业，也可以是大型零售企业），节点企业在需求信息的驱动下，通过供应链的职能分工与合作（生产、分销、零售等），以资金流、物流和/或服务流为媒介实现整个供应链的不断增值。

（二）供应链的基本特征

从供应链的结构可以看出，供应链是一个网链结构，由围绕核心企业的供应商、供应商的供应商和顾客、顾客的顾客组成。一个企业是一个节点，节点企业之间是一种需求与供应关系。供应链具有如下基本特征。

1. 复杂性。由于供应链节点企业组成的跨度（层次）不同，供应链往往由多个、多类型，甚至多国企业构成，供应链结构模式比一般单个企业的结构模式更为复杂。

2. 动态性。供应链因企业战略和适应市场需求变化的需要，节点企业需要动态地更新，这使得供应链具有明显的动态性。

3. 面向顾客需求。供应链的形成、存在、重构，都是基于一定的市场需求而发生，并且在供应链的运作过程中，顾客的需求拉动是供应链中信息流、产品/服务流、资金流运作的驱动器。

4. 交叉性。节点企业可以是某个供应链的成员，也可以是另一个供应链的成员，众多的供应链形成交叉结构，增加了协调管理的难度。

（三）供应链管理的概念

所谓供应链管理，就是指在满足一定的顾客服务水平的条件下，为了使整个供应链系统成本达到最小化而把供应商、制造商、仓库、配送中心和渠道商等有效地整合在一起的管理活动总称。供应链管理强调通过整个"扩展企业"（expended corporation）所有环节的协同合作，提供一个共同的产品和服务。扩展企业将最大限度地利用共享资源（人员、流程、技术和性能评测）来取得协作运营，其结果是高质量、低成本、迅速投放市场并获得顾客满意的产品和服务。由此可见，供应链管理是一种集成的管理思想和方法。

（四）供应链管理的主要内容

供应链管理主要涉及四个领域：供应（supply）、生产计划（schedule plan）、物流（logistics）和需求（demand）。具体如图 6-7 所示。

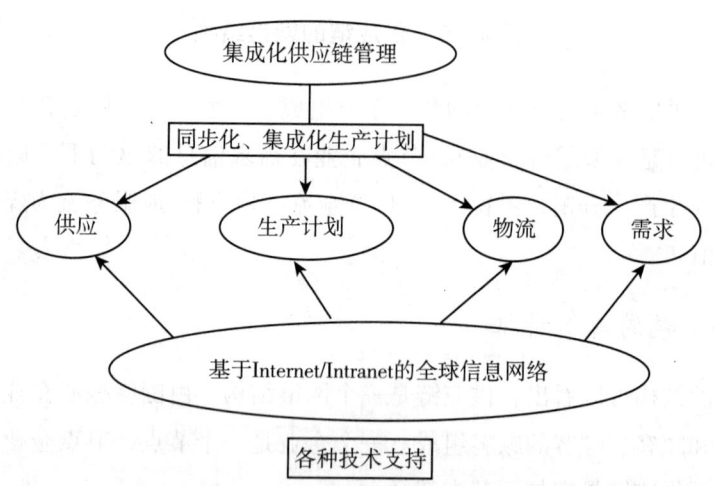

图 6-7 供应链管理涉及的领域

可见，供应链管理是以同步化、集成化生产计划为指导，以各种技术为支持，尤其以 Internet/Intranet 为依托，围绕供应、生产计划、物流、满足需求来实施的。其目标在于提高顾客服务水平和降低总体交易成本，并寻求这两个目标的平衡（这两个目标往往存在冲突）。

二、供应链管理的业务外包

尽管供应链管理强调整个"扩展企业"所有环节的协同合作,但这并不意味着需要"通吃"和"面面俱到"。相反,供应链管理强调围绕核心能力,"有所为,有所不为"。这就引发了供应链管理的业务外包(outsourcing)问题。

(一) 企业核心能力

面对 21 世纪企业经营环境的变化,在企业的发展过程中,经理人已经充分意识到,比利润更重要的是市场份额,比市场份额更具有根本意义的是竞争优势,比竞争优势更具有深远影响的是企业的核心能力(core competence)。

核心能力是企业内部一系列互补的技能和知识的结合,它具有使一项或多项业务达到竞争领域一流水平、具有明显优势的能力。核心能力的最大特点是价值优越性和资源集中性,要求企业特别关注和培育价值链关键环节上的核心竞争力。实际上,这就是在价值链某些特定的环节上建立核心竞争优势,以形成和巩固企业在行业内的竞争优势。核心能力的特点决定了企业应该根据其本身的具体情况来选择适合的核心能力类型。不同成长阶段、不同成长力量、不同行业、不同规模的企业,在培养核心能力时应有所侧重。

(二) 企业为何实施业务外包

业务外包推崇的理念是,如果企业在供应链上的某个环节不是世界上做得最好的企业,该环节不是企业的核心能力或竞争优势之所在,且不做这种业务不至于与顾客分开,那么,可以把该业务外包给世界上做得最好的专业公司去做。也就是说,企业首先确定自己的核心能力,并把企业内部的智能和资源集中在具备核心能力的流程环节上,然后,把剩余的其他业务外包给最好的专业公司。其实,基于供应链环境,资源配置决策是一个增值的决策过程,如果企业能以更低的成本获得比自制更高价值的资源,那么企业应该选择业务外包。表 6-2 列示了业务外包的主要原因或优势。

表 6-2 业务外包的主要原因或优势

业务外包的驱动因素	业务外包的主要原因或优势
财务驱动因素	1. 降低库存并出售非必要资产,以提高资产收益率; 2. 出售投资收益率较低的产业,以增加现金流量; 3. 进入新兴市场,尤其是发展中国家; 4. 调整成本结构,降低成本; 5. 将固定成本转化为变动成本

续表

业务外包的驱动因素	业务外包的主要原因或优势
改善驱动因素	1. 提高质量和产能; 2. 缩短生命周期; 3. 获得在其他情况下难以得到的专家、技能和技术; 4. 加强风险管理; 5. 与顶级供应商合作,提高信誉和形象
机构驱动因素	1. 更能集中精力做最擅长的事情; 2. 增强应对变化的商业环境和产品服务需求的灵活性; 3. 提高产品和服务的价值,增加顾客满意度和股东利益

(三) 业务外包的方式

供应链管理注重的是企业核心能力,强调根据企业的自身特点,专门从事某一领域、某一专门业务,在某一点形成自己的核心能力。这必然要求企业将其他非核心能力业务外包给其他企业。业务外包主要包括以下四种方式。

1. 临时服务(temporary service)和临时工(contract labor)。有些企业在完全控制其主产品生产过程的同时,会外包一些诸如自助餐厅、邮件管理、门卫等辅助性、临时性的服务。同时,有些企业更偏向于使用临时工(指合同期短的临时职工),而不是雇用工(指合同期长的稳定职工)。企业用最少的雇用工,最有效地完成规定的日常工作量,且在有辅助性服务需求的时候再雇用临时工去处理。因为临时工对失业的恐惧或报酬的重视,对委托工作认真负责,从而会提高工作效率。临时性服务的优势在企业需要有特殊技能的职工而又不需永久拥有。这在企业有超额工作时尤为显著。这样,企业可以缩减过量的经常性开支,降低固定成本,同时提高劳动力的柔性,提高生产率。

2. 子网(subsidiary networks)。为了夺回以往的竞争优势,大量的企业将控制导向、纵向一体化的企业分解为独立的业务部门或公司,形成母公司的子网公司。就理论上而言,这些独立的部门性公司几乎完全脱离母公司,变得更加有柔性、效率和创新性。与此同时,因为减少了纵向一体化环境下的官僚作风影响,他们能更快地对快速变化的市场环境作出反应。

3. 与竞争者合作(collaborative relation with competitor)。与竞争者合作使得两个竞争者把自己的资源投入到共同的任务(诸如共同的开发研究)中,这样不仅可以使企业分散开发新产品的风险,还可使企业获得比单个企业更高的创造性和柔性。

4. 除核心能力之外的完全业务外包(outsourcing all but the core advantage)。业务外包的另一种方式是转包合同(subcontract)。在通信行业,新产品生命周期基本上不超过一年。有些通信公司就是靠转包合同而不是靠自己开发新产品,而在竞争中立于不败之地。这些通信公司的转包合同每年都在变换,这些通信公司拥有专门的小组负责寻找能够为其服务增值的企业,从而使这些通信公司能够提供最先进的服务。这些通信公司的通信软件包都由其他企业完成,而这些通信公司所要做的(也就是其核心业务)是将所有通信软件包集成在一起为顾客提供最优质的服务。

三、供应链管理环境下的扩展企业

供应链管理改变了企业的竞争方式,将企业之间的竞争转变为供应商之间的竞争,尤其是在业务外包思想的指导下,强调核心企业通过与供应链中上下游企业之间建立战略或"攀关系",以实现"强强联合",使每个企业都发挥各自优势,在价值增值链上达到"共赢"的效应。这种竞争方式改变了企业的组织结构、管理机制,甚至企业文化。这种新型企业就是前述的"扩展企业"。

扩展企业是基于制造业企业在设计、生产计划、市场营销、库存和运输等职能之间,企业与企业之间的集成要求而产生的。扩展企业使得企业与企业之间的职能能够跨越企业的界限得以集成,从而发挥更大的资源配置效应。

扩展企业可以定义为一个概念性的组织单元或系统,包括采购公司和供应商(一个或多个),通过紧密合作实现最大化的利润分配。扩展企业的出现使企业之间的竞争转化为供应链与供应链之间的竞争。

(一)扩展企业的目标与特征

扩展企业的概念部分来自在地理分布的制造业。为了获得竞争优势,这些企业需要建立正式的合作伙伴关系。这种思想的核心就是要利用(而不是拥有)外部的资源和服务。这种形式的合作表现为在独立的制造业企业之间进行设计、开发、成本控制以形成有共同利益的链。扩展企业的另一个特征就是要求信息和物料在合作企业之间同步和协调流动。

1. 扩展企业的目标。扩展企业的目标主要体现在:(1)缩短物料加工、信息处理、产品开发、信息基础设施建设的周期。(2)提高对产品上市时间的要求,开展基于时间的竞争。(3)采用更广泛的产品周期的概念。(4)形成更为有效的组织和系统。

扩展企业超越了传统组织的界限。扩展企业不仅包括企业的各个职能部门本身,还包括其顾客、供应商、商业伙伴。扩展企业要对产品整个生命周期负责,包括原材料购买和供应管理、产品分销和顾客服务及产品的回收和处理。

2. 扩展企业的特征。扩展企业具有以下主要特征:一是核心企业集中体现核心能力的商业活动,对于非核心业务则外包给外部产品供应商和服务提供商。外包能够提高核心企业和供应商的竞争能力,增强相互之间的依赖,实现共同的利益。二是扩展企业的核心企业与供应商和顾客建立一种长期、互相信赖的关系,把他们当作合作伙伴而不是竞争对手。三是为了实现供应商—顾客在商业和技术信息方面的集成,扩展企业采用先进的通信技术和运输手段支持跨组织的商业活动。

值得注意的是,如果一个企业对别的企业承担某种扩展企业形式的义务(commitment),那么,该项合作的义务仅限于事先约定的合同条件本身,这并不能限制企业参与其他的合作(如与供应链以外的其他企业开展类似的合作)。

(二)扩展企业的管理问题

扩展企业需要关注以下管理问题。

1. 扩展企业的采购关系。随着在供应链管理环境下企业之间合作关系的加强,采购供应问题逐渐成为经理人需要考虑的重要问题。在传统的企业中,自制或外购决策是在衡量制造成本与采购成本的基础上做出的。而在扩展企业中,企业会把不是核心能力的业务尽可能外包。扩展企业除了考虑自制或外购决策问题外,还要考虑以下三个方面的问题:一是新产品和服务开发。供应链上的合作伙伴可以看作是提供新技术、各类专家(在新物料、工艺技术、技术预测等方面)的主要来源。二是价值分析与价值工程。供应链上的合作伙伴可以协助企业通过价值工程改进产品和工艺。三是供应商的管理与协调。为了便于管理与协调,供应商将被分为短期合作伙伴、长期合作的战略性合作伙伴。

2. 扩展企业的生产计划与控制。扩展企业的生产率必须与市场的需求率保持一致,扩展企业必须在保持投资成本较低的基础上,按市场需求(尽管市场需求不断变化)安排生产,以达到供给与需求之间的均衡。委托企业(采购企业)的生产计划必须考虑自身企业与供应企业在能力与负荷之间的平衡。供应企业必须与采购企业共享具体的生产信息,以共同控制需要满足的需求过程。这意味着合作企业之间必须做到在生产计划层次上的信息共享,而不仅仅是在价格的基础上相互交换产品。在供应链中,尤其是从扩展企业的概念来看,未来企业之间更像是在买卖时间和资源能力,而不仅仅是产品本身。

四、供应链的构建

供应链的构建涉及以下问题。

(一)合作伙伴关系的选择

合作伙伴关系的选择是供应链合作关系运行的基础。传统的供应关系已不再适应激烈的全球竞争和产品需求日新月异的环境，为了实现低成本、高质量、柔性生产、快速反应的目标，企业的业务重构就必须包括对供应商的评价与选择。

1. 集成化供应链管理环境下合作伙伴的类型。在集成化供应链管理环境下，比较重要的因素是设计能力、特殊工艺能力、柔性、项目管理能力等竞争力方面的区别。在实际运作中，应根据不同时期的不同目标选择不同类型的合作伙伴：就长期需求而言，合作伙伴要求能够保持较高的竞争力和增值率。因此，最好选择战略性合作伙伴；就短期或某个短暂市场需求而言，只需选择普通合作伙伴满足需求则可，以保证成本最小化；就中期需求而言，可根据竞争力和增值率对供应链重要程度的不同，选择有影响力或竞争性/技术性的不同类型的合作伙伴。

2. 选择合作伙伴需要考虑的主要因素。选择合作伙伴需要考虑的主要因素包括产品质量、价格、柔性、交货准时性、提前期和批量等方面。

3. 供应链合作伙伴选择的标准。供应链合作伙伴选择的标准主要包括如下方面。

（1）兼容性。兼容性是一个成功的合作关系所必须具备的重要条件之一。寻找一个兼容的合作伙伴，最好的办法就是在已经与自己存在业务联系的顾客中选择，但不能过分依赖于现有的合作伙伴。因为过分依赖会把自己的视野限制在现存顾客这个狭小的范围之内，从而可能丧失为特定业务找到最佳合作者的机会。

（2）能力。显然，潜在合作伙伴的能力非常重要。合作者必须有能力与他人合作，这样合作才有价值。在评价合作对象的能力时，经理人应当为每一个潜在合作对象准备一份档案资料，以更好地评价其优势和弱点。总体而言，大部分企业都要求其合作伙伴具有能够对合作关系投入互补性资源的能力。合作关系的组建更需要寻找能够帮助企业克服自己弱点的合作伙伴。

（3）投入。找一个与自己有同样的投入意识的合作者是合作关系成功的基石。虽然合作者显得很有能力且与自己的体系兼容，但是，如果合作者不愿向合作关系投入时间、精力和资源，合作关系就难以应付多变的市场条件。

（二）供应链的构造策略

在供应链管理中，设计和运行一个有效的供应链，对于每一个制造企业都是至关重要的。为此，经理人必须设计出与产品特性一致的供应链。于是，就产生了基于产品的供应链设计策略（product-based supply chain design）问题。

1. 产品类型与供应链设计。不同的产品类型，其供应链设计存在不同的要求。例如，利润率较高、需求不稳定的创新性产品（innovative product）的供应链设计与利润率较低、需求稳定的功能性产品（functional product）的供应链设计就存在显著差异，表6-3列示了其差异。

表6-3　　　　　　　　　　　产品类型与供应链设计

需求特征	功能性产品	创新性产品
产品寿命周期	>2年	1~3年
利润率	8%~20%	20%~60%
产品多样性	低（10~20个/目录）	高（上千个/目录）
预测的平均利润率	10%	40%~100%
预测的平均缺货率	1%~2%	10%~40%
预测的平均季节降价率	0	10%~25%
按订单生产的提前期	6个月~1年	1天~2周

根据表6-3，功能性产品通常用于满足顾客的基本需求，变化很少，具有稳定且可预测的需求和较长的生命周期，但其利润率较低。为了提高利润率，许多企业在式样或技术上创新，吸引消费者的"眼球"，从而获得较高的利润率。创新性产品的需求通常不可预测，生命周期也较短。正因为这两种产品的不同，才需要有不同类型的供应链去满足不同的管理需求。

2. 不同的类型的产品需要不同的供应链。为什么不同的产品类型需要不同的供应链呢？主要是因为供应链起作用的方式不同：物理功能和市场中介功能。这样，按照功能可以将供应链划分为两种类型，即有效性供应链和反应性供应链。有效性供应链主要体现供应链的物理功能，即以最低的成本将原材料转化成零部件、半成品、产成品；反应性供应链主要体现供应链的市场中介功能，即把产品分配到满足顾客需求的市场，对未预知的需求做出快速反应等。

3. 基于产品的供应链设计策略。一旦明确产品和供应链的特性，经理人就可以设计出与产品需求匹配的供应链（如表6-4所示）。

表6-4　　　　　　　　　　基于产品的供应链设计策略

供应链类型	功能性产品	创新性产品
有效性供应链	匹配	不匹配
反应性供应链	不匹配	匹配

根据表6-4，供应链设计策略矩阵的4个元素代表4种可能的产品和供应链的组合，从中可以看出产品和供应链的特性，经理人可以据此判断企业的供应链流程设计是否与产品类型相一致。这就是基于产品的供应链设计策略。

财眼看问题 6-3

表面上看，供应链管理与管理会计师似乎没有关系。其实不然，供应链管理影响库存管理，进而影响企业的整个绩效。管理会计师应该从结果（绩效）的角度，审视过程（供应链管理），将过程与结果连为一体。

供应链管理贵在"协调"和"神速"。管理会计师应该以"多（数额）、快（时间）、好（质量）、省（成本）"等各个维度，以财务指标（数额和成本）与非财务指标或业务指标（时间和质量）相融合的理念，评价供应链管理成效，提出有针对性建议。

第四节 业务流程再造

企业经营环境的变化带来国际市场竞争主要特点的变化。基于新的竞争环境，经理人对企业的认识发生了观念性的变化。经理人认为企业由流程构成，企业的经营活动实际上就是流程的执行。然而，从战略的视野看，流程存在层次之分。流程可以分为战略流程、经营流程和保障流程。既然企业是流程的集合体，那么流程（而不是企业）会为顾客创造价值。如此，基于新的竞争环境，经理人关注的焦点自然而然地从组织转向流程。

一、企业经营环境的变化

20 世纪 90 年代以来，无论从宏观层面还是从微观层面看，企业经营环境都发生了重大变化。经理人不能无视这些经营环境的变化。

（一）宏观层面：国际化、金融化和知识化

第二次世界大战之后，科学技术的发展和广泛应用，使生产的社会化超越国界迅速扩展，资本以国际领域作为自己的活动舞台。生产和资本国际化趋势日益增强。同时，科学技术的发展，改变了人类生产和生活的空间与方式，人类进入了一个崭新的知识经济时代。21 世纪将是一个"知识化"了的国际化、金融化时代。

1. 国际化。第二次世界大战之后，世界政治经济格局发生重大变化。当代高新技术的蓬勃发展促进了社会经济的重大变革，并使整个世界经济日益朝着国际一体化的方向发展。这种新的国际经济环境，使各国经济再也不可能孤立地发展，而是越来越多地依赖国际间的经济联系和合作。有鉴于此，各国都在促进本国企业的国际化，跨国公司由此应运而生。特别是第二次世界大战以后，跨国公司的发展十分迅速，规模越来越大，范围也越来越广。当前，世界各国全球性的跨国公司群体已经主宰着当今世界各国的经济命脉，在相当大程度上左右着世界经济的发展。全球性跨国公司群体使现代市场经济跨越了国家和民族的界限，突破不同的政治与经济制度的限制，使各国的经济活动紧密地联系在一起。21世纪正迎来一个跨国公司时代，跨国公司的发展使世界经济进入了国际化时代。

2. 金融化。跨国公司的国际化经营促进了国际资本流动。第二次世界大战之后，国际资本市场的发展和成熟，不仅为跨国公司在全球范围内的投资和筹资活动提供了广阔空间，还为跨国公司实现内部资金的国际转移创造了条件。跨国公司的这些活动促进了资本国际化，使资本在国际间的流动日益频繁，从而促进了金融的国际化进程。基于生产与资本日益国际化的环境，跨国公司的国际化经营活动通过金融市场完成，由此，人类社会进入了金融社会，世界经济进入了金融化时代。

3. 知识化。回顾过去，展望未来，人类可以清晰地看到：科学技术从未像今天这样，以巨大的威力和难以想象的速度，广泛而深刻地影响着人类经济和社会的发展。当今的世界已经悄悄地从工业经济时代向知识经济时代转变，知识经济将成为21世纪世界经济发展的主流。21世纪将是知识经济的世纪。知识经济是以知识为基础的经济，知识经济是建立在知识和信息的生产、分配和使用之上的经济，知识成为最核心的生产要素，知识经济是在充分知识化的社会中发展的经济，知识经济最基本的特征就在于经济知识化。

因此，21世纪呈现在经理人面前的将是一个以国际化、金融化和知识化为其基本特征的现代市场经济，这就是21世纪世界经济的基本特征，这是经理人认识企业所面临的国际大环境的基础。

(二) 微观层面：顾客化、竞争化和变化

从微观上说，人类社会从工业时代转入信息社会，企业的经营环境发生了巨大变化。今天有三种力量独立或者合在一起，正在驱使企业越来越深地陷入惊恐不安的陌生境地。这三种力量就是顾客（customer）、竞争（competition）和变化（change）。

1. 顾客化导向。20世纪初期，由于劳动生产力相对低下，企业的供应不足，整个市场整体上呈现出卖方市场的典型特征。企业只要注重内部管理，通过大批量生产，提高劳动生产率，降低成本，生产出更多的产品就能获得迅速发展。此时，顾客的需求处于被忽视的境地，企业生产出来的产品不愁没有销路。到了70年代，由于企业生产效率得到极大的提高，市场上商品丰富，生产量的增长超过了需求量的增长，市场逐渐趋于饱和状态。同时，由于科学技术的发展，产品质量不断提高，产品种类日益繁多，顾客的选择范围不断扩大。顾客不仅注重需求"量"的满足，还开始注重需求"质"的满足。顾客更加关注产品的质量和性能，较低的价格已经不是吸引顾客的主要因素。市场的主导权开始由生产者向顾客转移，市场逐步演化为买方市场。企业面对顾客需求层次不断提高和竞争日益激烈的环境，开始着手改变其固有的生产经营方式，力图通过提高产品质量，不断提供新优产品来吸引顾客需求，取得竞争优势。但是，企业重视产品质量与品种，并不表明企业将充分满足顾客需求放在经营的重要位置。进入80年代和90年代以后，顾客需求向多样化、个性化方向发展，产品更新换代更加迅速，企业之间的竞争更加激烈，市场环境更加难以把握。由此，企业经营思想发生了巨大变化，以满足顾客需求为导向求得自身生存发展的经营理念成为企业一切经营战略的核心思想。"顾客至上""顾客是朋友"的理念全面渗透到企业经营管理实践之中。企业在满足顾客需求的同时必须引导顾客的消费倾向，使得顾客的消费倾向与企业未来发展方向一致。

2. 竞争化。基于市场经济环境，竞争是不可避免的经济现象，并且随着经济的发展、新技术革命的推动以及市场从卖方市场向买方市场转变，企业之间的竞争更加激烈。以往凭借价廉就能在竞争中获胜的简单模式，已经被多层面的竞争所取代，企业竞相投入大量资金更新技术、更新设备、更新产品、引进人才以及改变经营方式和改革内部组织结构。竞争的加剧使企业经营活动面临的不稳定性因素越来越多，风险越来越大。只有优秀的企业才能主导竞争的潮流。同时，企业经营活动的国际化趋势不断发展，世界范围内的经济一体化已成为必然趋势。企业面临更为严峻的挑战，"没有创新就等于死亡"。竞争的压力迫使企业必须对其内部组织结构、生产经营方式与业务流程进行创新再造，对顾客化导向的现代市场经济环境变化做出迅速、灵活的反应，从而在激烈的竞争中获得优势。

3. 变化。顾客和竞争在变化，更重要的是，变化本身的性质也在变化。变化不仅无所不在，而且还持续不断。变化已经成为常态。在变化的环境中，永恒的事物只有一件，那就是变化本身。现代企业经营环境充满了倍速变化的威力。以新技术开发周期为例，一种比较精密的产品从技术原理发明、设计构思到产品投放市场的周期在18世纪需要100年，如蒸汽机；19世纪需要50多年，如发电机；20世纪40年代需要30多年，如内燃机，60年代需要20多年，如喷气机，70年代需要10多年，如核电站，最快只要5年，到了80年代以后，则只需要2~3年时间，如个人电子计算机。在如此快速剧变的环境中，企业要生存与发展，就必须不断求变且要变得快、变得巧妙。只有这样，企业才能在变化的环境中取得竞争优势。在这种变化的环境下，持中国传统的"以不变应万变"观念的企业将会成为抗拒变化的落伍者而终究被市场淘汰；持有"以变化应对变化"的企业，也只不过是被动地应对变化的追随者；只有能够"以变化带动变化"的企业，才是主动应对变化的领导者，具有竞争优势。

二、国际市场竞争的主要特点

基于新的经营环境,企业面对的是一个开放性的国际市场竞争,而不单纯是一国市场的竞争。国际市场竞争的主要特点表现在以下两个方面。

(一) 灵活多变、快速反应

高新技术在生产领域广泛应用,极大地提高了社会生产力,促进了社会经济的发展。随着经济的发展,当今许多经济发达国家已经进入富裕社会。在富裕社会中,人们可以支配的收入大大增加,他们对消费提出越来越高的要求,从而使顾客的行为变得更具有选择性,表现为从过去的崇尚时尚转向标新立异、突出个性。这种社会需求的重大变化必然对企业提出新的、更高的要求,要求企业具有较高的灵活反应能力,及时向顾客提供多样化、富有个性、日新月异的产品,以适应顾客多样化和快速多变的需求。与此相适应,对顾客多样化、日新月异的需求迅速做出反应的顾客化生产(customized production),即柔性制造系统(flexible manufacturing system,FMS)取代传统的、以追求"规模经济"为目标的大批量生产(mass production)就成为历史的必然。

(二) 以高质量满足顾客需求

由于竞争异常激烈,顾客越来越难以"伺候",他们对质量的要求越来越高。满足顾客的需求是企业生存的基本前提。如何使顾客满意关键在于企业产品的质量。质量的含义是丰富的,也是相对的。质量由顾客认定,质量如同美丽一般,出自旁观者的眼中。在企业中,唯一重要的旁观者就是顾客。质量是顾客想要得到的。从这个意义上说,质量是顾客对企业所提供的产品或服务所感知的优良程度。因此,要了解质量是什么,首先要知道顾客是谁。无论是生产性企业还是服务性企业,无论是高科技企业还是普通企业,都需要关心质量——顾客需要什么、何时需要和如何需要。顾客是质量概念的核心。质量是制造(甚至是设计)出来的而不是检验出来的。质量形成于产品和服务的生产过程(乃至设计过程)。这就要求企业引入全面质量管理,把"企业引到质量上来,把顾客放到首位,使员工参与质量管理,通过持续改进提高质量",树立质量服务理念,营造质量文化,在不断的质量改进中实施企业的质量概念。

三、流程、价值链与作业链

流程管理也是营运管理的关键问题之一。简单地说,流程(process)就是做事情的顺序。比如，一个人到医院看病，要先挂号，然后就诊，再开处方，接着划价、交钱，最后拿到药，这就是一个流程。如果看急诊，则又是一个另外的流程，可以直接到急诊室就诊、治疗，然后再一并交钱。当然，企业的流程远比病人看病复杂。从企业的角度看，流程就是为了实现企业目标而精心设计的一系列有序的作业（activity）集合体。

如今，高新技术蓬勃发展，现代企业为了有效地利用当代高科技所带来的优势，并适应产品顾客化趋势，故在柔性制造系统的基础上，对企业各种各样的活动进一步集成和发展，从而形成一种更灵活高效的计算机集成制造系统（computer integrated manufacturing system，CIMS）。但是，如果只有先进的生产技术而没有相应的管理思维加以配合，企业生产经营活动难以取得良好效益。

那么，企业如何才能将高新技术所带来的优势转化为生产经营效益呢？如前所述，富裕社会的形成，顾客的行为变得更具选择性，从过去崇尚时尚转向标新立异、突出个性，从而导致产品从原来的社会化、大众化转向顾客化，企业往往要按顾客的特定需要去"量体裁衣"。产品顾客化导致企业生产的产品品种多样化且产品生命周期大大缩短。基于这种环境，传统的以"产品"为中心的企业管理思维显然难以为继。

新时代呼唤新思想。为了适应生产组织的重大变革，企业管理思维也发生了重大变革，形成新的企业观。新的企业观认为，现代企业是一个为最终满足顾客需要而设计的一系列作业的集合体。每一个作业成为其他作业的顾客，各种作业之间互为顾客，彼此连成一个整体，形成顾客链（customer chain），最终为企业外部顾客服务。实际上，企业本身就是一个由此及彼、由内到外的作业链（activity chain）。企业每完成一项作业都要消耗一定的资源，而作业的产出又形成一定价值，转移到下一个作业，依次转移，直至形成最终产品，提供给企业外部顾客。最终产品作为企业内部作业链的最后一环，凝结了各个作业链所形成并最终提供给顾客的价值。因此，从价值的形成过程来看，作业链又表现为价值链。作业耗费与作业产出配比的结果，就是企业得到的经济效益。

新的企业观认为，最终顾客的作业消耗企业的作业。在这里企业不再以"产品"或"市场"来定义，而是以其所发生的"作业链"来定义。"产品"或"市场"只不过是一种表象，"作业链"才是实质，有序的作业构成流程。因此，企业由流程构成，而流程由作业构成。

当然，流程不是作业的简单相加，而是"一系列有序的作业"的集合体。作业的性质体现了流程的性质，作业之间的整合方式影响流程的性质。

根据上述分析，尽管企业的经营活动纷繁复杂，但是，从流程的观点看，企业的经营过程实际上就是流程的设计与执行过程。

如果把企业视为流程的组合，那么企业存在不同层面的流程：一是战略流程。战略流程（strategic processes）规划和开拓企业的未来，包括战略规划、产品/服务开发以及新流程的开发等流程。二是经营流程。经营流程（operational processes）实现企业日常功能。例如，"赢得"顾客、满足顾客、服务顾客、现金收支管理等流程就属于经营流程。三是保障流程。保障流程（enabling processes）是企业为战略流程和经营流程的顺利实施提供保障的流程。例如，人力资源管理、内部管理控制系统、信息系统管理等流程就属于保障流程。

图6-8大致描绘了流程、价值链与作业链三者之间的关系。

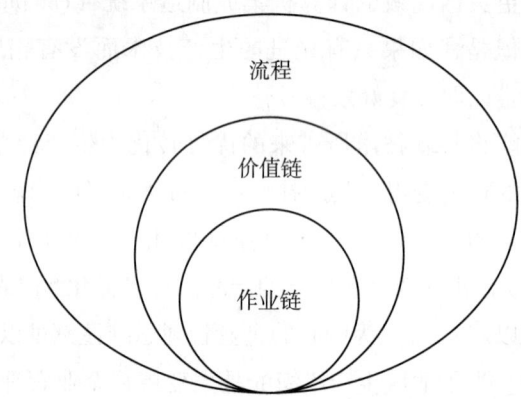

图6-8 流程、价值链与作业链三者之间的关系

延伸阅读6-1

所谓作业就是企业为了特定目的而消耗资源的活动或事项。

所谓价值链就是指一系列企业职能。企业通过这些职能逐步使其产品或服务具备有用性。这些职能主要包括：研究与开发（research and development）。研究与开发是指与新产品、新服务、新的流程有关的创意或实验；设计（design）。设计是指产品、服务或流程的详细规划和执行；生产（production）。生产是指企业为了生产产品或提供服务而进行的资源配置与组合；营销（marketing）。营销是指企业让个人或群体了解、评价产品或服务属性，并引导个人或群体购买、接受该产品与服务的各种活动；分销（distribution）。分销是指企业将产品或服务传递到顾客的过程；顾客服务（customer service）。顾客服务是指企业向顾客提供服务的活动。这些职能构成企业价值链的基本价值活动。

除了上述基本价值活动外，企业的价值链还包括诸如企业基础设施、财务与会计、人力资源管理、技术开发、采购等辅助价值活动。这些价值活动之所以被称为辅助价值活动，是因为这些价值活动并不直接表现为产品的生产和营销过程。它们对企业取得竞争优势具有长期的影响，并为企业取得竞争优势奠定物质、技术和人力基础。

企业的价值活动是构筑企业竞争优势的基石。但是，企业价值链的基本概念并不意味着企业应该按照价值链的顺序进行管理,更不意味着企业应该占据价值链的全部。对价值链的分析,不仅要分析价值链的各个构成要素,还要从价值链的相互关系中分析它们对企业竞争优势的影响。

四、为什么经理人关注的焦点从组织转向流程

随着顾客的可支配收入不断增加,消费水平逐步提高,顾客的消费需求从"温饱型"转向"价值型",即在消费方式中体现自己的价值追求和个性特征。由此,市场从"大众市场"转向"个性市场"。标准化产品和服务难以满足个性化的需求。在今天的信息社会里,过去的那种生产者主权经济正在让位于消费者主权经济;过去的大批量、单一产品、流水线生产方式正在让位于小批量、多品种、柔性集成制造方式;过去的那些只注重企业自身利益的经营战略正在让位于"一切以顾客满意为中心"的新一代经营战略。

基于这种新的市场环境,经理人必须充分意识到企业的使命就是为顾客创造价值。企业就是为顾客创造价值而存在,努力地为顾客创造价值就是企业的成功之路。如前所述,企业由流程(而不是部门)构成,企业的经营过程实质上就是流程的设计与执行过程。在企业经营过程中,能够为顾客带来价值的是企业的各种业务流程。每一个业务流程就是由一系列能为顾客创造价值的活动组成,构成一个流程的各种活动都由员工来执行,但是,各种活动本身对顾客来说毫无意义(顾客也不关心活动本身),顾客关心的是这些活动的结果是否满足其需求。也就是说,只有各种活动组合在一起构成一个完整的业务流程才能创造价值,顾客并不关心企业如何组合这些活动。企业的成功来自优异的业务流程绩效。尽管优质的产品或服务、杰出的人才和优秀的战略对企业来说必不可少,但并不能保证企业的成功。因为产品或服务、人才和战略只有存在于能为顾客带来价值的各种业务流程之中,才能对企业的成功有所贡献。因此,只有通过业务流程把这些高质量的要素结合在一起,这些高质量的要素才具有实质性的意义。这种高绩效的业务流程正是企业优势的集中体现。卓越的业务流程绩效是通过科学的流程设计、适当的人员配置和良好的工作环境的共同作用达到的。因为科学的流程设计能够灵敏地对顾客的需求变化做出反应,它是流程本身有效性的根本保证;适当的人员组合能获得集体智慧和战斗力;良好的环境则能激发员工的工作热情,促使员工尽其所能,促进员工不断超越自我,创造卓越绩效。因此,"一流的流程创造一流的绩效,一流的员工执行一流的流程,一流的组织塑造一流的员工",当今企业利润的增长点就是流程创新与组织创新。这就是为什么经理人关注的焦点从组织转向流程的缘故。

当然,经理人将注意力从组织转向流程之后,其思维方式自然也会发生变化。表6-5列示了这种思维方式的变化。

表 6-5　　　　　　　　　　关注的焦点从组织转向流程

以组织为核心	以流程为核心
员工是产生问题的原因	流程是产生问题的原因
员工	人员
做自己的工作	帮助把工作做好
了解自己的工作	了解自己的工作如何与整个流程相协调
考核个人	考核流程
改变员工	改变流程
总能找到更好的员工	总能改进流程
激励员工	消除障碍
控制员工	开发人员
不相信任何人	我们都是在一起的
谁产生了错误	是什么导致了错误的产生
纠正错误	减少差异
利润驱动	顾客驱动

五、业务流程再造

显然，流程很重要，但并非所有流程都具有绩效。有鉴于此，20世纪90年代以来，某些工业发达国家兴起了一场轰轰烈烈的业务流程再造（business process reengingeering，BPR）运动。业务流程再造运动被认为是继全面质量管理运动之后的第二次工商管理革命。这次管理革命的关键是重新整合被分割得支离破碎的业务流程。

所谓业务流程再造是指以提高企业竞争能力为目标，以优化企业价值链为核心，从根本上（fundamental）重新思考，彻底地（radical）改造、设计企业的业务流程，最终显著地（dramatic）改善企业的关键绩效指标（包括产品和服务质量、顾客满意度、成本、员工的工作效率等）。

下面借用业务流程再造所涉及的关键词（"从根本上""彻底的""显著的"）进一步诠释业务流程再造这个概念。

（一）从根本上

业务流程再造需要从根本上重新思考业已形成的基本观念，即重新思考长期以来企业在经营过程中所遵循的基本信念（如分工思想、等级制度、规模经营、标准化生产和官僚体制等）。这就需要打破原有的思维定式，开展创造性思维。企业在准备业务流程再造时，必须自问一些最根本的问题。例如，"企业为什么要这样做？""企业为什么要做现在做的事情？"等。通过重新思考这些问题，可以迫使企业审视企业经营策略和方式，找出其中过时、不当和缺乏生命力的因素。一般来说，向传统的经营理念挑战，必须跳出传统的思维框架。例如，企业不能这样来自问"企业怎样才能提高审核顾客信用的效率？"因为这样的自问方式有一个预设前提，即必须审核顾客信用。有谁规定非审核顾客信用不可？实际上，在大多数情况下，审核顾客信用所耗费的成本远远比顾客呆账所损失的金额还要多。企业实施业务流程再造的第一步就是要先决定企业应该做什么以及怎样做，而不能在既定的框架中实施业务流程再造。

（二）彻底的

业务流程再造是一次彻底的变革。业务流程再造不是对组织进行肤浅的调整修补，而是要进行脱胎换骨式的彻底改造，抛弃现有的业务流程、组织结构以及陈规陋习，另起炉灶。只在管理制度和组织形式方面进行小改小革，对根除企业的顽疾无济于事。

（三）显著的

企业通过业务流程再造可望取得显著的进步。业务流程再造是根治企业顽疾的一剂"猛药"，应该可望取得"大跃进"式的进步。

财眼看问题 6-4

管理会计师要能够真正为管理服务，不能"闭门造车"，只练好"内功"。"功在诗外"，管理会计师要"放眼全球"，洞察企业经营环境的变化。

经理人关注的焦点从组织转向流程，管理会计师要走出办公室，深入到现场，身临其境地理解业务流程。

业务流程再造改变了企业的利益格局。因此，业务流程再造是企业的"一把手工程"。管理会计师不宜主导业务流程再造。

第五节　生产管理

毫无疑问，生产管理（production management）也是营运管理的关键问题之一。不过，基于本书的性质和目的，本节无意讨论生产管理的细枝末节，而只讨论与生产管理密切相关的短期经营决策问题。

一、特殊订货决策

从长远的观点看,产品单位销售价格应该高于企业生产和销售该产品的单位完全成本。所谓特殊订货就是顾客提出的单位报价低于产品单位完全成本的订单。那么企业是否可以接受特殊订货呢?对此,不能一概而论,经理人应该根据差量分析法做出合理的决策。

〖例6-5〗华南公司的生产能力为年产A产品200 000件。根据过去的销售情况和未来的发展趋势,预计2018年度可生产140 000件,且可按每件100元的价格通过其现有销售渠道销售A产品。A产品每件完全成本为80元(其中,每件变动成本为60元)。

现有一个顾客要求订购A产品30 000件,每件报价为70元,但该顾客愿意承担所有运费,华南公司是否可以接受该订货呢?

从表面上看,华南公司似乎不能接受该订货,因为该顾客单位产品的单位报价(70元)低于A产品的单位完全成本(80元),每件A产品要亏损10元。但是,如果经理人深入地分析就可以看到,华南公司目前还有剩余生产能力(其生产能力只利用了70%),接受该订货之后,华南公司的生产能力也只是利用了85%,顾客愿意承担所有运费,其相关成本就是单位变动成本。这批订货的单位边际贡献为10元(70-60)大于零,因而,华南公司应该接受这批订货。运用差量分析法,其分析过程如表6-6所示。

表6-6　　　　　是否接受特殊订货的差量分析　　　　　单位:元

差别收入(30 000×70)	2 100 000
减:差别成本(30 000×60)	1 800 000
差别利润	300 000

根据表6-6,华南公司接受该特殊订货可以获得利润300 000元。因此,华南公司可以接受该订货。

以〖例6-5〗的资料为基础,假设顾客对特殊订货有某些特殊要求,如果华南公司接受该特殊订货需要以310 000元另外购置一台专用设备,该专用设备除此之外没有其他用途。基于这种管理情境,华南公司是否可以接受该特殊订货?

由于专用设备成本由特殊订货引起,因此,其购置成本是华南公司做出决策必须考虑的相关成本。根据上述资料,运用差量分析法,其分析过程如表6-7所示。

表 6-7　　　　　是否接受特殊订货的差量分析　　　　　单位：元

差别收入（30 000×70）	2 100 000
减：差别成本（30 000×60）	1 800 000
减：相关成本（专用设备支出）	310 000
差别利润	(10 000)

根据表 6-7，如果华南公司接受该特殊订货需要增加专用设备，那么华南公司不可以接受该特殊订货。否则，华南公司将损失 10 000 元。

当然，如果专用设备以后还有其他用途如变卖或出租，那么其变卖或出租所得应该作为专用设备支出的抵减项目，从专用设备支出扣除。

此外，企业的特殊订货决策，还要注意接受特殊订货是否影响正常销售，要处理好原先正常订货的顾客关系。以【例 6-5】的资料为例，如果 A 产品原先正常订货的每件价格是 100 元，特殊订货的每件报价才 70 元，原先正常订货的顾客是否也会要求按每件 70 元订货或取消订单呢？华南公司接受特殊订货之后，竞争对手有何反应？华南公司接受特殊订货会不会引起价格大战呢？这些问题也是经理人在做出特殊订货决策时应该加以考虑的因素。

以【例 6-5】的资料为基础，进一步假设华南公司如果以每件 70 元的价格接受这批 30 000 件的特殊订货，将使正常销售量减少 1/4，即减少销售量 35 000 件（140 000×1/4），那么，华南公司是否还可以接受该特殊订货呢？

根据上述资料，运用差量分析法，其分析过程如表 6-8 所示。

表 6-8　　　　　是否接受特殊订货的差量分析　　　　　单位：元

30 000 件特殊订货：		
差别收入（30 000×70）	2 100 000	
减：差别成本（30 000×60）	1 800 000	
差别利润		300 000
减少正常订货：		
差别收入（35 000×100）	3 500 000	
减：差别成本（35 000×60）	2 100 000	
差别利润		1 400 000
接受特殊订货的差别利润		(1 100 000)

根据表 6-8，华南公司接受该特殊订货可以得到差别利润 300 000 元，而丧失了正常销售所能带来的差别利润 1 400 000 元，两者相抵，其差别利润净额为 -1 100 000 元。

因此，华南公司不宜接受该特殊订货。

如果企业的生产能力已经得到充分运用，没有剩余生产能力。这种情境已经超出了短期经营决策所遵循的成本性态"相关范围"。这时，不但单位变动成本是相关成本，而且固定成本总额也是相关成本。

【例6-6】假设珠江公司相关成本资料如表6-9所示。

表6-9　　　　　　　　　　珠江公司相关成本资料

项目		正常的生产能力	
生产能力的利用率（%）	70	85	125
产品产量（件）	7 000	8 500	12 500
变动成本总额（29元/件）	203 000	246 500	362 500
固定成本总额（元）	85 000	85 000	100 000
成本总额（元）	288 000	331 500	462 500
单位完全成本（元）	41.14	39.00	37.00

进一步假设珠江公司现有生产能力只利用了85%，即生产8 500件。这时，珠江公司接到一份新的订单，要求订货4 000件，每件价格为36.00元。根据表6-9，如果珠江公司接受了该订货，其生产能力的利用程度将达到125%，单位完全成本将为37.00元。新订单的单位报价（36.00元）低于单位完全成本（37.00元）。

珠江公司似乎不宜接受这批订货。但是，根据差量分析法，其相关成本包括两部分：变动成本总额116 000元；固定成本总额15 000元（100 000 - 85 000）。这部分固定成本因珠江公司接受特殊订货超出了正常生产能力而引起。而其相关收入就是接受特殊订货增加的收入144 000元（4 000×36）。如果珠江公司接受该特殊订货可以获得差别利润13 000元（144 000 - 116 000 - 15 000）。因此，珠江公司可以接受该特殊订货。

二、零部件自制或外购决策

企业生产过程所需要的零部件可以自己生产，也可以外购或外包。这样，企业就面临自制或外购的决策问题。

【例6-7】南粤公司每季度生产产品都需要用A零部件30 000件。其相关资料如表6-10所示。

表6-10　　　　　　　　　　　南粤公司相关资料　　　　　　　　　　单位：元

项目	单位成本	总成本（30 000件）
直接材料	6.00	180 000
直接人工	5.00	150 000
变动性制造费用	7.00	210 000
固定性制造费用	7.00	210 000
合计	25.00	750 000

假设南粤公司本身的生产能力还没有充分利用，现在有一个供应商愿意以每件20.00元的价格提供A零部件，那么A零部件是自制还是外购呢？

对于这个问题乍看似乎以外购为宜。因为外购成本总额为600 000元（30 000×20），而自制成本总额为750 000元（30 000×25.00）。但进一步分析却可以看到，固定性制造费用210 000元，不论A零部件是自制还是外购都会发生，与自制或外购决策无关。这样，自制的相关成本总额为540 000元（30 000×18.00），而外购的相关成本总额为600 000元。显然，自制成本总额低于外购成本总额，南粤公司应该自制A零部件。

不过，上述讨论忽略了机会成本因素。如果南粤公司用于生产A零部件的生产设施可以生产其他产品或出租或做其他用途，则需要考虑机会成本问题。

以〖例6-7〗的资料为基础，进一步假设南粤公司用于生产A零部件的生产设施可以用来生产B产品20 000件，每件可以盈利5.00元。这时，南粤公司的生产能力用于生产A零部件与用于生产B产品是互斥方案。如果南越公司的生产能力用于生产A零部件，就不能用于生产B产品。因此，南越公司生产B产品所能得到的利润100 000元（20 000×5）就成为自制A零部件的机会成本。为了有效地利用现有生产设施，经理人在做决策时必须充分考虑机会成本。考虑了机会成本之后，其决策结论可能发生逆转。这时，自制A零部件的相关成本总额，不仅包括原来的变动成本总额540 000元，还包括放弃生产B产品而产生的机会成本100 000元，其相关成本总额为640 000元，而外购的相关成本总额还是600 000元。显然，外购成本总额低于自制成本总额。因此，南粤公司应该外购A零部件。

有时，企业为了自制零部件还需添置专用设备。这时，经理人在做决策时还需要考虑专用设备固定成本总额。

假设南粤公司为了生产A零部件，需要添置专用设备，由此引起的专属固定成本总额为100 000元。在这种情况下，A零部件是自制还是外购呢？

根据上述资料，可以先确定添置专用设备，追加了专属固定成本之后零部件自制或外购的无差别点：

$$\frac{\text{零部件自制或}}{\text{外购无差别点}} = \frac{\text{追加的专属固定成本}}{\text{单位零部件外购价格} - \text{追加专属固定成本前零部件自制单位成本}}$$

$$= 100\,000/(20-18) = 50\,000（件）$$

显然，如果南粤公司的零部件需求量在 50 000 件以上，自制成本总额低于外购成本总额，应该以自制为宜；如果南粤公司的零部件需求量为 50 000 件，自制成本总额与外购成本总额没有差别，选择自制或外购都可以（此时，A 零部件需求量 50 000 件就是自制或外购无差别点）；如果南粤公司的零部件需求量在 50 000 件以下，自制成本总额高于外购成本总额，应该以外购为宜。〖例 6 – 7〗的南粤公司对 A 零部件的需求量（30 000 件）低于 50 000 件，应该以外购为宜。具体验证过程如表 6 – 11 所示。

表 6 – 11　　　　　　　　南粤公司自制或外购验证　　　　　　　单位：元

项　目	零部件需求量		
	30 000 件	50 000 件	50 001 件
零部件自制成本总额	640 000	1 000 000	1 000 018
零部件外购成本总额	600 000	1 000 000	1 000 020
自制或外购的选择	外购方案	没有差别	自制方案

上述零部件自制或外购的决策分析基于定量因素（qualitative factor），即以成本因素为基础分析如何有效地运用现有的生产能力。此外，零部件自制或外购决策还要考虑定性因素（qualitative factor）。事实上，就多数零部件自制或外购决策而言，定性因素都起着重要的作用。首先是供应商的低价格能维持多久，低价格是否是供应商的价格策略，让购货方"先甜后苦"。更为重要的是零部件的质量和交货及时性问题。因此，零部件自制或外购决策应该综合考虑定量因素和定性因素。

三、亏损产品是否停产决策

如果企业的一个部门或产品或生产线出现亏损，就应该考虑是否停产问题。通常认为停产亏损产品，可以提高企业的整体利润。事实上，未必尽然。根据成本性态，停产亏损产品通常只能减少变动成本总额而不会减少固定成本总额。因而，对亏损产品是否停产不能一概而论。如果亏损产品的边际贡献大于零，即亏损产品能为企业提供边际贡献，弥补一部分固定成本，就不能停产。因为一旦停产，全部亏损产品原先拥有的边际贡献便消失，一切固定成本都由其他产品负担。这时，企业的整体利润未必增加，反而会减少。其实，固定成本总额的分配本身就是一种主观的行为。

【例6-8】 粤西公司生产A、B和C三种产品。其相关资料如表6-12所示。

表6-12　　　　　　　　　　　粤西公司相关资料　　　　　　　　　　单位：元

项　目	A产品	B产品	C产品	合计
销售总额	100 000	400 000	500 000	1 000 000
销售成本总额：				
变动成本总额	60 000	200 000	220 000	480 000
固定成本总额	20 000	80 000	120 000	220 000
销售毛利	20 000	120 000	160 000	300 000
经营费用：				
变动性费用总额	25 000	60 000	95 000	180 000
固定性费用总额	6 000	20 000	25 000	51 000
经营利润	-11 000	40 000	40 000	69 000

根据表6-12，A产品亏损了11 000元，为了合理安排生产，粤西公司是否应该停产A产品呢？

从表面上看，A产品应该停产。因为A产品亏损了11 000元。但是，进一步分析可以看到，A产品的边际贡献为15 000元（100 000 - 60 000 - 25 000），可以弥补部分固定成本，即A产品为粤西公司弥补了固定成本15 000元。如前所述，固定成本总额在各种产品之间的分配本身就是一种主观的行为。因此，如果经理人以边际贡献式（contribution format）编制表6-12（如表6-13所示），就可以一目了然。

表6-13　　　　　　　　　　　边际贡献式报表　　　　　　　　　　　单位：元

项　目	A产品	B产品	C产品	合计
销售总额	100 000	400 000	500 000	1 000 000
减：				
变动成本总额	60 000	200 000	220 000	480 000
变动性费用总额	25 000	60 000	95 000	180 000
边际贡献	15 000	140 000	185 000	340 000
减：				
固定成本总额				220 000
固定性费用总额				51 000
经营利润				69 000

如果 A 产品停产，则其边际贡献 15 000 元将丧失，粤西公司的边际贡献总额将相应地减少 15 000 元，而原来人为分配给 A 产品的固定成本 26 000 元（20 000 + 6 000）照样发生，从而将原来分配给 A 产品的固定成本全部转嫁给 B 产品和 C 产品，使 B 产品和 C 产品多负担了原来由 A 产品弥补了的固定成本 15 000 元。这样，粤西公司的整体利润减少 15 000 元。具体验证过程如表 6-14 所示。

表 6-14　　　　　　　　　亏损产品是否停产验证表　　　　　　　　　单位：元

项 目	B产品	C产品	合计
销售总额	400 000	500 000	900 000
减：			
变动成本总额	200 000	220 000	420 000
变动性费用总额	60 000	95 000	155 000
边际贡献	140 000	185 000	325 000
减：			
固定成本总额			220 000
固定性费用总额			51 000
经营利润			54 000

根据表 6-14，如果粤西公司继续生产 A 产品，其整体利润为 69 000 元。根据表 6-14，如果粤西公司停产 A 产品，其整体利润为 54 000 元。因此，停产 A 产品之后，粤西公司的整体利润不仅没有增加反而减少了 15 000 元。所以，粤西公司应该继续生产 A 产品。

当然，如果原来生产 A 产品的生产设施有其他用途，如可以出租或用于生产其他产品，就应该考虑机会成本问题。例如，假设粤西公司生产 A 产品的生产设施是独立的，可以按 16 000 元出租。这时，继续生产 A 产品的机会成本就是 16 000 元，其边际贡献变为 -1 000 元（15 000 - 16 000），因而粤西公司应该停产 A 产品。

进一步假设 B 产品存在较大的市场容量。如果粤西公司停产 A 产品，其生产设施可以用于增加生产 B 产品，使 B 产品的销售量在原来的基础上增长 20%。这时，B 产品销售量增长所带来的增量边际贡献 28 000 元就是继续生产 A 产品的机会成本。考虑了机会成本之后，粤西公司继续生产 A 产品的边际贡献为 -13 000 元（15 000 - 28 000）。从提高粤西公司整体利润的角度看，粤西公司应该停产 A 产品。具体验证过程如表 6-15 所示。

表 6-15　　　　　　　　　　　亏损产品是否停产验证表　　　　　　　　　单位：元

项　目	B 产品	C 产品	合计
销售总额	480 000	500 000	980 000
减：			
变动成本总额	240 000	220 000	460 000
变动性费用总额	72 000	95 000	167 000
边际贡献	140 000	185 000	353 000
减：			
固定成本总额		220 000	
固定性费用总额		51 000	
经营利润		82 000	

根据表 6-15，粤西公司停产 A 产品并将其生产设施用于增产 20% 的 B 产品，其整体利润（82 000 元）将比继续生产 A 产品时的整体利润（69 000 元）多了 13 000 元（82 000 - 69 000）。基于这种管理情境，粤西公司自然应该停产 A 产品，将其生产设施用于增产 B 产品。

上述讨论都假设固定成本总额在相关范围内保持不变，但是，在某些情况下，固定成本总额也会发生变化。这时，固定成本总额也是经理人做决策时应该考虑的相关成本。

同理，上述分析只考虑定量因素。除此之外，企业还要考虑定性因素，如停产亏损产品是否损害正常顾客关系或影响企业的社会形象等。

四、联产品应否进一步加工决策

有些制造业企业的生产过程，投入同一种原材料可以同时生产出几种最终产品。这些由同一种原材料经过相同生产工序生产出来的产品被称为联产品（joint product）。在分离点以前为了生产联产品所发生的成本被称为联合成本（joint product cost）。分离点（split-off point）是指联产品变成个别可辨认产品的生产交界点。超过该点所发生的任何成本都是可分属成本（separable cost）。因为可分属成本不再是联合生产过程的一部分，且能与个别产品相联系。在分离点之后，有些联产品要进一步加工后才能出售，有些联产品本身就是最终产品，既可以直接对外销售，也可以进一步加工之后再出售。因此，对于联产品是立即出售还是进一步加工之后再出售的决策问题是产销联产品或多步骤生产的企业经常面临的问题。

对于联产品立即出售或进一步加工之后再出售的决策而言,联合成本是非相关成本。因为在分离点,联合成本早已发生,因此,联合成本属于沉没成本。只有可分属成本才是决策的相关成本。作为一般原则,在分离点之后,只要进一步加工所带来的增量收入超过相应的增量成本,就值得进一步加工。

【例6-9】明湖公司的甲部门负责加工R原材料,可同时生产出A产品6 000公斤和B产品4 000公斤,其联合成本为16 000元。A产品和B产品都是独立的产品,可以立即对外销售,也可以进一步加工之后再出售。如果立即出售,则A产品和B产品的单位售价分别为3.00元和3.50元。如果进一步加工之后再出售,A产品可投入乙部门进一步加工,其追加成本为8 000元;B产品可投入丙部门进一步加工,其追加成本为6 000元。进一步加工之后,A产品和B产品的单位售价分别为4.00元和6.00元。基于上述情况,明湖公司的A产品和B产品是立即出售还是进一步加工再出售呢?

根据〖例6-9〗的资料,明湖公司的生产过程如图6-9所示。

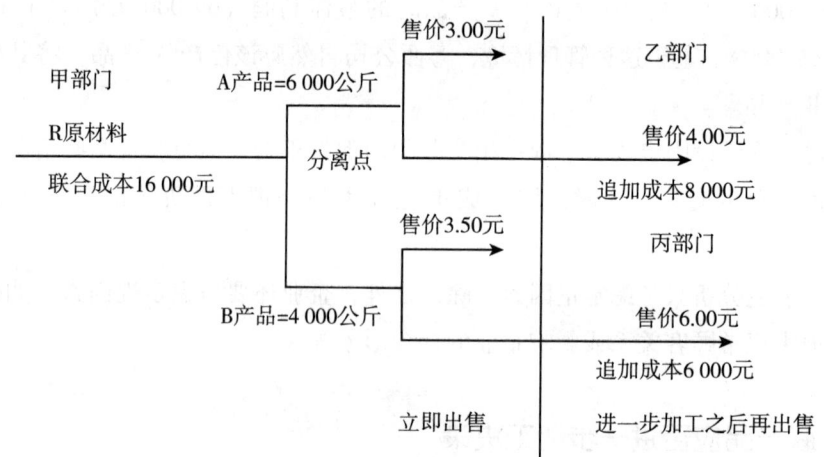

图6-9 联产品生产过程

根据图6-9,计算其差别利润如表6-16所示。

表6-16 差别利润计算 单位:元

项 目	A产品	B产品
差别收入	(4-3)×6 000=6 000	(6-3.5)×4 000=10 000
差别成本	8 000	6 000
差别利润	2 000	4 000

根据表6-16，A产品应该立即出售，而B产品应该加工之后再出售。

联产品进一步加工之后再出售就意味着放弃立即出售所带来的利润，因此，联产品立即出售或进一步加工之后再出售的决策分析也可以采用机会成本观念。以〖例6-9〗的资料为基础，具体分析如表6-17所示。

表6-17　　　　　　　　　　　　加工或出售分析　　　　　　　　　　　　单位：元

项　目	A产品进一步加工之后再出售	B产品进一步加工之后再出售
收入	4×6 000=24 000	6×4 000=24 000
可分属成本	8 000	6 000
机会成本	3×6 000=18 000	3.5×4 000=14 000
差别利润	2 000	4 000

同理，根据表6-17，A产品应该立即出售，而B产品应该加工之后再出售。

五、企业资源配置决策

企业的资源有限，因此，企业通常要研究基于资源约束条件（limiting factor or constraint）如何组织生产的问题。这种决策对于企业的利润具有深远的影响。有时，企业虽然销售量较大，但是，如果生产和销售的是边际贡献较低的产品，其利润并未增加，反而减少。基于资源约束条件，企业应该优先生产和销售哪种产品呢？

【例6-10】龙溪公司生产A产品和B产品。其相关资料如表6-18所示。

表6-18　　　　　　　　　　　　龙溪公司相关资料

项　目	A产品	B产品
单位产品销售价格（元）	30	60
单位产品变动成本（元）	12	48
单位产品边际贡献（元）	18	12
边际贡献率（%）	60	20

根据表6-18，A产品的盈利能力高于B产品的盈利能力，龙溪公司应该生产A产品。但是，经理人得出这个结论掩盖了一个重要的信息：生产各种产品所消耗的资源不同。这是企业生产经营活动的约束条件。约束条件表现为生产能力，如人工小时、机器小时、原材料供应、仓库面积等。不同企业的约束条件有所不同。当然，市场容量或竞争因素也是一个约束条件。

【例6-11】以〖例6-10〗资料为基础,进一步假设龙溪公司的年生产能力为20 000机器小时,每小时可以生产1件A产品或生产2件B产品。如果两种产品的市场容量不受限制,那么考虑了约束条件之后,龙溪公司应该生产A产品还是B产品呢?

龙溪公司的决策应该考虑如何使其边际贡献最大化。因为固定成本总额是非相关成本,边际贡献达到最大化,龙溪公司的利润自然也就达到最大化。基于资源约束条件,陇西公司不能单独考虑单位边际贡献最大的产品,而应该考虑单位资源边际贡献最大的产品。

根据〖例6-11〗的资料,龙溪公司生产能力安排的分析过程如表6-19所示。

表6-19 南都公司生产能力安排的分析过程

项 目	A产品	B产品
每小时产品产量(件)	1	2
单位产品边际贡献(元)	18	12
每小时边际贡献(元)	18	24
生产能力(机器工作小时)	20 000	20 000
生产能力边际贡献总额(元)	360 000	480 000

根据表6-19,龙溪公司应该生产B产品,而不是生产A产品。尽管A产品的单位边际贡献最大,但其消耗的单位资源(机器小时)所带来的边际贡献却较小。

财眼看问题6-5

管理会计是一个有助于创造并分配价值的决策支持系统。管理会计师所做出的短期经营决策结果,应该在合适的时间向合适的相关部门(如生产部门或销售部门)或经理人(如生产经理或销售经理)沟通、报告,为相关部门的经营管理活动提供信息支持。

营运管理强调"供、产、销"(推进式)或"销、产、供"(拉动式)的"无缝对接"。然而,理想与现实往往存在差距。供(原材料)、产(在产品)、销(产成品)各个环节都影响库存。这样,管理会计师可以通过存货周转率[包括存货周转次数(存货周转次数=销售成本/存货平均余额)和存货周转天数(存货周转天数=365/存货周转次数)]洞察营运管理可能存在的问题,提醒相关部门注意解决相应的问题。

延伸阅读 6-2

"业财融合"——开启一个封尘已久的话题

暨南大学管理学院　胡玉明

财政部（2016）发布《管理会计基本指引》之后，"业财融合"在学界与业界掀起了一股热潮。然而，热潮之下，难免出现某些"似是而非"的问题。有鉴于此，本文试图立足互联网时代，基于会计（尤其是管理会计）的本质，探讨会计人员如何回归会计本源，更好地实现业界所期待的"业财融合"。

一、"业财融合"：一个长期被忽视甚至遗忘的话题

鲁迅先生（1921）在其名篇《故乡》里写道："其实地上本没有路，走的人多了，也便成了路。"同理，其实会计的许多问题原本不是问题，讲的人多了，也便成了问题。所谓"业财融合"就属于这种问题。因此，汤谷良和夏怡斐（2018）认为，"业财融合"主要出自业界，规范的学术论文尚未发现有专门讨论"业财融合"的文献。[①]

财政部发布的《管理会计基本指引》第四条明确指出"单位应用管理会计，应该遵循战略导向原则、融合性原则、适应性原则和成本效益原则。"其中，"融合性原则"指"管理会计应嵌入单位相关领域、层次、环节，以业务流程为基础，利用管理会计工具方法，将财务和业务等有机融合。"由此，"业财融合"开始流行于业界。[②]

纵观会计发展史，会计自古以来就是"业财融合"。[③] 古老的复式记账法连续、系统地追踪企业的每一笔经济业务。例如，最简单的编制记账凭证就是"业财融合"的典型例证。每一张记账凭证的背后都是一笔经济业务，而且会计人员必须根据经济业务的性质编制记账凭证。企业是一个不断运转的主体。在企业的经营过程中，业务催生财务，财务推动业务，业务与财务共生互动，业务与财务相融合即"业财融合"（胡玉明，2018）。因此，从理论上说，"业财融合"并没有什么新意。其实，"业财融合"只是一个长期被忽视甚至遗忘的话题（胡玉明，2017）。

---

① 与学界强调"自洽"不同，业界奉行"拿来主义"的"实用"理念，不同企业对同一个问题可以有不同的理解。有鉴于此，本书不严格界定"业"与"财"的含义。本书的"财"泛指与财务、会计相关的工作，而"业"泛指"财"以外的工作。

② 清华大学于增彪教授 2019 年 5 月 11 日在"2019 中国管理会计实践论坛"发表的"财务高管如何面对来自业财融合的挑战和机遇"演讲中提及"业财融合是中国会计人员对管理会计的最具有中国特色的表达，也是中国会计人员听得懂、做得来的管理会计。"笔者深深以为然，特此补记一笔。

③ 有鉴于此，笔者不认为"共享服务"是"业财融合"的前提。蒋占华（2019）认为"管理会计信息化是企业应用管理会计的一道必答题"。笔者认为这种观点过于绝对。手工记账的会计同样也可以"业财融合"。当然，"信息化"乃至"共享服务"为"业财融合"提供便利。笔者也不赞同"财务共享服务"或"财务共享"这样的表述。笔者认为，数字化时代，与大数据相通的思维是"共享"和"服务"，但"共享"不宜仅限于"财务"，否则，依然无法解决"数据孤岛"问题。

会计，尤其是管理会计的本质就是"业财融合"。可以说，"业财融合"是管理会计永恒的主题。管理会计处处体现"跨界合作"的"业财融合"（胡玉明，2018）。哪里存在经营管理活动，哪里就有管理会计。企业的任何一个经营管理流程都有会计人员的"倩影"，企业的每一个发展阶段也都有管理会计的"烙印"。这就是"management accounting means accounting for management or accounting for managers"之道！① 与企业的业务流程深度融合的标准成本法、目标成本法、全面预算管理、责任会计、作业成本法和平衡计分卡等管理会计理念，更堪称"业财融合"的典范。如果会计人员能够在企业实施这些管理会计理念，自然也就达到"业财融合"的境界。②

更为重要的是，"任何伟大战略的实施，都离不开财务资源的支持，而任何战略之所以伟大，在于最终能够创造财务资源"（胡玉明，2015）。因此，仅"业财融合"远远不够，战略（及其背后的商业模式）、业务、税务、财务与会计都必须相融合。

常言道："皮之不存，毛将焉附"。"业"是企业的"皮"，"财"是企业的"毛"。如此说来，会计原本就应该反映企业的经济业务，怎么可能"业财分离"呢？完全可以说，会计（尤其是管理会计）处处都体现"业财融合"，没有经济业务哪来会计实务。只是互联网普及之前，手工记账，工作量非常大，会计人员忙于记账、算账和报账，"筋疲力尽"，根本没有时间和精力感悟数据背后的"灵性"。而资本市场的发展更是导致会计工作聚焦于如何编制所谓"高质量"（high quality）的"财务报表（告）"，忘记了会计的本源就是"业财融合"。显然，这是会计工作的问题（而不是会计理论的问题）。

基于发展的不平衡性，"过去未去，未来已来"将并存，但"未来总是会来"。踏着互联网、大数据、共享服务、云计算和人工智能的浪潮，迎来了"财务机器人"。③ 由此改变了会计职业的未来走向和会计工作的生态环境（胡玉明，2018）。如今，互联网普及之后，"机器换人"，极大地释放了会计人员的潜能（包括时间和精力），业界"老调重弹"，再度强调"业财融合"也就是"水到渠成""顺理成章"的事。不过，这可能意味着业界对会计工作感到不满意，也可能意味着业界对会计工作的充满期待。业界期待会计人员回归会计本源，以"业财融合"重振会计工作的"雄风"。"不忘初心，方

---

① 但这并不意味着管理会计没有边界。管理会计的边界就在于为企业的经营管理提供相关信息支持。以目标成本法为例（目标成本＝具有竞争性市场价格－目标利润），企业的设计部门所提供的产品设计方案已经"锁定"了产品成本。会计人员根据营销部门预测的具有竞争性市场价格和企业确定的目标利润以及产品设计方案分别估算出单位产品的目标成本和锁定成本。如果单位产品的锁定成本超过其目标成本，会计人员可以告诉产品设计部门：要么修改该产品设计方案，要么放弃该产品设计方案。显然，管理会计可以为产品设计提供相关信息支持，但产品设计本身并不是管理会计的主题。由此可见，管理会计为企业的经营管理服务，但管理会计并不等于企业的经营管理本身。管理会计服务没有边界，但管理会计有边界。

② 基于互联网时代，就会计实务而言，未来的会计就是管理会计，管理会计就是会计的未来。有鉴于此，本书采用"会计人员"而不是"财务人员"或"财会人员"。

③ 其实，大数据、财务共享服务、云计算和人工智能都与"万物互联，互联互通"的"互联网"有关。为了表述的方便，本书统一以"互联网"泛指大数据、共享服务、云计算和人工智能。

得始终"。基于互联网时代,业界重提"业财融合"只不过是回归会计的"初心",重新开启一个"封尘已久"的话题。

互联网意味着数字化。基于数字化时代,所谓"业财融合"就是会计人员感悟数据背后的"灵性",将管理会计理念"落地"并得到"升华"。

二、数字化时代会计人员的数据悟性

其实,"数字化时代"(digital age)早已到来。1995年,美国麻省理工学院(Massachusetts Institute of Technology,MIT)的尼古拉·尼葛洛庞帝(Nicholas Negroponte)教授出版的《数字化生存》(*Being Digital*)开启了一个数字化时代。尼古拉·尼葛洛庞帝在该书的前言开宗明义地写道:"计算不再只和计算机有关,它决定我们的生存。"

然而,仅仅数字化是不够的!"数字化生存"关键在于"生存"。既然数字化时代早已来临,而会计人员又无法改变"数字化"的趋势,只能关注"生存"问题。那么,数字化时代,会计人员何去何从呢?

数字化时代引发一个热词:大数据(big data)。[1] 笔者认为,基于互联网时代,大数据确实非常重要。然而,如果会计人员过分强调大数据,可能在不知不觉之中"剑走偏锋":沉迷于计算和数据(信息)处理,而将数据(信息)的运用置之脑后,无暇感悟数据背后的"灵性"。会计人员应该与机器人和谐共处,分工合作。会计人员不应该与机器人争"饭碗",要做机器人不能做的事情。会计人员应该让机器人处理、提供数据,做枯燥无味的事情,而会计人员用心去做充满乐趣的事情,感悟数据背后的"灵性"。[2]

海量数据只是"金矿银矿",但还不是"金银财宝"。如何挖掘数据背后的"故事"才是问题的关键。没有解释,数据只是数字而已(without interpretation, data is just number)。借用计算机语言就是"垃圾进去,垃圾出来"(garbage in, garbage out)。显然,大数据重要的不是数据(big data is not about the data)。大数据的本质不在于"大",而在于其背后与互联网相通的一套新思维(胡玉明,2017)。

就企业而言,数据的背后隐含着"人"和"事",即管理情境和业务流程。[3] 以成本数据为例,单纯的成本数据没有什么意义。例如,某种产品单位成本为20.37元并没

---

[1] 值得注意的是,数据与数字(number)不同。涂子沛(2014)在《数据之巅》(第218页)指出,从传统意义上来说,数据指的是有根据的"数字",但从1946年第一台计算机诞生开始,"数据"这个概念的内涵就扩大了。"数据"如今已经不仅仅指代传统意义上的"数字"了,而是统指一切电子化的记录。一个视频、一段音频,这在今天都被称为数据。显然,根据涂子沛(2014)的观点,数据的内涵与外延比数字来得大。

[2] 业界不断强调"信息技术"对会计的影响。其实,信息技术重要的是"信息"而不是"技术"。"技术"应该是为"信息"服务的工具。遗憾的是,现在业界多少有点本末倒置。

[3] 2017年10月28日,清华大学于增彪教授在中国会计学会管理会计专业委员会2017年会暨纪念余绪缨教授95周年诞辰学术研讨会上,明确指出:行为创造数据,数据表达行为。有鉴于此,会计人员应该通过数据感悟行为。管理会计强调"不同目的,不同成本"(different costs for different purposes)和"相关信息适时地提供给相关的人"(right information is provided to the right people at the right time),即强调数据的相关性,要求会计人员具备从"大数据"筛选出相关数据,进而将"大数据"转化为"小数据"的能力。

有什么意义。如果会计人员只是沉迷于计算出某种产品单位成本为20.37元，那么，会计人员根本就没有存在的价值。道理很简单，企业只要将与产品成本相关的数据交给其他任何外部的会计人员，同样可以得到这个结果（即便结果存在误差，那也只是小数点的"四舍五入"而已）。从表面上看，单位产品成本的计算过程似乎就是一个简单的算术问题，其实不然。既然成本数据的背后隐含着"人"和"事"，即管理情境和业务流程，那么，单位产品成本的计算过程就是企业管理情境和业务流程的梳理过程。因此，作为企业的员工，除了根据相关数据计算出某种产品单位成本为20.37元之外，企业的会计人员还需要通过身临其境地把握企业的管理情境和业务流程，洞察成本数据背后所隐含的"人"和"事"，进而追踪企业成本发生的"来龙去脉"，向企业相关部门提供"成本为何发生"和"成本如何发生"的信息（这是其他任何外部的会计人员难以企及的事情，也正是企业会计人员存在的价值）。企业相关部门根据会计人员提供的"成本为何发生"信息，就可以找到降低成本或避免成本发生的关键点，而根据会计人员提供的"成本如何发生"信息，就可以找到控制成本发生的关键点。如此一来，企业就可以"对症下药"，采取相应的措施，降低或控制成本的发生，进而将企业昨天的成本转化为明天的利润。

当然，"大数据"意味着公平！一个数据一旦公开，就会有无数人看到该数据。在数据面前，人人平等。因此，互联网时代，会计人员尤其需要"顿悟"与"灵性直觉"。以1935年美国实施社会保障法为例。当时，这可是众所周知的信息。但芸芸众生，只有一个悟到该信息背后所隐含的商机。这个人就是国际商用机器公司（IBM）的创始人托马斯·约翰·沃森（Thomas John Watson）。以现在的"后见之明"来看，托马斯·约翰·沃森的商业逻辑非常简单。如果美国实施社会保障法，每个美国公民都拥有一个自己专属的"社会保险号"（social security number, SSN），而美国公民具有自由迁徙的权利。如此一来，美国需要大规模的数据传输与处理，这就需要大型商用计算机。国际商用机器公司开始研发并生产这种大型商用计算机。由此，一个精彩的商业故事诞生了！因此，数字化时代会计人员必须具备的数据悟性或智商和情商之外的数商（data quotients, DQ）。

在业界，获取数据只是手段，绝不是目的。会计人员想用这些数据做什么呢？数据本身未必有价值，只有通过对数据的分析或感悟，创造或挖掘出商机，将企业的数据转化为制定战略、经营决策与管理控制的依据，数据才具有价值。

其实，中国学者早就意识到这个问题。余绪缨（1980）明确指出：指标数字的分析只能提供初步的线索，作为深入分析的入门向导。……要真正地说明问题、分析问题、解决问题，还必须把指标数字的分析和通过调查研究所能掌握的生产经营中的"活"情况紧密地结合起来。余绪缨（1980）所说的"活"情况，在今天可以引申为数据背后的"灵性"。[①]

[①] 从这个意义上说，现在许多财经院校将原来的《经济活动分析》课程改为《财务报表分析》是一种退步。

可以毫不夸张地说，尽管会计信息系统（accounting information system，AIS）存在各种缺陷，但依然是企业最为完备的信息系统。就企业而言，会计信息系统就是一个完整的大数据系统（全样本、全过程和全方位）。会计部门是企业天然的数据中心（陈虎等，2019），而会计人员天生就是"玩"数据的人。从这个角度看，所谓"数字化时代"就是一个"伪命题"。

数字化时代的会计人员"拥抱数据"，具有"得天独厚，非其莫属"的优势。如此一来，会计人员的生存之道：要么出众，要么出局！如果会计人员能够感悟数据背后的"灵性"，借助数据辅助战略的制定、经营决策与管理控制，进而演绎出精彩的商业故事，那么，会计人员可能就是"数字化时代"的"佼佼者"。

当然，能否感悟数据背后的"灵性"是会计人员生存还是毁灭的"分水岭"。如前所述，管理会计天然就是"业财融合"。会计人员要感悟数据背后的"灵性"就必须立足于管理会计，但又超越管理会计。如果会计人员不懂战略、行业特征或商业模式、市场、技术和管理，那就只是一个"计算器"。现在，企业不需要这种"计算器"。因此，会计人员不做业务，但要懂业务；不做运营，但要懂运营。现在只学好会计，恐怕连会计都做不了。

会计人员感悟到数据背后的"灵性"就一定能够"出众"吗？未必！会计人员还必须具备强大的沟通能力。笔者认为，数字化时代的会计人员就是一个营销信息的经理人，即"信息经理"。21世纪，最重要的技能是沟通的技能。沟通的技能远比专业技能重要。沟通顺畅，自然"通"，否则，就是"沟"。然而，沟通可能是会计人员的弱项。根据北京国家会计学院党委书记、院长秦荣生教授的调查，会计人员具有太实际、太专业、太本位和太固执四个特点（胡玉明，2018）。笔者认为，会计人员只要具备这四个特点之一，沟通可能就成为问题。

三、沟通与信任："业财融合"的实现路径

成事在人，不在数据。显然，企业的"业财融合"不是会计部门"孤军奋战"的事情，而是整个企业所有部门"通力合作"的事情。可以说，企业的"业财融合"是一项"一把手工程"，没有企业的"一把手"和业务部门的认同与配合，"业财融合"根本就无法"落地"。

那么，会计人员如何"破局"，推动企业的"业财融合"呢？会计人员只能通过与上司、业务部门的沟通，消除误解，达成共识，赢得信任。因此，会计人员首先必须将自己的数据悟性转化为相关建议，并与上司或业务部门沟通，推进企业的"业财融合"。如此一来，会计人员必须明确与谁（或哪个部门）沟通以及沟通方式。

（一）会计人员与上司沟通

会计人员不宜老是埋怨自己的上司乃至企业的"一把手"不懂会计，不重视会计工作。会计人员要与上司沟通,首先要具备"向上管理"(managing up)的能力。所谓"向上管理"不是管理"上司"的意思。这里的"向上管理"只是一种有趣的说法,其本质是一种影响力,一种更高超的影响力,用来影响那些对会计人员有管理权力的人。俗话说:"打铁,自身要硬"。这时,会计人员的专业技能就显得非常重要。

当然,会计人员要与上司沟通,必须"跳出就会计论会计"的思维桎梏,使沟通双方处于同一个"频道"。例如,国外曾经流行一个首席执行官与首席财务官的对话。首席财务官问首席执行官:"如果公司花钱培养员工,而这些员工却离开公司,怎么办?"(What happens if we invest in developing our people and they leave us?),首席执行官反问首席财务官:"如果公司不花钱培养员工,而这些员工却留在公司,怎么办?"(What happens if we don't, and they stay?)。首席财务官关注的是成本,而首席执行官关注的是投资。显然,首席财务官与首席执行官没有处于同一个"频道"。其沟通效果可想而知。

(二) 会计人员与其他业务部门沟通

毋庸置疑,会计应该全方位地为企业的业务服务。会计不是会计部门的会计,而是业务部门乃至整个企业的会计。企业的经济业务是起点,会计数据是结果。因此,单纯的会计数据,只能"知其然,而不知其所以然"。有鉴于此,就会计部门而言,数据只是问题的起点,而不是问题的终点,问题的终点在业务端。例如,企业的应收账款过多,可能是企业的赊销政策过于宽松(乃至企业的竞争力较弱)所致,而企业的存货过多,则可能是因为企业的供产销(乃至产品设计)存在问题。这样的事例可以列出一份长长的清单。作为天生就是"玩"数据的人,会计人员借助会计数据洞察出业务部门可能存在的问题,必须及时与业务部门沟通,共同寻求解决问题之道。

20世纪的中国流行所谓广告"标王"。1995年11月和1996年11月,山东秦池酒厂两度夺得中央电视台的广告"标王",但最终却陷入困境。山东秦池酒厂因广告"标王"而陷入困境,会计人员难辞其咎。盈亏临界点是管理会计的基本知识点。许多会计人员也经常计算盈亏临界点这个指标。可是,会计人员计算出这个指标有何用呢?山东秦池酒厂夺得广告"标王",必定增加作为固定费用的广告费用,进而提高盈亏临界点。山东秦池酒厂的会计人员得知该公司夺得广告"标王",计算出盈亏临界点指标之后,必须立即与营销部门沟通,提醒营销部门能否显著增加销售量,进而使销售量突破盈亏临界点。酿酒行业的产能受到限制,短期内难以显著扩大。如果营销部门的销售量能够突破盈亏临界点,生产部门的现有产能能够满足营销部门的销售需求吗?如果山东秦池酒厂的会计人员能够结合酿酒行业的特征与营销部门、生产部门沟通,也许山东秦池酒厂不至于因夺得"标王"而陷入困境。

(三) 会计人员如何融入业务部门

当然,无论会计人员与其上司沟通,还是与其他业务部门沟通,都需要有换位思维:别老想着自己该说什么,想想对方想听什么。令人遗憾的是,会计人员经常以服务于投资者的思维服务于其上司和其他业务部门等经营者。这些经营者十有八九不满意!会计人员应该以沟通对方能够理解的语言说出自己的意见。就营利组织而言,会计是一种商业语言,本该"在商言商",但会计人员却以专业的"会计语言"(而不是"商业语言")与其上司(乃至"一把手")、业务部门沟通,导致沟通不畅,甚至造成误解。例如,会计人员在与其上司、业务部门沟通的过程中,以"固定资产"这样的"会计语言"描述"汽车",其上司、业务部门就可能认为"汽车到处跑,怎么会是固定资产呢?"如此一来,沟通自然受阻。也许,会计人员以"长期资产"这样的"商业语言"描述"汽车",双方的沟通可能就更为顺畅。还有投资回收期就比净现值、内部收益率更通俗易懂,也更一目了然。提到投资回收期,无须更多的解释,无论是会计人员还是非会计人员,企业的经营者都明白其中的道理。只要会计人员用心,这样的例证不胜枚举。本着"举一反三,触类旁通"的精神,如何将"会计语言"转化为"商业语言",乃至生活语言,是会计人员融入业务部门的关键。

(四)"业财融合"的难点

常言道:"知易行难"。就目前我国的实践来说,业务融入财务比较普遍,但财务融入业务比较困难,能融入业务的案例更罕见。这可能与会计人员的特点有关:学会计出身的人进入企业工作,把会计的"守业"思维也带到了企业。那么,"业财融合"的难点在哪里呢?

英国皇家特许管理会计师公会(CIMA)、安永华明会计师事务所(E&Y)与上海国家会计学院(SNAI)2016年曾经联手以"业财融合"为主题做了一个专门调研并发布了《业财融合2016:全球的考察和中国的进展》的专题研究报告。根据该专题研究报告,会计部门与业务部门所指出的"业财融合"的难点如表1所示。

表1　　会计部门与业务部门所指出的"业财融合"的难点

选项	比例(%)
会计部门:"业财融合"的难点	
公司管理层对会计部门的定位不明确或定位在传统的会计核算层面	52.00
业务部门比较强势,会计部门比较弱势,业务部门不理解会计工作	44.52
会计信息系统与其他管理信息系统没有集成,会计部门很难得到及时的业务信息	43.65
会计人员本身的知识水平有局限,不懂公司战略、业务等	37.57

选　　项	比例（%）
业务部门："业财融合"的难点	
业务部门应该与会计部门实现融合，会计部门可以帮助业务部门实现预定的目标	95.45
业务部门不应该与会计部门实现融合，会计部门的各种管理和控制无法帮助业务部门实现预定目标	3.03
会计部门非但没有帮助业务部门，反而阻碍了业务部门目标的实现	1.52

显然，"业财融合"涉及"业"和"财"两个阵营彼此的融合。然而，根据表1的结果，业务部门比会计部门更愿意"业财融合"。从一定意义上说，表1的结果也印证了会计人员的特点。就此而言，会计人员不仅要提升数据悟性和强化沟通能力，"用管理会计的思维，打破财务会计的算盘"，具备"善沟通、多技能、懂管理、有远见、敢担当"的基本素质（胡玉明，2018），还需要改变心态和观念、拓宽视野和情怀，走出原先固有的那"一亩三分地"，树立全局的观念。

诚然，企业的"业财融合"背后是权利或利益之博弈。如何摆平利益才是问题的关键（胡玉明，2017）。从岗位职责看，企业的"业财融合"有些"跨界"，需要沟通"到位"但又不能"越位"，会计人员应该以"成就自己，成全别人"的方式"跨界沟通"，方能取得预期成效。正因为企业的"业财融合"涉及"跨界沟通"，所以会计人员必须取得企业"一把手"的认同和支持，才能破解"业财融合"的难点。不过，笔者始终坚信，"自信，方显从容。有为，才能有位（胡玉明，2018）"。总之，会计人员应该以数据理解业务，以沟通赢得信任，进而达到"业财融合"的理想境界。

（五）"他山之石"一定"可以攻玉"吗？

如前所述，业界奉行"拿来主义"的"实用"理念。自从改革开放以来，本着"他山之石，可以攻玉"的心态，"拿来主义"的"实用"理念大行其道，也确实让会计人员一度非常受用。会计人员快速地掌握了一套"会计宝典"和"先进经验"，但"东施效颦"毕竟不是本源。久而久之，会计人员习惯了"唐僧取经"的"拿来主义"，失去了数据悟性，忘却了"业财融合"的初心。

俗话说："一千个企业，一千个样！"在变化的世界，"他山之石"可以"观赏"，却未必"可以攻玉"。"业财融合"的"财"也许还有些共性，"他山之石"可能尚能"攻玉"，而"业财融合"的"业"则具有鲜明的情境化特征，"他山之石"可能难以"攻玉"。况且，从表面上看，企业的"业财融合"是会计部门与业务部门之间的融合，但其实质则是不同部门的人与人之间观念的融合。既然"业财融合"的实质是人与人之间观念的融合，那么，一切都"因人而异"。如果"他山之石"都"可以攻玉"，只要好好总结某些成功企业的"先进经验"并广而推之,岂不就可以"大功告成",企业何须经营管理呢?

业界奉行"拿来主义"的"实用"理念还可能导致会计人员陷入"经验主义"。在快速变化的环境下,"老经验"不见得能够解决新问题。某些成功企业的"先进经验"也未必就"管用"。儿童故事《小马过河》可以形象地说明这个问题。小马准备过河时,老牛说:"水很浅,刚没小腿,能蹚过去。"而松鼠则说:"小马!别过河,你会淹死的!"不可否认,无论是老牛的话,还是松鼠的话,都是"经验之谈"。小马应该听信老牛的话,还是听信松鼠的话呢?因此,尽管沟通与信任是"业财融合"的实现路径,但具体的路如何走,还需要会计人员用心地"量身定制"。

总体而言,会计人员要有效地推动"业财融合"需要具备的主要能力包括:向上管理,横向渗透,合纵连横;理解战略和行业特征,熟悉业务;坚持不懈,持续推动跨部门沟通;能够将数据演绎为一个商业故事。

四、结语

尽管会计自古以来就是"业财融合",但是,基于互联网时代,业界重提"业财融合"的实践意义远远超过其理论意义。笔者以为,企业的"业财融合"具有重要的实践意义。

1. 改变了会计人员的观念。"观念可以改变历史轨迹,观念也可以创造奇迹"(胡玉明,2018)。基于互联网的"业财融合"改变了会计职业的未来走向和会计工作的生态环境,但更重要的是改变了会计人员的观念,唤醒了会计人员的初心,重塑会计人员的社会形象。"业财融合"使会计人员具有经营理念,而业务人员(包括企业的"一把手")具有会计思维。

2. 释放了会计人员的潜能。互联网不是会计人员的"敌人",而是会计人员的"解放军"。基于互联网的"业财融合"给会计人员带来了"福音",拓展了会计人员可以大显身手的舞台,提升了会计人员的社会价值,有助于会计人员打造不可替代的专业能力。但会计人员强者愈强,弱者愈弱。可以预见,具备不可替代的专业能力的会计人员将是稀缺人才。

3. 解决了管理会计的落地。管理会计的本质就是"业财融合","业财融合"是管理会计永恒的主题。诚如于增彪教授所言,"业财融合"是中国会计人员对管理会计最具有中国特色的表达,也是中国会计人员"听得懂、做得来"的管理会计。如此一来,基于互联网时代,业界重新开启"业财融合"这个话题自然有助于推进管理会计的落地与升华。

(来源:《新会计》2019年第8期)

参考文献

[1] 财政部：《管理会计应用指引第 400 号——营运管理》，2017 年。

[2] 胡玉明主编：《管理会计应用指引详解与实务》，经济科学出版社 2018 年版。

[3] 胡玉明：《会计学：经理人视角》（第 2 版），中国人民大学出版社 2017 年版。

[4] 胡玉明：《高级管理会计》（第 4 版），厦门大学出版社 2016 年版。

[5] F. 罗伯特·雅各布斯、理查德 B. 蔡斯著，任建标译：《营运管理》（第 14 版），机械工业出版社 2019 年版。

[6] 李·克拉耶夫斯基、拉里·里茨曼著，刘晋、向佐春译：《营运管理：流程与价值链》（第 7 版），人民邮电出版社 2018 年版。

[7] 威廉·J. 史蒂文森、张群、张杰、马风才著：《营运管理》（第 12 版），机械工业出版社 2018 年版。

第七章

项目管理

第一节 项目管理概论

一、项目

(一) 项目的定义

项目是为达到特定的目的,在确定的期间内,使用一定资源,为特定发起人提供独特的产品、服务或成果而进行的一次性努力。

一般来说,所谓项目就是指在一定约束条件下(主要是限定资源、限定时间、限定质量),具有特定目标的一次性任务,是为提供某项独特的产品、服务或成果所进行的临时性的一次性努力。更具体来讲,项目是用有限的资源、有限的时间为特定客户完成特定目标的一次性工作。这里的资源指完成项目所需要的人、财、物,时间指项目有明确的开始和结束时间,客户指提供资金、确定需求并拥有项目成果的组织及个人。

> **财眼看问题 7-1**
> 项目在现代社会中太普遍了。不局限于盖房子、修马路、建桥梁这样的工程项目。举办一场婚礼,做一个科研课题,年终办一场晚会,都是一个项目。

(二) 项目的共同特征

项目的共同特征如下:一次性;独特性;目标的明确性;活动的整体性;组织的临时性和开放性;开发与实施的渐进性。

项目的定义是:项目是为创造独特的产品、服务或成果而进行的临时性工作。

(三) 项目管理知识体系

现代项目管理知识体系将项目专项管理的内容构成一个整体，这个知识体系可以进一步被划分成三个部分，这三个部分共同构成了现代项目管理知识体系的逻辑框架模型，其示意图如图7-1所示。

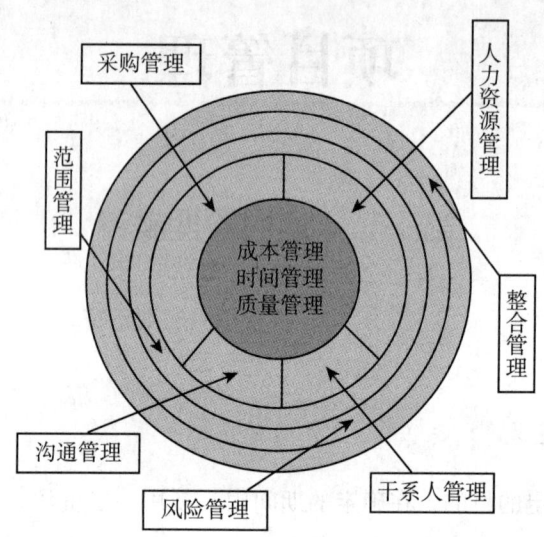

图7-1 项目管理知识体系逻辑框架模型

由图7-1（图中省略项目二字）可见，项目管理知识体系主要包括三大部分。第一部分是关于项目目标或指标的管理和控制，这是涉及项目成败考核指标管理的部分，包括项目成本管理、项目时间管理和项目质量管理。第二部分是关于项目资源和条件的管理与控制，这是涉及项目资源性和保障性管理的部分，包括项目沟通管理、项目干系人管理、项目采购管理和项目人力资源管理。第三部分是关于项目决策和集成等方面的管理与控制，这是涉及项目全局性和综合性管理的部分，包括项目整合管理、项目范围管理和项目风险管理。这三部分构成了一种项目目标、资源保障和管理保障的逻辑关系，每部分中的项目专项管理相互关联并相互作用，从而构成一个项目管理知识体系的整体。不同知识领域的层次关系可以用图7-2（图中省略项目二字）表示，其关联关系可以用图7-3（图中省略项目二字）表示。

项目管理知识体系是指作为项目经理必须具备与掌握的重要知识和关键能力，用来帮助项目经理与项目团队成员完成项目的管理。按照美国项目管理协会提出的现代项目管理知识体系的划分方法，项目管理中有十大知识领域，分别从不同的管理职能和领域描述了现代项目管理所需要的知识、方法、工具和技能。其中，4个是核心的项目管理知识领域，包括项目范围管理、项目时间管理、项目成本管理和项目质量管理。

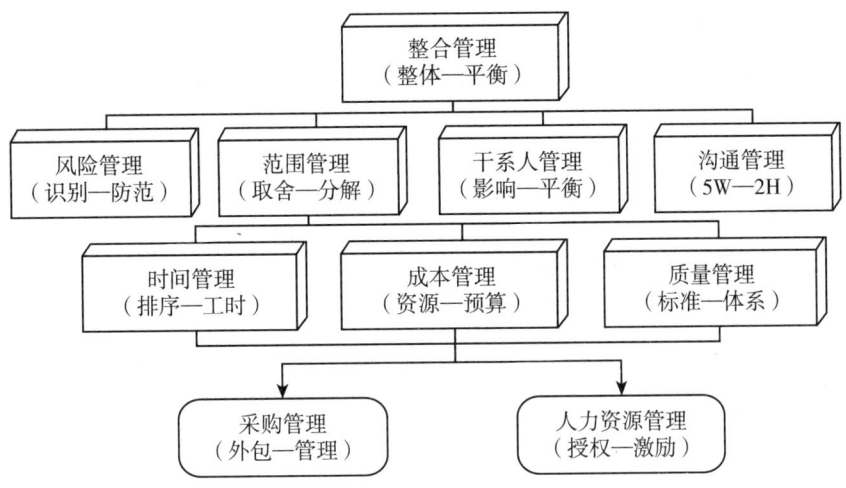

图 7-2 项目管理知识的层次关系

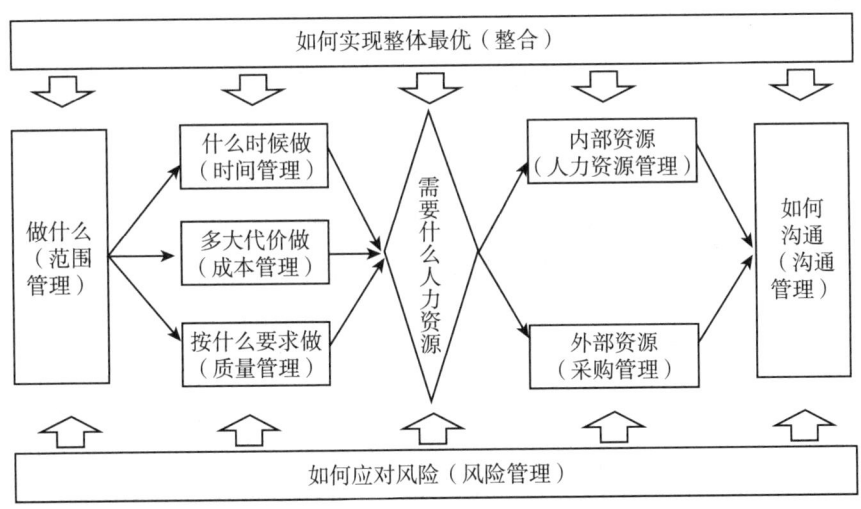

图 7-3 项目管理知识的关联关系

项目管理知识体系中各知识领域的主要管理职如下。

1. 项目范围管理。项目范围管理是为了成功完成项目，对项目的工作内容进行控制的管理过程。它包括启动过程、范围计划、范围界定、范围核实和范围变更控制等工作。

2. 项目时间管理。项目时间管理是为了保证完成项目所实施的一系列时间管理过程。它包括具体活动界定、活动排序、时间估计、进度安排及时间控制等工作。

3. 项目成本管理。项目成本管理是为了保证完成项目的实际成本，使费用不超过预算成本所实施的管理过程。它包括资源的配置、成本和费用的预算及费用的控制等工作。

4. 项目质量管理。项目质量管理是为了确保项目达到客户所规定的质量要求所实施的一系列管理过程。它包括质量规划、质量控制和质量保障等工作。

5. 项目人力资源管理。项目人力资源管理是为了保证所有项目干系人（stakeholder）的能力和积极性都得到最有效的发挥和利用所实施的一系列管理措施。它包括组织的规划、团队的建设、人员的选聘和项目的班子建设等工作。

6. 项目沟通管理。项目沟通管理是为了确保项目信息的合理收集和传输所实施的一系列措施。它包括沟通规划、信息传输和进度报告等工作。

7. 项目风险管理。项目风险管理的涉及项目可能遇到各种不确定的因素。它包括风险的识别、量化、控制和制定对策等工作。

8. 项目采购管理。项目采购管理是为了从项目实施组织之外获得所需资源或服务所实施的一系列管理措施。它包括采购计划、采购与征购、资源的选择和合同的管理等工作。

9. 项目整合管理。项目整合管理是指为确保项目的各项工作能够有机地协调与配合所展开的综合性和全局性的项目管理工作及过程。它包括项目整合计划的制订、项目整合计划的实施和项目变动的总体控制等工作。

10. 项目干系人管理。项目干系人管理是为了保证项目的顺利进行，对项目的干系人，也叫利益相关者进行的管理，包括干系人的识别、干系人的分类和干系人的管理等工作。

在项目管理过程中，首先，要严格控制项目的进度，保证项目在规定的时间内完成；其次，要合理利用资源，并将项目的费用尽量控制在计划的预算之内；最后，要跟踪项目执行的情况，保证项目按照规定的质量标准执行。

（四）项目的特性

项目是一个组织为实现自己既定的目标，在一定的时间、人员和其他资源的约束条件下所开展的一种有一定独特性的、一次性的工作。这一定义表明，项目是人类社会中的一类特有的社会活动，它是为创造特定产品或服务而开展的一次性社会活动。因此，凡是人类为之创造特定产品或服务的一次性活动都属于项目的范畴。

项目是特殊的、将被完成的有限任务，它是一个组织为实现既定的目标，在一定时间、人员和其他资源的约束条件下，所开展的满足一系列特定目标、有一定独特性的一次性活动。比如，建造一座大楼、举办一次会议、办一场运动会等都是项目。虽然不同项目的形式各式各样、规模不一，但它们都具有相似的特性。

项目的主要特性如下。

1. 目的性。每个项目都必须有明确的可度量的目标，而不是模糊的目标，目标必须满足 SMART 原则，即是具体的（specific）、可以测量的（measurable）、可能达到的（attainable）、相关的（relevant）和有时间期限的（time-bound）。当项目目标实现了，项目也就结束了。有些项目还具有多目标属性，且每个目标具备明确性与整体性，这些目标相互依赖，有些还有一定的冲突属性。

2. 独特性。每个项目都会创造独特的产品、服务或成果。尽管某些项目可交付成果中可能存在重复的元素，但这种重复并不会改变项目工作本质上的独特性。例如，即便采用相同或相似的材料，或者由相同的团队来建设，但每一幢办公楼的位置都是独特的，且有不同的设计、不同的环境和不同的承包商等。

3. 一次性。一次性是项目和其他重复性工作最大的区别。一个项目有明确的开始时间和结束时间。当项目目标已实现，或者因为明确预测到项目的目标无法实现而放弃项目，又或者项目的必要性已不存在时，该项目就到达了终点，具备一定的生命周期属性。

4. 临时性。项目是为创造独特的产品、服务或成果而进行的临时性工作。项目的临时性是指项目有明确的起点和终点。当项目目标达成时，或当项目因不会或不能达到目标终止时，或当目标需求不复存在时，项目就结束了。临时性并不一定意味着持续时间短。项目所创造的产品、服务或成果一般不具有临时性。大多数项目都是为了创造持久性的结果。例如，国家纪念碑建设项目就是要创造一个流传百世的成果。项目所产生的社会、经济和环境影响，也往往比项目本身长久得多。

5. 不确定性。持续性的工作通常是按组织的现有程序重复进行的。相比之下，由于项目的独特性，其创造的产品、服务或成果可能存在不确定性。项目团队所面临的项目任务很可能是全新的，这就要求比其他例行工作进行更精心的规划。此外，项目可以在所有的组织层次上进行，一个项目可能涉及一个人、一个组织单元或多个组织单元。

6. 制约性。制约性是指每个项目都在一定程度上受客观条件和资源的制约，例如，项目的开始日期和结束日期必须符合时间要求。完成一个项目要多种资源，包括人员、硬件和软件等，例如，一所房屋的建造就需要各种人力资源和物力资源。

项目可以创造：①一种产品，既可以是其他产品的组成部分，也可以本身就是终端产品；②一种能力（如支持生产或配送的业务职能），能用来提供某种服务；③一种成果，例如结果或文件（如某研究项目所产生的知识，可据此判断某种趋势是否存在，或某个新过程是否有益于社会）。

项目的例子包括（但不限于）：开发一种新产品或新服务；改变一个组织的结构、人员配备或风格；开发或购买一套新的或改良后的信息系统；建造一幢大楼或一项基础设施；实施一套新的业务流程或程序。

财眼看问题 7-2

在珠江的广州大桥旁边再修桥，加宽原来广州大桥的工程项目，这个项目与原来广州大桥项目也是不一样的，也是独特的，虽然可能使用的建桥工艺和材料与原来基本一样。

（五）项目组织中的角色

1. 项目经理。项目经理需要具备一定的技能与素质。

项目经理是执行组织委派其实现项目目标的个人。这是一个富有挑战且备受瞩目的角色，具有重要的职责和不同的权力。项目经理要有较强的适应能力、良好的判断能力、优秀的领导能力和谈判技能，并熟练掌握项目管理知识。项目经理必须能理解项目的细节，同时，又能从项目全局的角度进行管理。作为对项目成功负责的个人，项目经理需要掌管项目的所有方面，包括（但不限于）：制定项目管理计划和所有相关的子计划；使项目始终符合进度和预算要求；识别、监测和应对风险；准确、及时地报告项目指标。

项目经理在与干系人的沟通中负主要责任，尤其是与项目发起人、项目团队和其他关键干系人的沟通。项目经理对促进干系人与项目之间的互动起核心作用。

2. 项目团队。项目团队是项目的主体组织成员，在项目实施中承担具体的项目任务，是完成项目最为关键的角色。

项目团队由项目经理、项目管理团队和其他执行项目工作但无须参与项目管理的团队成员组成。项目团队中的个人来自不同的团体，分别掌握某些具体的专业知识或技能，并执行项目工作。任何项目团队的建设和发展都要经历四个阶段，如图7-4所示。

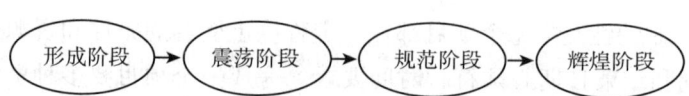

图7-4 项目团队的建设和发展阶段

3. 项目干系人。项目干系人又被称为项目利益相关者，是指积极参与项目，或其利益因项目的实施或完成而受到积极或消极影响的个人和组织，他们还会对项目的目标和结果施加影响。一般项目干系人包括项目经理、项目发起人、客户或委托人、项目管理团队、供应商、分包商、投资人、被委托人或承约商、施加影响者、项目管理办公室等。

（六）项目管理办公室（PMO）组织及其作用

项目管理办公室（project management office，PMO）是负责对所管辖的各项目进行集中协调管理的一个组织部门，其职责可以涵盖从提供项目管理支持到直接管理项目。如果PMO对项目结果负有直接或间接的责任，那么它就是项目的一个干系人。

PMO所提供的服务包括（但不限于）：行政支持，政策、方法和模板；培训、辅导和指导项目经理；关于如何管理项目和使用工具的支持、指导与培训；项目间的人员协调；项目经理、项目发起人、职能经理和其他干系人之间的集中沟通。

除了被集中管理之外，PMO 所支持或管理的项目不一定彼此关联。PMO 的具体形式、职能和结构取决于其所在组织的需要。

在项目开始阶段，PMO 可能有权起到核心干系人和关键决策者的作用。为确保项目符合组织业务目标，PMO 可能有权提出建议、提前中止项目或采取其他必要措施。此外，PMO 还可参与对共享资源或专用资源的选择、管理和调动。

PMO 的一个主要职能是通过各种方式支持项目经理，包括（但不限于）：管理 PMO 所管辖全部项目的共享资源；识别和开发项目管理方法、最佳实践和标准；指导、辅导、培训和监督；通过项目审计、监督对项目管理标准、政策、程序和模板的遵守程度；开发和管理项目政策、程序、模板以及其他共享文件（组织过程资产）；协调项目之间的沟通。

虽然项目经理与 PMO 的目标不同，所需遵守的要求也不同，但他们的所有努力都必须符合组织的战略需求。项目经理与 PMO 之间的角色差异可能包括：项目经理关注特定的项目目标，而 PMO 管理主要项目集的范围变更，这些变更可被视为能促进业务目标实现的潜在机会；项目经理控制分配给本项目的资源，以更好地实现项目目标，而 PMO 负责优化利用全部项目所共享的组织资源；项目经理管理单个项目的制约因素（范围、进度、成本和质量等），而 PMO 从企业层面管理方法论、标准、整体风险/机会和项目间的依赖关系。

二、项目生命周期

项目生命周期是通常按顺序排列而有时又相互交叉的各项目阶段的集合。阶段的名称和数量取决于参与项目的一个或多个组织的管理与控制需要、项目本身的特征及其所在的应用领域。项目生命周期可以用某种方法加以确定和记录。例如，可以根据所在组织、行业或者所用技术的特性，来确定或调整项目生命周期。虽然每个项目都有明确的起点和终点，但其具体的可交付成果以及项目期间的活动会因项目的不同而有很大差异。无论项目涉及什么具体工作，项目生命周期都能为管理项目提供基本框架。

（一）项目生命周期的特征

项目的规模和复杂性各不相同，但不论其大小繁简，所有项目都呈现下列生命周期结构，如图 7-5 所示。

这个通用的生命周期结构常被用来与高级管理层或其他不太熟悉项目细节的人员进行沟通。它从宏观视觉角度为项目间的比较提供了通用参照系，即使项目的性质完全不同。

通用的生命周期结构通常具有以下特征。

1. 成本与人力投入水平。在开始时较低，在工作执行期间达到最高，并在项目快要结束时迅速回落。这种典型的走势如图7-5中的虚线所示。

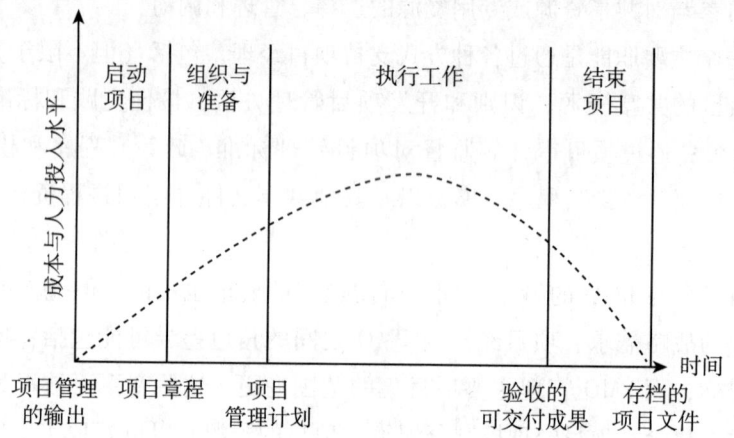

图7-5 项目生命周期中典型的成本与人力投入水平

2. 干系人的影响力、项目的风险与不确定性。在项目开始时最大，并在项目的整个生命周期中随时间推移而递减，如图7-6所示。

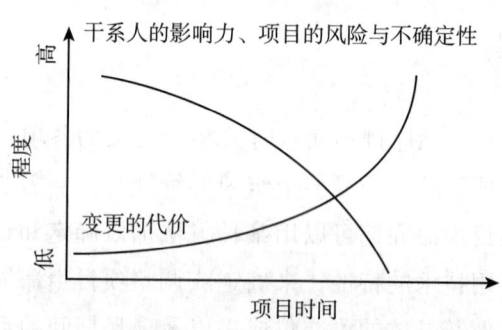

图7-6 随项目时间而变化的变量影响

在不显著影响成本的前提下，改变项目产品最终特性的能力在项目开始时最大，并随项目进展而减弱，变更和纠正错误的代价在项目接近完成时通常会显著增高。

在通用生命周期结构的指导下，项目经理可以决定对某些可交付成果施加更有力的控制。大型复杂项目尤其需要这种特别的控制。在这种情况下，最好能把项目工作正式分解为若干阶段。

（二）产品生命周期与项目生命周期的关系

产品生命周期包含通常按顺序排列且不相互交叉的一系列产品阶段。产品阶段由组织的制造和控制要求决定。产品生命周期的最后阶段通常是产品的退出。一般而言，项目生命周期包含在一个或多个产品生命周期中。要注意区分项目生命周期与产品生命周期。任何项目都有自己的目的或目标。如果项目的目标是创造一项服务或成果，则其生命周期应为服务或成果的生命周期，而非产品生命周期。

如果项目产出的是一种产品，那产品与项目之间就有许多种可能的关系。例如新产品的开发，其本身就可以是一个项目。又如，现有的产品可能得益于某个为之增添新功能或新特性的项目，或可以通过某个项目来开发产品的新型号。此外，产品生命周期中的很多活动都可以作为项目来实施。例如，进行可行性研究、开展市场调研、开展广告宣传、安装产品、召集焦点小组会议、试销产品等。在这些例子中，项目生命周期都不同于产品生命周期。

由于一个产品可能包含多个相关项目，所以可通过对这些项目的统一管理来提高效率。例如，新车的开发可能涉及许多单独的项目。虽然每个项目都是不同的，但最终都是为了将这款新车推向市场。故由一位高级负责人监管所有项目，能显著提高成功的可能性。

三、项目管理及其过程

（一）什么是项目管理

项目管理就是将知识、技能、工具与技术应用于项目活动，以满足项目的要求。项目管理是一个专业的知识范畴，项目管理学科在人类不断的社会实践中产生和发展，其需要的是专业知识和技术。

组织通过开展工作来实现各种目标。很多组织所开展的工作都可分成"项目"和"运营"两大类。这两类工作具有以下共同特征：由人来做；受制约因素（包括资源制约因素）的限制；需要规划、执行和监控；为了实现组织的目标或战略计划。

项目与运营的主要区别在于，项目（连同团队，也经常连同机会）是临时性的，有明确的终点。反之，运营是持续性的，生产重复的产品、服务或成果，维持组织的长久运转。运营不会因当前目标的实现而终止，而会根据新的指令继续支持组织的战略计划。表7-1列出了项目与运营管理工作的一些区别。

运营为项目所处的业务环境提供支持，因此，运营部门与项目团队之间通常都会发生大量互动，以便为实现项目目标而协同工作。例如，在重新设计某个产品的项目中，项目经理可能要与多名运营经理合作,共同研究消费者喜好、设计技术规格、制作与测试原型,并安排生产。项目团队需要与运营部门沟通,了解现有设备的生产能力或确定新产品投放生产线的最佳时间。

表7-1　　　　　　　　　　项目管理与运营管理的区别

类别	项目	运营
根本目的和作用	为实现独特性目的所开展的独特性任务	通过使用特定项目的成果开展周而复始的日常工作从而获得回报
结果和回收模式	结果是创新性成果	结果是通过开展周而复始的运营活动,不断获得收益并收回项目和运营的投资成本
工作性质与内容	存在较多创新性、一次性、非程序性和具有一定不确定性的工作	存在大量确定性、程序性、常规性、不断重复的工作
工作环境与方式	环境相对开放和不确定	环境相对封闭和确定
组织管理模式	基于专长的工作授权管理和基于合作的团队管理模式	基于分工的职能制管理和基于命令的直线指挥式组织管理相结合的模式

不同项目需要运营部门为之提供数量不等的资源。例如,运营部门可向项目选派全职员工,他们将与项目团队其他成员一起工作,利用其运营专业技能协助完成项目可交付成果,并进而协助完成项目。

基于项目的性质,其可交付成果可能改变或影响既有的运营工作,运营部门将把项目的可交付成果整合到未来的经营活动中。改变或影响运营工作的项目包括(但不限于):开发将投放于本组织生产线的新产品或服务;安装需长期后续支持的产品或提供需长期后续支持的服务;会对组织结构、人员配备水平或组织文化产生影响的内部项目;开发、采购或升级运营部门的信息系统。

1. 项目管理的特点。
(1) 项目管理的对象是项目或被当作项目来处理的运作。
(2) 项目管理的思想是系统管理的系统方法论。
(3) 项目管理的组织具有特殊性,通常是临时性、柔性、扁平化的组织。
(4) 项目管理的机制是项目经理负责制,强调责权利的对等。
(5) 项目管理的方式是目标管理,包括进度、费用、技术与质量。
(6) 项目管理的要点是创造和保持一种使项目顺利进行的环境。
(7) 项目管理的方法、工具和手段具有先进性与开放性。

2. 项目管理的原则。
(1) 项目经理必须关注成功的三个标准:一是准时,二是预算控制在既定的范围内，三是质量以用户满意为准则。

(2) 任何事都应当先规划再执行。

(3) 项目经理必须以自己的实际行动向项目小组成员传递一种紧迫感。

(4) 成功的项目应使用一种可以度量且被证实的项目生命周期。

(5) 所有项目目标和项目活动必须生动形象地得以交流与沟通。

(6) 采用渐进的方式逐步实现目标。

(7) 项目应得到明确的许可，并由投资方签字实施。

(8) 要想获得成功必须对项目目标进行透彻的分析。

(9) 项目经理应当权责对等。

(10) 项目投资方和用户应当主动介入，不能被动地坐享其成。

(11) 项目的实施应当采用市场运作机制。

(12) 项目经理应当是项目小组成员的最佳人选。

(二) 项目管理的过程

项目管理的过程分为启动、规划、执行、监控、收尾等子过程。

(1) 启动过程，定义并批准项目。

(2) 规划过程，定义并细化目标。

(3) 执行过程，整合人员和其他资源，完成项目目标。

(4) 监控过程，定期测量和监控项目。

(5) 收尾过程，正式接受产品、服务或工作成果。

在项目实践中，过程是相互作用的。项目管理就是将知识、技能、工具与技术应用于项目活动，以满足项目的要求。项目管理是通过合理运用与整合42个项目管理过程来实现的，可以根据其逻辑关系，把这42个过程归类成5大过程组，如图7-7所示。

1. 启动过程组。启动过程组包含获得授权、定义一个新项目或现有项目的一个新阶段以及正式开始该项目或阶段。在启动过程中需要做的工作包括定义一个项目阶段的工作与活动、决策一个项目或项目阶段的起始与否以及决定是否将一个项目或项目阶段继续进行下去等。

2. 规划过程组。规划过程组包含明确项目总范围、定义和优化目标以及为实现上述目标而制订行动方案。在规划过程中要做的工作包括拟订、编制和修订一个项目或项目阶段的工作目标、工作计划方案、资源供应计划、成本预算、计划应急措施等。

3. 执行过程组。执行过程组包含完成项目管理计划中确定的工作以实现项目目标的一组过程。在执行过程中要做的工作包括组织和协调人力资源与其他资源、组织和协调各项任务与工作、激励项目团队完成既定的工作计划、生成项目交付物等方面的工作。

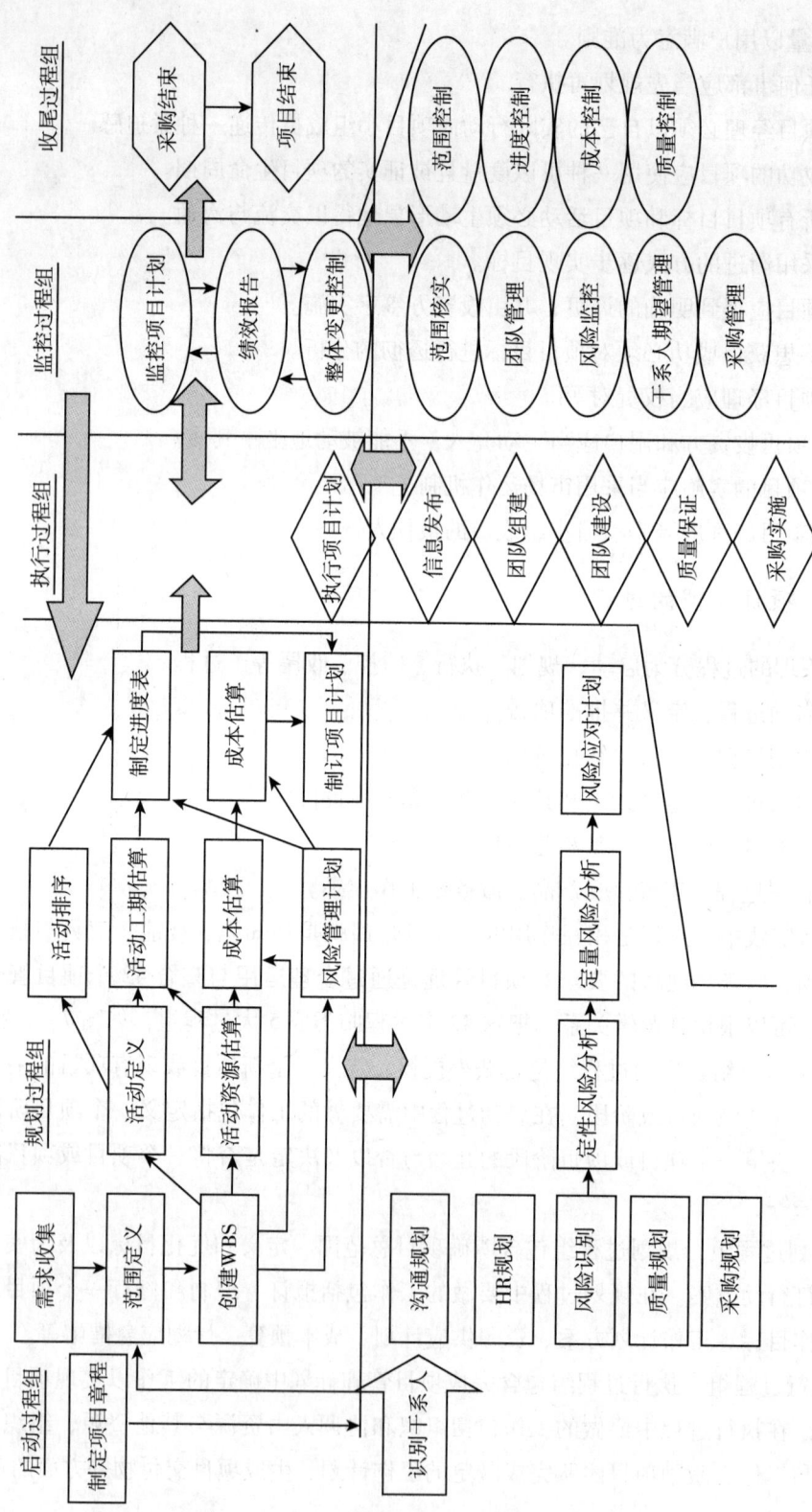

图 7-7 单项目管理的 42 个过程

4. 监控过程组。监控过程组包含跟踪、审查和调整项目进展与绩效,识别必要的计划变更并启动相应变更。在监控过程中要做的工作包括制定标准、监督和测量项目工作的实际情况、分析差异和问题、采取纠偏措施等管理工作和活动。这些都是保障项目目标得以实现、防止偏差积累而造成项目失败的管理工作与活动。

5. 收尾过程组。收尾过程组包含完结所有项目管理过程组的所有活动,以正式结束项目、项目阶段或合同责任。在收尾过程中要做的工作包括制定一个项目或项目阶段的移交与接收条件,完成项目或项目阶段成果的移交,从而使项目顺利结束。

另外,项目各过程不是相互分立、一次性的事件。在整个项目的每个过程,它们都会不同程度地相互交叠。从图7-8中可以看出,在项目执行过程中,执行所占的比例最大,需要付出的人力、物力、财力最多,关系到项目的成败,而监控则贯穿项目始终,保证执行不偏离既定目标,同时,根据内外部环境的变化,适时调整计划,保证计划的有效性。

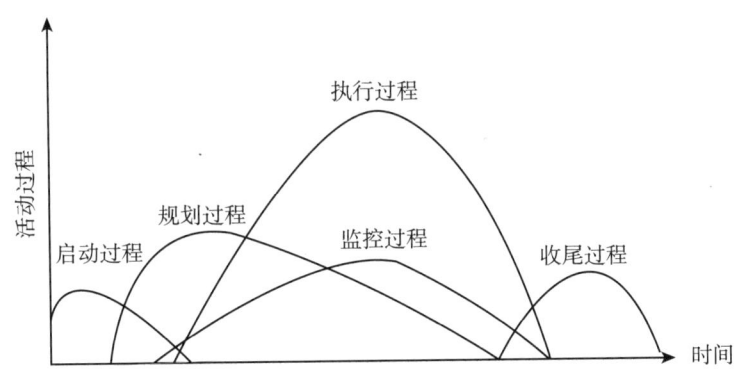

图7-8 项目管理过程的交叠

管理一个项目通常需要:识别需求;在规划和执行项目时,处理干系人的各种需要、关注和期望;平衡相互竞争的项目制约因素,包括(但不限于)如图7-9所示的内容。

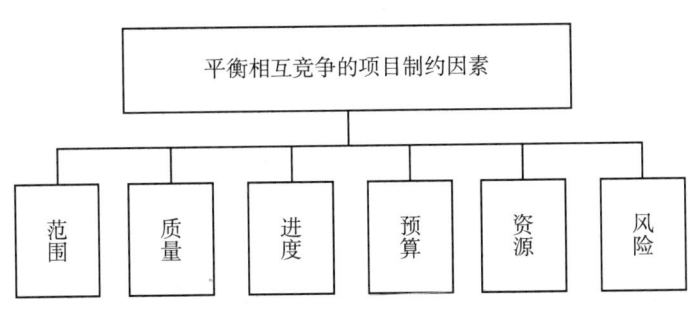

图7-9 平衡相互竞争的项目制约因素

具体的项目会有具体的制约因素,项目经理需要加以关注。

这些因素间的关系是:任何一个因素发生变化,都会影响至少一个其他因素。例如,缩短工期通常都需要提高预算,以增加额外的资源,从而在较短时间内完成同样的工作量;如果无法提高预算,则只能缩小范围或降低质量,以便在较短时间内以同样的预算交付产品。不同的项目干系人可能对哪个因素最重要有不同的看法,从而使问题更加复杂。改变项目要求可能导致额外的风险,为了取得项目成功,项目团队必须能够正确分析项目状况并平衡项目要求。

由于可能发生变更,故项目管理计划需要在整个项目生命周期中反复修正、渐进明细。渐进明细是指随着信息越来越详细和估算越来越准确,从而持续改进和细化计划。它使项目管理团队能随着项目的进展而进行更加深入的管理。

(三) 单项目管理

项目管理的过程与项目目标相关,单项目管理一般指为实现单个项目目标而实施的管理过程,项目管理是通过一系列过程来完成的,图7-10展示了单项目管理的过程。

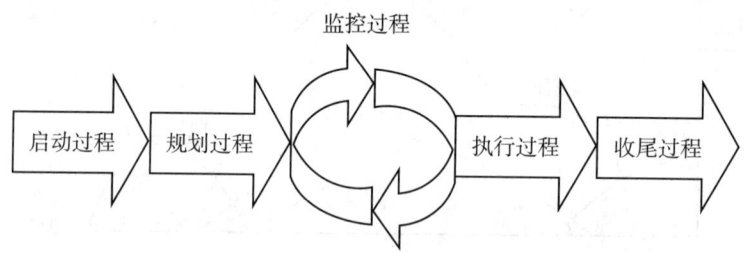

图7-10 单项目管理的过程

(四) 多项目管理

多项目管理(multi-project management)又被称为企业项目管理。组织在进行单项目管理时,采用项目管理所强调的项目组织、计划、范围、风险、沟通、成本管理等一整套的管理方法,然而在多项目管理环境中,组织仅仅依靠这些方法是不够的,原因有如下三个方面。

1. 在进行项目选择时,单项目管理只考虑单个项目的盈利性、技术可行性,而多项目管理还要求从组织整体角度出发,考虑单个项目对其他正在进行的项目的影响以及实施期间资源的可获取性。

2. 在安排项目进度计划时,单项目管理认为资源是专有的,资源不具有可调动性;在多项目管理发生资源冲突时,需要在多个项目之间合理地调动资源,降低资源冲突的程度。

3. 在进行组织内信息流动时，单项目管理不需要和其他项目交换信息、共享知识，而多项目管理中项目管理的任何流程都需要考虑各个项目之间交换各种信息的需求，并处理好各项目之间知识共享的问题。因此，如果仅仅使用单项目管理方法来管理多个项目，经常会导致需求分析不明、计划控制不力、人才缺乏、组织内部冲突等各种矛盾，不但使组织失去应有的活力，而且使项目管理本身也失去意义。

有关研究报告表明，大多数经理都认为两个或三个项目同时进行，效率会更高。而传统的项目管理是为管理单个项目设计的，面对的是特定的项目，而多项目管理是基于整个组织范围进行的目的和任务。

（五）多项目管理与单项目管理的区别

与单项目管理相比，多项目管理是一种全新的管理模式，它是站在整个组织层面上，对现行组织中所有的项目进行计划、组织、执行与控制的项目管理方式。多项目管理继承了单项目管理中的理论和方法，不同的是多项目管理把关注焦点从单个项目内部转向多个项目之间，强调了项目之间、项目与组织之间协调一致的关系。

多项目管理的核心是如何在各个项目之间合理地分配各种资源，其管理的难度和复杂性要高于单项目管理。

第二节　项目范围与时间管理

一、项目范围管理

项目范围管理，就是为项目管理确定一个界限，对项目产出物范围和项目工作范围进行分析、界定和管理的工作。项目范围管理包括确保项目做且只做成功完成项目所需的全部工作的各过程。其主要内容包括项目范围规划、项目需求分析、项目范围定义、项目范围确认、项目范围变更与控制。

项目范围是指为了实现项目成果所需要做的全部工作，既包括产出物范围，也包括项目工作范围。其中，产出物范围或称产品范围，是指项目最终需要生成或交付的产品、服务或成果的具体形态、特性与功能；项目工作范围是指为了实现具体项目所规定的形成、特性与功能的产品、服务或成果而需要完成的所有工作。两者共同构成项目范围，两者之间的区别具体如表 7-2 所示，两者在内容上的不同如图 7-11 和图 7-12 所示。

表7-2　　　　　　　　产出物范围与项目工作范围的区别

类别	作用	衡量标准
产出物范围	界定项目最终所交付的产品、服务或成果的具体形态、特性与功能	产品需求
项目工作范围	界定为实现项目可交付成果而需要完成的所有工作	项目基准与项目计划

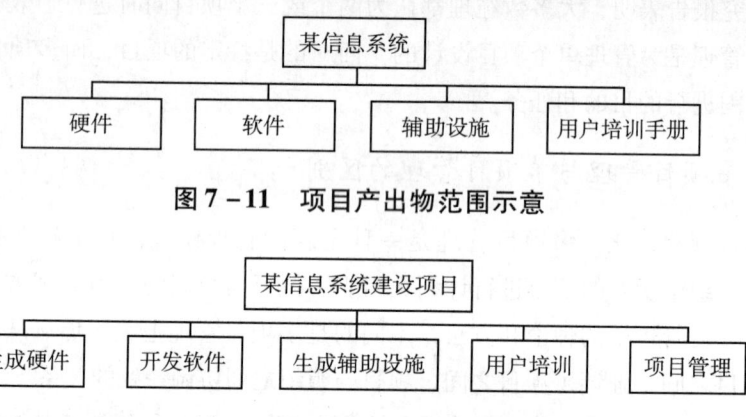

图7-11　项目产出物范围示意

图7-12　项目工作范围示意

二、项目时间管理

(一) 项目时间管理的定义

项目时间管理（project schedule management），又被称为项目工期管理和项目进度管理，作为项目管理中不可或缺的重要环节，与项目成本管理、质量管理和范围管理相互联系、相互影响、彼此制约，共同对项目能否按时、低耗、高质量地完成起着至关重要的作用。合理高效的项目时间管理，能够考虑到其他因素的管理，确保项目在受限条件下顺利完成。

(二) 项目时间管理的意义

在项目管理中，时间往往是最重要的约束条件之一，实现对时间的有效控制是使项目管理成功的关键，是保证整个项目在计划预期的时间内成功实施的重要环节。一个项目能否在预定的时间内完成，是项目最为重要的问题之一，也是进行项目管理所追求的目标之一。

良好的时间管理和控制对保证项目按照时间期限在预算内完成项目全部工作具有重要作用，有助于合理分配资源和发挥最佳工作效率，因此，也有人说项目时间管理是项目控制工作的首要内容。

(三) 项目时间管理的方法

目前,对项目时间管理的研究多集中在项目进度计划制定和项目监督,已经开发、研究了不少管理技术,包括流水作业方法、科学排序方法、网络计划方法、滚动计划方法等。从项目时间管理实践看,常用的方法有关键日期法、甘特图技术、关键路径法(critical path method,CPM)、计划评审技术(program evaluation and review technique,PERT)等四种,后来又陆续提出了新的网络技术。在实际应用中,可结合不同行业的项目特点,把握同一个行业的项目也具有唯一性和独特性,采用适当的方法做好特定项目的时间管理。

(四) 项目时间管理的主要内容

根据美国项目管理协会推出的项目管理知识体系(PMBOK)的观点,项目时间管理的主要内容及项目管理的过程或主要工作可以大致归纳为六个方面:活动分解和定义、活动排序、活动资源估计、活动历时估算、项目进度计划编制和进度控制。将项目时间管理周期大致地分为四个阶段,即编制进度计划、实施进度计划、检查与调整进度计划、分享与总结。

第三节 项目成本管理

一、项目成本管理概述

任何项目的实施都要花费一定的费用,体现在实现项目的过程中是指消耗资源和劳动,如设备、材料和人力资源。这种耗费的货币表现就是项目成本,项目的全部预算成本称为 BAC(budget at completion)。项目成本管理是指为确保项目在批准的预算内完成而进行的一系列管理活动和过程,如图 7-13 所示。这个活动包括项目资源规划、项目成本估算、项目成本预算以及项目成本控制。

项目成本管理有两个主要目标:一是对项目所需要的资源做出正确的估计和计划,以供组织进行适当地评价和安排;二是对项目实施当中资源的使用进行控制,其主要通过项目的预算过程建立计划,对实际的成本支出和计划进行偏差控制。

项目成本管理具体包括成本估算、成本预算、成本控制。在成本估算过程中有从上往下的类别估计,这样估计的结果是一个量级的估计;从下往上的预算估计,这个相对比较准确;在执行过程中,对成本进行控制,主要采用挣值分析法来进行管理和控制。

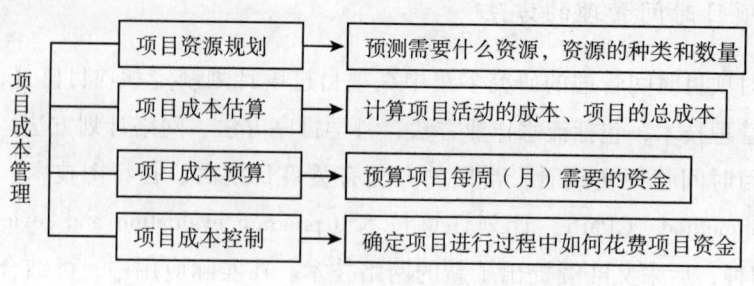

图 7-13 项目成本管理过程

二、项目总成本构成

总成本构成是由项目生产成本和期间费用两部分组成。项目生产成本是指在项目经营过程中实际消耗的直接材料、直接工资、其他直接支出和制造费用,项目生产成本构成如表 7-3 所示。

表 7-3　　　　　　　　　　　项目生产成本构成

名称	内　容
直接材料	原材料、辅助材料、设备配件、外购半成品、燃料、动力、包装、低值易耗品
直接工资	生产人员的工资、奖金、津贴和补贴
其他直接支出	生产人员的职工福利费
制造费用	各项目生产单位为组织和管理项目生产所发生的各项费用。如管理人员工资、职工福利费、折旧费、维简费、修理费、物料消耗费、低值易耗品摊销、劳动保护费、水电费、办公费、差旅费、运输费、保险费、租赁费、设计制图费、试验检验费、环境保护费等

期间费用是指在一定会计期间发生的、与项目生产经营没有直接关系或关系不密切的管理费用、财务费用和销售费用。期间费用构成如表 7-4 所示。

表 7-4　　　　　　　　　　　项目期间费用构成

名称	内　容
管理费用	企业行政管理部门产生费用、总部管理人员工资、职工福利费、差旅费、办公费、折旧费、修理费、物料消耗、低值易耗品摊销、工会经费、职工教育经费、劳动保险费、咨询费、顾问费、交际应酬费、税金、土地使用费

续表

名称	内容
财务费用	筹集资金发生的费用、利息净支出、汇兑净损失、调剂外汇手续费
销售费用	销售项目或投标项目等过程中发生的各项费用以及专设销售机构的各项费用

从上述内容看，项目成本的主要内容与企业生产成本内容区别不大，只是项目成本的计算对象是项目，所有的成本费用都向项目归集和分配。

三、项目成本控制

项目成本控制是使项目的实际成本控制在计划和预算范围内的一项活动。根据项目实际发生的成本情况，不断修正原先的成本估算，并对项目的最终成本进行预测。项目成本控制涉及事前、事中、事后控制。对可能引起项目成本变化因素的控制（事前控制）、项目实施过程中的成本控制（事中控制）和当项目成本变动实际发生时对项目成本变化的控制（事后控制）。

有效地控制项目成本的关键是及时分析项目成本管理的实际绩效，尽早发现项目成本中出现的偏差和问题，以便能够及时采取纠正措施，减少损失。一旦项目成本失控，则很难挽回。项目成本问题的提出越早，对项目范围和项目进度的冲击越小。否则，要想把成本控制在预算内，其方法不是缩小项目范围，就是推迟项目工期或者降低项目质量。

项目成本控制的主要依据是项目的成本管理绩效报告、项目的变动请求和项目成本管理计划。

项目的成本管理绩效报告是项目成本管理与控制的实际绩效评价报告，反映了项目预算的实际执行情况。它主要包括哪个阶段或哪项工作的成本没有超预算、哪些超了，问题和原因是什么。绩效报告通常要给出项目成本预算数额、实际执行数额和差异数额。差异数额是评价、考核项目成本管理绩效好坏的重要标志，是项目全过程成本控制的主要依据之一。

项目的变动请求是一种通过口头或书面方式提出的有关更改项目工作内容和成本的请求，可以是项目业主/客户提出的，也可以是项目实施者或其他方提出的，任何变动都必须经过业主/客户同意。

项目成本管理计划是如何管理好项目成本变动的说明书，是项目计划管理文件的一个组成部分，多数是项目成本事前控制计划安排的，对项目成本控制工作有指导意义。

四、挣值分析法

挣值分析法是项目成本控制中经常使用的一种技术性分析方法,用来衡量目标实施与目标计划之间的差异,又称成本偏差分析法。通过测量和计算已完成工作预算成本、已完成工作实际成本以及计划工作的预算成本,进而得到相关计划实施的进度和成本偏差,从而判断项目预算和进度执行情况。挣值分析法主要通过对计划值、挣值和实际成本的分析比较,对项目的成本、进度状态进行监督。挣值分析法也是项目成本管理和项目时间(进度)管理两要素结合管理的有效方法。

(一) 挣值法的三个参数

1. 计划工作量的预算费用 BCWS (budget cost for work schedule, 也称 planned value, PV): 某个阶段计划要求完成的工作量所需的预算工时或费用,反映进度计划应该完成的工作量。PV = 计划工作量 × 预算定额。

2. 已经完成工作量的实际费用 ACWP (actual cost for work performed, 也称 actual cost, AC): 某阶段实际完成的工作量所消耗的工时或费用,反映项目执行实际消耗的指标。

3. 已完成工作量的预算成本 BCWP (budget cost for work performed, 也称 earned value, EV): 某个阶段实际完成工作量按预算定额计算出来的工时或费用。EV = 已完成工作量 × 预算定额。

挣值分析法从上述三个基本值计算出两个差异指标和两个绩效指标。

(二) 挣值法的四个重要指标

1. 费用偏差 CV (cost variance): 是检查期间 EV 与 AC 之间的差异。即:

$$CV = EV - AC \text{ 或 } CV = BCWP - ACWP \tag{7-1}$$

当 CV 为负,表示执行效果不佳,实际消耗超过预算,即超支。

当 CV 为正,表示消耗低于预算,有节余或效率高。

2. 进度偏差 SV (schedule variance): 是检查期间 EV 与 PV 之间的差异。即:

$$SV = EV - PV \text{ 或 } SV = BCWP - BCWS \tag{7-2}$$

当 SV 为负时,表示进度延误。

当 SV 为正时,表示进度提前。

当 SV 为零时,表示实际进度与计划进度一致。

3. 进度绩效指标 CPI (cost performance index): 是挣值与计划成本的比值,用于估算完工工作的预计时间,即:

$$CPI = EV/PV \text{ 或 } CPI = BCWP/BCWS \tag{7-3}$$

当 $CPI = 1$ 时，项目进度与计划进度一致。

当 $CPI < 1$ 时，项目实际进度落后计划进度，项目延迟。

当 $CV > 1$ 时，项目实际进度先于计划进度，项目可能会提前完成。

4. 成本绩效指数（schedule performance index）：是挣值与实际成本的比值，用于估算完成工作的预计成本，即：

$$SPI = EV/AC \text{ 或 } SPI = BCWP/ACWP \tag{7-4}$$

当 $SPI = 1$ 时，预算成本与实际成本相等。

当 $SPI < 1$ 时，已完成工作的实际成本超出预算成本，项目超支。

当 $SPI > 1$ 时，已完成工作的实际成本低于预算成本，项目实际成本在预算范围内。

【例7-1】某项目计划工期为4年，预算总成本为800万元。在项目的实施过程中，通过对成本的核算和有关成本与进度的记录得知，在开工后第二年年末的实际情况是：开工后第二年年末的实际成本发生额为200万元，所完成工作的计划预算成本额为100万元。与项目预算成本比较可知：当工期过半时，项目的计划成本发生额应该为400万元。试分析项目的成本执行情况和计划完工情况。

由已知条件可知：PV = 400 万元，AC = 200 万元，EV = 100 万元。则有：

CV = EV − AC = 100 − 200 = −100　成本超支100万元

SV = EV − PV = 100 − 400 = −300　进度落后300万元

SPI = EV/PV = 100/400 = 25%，两年只完成了两年工期的25%，相当于只完成了总任务的1/4。

CPI = EV/AC = 100/200 = 50%，完成同样工作量的实际发生成本是预算成本的2倍。

> **财眼看问题 7-3**
>
> 　　项目管理中，很多情况下，既要赶进度，又要控制成本。怎么把这两者协调好，挣值管理是一个不错的可用办法。

参考文献

[1] 陆雄文：《管理学大辞典》，上海辞书出版社2013年版。

[2] 左小德：《项目管理理论与实务》，机械工业出版社2017年版。

[3] 陈关聚：《项目管理》，中国人民大学出版社2011年版。

第八章

质量管理

当今时代,全球产业竞争格局正处在重大调整时期。嵌入式系统、移动互联网、人工智能、大数据等极具潜力的新技术不断发展与突破,与制造业深度融合,新一轮产业变革一触即发,各国纷纷加快谋划和布局,积极参与全球产业再分工,"工业互联网""英国制造2050""中国制造2025""工业4.0"等战略先后被提出并得到实施,一场世界范围内的产业革命大幕正徐徐揭开。

在该过程中,除了需要将新的理念落地之外,还有很多问题需要进一步思考。例如,中国制造2025的提出,对质量管理提出了新的要求,由于其并非纯粹的技术问题,企业是否还应该思考如何推进精益生产、实施精益管理?再如,当今六西格玛管理已从世界500强跨国公司走进了普通企业乃至中小企业,从电子、机械、化工等制造业走向了银行、保险、航空等服务业,那么,其管理模式又如何在企业落地生根呢?毫无疑问,这给质量管理的推进带来机遇的同时也提出了新的挑战。

延伸阅读8-1

扫描右侧二维码可了解工业4.0、中国制造2025等资料。

第一节 质量管理体系

一、质量管理体系定义

质量管理体系(quality management system,QMS)是指在组织中确定方针、目标和责任,并通过体系中的策划、控制、监视和改进来实现质量管理的全部活动。质量管理体系是组织若干体系的其中之一,它是在质量方面指挥和控制组织的管理体系,是为保证产品、过程或服务质量满足规定的或潜在的要求,由组织机构、职责、程序、活动、能力和资源等要素构成的有机整体。质量管理体系是质量保证的基础，也是整个企业管理体系的主体和核心。每个企业都应依据其实际情况和客观需求，选用相关的质量管理体系要素，策划本企业质量管理体系。

二、质量管理体系标准

（一）ISO9000 族标准概念

ISO9000 族标准是 ISO 在 1994 年提出的概念，是指由 ISO/TC176 制定的所有国际标准。ISO9000 族标准并不是指一个标准，而是关于质量管理的术语、指南和质量体系要求的一系列标准。它可以帮助组织建立、实施并有效运行质量管理体系，是质量管理体系通用的要求和指南。

（二）ISO9000 族标准的产生和发展

20 世纪 50 年代，基于军需产品的质量控制，质量管理应运而生。美国最先发布了 MIL-Q-9858A《质量大纲要求》，指出在实现合同要求的所有领域和过程中充分保证质量，这是最早被众人所熟知的质量保证方面的标准。20 世纪 70 年代，美国标准化协会发布了一系列工业生产方面的质量保证标准，并取得了一定成效，这引起了各工业发达国家的关注，纷纷制定本国的质量保证标准，并且将军品生产质量保证的成功做法拓展到了工业生产领域。

但各国不一致的质量管理体系及其审核标准，导致国际合作间存在障碍，所以国际标准化组织（ISO）决定由 ISO/TC176 委员会制定一套质量管理和质量保证的国际标准。经过各国质量管理专家的多年努力，ISO/TC176/SC1 于 1986 年 6 月正式发布 ISO8402：1986《质量——术语》标准，ISO/TC176/SC2 于 1987 年 3 月正式发布了 ISO9000-9004 总标题为"质量管理和质量保证"的系列标准。

1987 年版的 ISO9000 系列标准发布之后，于 1994 年、2000 年、2005 年、2008 年、2015 年进行了数次修订。2015 年 9 月 15 日 ISO9000：2015 和 ISO9001：2015 两个标准正式向全球公开发布。

目前，ISO9000 族的核心标准基本确定，它的核心内容包括如下方面。

(1) ISO9000：2015《质量管理体系——基础和术语》；

(2) ISO9001：2015《质量管理体系——要求》；

(3) ISO9004：2018《追求组织的持续成功——质量管理方法》。

其中，ISO9001：2015 是唯一的认证标准，是建立、评审、审核质量管理体系的依据。

（三）我国质量管理体系标准的产生和发展

我国的质量管理工作起步不算晚，但与发达国家相比发展却较慢，直到20世纪80年代后期才有所进步，而国内的质量管理标准的演进基本上与国际同步。原国家标准管理部门为了加快推进我国质量管理的步伐，适应企业加强质量管理、提高产品质量的要求，于1988年组织人员等效采用ISO9000系列标准，经批准后于当年12月10日发布国标GB/T10300质量管理和质量保证系列标准，并于1989年组织116个企业试点贯彻实施。为了使我国质量管理和质量保证工作更好地与国际接轨，经国家标准化管理部门研究，又决定将等效采用ISO9000系列标准改为等同采用，并于1992年10月13日发布了国标GB/T19000－1992－ISO9000：1987质量管理和质量保证系列标准。随着国际标准化组织质量管理标准的不断更新，我国1994年版、2000年版和2008年版ISO9000族标准的相应国家标准也相应开始发布并实施。

2016年12月30日，中华人民共和国国家质量监督检验检疫总局和中国国家标准化管理委员会①发布了GB/T19000－2016《质量管理体系——基础和术语》、GB/T19001－2016《质量管理体系——要求》两个标准，并于2017年7月1日开始实施。这两个标准使用翻译法等同采用ISO9000：2015《质量管理体系——基础和术语》和ISO9001：2015《质量管理体系——要求》（英文版），代替了GB/T19000－2008和GB/T19001－2008两个标准。

延伸阅读8－2

扫描右侧二维码可详细了解ISO及ISO/TC176。

延伸阅读8－3

扫描右侧二维码可详细了解ISO9000族的修订情况。

三、质量管理体系的建立以及运行

建立、完善质量管理体系一般要经历质量管理体系策划与设计、质量管理体系文件编制、质量管理体系试运行、质量管理体系评价以及质量管理体系持续改进五个阶段，每个阶段又可分为若干具体步骤。具体的工作程序和做法如下。

---

① 中国国家标准化管理委员会官方网站（http://www.sac.gov.cn/）。

(一) 质量管理体系策划和设计阶段

策划和设计阶段的工作目的是为质量管理体系标准的建立做准备，主要工作内容包括成立专门工作组、企业现状调查并提出报告、对企业体系结构和文件结构进行研究并予以确定，编制工作计划。

1. 培训教育。在该阶段需要对此标准进行全员培训，重点培训 ISO9001：2015 标准和 ISO9001：2015 标准质量管理七项基本原则。另外，抽调熟知业务、写作能力较强的 2~3 人参加 ISO9001：2015 质量管理体系文件编写的培训。

2. 成立工作组。工作组的任务是负责从策划开始直至通过认证全过程中的有关质量管理体系标准的建立、实施、组织协调和体系文件编写等工作。

3. 企业现状调查及提交报告。工作组首先要对企业现状进行实地调研，通过分析并与标准对照找出差距，最后提出调研报告。

4. 研究并确定企业体系结构和体系文件结构。

5. 编制工作计划。工作组负责编制完整的工作计划，在计划中明确工作内容、负责人（或部门）、协办人（或部门）、完成方式及进度安排。

(二) 质量管理体系文件编制阶段

这个阶段是建立并实施 ISO9001：2015 质量管理体系标准五个阶段中的核心工作，该阶段工作完成的好与坏，将影响整个工作质量。其编写原则是：符合标准要求和我国法律法规有关规定，结合企业实际，怎么写就怎么做、怎么做就怎么记，要做到系统性、协调性、科学性、可操作性、可测量性。具体如下。

1. 质量方针和质量目标。质量方针一般都用简练的几句话表述，要与企业的宗旨一致。它是制定质量目标的框架，要符合国家政策和法规规定，要体现顾客的要求和期望，具有前瞻性；要体现持续改进的承诺，对已确定的质量方针应做适当的说明或解释。

质量目标要与质量方针保持一致，是依据企业的实际情况，能够实现的服务承诺，应涵盖企业主要服务范围；要有能体现为顾客服务和使顾客满意的程度指标；要量化叙述，便于操作和考核。

2. 质量手册的编写，依据 GB/T19001-2015 idt ISO9001：2015 标准，结合企业实际进行编写。手册中要阐述企业的质量方针和质量目标，说明质量手册是企业质量管理的法规性文件，并且根据运行情况可以进行修改，手册中要规定企业各部门的服务标准和服务过程标准，要求全体员工必须遵照执行，确保服务满足顾客的要求。

主要包括如下内容。封面：标明文件名称、编号、版次、企业名称、发布日期、实施日期及分发号、编制人、审核人及批准人的签字/日期。发布令：说明发布的目的、发布日期、批准人及批准日期。任命书：对企业管理者代表的任命，并列出其职责、批准人、批准日期。企业简介：介绍企业的性质、经营内容、资源情况、发展意向、通信方式。目次：列出章节名称及页码。修改记录：以表格形式列明，项目有修改页次、修改状态、修改人/日期、审核人和批准人/日期。

3. 程序文件的编写。程序文件是在质量管理体系运行中，为完成某一过程或活动所规定的书面途径。其内容如下。封面：标明文件名称、文件编号、文件版次、发布时间、实施时间、企业名称、编制人/日期、审核人/日期、批准人/日期。目次：列出章节名称及页码。修改记录：列表中的项目有修改页码、修改内容、修改与批准人、日期。目的和范围：说明本程序的目的和适用范围。职责：明确实施本程序的责任部门/人、配合部门/人以及分工。工作程序：按活动流程的顺序写明如下各项，即活动详细内容、输入与输出内容、对资源的要求、接口处理措施、控制目的和方法、所需记录名称、编号、保存期限。相关文件：与程序或活动有关的其他文件、规定或技术标准的名称与编号。记录：有关记录名称与编号。

在标准有要求的情况下，程序必须形成文件。如下六种程序文件是强制要求的：文件控制程序、质量记录控制程序、内部审核程序、不合格的控制程序、纠正措施程序和预防措施程序，形成文件的程序要满足标准要求的内容。

4. 作业文件的编写。作业文件也可称为服务规程或操作规程，属于质量管理体系文件中的第三层次文件。它是企业为确保作业过程有效运行和得到控制所要求的文件，是程序文件在具体细节和控制方面的补充，是质量管理体系有效运行的基本依据，所以也是企业法规的一部分。

作业文件要按企业职能分工，分别由相关部门编写，其格式在标准中未做规定，可根据企业的实际情况自行确定。作业文件是程序文件的补充，因此，要与程序文件保持一致，对具体活动要尽量细化。

5. 质量记录。质量记录是提供质量管理体系符合要求和有效运行的证据，按标准要求编制《质量记录管理程序》，用以规定记录并标识储存、保护、检索、保存期限和处置等内容。《质量记录管理程序》内容包括目的、适用范围职责、程序内容（编制、编号填写要求、标识、收集、编目、整理、查阅与保存期限）、质量记录清单和质量记录登记、销毁清单等。

6. 其他相关的文件。这是指与质量管理体系运行有关的企业内部规章制度、国家有关的法律法规，所有这些都要列出清单并编号标识与保存。

财眼看问题 8-1

ISO 质量管理体系文件是评价质量管理体系的重要依据,是作为满足顾客合同要求的证实性文件,它能够给企业带来信誉、带来市场,能够为企业创造巨大的经济效益和社会效益。它是质量管理体系的信息及其承载媒体,是质量管理体系的重要构成要素,也是整个质量管理体系认证和年度审核过程中的重要评审要素,文件的形成及其管理状态将直接影响企业质量管理体系乃至质量管理的成败。

(三)质量管理体系试运行阶段

质量管理体系文件编写完毕,经管理者代表审核、总经理批准后,标志着体系前期准备工作的结束,开始进入质量管理体系试运行阶段。其目的是通过运行检验质量管理体系文件的适用性、有效性,并对暴露出的问题,采取改进措施以进一步完善质量管理体系文件。在质量管理体系运行过程中,要重点抓好以下三个方面的工作。

1. 宣传贯彻质量管理体系文件。根据质量管理体系文件的不同内容应进行不同范围的宣传贯彻,不同的程序文件应在和其程序有关的人员范围内进行宣传贯彻。应使每个员工了解和自己有关的文件,知道自己应做什么、什么时间做以及如何做等,了解自己在整个质量管理体系运行中的作用和地位,了解质量管理体系在整个组织内是如何运作的。

2. 对全体员工进行培训。除了本职工作要求的技术培训外,应进行质量管理体系有关知识的培训,使每个员工了解如何才能保持质量管理体系的有效运行,并提出改进的方法。

3. 加强信息管理。在体系运行过程中必然会出现一些问题,全体员工应将实践中发现的问题和改进意见及时反映到有关部门,以采取纠正和预防措施,使质量管理体系逐步完善、健全。做好质量信息的收集、分析、传递、反馈、处理和归档工作是体系运行的需要,也是体系运行成功的关键。

(四)质量管理体系评价阶段

质量管理体系评价的目的在于判定质量方针和质量目标是否可行、质量管理体系文件是否覆盖了所有主要质量活动、组织结构能否满足质量管理体系运行的需要、质量管理体系要求的选择是否合理、规定的记录是否起到了见证作用以及所有员工是否养成了按质量管理体系文件的规定操作或工作的习惯。一般通过以下三种类型进行评价。

1. 内部审核。内部审核由企业内部经过培训并取得内审资格证书的人员担任,一般每年有两次质量管理体系内部审核工作。内部审核准备工作包括编制内部审核实施计划；编制内部审核检查表；准备有关记录表格。内部审核实施内容包括：召开内审首次会议；进行现场审核；确定不合格项目并编写不合格报告；汇总分析列出不合格项分布表；召开末次会议，内审组长宣布内审结果并做分析评价，对不合格项的纠正措施提出要求；编写内部审核报告；内部审核资料汇编。

2. 管理评审。管理评审是标准所要求的，目的是通过评审验证质量管理体系的适宜性、充分性和有效性，是完善和改进质量管理体系的重要手段。管理评审内容包括：质量管理体系对内外环境的充分性和适宜性；质量管理体系实施效果的评价与分析；质量管理体系是否有利于质量方针和目标的实现；企业的机构所涉及的人员职责是否明确，与体系运行是否相符；纠正和预防措施效果的评价；顾客在履行合同中反映及投诉的处理情况；通过现场评价找出管理薄弱环节。管理评审活动一般以会议形式进行，评审活动结束要写出评审报告，汇编管理评审资料。

3. 自我评价。自我评价的输出能够显示组织的优势、劣势和成熟度等级。如果重复进行，则能显示组织在这段时间内的进展状况。

自我评定在目的、做法上与内部审核、管理评审都有所不同，管理评审是对体系所作的适应性检查，答案是适应（或基本适应）或是不适应；内部审核是对体系和过程的符合性检查，答案是符合（或基本符合）或是不符合；而自我评价是对体系成熟水平的检查，答案往往是多少分，属于哪一级成熟水平。前两者是认证/注册常用的判断方法，而后者则是评定质量奖的常用方法。

（五）质量管理体系持续改进阶段

持续改进是组织永恒的目标。组织全面实施 ISO9000 标准建立质量管理体系，在运行过程中，应利用质量方针、质量目标、审核结果、数据分析、纠正和预防以及管理评审，持续改进质量管理体系的有效性。

1. 进行持续改进的步骤。质量管理体系的持续改进可归纳为七个步骤：分析和评价现状，以识别改进区域；确定改进目标；寻找可能的解决办法，以实现这些目标；评价这些解决办法并作出选择；实施选定的解决办法；测量、验证、分析和评价实施的结果以确定这些目标已经实现；正式采纳改进方案，并确定下一步改进的机会，以实现持续改进。

2. PDCA 方法在质量管理体系改进中的应用。PDCA 循环是指 P［计划（plan）］、D［实施（do）］、C［检查（check）］、A［总结处理（action）］四部分，每一个 PDCA 循环既是起点又是终点，在前一个 PDCA 循环完成之后，后面的 PDCA 循环将在更高一级的基础上进行，同时对所有过程进行监控，确保改进的有效性。PDCA 循环是一种非常科学的管理方法，不仅可以根据外界顾客需求的变化，还可以根据内部生产经营所反映出来的问题对公司质量管理体系的运行情况进行修复。从客户需求出发到顾客使用产品，最终实现顾客满意，这个过程中的一系列活动都会逐步优化。

在生产经营管理和与顾客沟通的过程中，时常会有目标（即计划）与现状发生偏离的情况，如果出现偏离，PDCA 循环是解决问题的重要方法之一，它分为四个阶段，如表 8-1 所示。

表 8-1　　　　　　　　　　PDCA 循环解决问题四阶段

阶段	步骤
计划（plan）	What（改善什么） Why（为什么改善） How（如何改善） Who（确定相关负责人） Where（在什么场所） When（确定时间）
执行（do）	根据现状具体问题具体分析，实施计划中的改善措施
检查（check）	随时跟踪改善措施执行效果，并加以验证
行动（action）	取得良好效果的改善措施通过规范流程、加强培训等方式实现标准化 对于取得效果不太满意的改善措施可以持续改进，进入下一个 PDCA 循环

质量管理体系的改进过程是一种科学的循环改进过程，根据 PDCA 循环理论思想，以过程为基础，进行输入、内部循环和输出三个流程步骤，输入是以顾客的需求为目标，通过组织的科学资源配置进行内部循环，经过管理职责的明晰、资源管理的细化、测量分析改进的完善以及产品的最终实现四个重点改进过程，循环递进，最终输出的是顾客的满意，同时，起到了改善经营的良好效果，整个改进过程体现出质量管理体系的持续改进原则，确保了质量管理体系的持续有效运行。质量管理体系持续改进过程如图 8-1 所示。

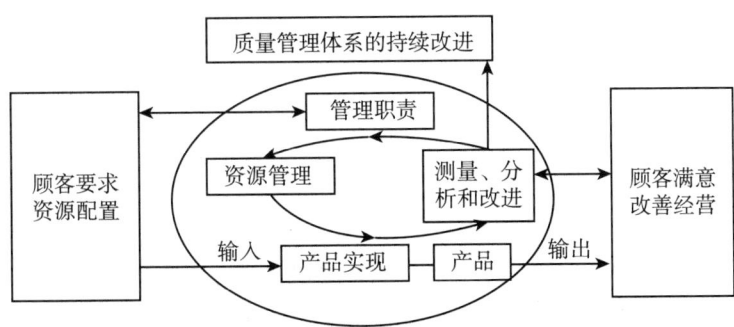

图 8-1　质量管理体系运行持续改进

延伸阅读 8-4

扫描右侧二维码可深入了解质量管理体系认证的内容。

延伸阅读 8-5

扫描右侧二维码可了解质量管理体系的相关应用案例。

第二节 全面质量管理

一、全面质量管理

(一) 全面质量管理的概念

全面质量管理即全员质量管理、全过程质量管理、全方位质量管理、多种多样的质量管理方法或工具,可概括为"三全一多样"。

1. 全员质量管理。全员质量管理的含义就是企业中每个员工都要参与到质量管理活动中去。企业中每个员工,上至执行总裁,下至生产线作业工人,都处于不同的质量环中,每个人的工作都会影响产品或服务质量。此外,作为企业最高领导者应对质量管理做出承诺,确定质量方针和目标,营造全员重视质量管理的环境。

2. 全过程质量管理。全过程质量管理的含义就是要把质量管理贯彻到产品全生命周期内。即从顾客需求调查、产品设计、物料获取到产品加工、配送分销、售后服务、最终处置的全生产周期内都注重质量管理,"产品是设计和生产出来的,而不是检验出来的",只有坚持这种质量观,才能实现从事后检验到事前控制的转变。

3. 全方位质量管理。全方位质量管理的含义就是各个职能部门要密切配合,按其职能划分,承担相应的质量责任。如果全过程质量管理是从纵向角度强调各个环节在质量形成过程中所起的作用,那么,全方位质量管理就是从横向角度强调各个职能单位对质量管理应承担的相应责任,如对管理职责、资源管理、产品实现、测量分析和改进提出明确要求。为做好全方位质量管理,必须建立贯穿整个企业的质量管理体系,并保证其有效运行。

4. 多种多样的质量管理方法或工具。影响质量的因素可归结为 5M1E(Man - 人,Machine - 机器,Material - 材料,Method - 方法,Measurement - 测量,Environment - 环境),这些因素又可分为偶然性因素和必然性因素两大类。偶然性因素的出现没有规律,对产品质量造成的影响较小;必然性因素则相反,其出现有一定的规律性,一旦发生,将造成严重的质量问题。显然,质量管理的重点应该放在发现、分析和控制必然性因素上,为此,就需要专门的工具或方法。此外,对于企业而言,如何在实践中利用质量方法或工具对企业进行优化管理,是一大重点。在本节的后半部分,将详细介绍精益管理与六西格玛管理工具的应用,帮助企业管理者更好地施行全面质量管理方法。

(二) 全面质量管理的管理理念

管理理念是基于对质量形成客观规律的认识,从实践中提炼出的一些质量管理成功的关键要素,也是在实施全面质量管理过程中需要遵循的基本原则。

1. 以顾客为关注焦点,为顾客和相关方创造价值。不忘初心,提供让顾客满意的产品和服务,是质量管理的直接出发点和归宿;与此同时,要关注员工、合作伙伴等其他所有相关方的利益及组织的综合绩效,以获得长期可持续发展。

2. 重视过程与系统方法。质量不是一蹴而就的,要协调管理各种因素,依靠过程的质量保证结果的质量,因此,必须对这些过程进行系统策划、协调的实施和整体的改进,建立体系是有效实施全面质量管理的基本方法。

3. 领导作用和全员参与。质量的影响因素很多,其中人是最有潜力、最具能动作用的。TQM 强调个人的尊严和共同行动的力量,是以人为本的系统力量。最高管理者要有长远眼光,为组织创设高质量的工作环境;全体员工要具备良好的质量意识,各司其职保证质量,并积极参与改进和创新。

4. 以数据和事实为基础进行决策。在制定目标、诊断问题、决策改进等各环节都要以充分的事实和数据分析为基础,避免盲目和失误。各种质量工具方法可以为数据收集分析提供帮助,并提高决策的科学性。

5. 持续改进,不断创新。不断改进完善有关过程,并为产品、服务及各相关过程制定新的目标。因为只有持续改进,才能不断提高质量水平,满足顾客和市场不断提高的要求;只有创新,才能实现领先和卓越,满足顾客和市场潜在的需求,促进社会繁荣进步,学习和适应不断的变化,是组织成功的关键所在。

(三) 全面质量管理代表人物及其主要思想

表 8-2 介绍了全面质量管理方面的代表人物及其主要思想。

表 8-2　　　　　　　　　全面质量管理代表人物及其主要思想

代表人物	智慧核心	主要思想
A. 休哈特 (1891~1967 年)	控制图	20 世纪 20 年代,休哈特成功地将统计学、工程学和经济学结合起来,开创了统计控制这一全新的领域。此外,休哈特阐述了质量控制的基本原理,为现代意义上的质量管理奠定了坚实的理论基础

续表

代表人物	智慧核心	主要思想
E. 戴明 （1900~1993年）	戴明14点、PCDA循环	戴明因对世界质量管理发展做出的卓越贡献而享誉全球，以戴明命名的"戴明品质奖"，至今仍是日本品质管理的最高荣誉。他认为，"质量是一种以最经济的手段，制造出市场上最有用的产品。一旦改进了产品质量，生产率就会自动提高。"
M. 朱兰 （1904~2008年）	管理就是不断改进工作	朱兰最早提出质量即"适用性"的概念，强调了顾客导向的重要性。朱兰的质量管理理论基础是"朱兰三部曲"，即质量管理活动是由质量策划、质量控制和质量改进组成的逻辑循环。此外，朱兰博士还提出了质量螺旋（quality loop）与80/20原则
V. 费根堡姆 （1936~2014年）	全面质量控制	费根堡姆指出全面质量管理是为了能够在最经济的水平上，并充分考虑满足用户要求的条件下进行的市场研究、设计、生产和服务活动，是一种把企业内各部门的研制质量、维持质量和提高质量的活动融为一体的有效体系
石川馨 （1939~1989年）	石川图	石川馨指出要实现全面质量管理必须进行以下思想革命：坚持质量第一而非短期利益第一；消费者导向；下一道工序就是顾客；用数据和事实说话；尊重员工以及让员工参与管理；跨职能管理等。石川馨创立了日本的QC小组活动，在世界范围内得到广泛推广
刘源张 （1925~2014年）	理论联系实际	刘源张1977年起在全国大力推广全面质量管理，点燃了中国QC小组的星火且其多年致力于质量管理标准的制定、鉴定和推行。刘源张认为，质量管理的本质在于理论联系实际，特别注重将西方管理理论和中国企业实际相连，为推动中国质量管理做出了突出贡献

二、全面质量管理工具

本部分主要介绍精益管理与六西格玛管理两种全面质量管理工具。

（一）精益管理

1. 精益管理的概念。精益管理源于日本丰田生产方式（toyota production system，TPS），也被称为精益生产（lean production），它是继福特大批量流水线生产方式之后诞生的新生产方式。它是以科学的思想方法和先进的思维方式，通过全员参与，不断发现并消除运营过程中的浪费,以客户的需求为拉动,持续改善、优化流程、提高效率、预防差错的一种先进的运营管理模式。它提出的准时化(just in time,JIT)和自动化等管理思想改变了日本企业的经营方式,极大地促进了日本制造业的飞速发展,被称为"改变世界的机器"。

精益管理是企业最主要的降低浪费的管理形式,可以通过做出最合理的判断与计划,避免盲目投入生产要素,根据市场需求份额在相应时间内生产相应数量的产品。其本质是消除不必要的资料使用,此资料包括人员、生产资料、资金等所有能够运用到企业生产发展活动中的一切对企业有价值影响的物质。

2. 精益管理的五大原则。

(1)价值。精益思想认为,价值是由客户定义的,客户认可的价值才是真正的价值。用一个公式来理解:利润=客户满意并认可的价值-投入的资源成本。

(2)价值流。价值流是指企业经营过程中包含设计流、信息流和物流的一组特定的活动。该组活动中必然包含增值的活动和不增值的活动,识别价值流是要甄别价值流中增值的活动和不增值的活动,消除不增值的且不必要的活动。

(3)价值流动。流动产生美,创造价值的物流、信息流等要高效地流动起来,即以单件流的形式连续流动起来,才能形成高增值率的流程。

(4)需求拉动。用客户的需求拉动企业的经营行为,可以高效地创造客户认可的价值,创造价值的同时就实现了告知价值,并且得到客户的认可。企业内部流程也要建立需求拉动的机制,即流程中上游环节要以下一个节点的需求为拉动,这样就可以建立高效的流程。

(5)尽善尽美。精益管理是一个长期的、螺旋上升的过程,是长期的变革历程,需要企业各个系统、各个环节多方面的改革。经过反复定义价值,识别价值流,持续改进,不断消除流程中的浪费,通过价值流动和拉动,使企业的经营活动不断趋于完美。

3. 浪费的识别。

(1)什么是浪费。精益与浪费是直接对立的。"浪费"在日文中称为Muda,在生产经营活动中对最终产品及顾客没有意义的行为就是浪费。也就是说,凡是超出增加产品价值所必需的最少的物料、机器、人力资源、场地、时间等各种资源的部分,都是浪费。浪费包括很多类型,如:库存、不必要的工序、不必要的运输、超过需求的生产、人员的不必要动作和各种等待等,所有这些在日常活动中很少为人们所注意但却大量存在的浪费,它们不仅不能为企业创造价值,还占用了资源,增加了成本,它们是精益生产所致力消除的。

在非增值活动中,浪费又可以分为Ⅰ型浪费(Ⅰ型Muda)和Ⅱ型浪费(Ⅱ型Muda)。Ⅰ型 Muda 是指生产中不创造价值,但在现有技术与生产条件下不可避免的作业内容。如必要的在线检验、物料运输等;Ⅱ型 Muda 是指不创造价值且应立即去掉的作业内容。如不必要的等待、多余的动作、不必要的审批等。在精益管理中,首先要努力消除Ⅱ型 Muda,降低成本,改善价值流的流动性。通过连续流动,进一步消灭Ⅰ型 Muda,优化流程。并且随着价值流流动性的改善,会暴露出更多的浪费和改善机会。因此,消除浪费是一个追求尽善尽美的持续改善过程。

(2) 七种典型浪费。丰田公司的大野耐一经过长期的实践,把生产过程中的浪费现象归纳为七种典型的浪费,具体包括:①过量/过早生产:生产出的产品数量超过顾客的要求,或生产出未有订单的产品。精益管理强调"在必要的时间,生产必要数量的必要产品",而由于其他理由生产出的产品,都是浪费。②等待:作业的过程有空档,在等待下一个作业。其原因通常有生产计划不平衡、各工位间的作业不均衡、作业活动不当、停工待料、处理质量问题和设备故障等。③搬运:包括移动、放置、整理等不增加产品附加价值的运输等。④额外作业:作业的浪费分为两种,一种是质量标准过高造成的浪费,另一种是额外的作业过程造成的浪费。例如,抛光、去毛刺等计划内或计划外的操作。⑤库存:过多库存或在制品(WIP)。库存不断累计成本却不一定带来价值,同时,库存掩盖了质量问题(如返工、缺陷)、人力或生产计划问题、过长的交货期及供应问题等诸多管理问题。精益视库存为"万恶之源",在精益管理中,几乎所有改善活动都直接或间接地与减少库存有关。⑥多余动作:人员、产品或设备不能为流程增加任何价值的动作。比如,工人往返于工作区和供应区,移动不需要的设备,产品在工作区域内的移动或者操作者的多余动作等。⑦不合格品:任何不合格品的生产和修复都需额外的时间和成本支出,造成浪费。精益管理强调"零缺陷",控制不合格品产生的源头。

此外,上述七种典型浪费不仅存在于生产制造活动中,还存在于其他类型的业务活动中。

4. 企业实施精益管理的步骤。企业实施精益管理的步骤大致如下。

(1) 定义价值,精益思想的要点是价值,价值只能由最终的顾客定义,只有当顾客的需求被满足时才有意义。

(2) 识别价值流活动,分析从原材料到把产品/服务交付给客户过程中的价值流过程,并识别其中的增值活动和非增值活动。

(3) 使价值流动,精益管理要求各个创造价值的活动要流动起来。

(4) 需求拉动,按用户需求拉动生产,只在顾客需求时进行生产。

(5) 追求完美,用尽善尽美的价值创造过程为用户提供完美的价值。

5. 精益管理的应用。对企业来说,核心是你能为组织做什么,能为组织解决什么问题，能为组织消除哪些痛点。精益的实施更是这样，可参考相关案例进行理解。

（1）精益行为的"落地"。关于精益管理的实施，首先需要考虑精益行为的落地，分别从三方面进行：计划的有效性（utility）、方法的实效性（method）、执行的高效性（performance），具体是指：①计划的有效性：在组织中，计划与实施不匹配的现象比比皆是，大都是由于缺少落地的计划。组织需考虑其制订的计划是否是可执行的、可共享的。同时，计划也是组织的痛点，要有针对性，例如直接制订解决痛点问题的计划。②方法的实效性：组织在检查方法的实效性时，要看标准等级是否符合实际的水平，标准是否是通过一定努力可以达到的；实施方法是否能够被立即掌握并实施。同时，要看采用的方法是否具有针对性及可执行性。③执行的高效性：在该方面，组织主要需关注标准完成度与实施能力。以上三方面就是精益行为的三个落地点。

（2）QCD改善的"落地"。通过实施精益改善，真正取得QCD的实际成果才是目的。因此，QCD（Q—质量；C—成本；D—效率）改善的落地尤为重要。

第一，Q（quality）的改善落地点。质量问题大都与人有关，包括人的操作、人的管理、人的责任心等。解决质量问题，首先要解决与人有关的人为质量问题。关田法认为75%的质量问题是人为质量问题。所谓人为质量问题，其实并不全是人为的，甚至有些问题在当时的条件下是不可避免的。精益生产主要从以下两个方面考虑人为质量问题：人为可控，保证按标准执行，保证不制造人为问题；人为可检，保证发现问题（包括不可避免的问题），保证不流出问题，这就是3N（不接受、不制造、不传递）。

例如，在为企业进行质量改善指导时，通过对现场进行分析后，并不直接针对各个质量问题进行改善，而是从人的质量责任方面，也就是通过3N的方法，落实到每个工序、每个人。之后，产品质量原来隐藏的瑕疵自然也在无形中得到了"弥补"。

> **财眼看问题8-2**
>
> 对于精益管理，核心即是道和人。道是方法，是思维方式，要实施精益管理，首先要掌握基本的精益方法，其归根结底就是丰田生产方式，关于此问题可进行课外延伸阅读进行了解。人是核心，是改善落地的主体，作为领导、指导方，首先并不是要考虑如何解决问题，而是如何融入这个团队。任何精益问题的解决，最终都会归到人的问题的解决。

第二，C（cost）的改善落地点。从精益的角度分析，成本由四个方面组成：直接变动成本、直接固定成本、间接变动成本、间接固定成本。一要考虑的是直接成本，它是生产直接需要的成本，如材料、能源。二要考虑的是直接变动成本，它与产量多少是相关联的,如材料的数量、能源利用时间的长短。例如,对于汽车制造企业降低成本的项目。在汽车制造工艺中,涂装工艺的成本最高,而在涂装工艺的成本中,能源所占的比例最高,主要用于烘干、通风、照明、动力。从上述角度出发,可以采取三大对策:设定不同季节气温的开炉时间和停炉时间(提前停炉,余温加热);强化炉体保温效率;通风和照明的分区、分时、分量使用标准制定。同时,把这些对策落实到班组,则单台车的成本自然会得到降低。

第三,D(delivery)的改善落地点。实施过程的效率,原则上是投入和产出之比,在生产上会提及人的"劳动生产率""设备开动率"等,但这也只是概念,真正需要重点关注的是以下内容:一是开动时间和投入时间之比(B/A)。例如上班时间8小时,但是实际工作的时间可能就是7小时,这个就是时间率;二是有效时间和开动时间之比(C/B)。即使是开动7小时,但是真正出产品的时间是6个小时,这就是有效率;三是价值时间和有效时间之比(D/C)。即使有效时间6个小时有产出,但是标准的价值产出时间可能是5小时,这就是能率。以上三个相综合就是综合效率,即:

$$现场作业效率 = B/A \times C/B \times D/C$$
$$= 时间率 \times 有效率 \times 能率(作业方法 \times 作业效率) \quad (8-1)$$

例如,某个大型企业要提高生产效率,分别从以下两个方面进行了改善。第一,能率方面。企业原来的情况是每天生产结束前,要拉空一段生产线,这样第二天生产就要先铺线,这个时间是没有任何产出的。改善内容:通过计划调整,杜绝了拉空线的生产现象。第二,时间效率方面。企业原来的情况是每天除午休外,没有固定的中间休息时间,操作员工根据自己的情况,自行调节,因为分散离岗休息,影响了整体生产的进度。改善内容:规定了上午休息10分钟、下午休息10分钟的休息时段。

(二)六西格玛管理

1. 六西格玛管理的概念。"σ"是希腊文的一个字母,在统计学上用来表示标准偏差值,用以描述总体中的个体离均值的偏离程度,测量出的σ表征着诸如单位缺陷或错误的概率,σ值越大,缺陷或错误就越少。如果某项工作每100万次出错机会实际出现错误66 807次,就认为这项工作的质量水准为3σ,如果某项工作每100万次出错机会实际出现错误只有3.4次,就认为这项工作达到了6σ水平。6σ质量水准的缺陷率大约减少到3σ质量水准的1/20 000,即6σ比3σ质量水准提高了近2万倍。由此可以看到,6σ是一个近乎完美的质量水准。

六西格玛管理是在全面质量管理的基础上发展起来的一种有效的管理方法,是一个以质量为主线,以顾客需求为中心,利用对数据和事实的分析,提升一个组织的业务流程能力的管理方法体系。该管理方法把人的力量、流程(DMAIC)的力量与技术方法的力量紧密结合,成为一种继续改进和突破的有效方法。且为满足广大企业及组织培养质量专业人才的需要,中国质量协会还组织了六西格玛专业等级考试[①]及后期评价工作,以促进质量专业人员的学习和成长。

2. 六西格玛管理的特点。

(1) 强调以顾客为中心,实行对顾客的真正关注。六西格玛管理把对顾客的关注看作是至高无上的,强调满足并超出顾客的期望和需求,不断提高顾客的满意度。六西格玛管理对需要改进的质量特性所进行的测量和分析都是为了满足顾客的需求,所进行的业务流程改造也是以向顾客提供满意的质量保证为目标,力求体现以顾客为中心的管理理念。且六西格玛管理的绩效评估就是从顾客开始的,其改进的程度就是用对顾客满意度和价值的影响来衡量。

(2) 强调质量改进的效益,实行零缺陷管理。六西格玛管理强调通过零缺陷的管理,在控制质量成本的同时还要增加收入,即从降低成本和增加收入两条途径进行质量改进活动。该管理模式十分重视对业务流程中的非增值环节的分析,力求减少非增值活动,追求零缺陷目标。这是基于到达六西格玛水平时,百万单位不合格率仅为 3.4。因此,六西格玛管理提出了极高的质量标准,即追求零缺陷,追求一次成功。

(3) 强调业务流程的改进,不断优化过程管理。通过过程的优化来实现竞争力的提高,是六西格玛管理的核心理念。六西格玛管理方法的重点是将所有的重复性活动过程作为一种流程,它把产品、服务、质量、顾客满意度、顾客忠诚度等都作为业务流程输出的结果。要使这些输出结果最优,就要对输入流程中的因素进行分析和控制,采用量化的方法找到最关键的因素,然后加以改进,通过改进流程或者流程再造,提高产品或服务的质量水平。最终,使过程的输出与顾客要求之间的偏差或波动最大限度地缩小,不断地向零缺陷目标迈进以实现持续的绩效改进。

(4) 强调用数据说话,注重统计工具的应用。用数据说话是六西格玛管理的一个突出特点。其基本思路就是以数据为基础,通过数据揭示问题,把揭示的问题引入到统计概念中去,再应用统计方法提出解决问题的方案。决策者及管理者可以从各种统计报表中找出问题在哪里,真实掌握产品不合格情况和顾客抱怨情况等,而改善的成果,如成本节约、利润增加等,也都以统计资料与财务数据为依据。其核心是建立输入变量与输出变量之间的数学模型,通过输入变量的分析和优化,改善输出变量的特性。

(5) 强调技术的掌握,注重管理专家的作用。六西格玛管理对数据、数据处理以及管理的系统性和科学性要求很高,运用的方法和技术也比较复杂,且开展六西格玛管

---

① 中国质量协会质量专业人员能力水平考试评价信息系统(http://exam.caq.org.cn)。

理一般采用自上而下的活动方式,以跨越部门、跨工序的团队组织形式进行活动。因此,实施六西格玛管理的主要是掌握多学科专门知识,熟知六西格玛管理理论和实务的专家型人才。

(6) 强调主动管理,实施无界限的合作。六西格玛管理十分强调主动管理,即在事情发生之前进行预测及各种防范的超前管理。主动管理重视消除部门及上下环节之间的障碍,促使组织内部横向和纵向的合作。当人们确实认识到流程改进对于提高产品品质的重要性时,就会意识到在工作流程中各个部门、各个环节的相互依赖性,加强部门之间、上下环节之间的合作和配合。

3. 实施六西格玛管理的 DMAIC 模式。DMAIC(define-measure-analyze-improve-control)是一种对组织现有流程进行改进的模式,由界定(define)、测量(measure)、分析(analyze)、改进(improve)、控制(control)五个阶段构成,每个阶段都有具体的内容和目标。

DMAIC 模式的基本思路是:首先,从调查顾客需求开始,了解既是顾客所关心的又是组织能够盈利的共性问题,从而确定所要研究的关键产品质量特性(critical to quality,简称 CTQ,是指满足顾客要求或过程要求的关键特性),并转化为确定实施项目的关键输出变量 Y。通过对现状进行测量,找出差距,寻求改进空间,确定改进的目标。其次,寻找影响关键输出变量 Y 的各种因素 x,并从中确定少数的关键因素,即关键输入变量 x。再次,建立起关键输出变量 Y 与关键输入变量 x 的数学模型 $Y = f(x)$。通过改进关键输入变量 x 以对关键输出变量 Y 进行优化,进而将此统计方法转换为现实方案。最后,通过状态监控,使优化结果长期保持。

(1) 定义阶段。定义阶段的主要任务是确定需要改进的产品及相关的核心流程,利用流程图描述核心流程,识别顾客心声(voice of customer,VOC),确定质量控制点、关键质量特性以及六西格玛项目实施所需要的资源。

首先,项目选择。选择项目时,应以生产过程中的薄弱环节为切入点,这些薄弱环节包括:经常出现返工、返修甚至残次品的生产过程或作业流程;一直存在的影响资源利用效率的因素,从而影响经营业绩的障碍;对提高顾客满意度至关重要,但与标杆企业相比却存在明显差距的业务。

找到这些薄弱环节并不是一件容易的事情,只有经过深入细致的调查分析才能确定,为此需要搜集、分析信息。这些信息来源于顾客反馈意见(如顾客报怨、投诉甚至索赔)、市场占有率、竞争对手的策略和行动计划、企业内部的质量分析报告、财务分析报告和企业计划、方针、目标的执行报告等。

其次,项目描述。项目被界定后,应以文件化的形式予以表达,使领导层和项目中的所有成员都能了解项目的背景、关键问题、预期的目标、团队成员的职责等。在该过程中，通常使用 SIPOC 图，SIPOC 图是描述项目时经常用到的工具，其以一种直观的形式描述一个流程的结构和概况，该图说明了信息和物料来自何处、谁是供应商、供应商会向你提供什么、所提供的物料对生产过程和 CTQ 有什么影响、包括哪些主要处理过程、过程的结果是什么、谁是这个过程的顾客或细分市场。图 8-2 是 SIPOC 图的一个示例，该图描述了 PCBA 来料加工的典型过程。其中，供应商为主要物料供应商，输入为电子物料，过程为 SMT 贴片、插件、焊接、装配、测试、包装，输出为 PCBA 组件，顾客为电子产品制造商。

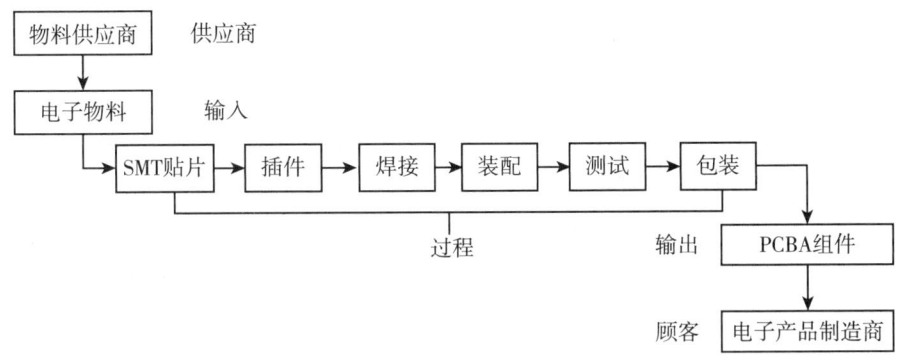

图 8-2　SIPOC 图示例

在绘制完流程图后，应对流程图进行充分的分析。重点关注以下方面：产生过程输出缺陷或问题的重点关注区域在哪些环节或步骤上；流程中的非增值步骤或环节在何处，如返工/返修环节或步骤等；流程中是否有"瓶颈"存在；流程中是否有缺失、冗余或者错误的步骤等。

最后，顾客需求分析。六西格玛是一种以追求顾客满意为驱动的管理方法，顾客决定了组织的生存与发展。为达到甚至超过顾客满意，必须识别顾客需求，尤其是关键顾客需求。关键顾客需求即顾客心声，是顾客对产品性能、外观、操作等方面的要求或潜在要求。而顾客需求分析，就是通过产品或服务的技术要求，确定产品或服务的技术要求，进而确定 CTQ 的过程。

（2）测量阶段。测量阶段的主要任务是通过对现有过程的测量，确定过程的基线以及期望达到的目标，识别影响过程输出 Y 的输入 Xs，并对测量系统的有效性做出评价，根据所获得的数据计算反映现实质量水平的指标，包括如下内容。

第一，数据收集和整理。为正确收集数据，需要对数据收集进行策划，包括数据收集的要求、测量对象、测量指标、测量装置及方法等。策划的结果应形成文件，如"数据收集计划""数据收集表单"，并发放给有关人员，使测量和记录人员有章可循，同时，也有助于保持记录和测量结果的一致性。数据收集应遵循数据抽样的原则和方法。

第二,测量系统验证。测量系统是指与测量特定特性有关的作业、方法、步骤、计量器具、设备、软件和人员的集合。为获得六西格玛管理所需的测量结果,应建立完整有效的测量系统。

测量系统的验证内容包括:一是分辨力,即测量系统检出并如实指示被测特性中极小变化的能力。要保证所选用的测量系统有足够的分辨力。二是准确度,即"测量结果与被测量真值之间的一致程度"。为保证测量系统的准确度,需要严格执行测量装置的周期检定及日常维护。三是精密度,即"在规定条件下获得的各个独立观测值之间的一致程度",具体包括重复性和再现性。

(3) 分析阶段。分析阶段的主要任务是找出影响过程质量水平的关键因素,并验证结果的正确性。

第一,原因分析。利用头脑风暴法、因果图法等方法或工具,分析确定影响输出 Y 的关键 Xs,即确定过程的关键影响因素。通过绘制流程图,确定每个关键质量特性的可追溯变量 Xs,确定每个变量的能力,对 CTQ 与 Xs 之间的关系做出描述。

第二,结论验证。为确保所找到的关键因素是正确的,还要验证分析结果。为此,可用散布图来确认 Y 与 Xs 之间的相关程度,即通过计算相关系数来确定 Y 与 X 之间的密切程度。通过假设检验或方差分析则可以验证所找出的关键因素是否对特性结果有重大影响。

(4) 改进阶段。改进阶段的主要任务是针对上述分析确定关键的问题,给出有效的解决方案,并且实施该方案。首先是改进方案的提出和选择。提出若干可行方案,通过实验设计等工具描述 CTQ 与 Xs 之间的关系,经过对比分析选择那些能够显著提高 CTQ 水平的方案。根据六西格玛总体目标,确定使 CTQ 达到最优的 Xs 水平。其次是改进方案的实施。确定好改进方案后,就要采取强制措施推行改进方案。为此,需要确定要达到的具体目标、实施的具体内容、行动计划、资源配置、时间要求等,进而从质量、费用、时间、资源等方面优化六西格玛项目计划。

(5) 控制阶段。控制阶段的主要任务是评估改进效果,通过有效的措施保持过程改进成果。

第一,成果证实。从统计学角度,对改进前后的质量特性数据的分布进行分析比较,证实改进成果的真实性。此外,还要从经济学角度,验证六西格玛项目投资回报的显著性,在评估报告中说明由于减少缺陷而减少的浪费、质量成本的降低、效率的提高、创造的直接和间接效益。

为了确保六西格玛管理的信度和权威,应结合具体情况建立有关六西格玛改进项目实施情况的评价与检查制度,以评审六西格玛改进项目的进展情况。

第二,成果巩固。首先,对证实的成果采取相应的管理措施,使其文件化、标准化和制度化,并将改进结果应用到类似项目中。其次,在整个公司范围内,对六西格玛改进项目的成果做出表扬,在物质和精神上对六西格玛项目做出突出贡献的人员进行鼓励,以确保成果得到认可。

4. 六西格玛管理的应用。对于运营组织而言,需要做的不仅是了解六西格玛的内涵与原理,还包括该管理方法的实践应用。要利用六西格玛管理模式使应用组织实现突破性改进,有三个关键要素,即六西格玛策划(PFSS)、六西格玛组织(OFSS)与六西格玛改进(IFSS + DFSS)。

(1) 六西格玛策划。实施六西格玛策划,可以确保项目的正确选择。有效的策划应选择对顾客、员工以及组织最有效益的项目进行。在六西格玛管理中,找出有价值的并且自身有能力完成的项目是实施六西格玛的关键,是决定成功与否的前提。因此,在项目开始准备阶段,就要运用科学的方法和工具,认真策划,找好找准项目,以确保项目的成功。

在该过程中,需先弄清楚什么是六西格玛项目。之后,就是如何选择六西格玛项目的问题。任何组织都可以通过努力找到一大批六西格玛项目,但如何从大量的项目信息中筛选出有价值的项目则需要遵循一定的选择原则。一般采用"3M"原则(meaningful; manageable; measurable)或 SMART 原则(simple; measurable; agreed; reasonable; time)进行项目选择,具体细节,读者可参阅相关书籍。

(2) 六西格玛组织。实施六西格玛管理的重要行动就是要在组织内形成一个以六西格玛质量水平为目标的组织系统。这个组织系统由执行官、倡导者、黑带大师、黑带、绿带等组成,并分为三个层次,相关组织系统如图 8-3 所示。六西格玛团队的这些职务级别之所以借用跆拳道的术语,是因为跆拳道与六西格玛战略有相似之处。两者都借用脑力训练和系统的强化培训,就像跆拳道中的黑带依靠力量、速度、果断、智慧一样,六西格玛黑带具有依赖组织的资源、自己的投入、专门知识实施各个方案并快速完成任务的能力。

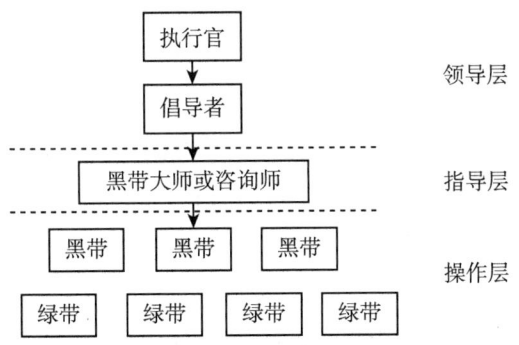

图 8-3 六西格玛管理组织系统示意

第一,每个层次的主要职责。领导层:制定规划,设定目标,提供资源,审核结果。指导层:组织培训,确定项目,指导推动,检查进度。操作层:按照DMAIC方法开展项目改进活动。

第二,各人员的主要职责。

执行官——六西格玛管理是由组织最高管理者推动的,所以执行官一般由组织最高领导人担任,其在六西格玛管理中负有以下职责:确定改进组织业绩的最佳机会,为组织设置战略目标和组织业绩的度量系统,建立实现目标的责任分工;进行资源配置,在组织中建立促进应用六西格玛管理方法与工具的环境;批准项目和确定项目的主要领导人;支持项目的进展和监督进度。

倡导者——倡导者也叫冠军、导师或盟主,一般由组织高层领导人担任。倡导者是实施六西格玛组织中的关键角色,是六西格玛项目的领导者,其主要职责是:保证项目与企业的整体目标一致;制定项目选择标准,核准改进方案;为黑带团队提供和争取必要的资源;负责六西格玛管理实施中的沟通,协调与其他六西格玛项目之间的矛盾;评价已完成的项目;向执行领导报告六西格玛管理的进展。

黑带大师——黑带大师是六西格玛管理的专家,是六西格玛项目的主要负责人,担任教练员角色,本身受过专业系统的培训,是从成功的黑带中选拔产生的。他们为倡导者提供六西格玛管理咨询,为黑带提供项目指导与技术支持,其主要职责是:挑选、培训、指导黑带和绿带,确保他们掌握了适用的工具和方法;协助倡导者和管理层选择和管理六西格玛项目;为黑带和绿带的六西格玛项目提供指导;向倡导者和执行官提供决策咨询意见;担任改进方法的内部咨询者和专家。

黑带——黑带这个词来源于柔道或跆拳道,是对练功人"功夫"等级的一种认证。六西格玛黑带不是"学历"等级,而是运用六西格玛方法解决实际问题的"功力"等级。黑带是专门从事六西格玛项目的技术骨干,是六西格玛项目中最关键的职位,主要职责是:在倡导者和黑带大师的指导下,识别过程改进机会,界定六西格玛项目;指导和培训绿带,领导六西格玛项目团队,实施并完成六西格玛项目;开发并管理项目计划,建立评价制度;担任项目与财务部门之间的桥梁,核算项目的节约成本与收益;向倡导者和管理层报告六西格玛项目的进展;评价已完成的项目,完成项目总结。

绿带——六西格玛绿带是组织中经过六西格玛管理方法与工具培训的、结合自己的本职工作完成六西格玛项目的人员,是完成六西格玛项目的第一线员工,其主要职责是:接受六西格玛管理的基本培训;完成黑带分配的工作;收集数据资料,寻找分析原因;实施项目改进。

第三,需要多少黑带大师、黑带和绿带。组织内需要黑带大师、黑带和绿带的数量与其推进六西格玛的需要力度以及推进速度有关。一般说,加大推进力度和速度的最好方式之一,就是加大这些关键角色的培训力度。通过培训,快速地形成黑带大师、黑带和绿带这一关键群体,以此来推进六西格玛项目的实施并较快地获得回报。组织可以根据预期完成的项目数量和期望产生的回报,估计出需要部署的黑带大师和黑带的数量。国外有关推行六西格玛的资料表明,一般每100名员工中至少有1位黑带;每10~15位黑带中有1位黑带大师;尽可能多的员工都应该接受六西格玛方法的培训,成为绿带。当然,最终还要依据组织的实际情况来确定。

(3) 六西格玛改进。六西格玛管理的魅力不仅在于它强调利用西格玛水平来定量衡量过程的波动,还在于它将西格玛水平与输出结果的缺陷率对应起来。而此过程的实现则是依靠 DMAIC 模式,正确实施 DMAIC 模式是实现六西格玛管理的关键,也是六西格玛改进的核心。前面已对该模式的实施进行了介绍,在此不再赘述。

DMAIC 模式作为实施六西格玛管理的操作方法,其运作程序与六西格玛项目的周期及工作阶段紧密结合。该模式从界定到控制不是一次性的直线过程,而是一个持续改进的循环过程。只有不满足现状,勇于创新,才能在六西格玛管理中取得卓越成效。另外,在六西格玛管理中需要用到大量的统计技术,有关这方面的知识读者可参考有关论著。

财眼看问题 8-3

对于六西格玛管理方法的应用,DMAIC 模式的正确实施是关键。其中,基础数据统计是支撑,数理统计工具的应用是重难点,选择优势领域和优势项目是唯一关键点。此外,培养和造就一批专业的六西格玛管理人才也是必不可少的。

延伸阅读 8-6

扫描右侧二维码可了解六西格玛相关应用案例。

第三节 质量成本管理

一、质量成本的定义及特点

(一) 质量成本及相关定义

质量成本(quality cost)概念最早是由美国质量管理专家费根堡姆(A. V. Feigenbaum)在 20 世纪 50 年代初提出。他第一次将企业中质量预防和鉴定活动的费用与产品质量不合要求所引起的损失一起考虑,并形成质量成本报告,作为质量决策的重要依据,成为企业高层管理者了解质量问题对企业经济效益的影响以及与中低层管理者之间沟通的桥梁。此后，质量成本的概念在美国迅速得到了企业界的广泛重视，被许多企业采用，并在实践中得到了不断发展和完善。如美国质量管理专家朱兰等提出了"矿中黄金"的概念，即"质量上可减免成本的总额"。这些学者认为，企业在废次品上发生的成本好似一座金矿，人们可以对它进行有利的开采。从此，关于质量成本的研究进一步发展，为推动企业有效开展质量管理实践工作起到了重大作用。质量成本随着市场经济的发展而产生，并伴随着市场经济中质量管理和成本管理的结合发展而发展。质量成本形成和发展的过程，体现了不同国家在不同时期对质量成本应用的不同需求，表明了对质量成本理念认知程度的不断提高。研究质量成本形成和发展的历史，有利于人们沿着质量成本发展的轨迹，去认识和把握质量成本未来发展的趋势。

1. 质量成本概念。科学的质量成本概念是对质量成本的本质、特征、目的和构成内容的高度概括。质量成本概念是在经济发展的特定历史环境中，人们对其认识程度的一种表述，它随着社会经济的发展和人们认识的发展而发展。质量成本概念的发展，为推动企业有效开展质量管理工作、促进质量管理理论的研究和实践的进一步完善起到了重大作用。但是，处于特定的社会经济发展的历史环境（阶段），质量成本概念又是相对稳定的，否则便无法在实务中加以应用。由于人们对质量成本认识程度的不一致，故形成了各种不同的表达，至今尚未达成共识。纵览国外有关文献，有很多著名质量管理专家和国际组织对质量成本的内涵做了界定，为方便比较，现择其主要表述列示，如表 8 – 3 所示。

表 8 – 3　　　　　　　　　质量成本定义内涵比较

序号	质量成本定义	资料来源
1	工作质量成本："企业为达到和保证规定的质量水平所支付的费用，包括预防成本、检验成本和损失成本。" 外部质量保证成本："为向用户提供所要求的客观证据所支付的费用，包括特殊的附加质量保证措施、程序、数据、验证实证和评议费用。"	国际标准 ISO 9004《质量管理和质量体系要素指南》，1987 年版
2	质量成本："预防缺陷和检验活动费用、内部和外部故障造成的损失。"	英国标准 4778《质量保证名词术语汇编》
3	质量成本："工厂和公司的质量成本包括两个主要方面，即控制成本和控制失效成本。这些就是生产者的经营质量成本。"	［美］A. V. 费根堡姆著《全面质量管理》（Total Quality Control）第三版，ME Grall Hill Book Company，1983 年版
4	质量成本："质量成本应改称为质量不良成本，它是指使企业全体雇员每次都把工作做好的成本，鉴定产品是否可以接受的成本与产品不符合公司和（或）用户期望所引起的成本之和。"	［美］H. J. 哈灵顿著《产品不良成本》（Poor Quality Cost），1986 年版

续表

序号	质量成本定义	资料来源
5	质量成本:"企业实际开支与不存在价值消耗时的假定开支间的差额。"	[法]让·互丽·戈格著《工业社会中质量的挑战》,1982年版
6	质量成本:"企业为保证和提高产品质量而支出的一切费用,以及因未达到既定质量水平而造成的一切损失之和。" 质量成本只涉及有缺陷的产品,即制造、发现、返修、报废以及避免产生不合格品等有关的费用。 质量成本是指"归因于劣等质量的成本。"生产合格品的费用并不属于质量成本的内容,它应属于生产成本。	[美] J. M. 朱兰主编《质量控制手册》,上海科学技术文献出版社,1987年版
7	质量成本:"质量是经济学的一部分,指生产力、使用方在确保和保证满意的质量时所发生的费用以及不能获得满意的质量时所遭受的损失。"	国际标准化组织ISO/TC 176提出的名词术语 ISO/DIS8402——补充件(1);1988年版
8	质量成本:"是对于达到或达不到与产品或服务的质量要求有关的那部分费用的具体度量。这些质量要求可以由公司、公司与顾客所签订的合同或社会具体规定。"	美国质量管理协会(ASQC)编《质量成本原理》,1986年版。
9	质量成本:"为了改进产品质量及管制产品质量而发生的成本,称为质量成本;换言之,为求达到与维持某种质量水准而支出的一切成本,以及因不能达到该水准而发生的成本总和统称为质量成本。"	(中国台湾)林秀雄著《质量管理》,2004年版

通过比较分析有代表性的国外学者和国际标准化组织对质量成本所下定义,可以得出这样的结论:尽管对质量成本的表述在形式上有所差异,在内容上也各有所侧重,但在本质上都是一致的。即质量成本就是:"企业为保证和提高产品质量而支出的一切费用,以及因未达到既定质量水平而造成的一切损失之和。"

2. 质量成本的本质。

(1)质量成本是企业的无形成本对象。在企业整个经营过程中,资源的投入不仅产生了有形的经营成果——产品,还培育了无形的经营成果——质量水平、效率水平、人力资源水平、市场网络和增值作业水平等。这些有形和无形的经营成果,就是所谓的有形和无形成本对象。它们在地位上是平等的,成本核算上也应一致对待,不应该有"歧视性"的会计处理,即只核算产品成本而不核算质量成本、效率成本、人力资源成本和作业成本等。

(2)质量成本属于企业的管理不善成本。质量成本是由于存在的或潜在的质量问题而投入改善的资源消耗。因此，它属于企业的管理不善成本。所有处理质量问题的过程或工作都是非增值作业。这些非增值作业不可能被消灭，只能不断地减少并提高其效率水平。只有这样，企业才能从实际作业的角度控制质量成本。

（3）质量成本反映质量管理体系的运行效果，是衡量质量管理体系有效性的重要工具。

（二）质量成本的特点

1. 传统质量成本的特点。质量成本属于企业生产总成本的范畴，但它又不同于其他的生产成本（诸如材料成本、运输成本、设计成本、车间成本等生产成本），概括起来质量成本具有以下特点。

（1）质量成本是针对产品制造过程中符合质量特征的成本而言的。即是在设计已经完成、标准和规范已经确定的条件下，才开始进入质量成本计算。因此，它不包括重新设计、改进设计及用于提高质量等级或质量水平而支付的费用。

质量成本是那些在产品制造过程中与出现不合格品密切相关的费用。例如，预防成本就是预防出现不合格品的费用。

（2）质量成本并不包括制造过程中与质量有关的全部费用，而只是其中的一部分。这部分费用是制造过程中同质量水平（合格品率或不合格品率）最直接、最密切的那一部分费用。

2. 现代质量成本概念的特征。质量成本理论要想在新的形势下获得生存和发展，必须在内涵与外延两方面进行改进和拓展，现代质量成本概念一般具有以下特征。

（1）质量成本支出必须有共同的目的。企业为达到规定的质量水平，在改进和提高原有的质量水平时所花费的全部费用以及因质量保证、改进和提高而带来的直接经济损失，均属质量成本开支的范围。

（2）质量成本概念不是财务成本中的成本概念，而是属于管理会计的成本范畴。它具有主体性、层次性、隐含性和潜在性的特点，人们可以根据不同的成本主体划分不同的质量成本中心，以便加强对质量成本的控制；也可以根据不同层次质量成本管理主体的需要，科学地选择相应层次的质量成本概念。同时，质量成本除了反映基本的现实成本外，还必须反映潜在和隐含的质量成本支出。

（3）质量成本具有广泛的社会性。产品质量的社会性在一定程度上就决定了质量成本的社会性，因此，现代质量成本观必须跳出企业这个狭隘的天地，从社会、用户的角度来反映和考察质量成本，把质量核算与产品整个生命周期结合起来，全面反映产品质量的社会成本和用户成本。

（4）质量成本具有广泛的适用性。质量是一个通用的概念，既适用于有形的实体，也适用于无形的事物（如服务质量、工作质量、管理质量等）。因此，质量成本不仅要反映物质生产部门的质量资金运动，还需反映覆盖非物质生产部门质量管理的效益状况，使社会生活的各个方面都可以运用质量成本去研究质量经营的经济效果。

（5）质量成本必须与质量经营管理理念相适应，与产品质量的适用性相适应。质量的实质可以概括为两点：一方面，质量是个动态、相对、变化、发展的概念，而不是固定的概念，它随着地域、时期、使用对象、社会环境、市场竞争等因素的变化而被赋予不同的内容和要求，且随着社会的进步及知识的更新，其内涵与要求也在不断丰富；另一方面，质量是个综合的概念，它要求功能、成本、服务、环境、心理等各方面都能满足用户需要，即在一定条件下实现上述诸要素的最佳结合。质量成本作为服务于质量经营和体现产品质量适用性的专项成本，必须始终保持自身的灵活性、动态性和综合性，并随着产品质量适应性的变化而变化。

（6）质量成本的计量标准具有多样性。由于产品的质量要求不一，相关质量成本的内容也将是多种多样的。不同质量的成本适用于不同的计量标准，这就决定了质量成本除了主要采用货币计量的形式外，还需兼用其他计量形式，以方便从各个侧面反映质量成本的内在属性。

（三）质量成本的构成

国家标准 GB/T13339-1991《质量成本管理导则》[①] 规定，按照质量成本的经济用途作为分类标准，可分为五个部分：预防成本、鉴定成本、内部损失成本、外部损失成本，特殊情况下还包括外部质量保证成本。这五个部分可划分为两类，即运行质量成本和外部质量保证成本。而运行质量成本又包括预防成本、鉴定成本（两项之和统称为可控成本）及内部损失成本、外部损失成本（两项之和统称为损失成本或结果成本）。具体如图8-4所示。

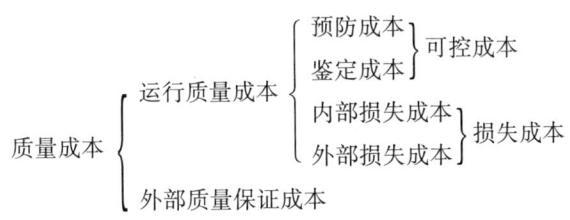

图8-4 质量成本的分类

质量成本发生于产品开发研制、投产制造、发出销售和售后服务的全过程。这种分类具有两个特点：其一，具有经济用途的同一性，即每一个质量成本由同一经济用途的

---

① GB/T13339-1991该标准已废止，但未有替代标准，故仍沿用这一标准给出的相关定义。

质量成本所构成，凡是经济用途相同的质量成本全部包括在同一个质量成本项目之中；其二，具有多种经济性质的属性，即在一个质量成本项目之中，可由多个不同经济性质的质量费用构成，呈现出多样性和综合性的特点。

国家标准 GB/T13339-1991 分别给出了相关定义。

1. 预防成本（prevention costs）指用于预防产品质量缺陷和不合格品的发生而支付的质量管理活动费用。其中包括质量培训费、质量管理活动费、质量改进措施费、质量评审费、质量水平提高奖励费等相关费用。在实务中，可以由成本发生部门把成本汇总后提交给公司的财务部门，由财务部按照质量成本的管理要求重新进行科目分配。

2. 鉴定成本（appraisal costs）指鉴定产品质量是否满足规定的质量要求而支付的费用。包括进货检验费、工序检验费、成品检验费、试验设备的购买、维修费、试验材料与劳务费以及实验室的管理费用等相关费用。在实务中，这部分费用可以由财务部门在进行核算时直接进行处理。

3. 内部损失成本（internal failure costs）也称内部故障成本，是指产品交货前因不满足规定的质量要求所损失的费用。包括报废损失费、返修费、复检费、停工损失费、产量质量事故损失费、质量降级损失费等。在实务中，这部分费用需要在公司内部进行成本数据的收集。

4. 外部损失成本（external failure costs）又称外部故障成本，是指产品交货后因不满足规定的质量要求，导致索赔、修理、更换或信誉损失等所损失的费用。包括索赔费用、退货损失费、保修费用、折价损失费、诉讼费用、返修或挑选费等相关费用。在实务中，这部分费用需要在公司外部进行成本数据的收集。

二、质量成本管理程序

质量成本管理工作内容丰富、程序复杂、涉及面广、业务性强，是一项任务量庞大的系统工程。面对如此复杂的管理系统，如果缺乏科学的组织体系和专职人员，没有相应的制度规范和基础工作作为保障，系统将无法正常运行。为了建立正常的工作秩序，提高工作效率，必须从实际出发，结合企业的管理体制和生产特点，建立精干而有效率的管理机构，配备有职有权的管理人员，规范行之有效的管理制度，建立良好的质量工作体系。其主要包括以下四项基本内容。

（一）建立质量成本管理工作系统

鉴于质量成本管理工作的复杂性，它需要所有与质量成本有关的部门共同努力和协同合作，由此也会涉及企业的许多部门和人员。因此，建立质量成本管理的组织体系，明确规定各组织部门和有关人员的职责范围，形成一个统一的、协调的工作网络，是质量成本管理顺利进行的必要条件。通常，这个组织体系是以财务部门为主，由最高管理者领导、质量管理部门协调，有关部门和单位共同参加的工作系统。

（二）明确各主要部门和人员的职责范围

最高管理者（或经理）通过将质量成本指标纳入计划和经济责任制考核，对企业（或公司）开展质量成本管理负主要责任；其他业务主管、总工程师或总质量师协助最高管理者负责质量成本管理的具体领导工作；财务负责人负责质量成本核算的领导工作。其他参与质量管理的部门包括质量管理部门、财会部门、质量检验部门、销售部门、工艺技术部门、计划部门、基层生产单位等，其具体职责范围如下。

1. 质量管理部门的职责。质量管理部门在企业质量成本管理中扮演着极其重要的角色。由于质量成本较好地反映了企业质量管理工作的绩效，并且是与企业领导达成"满足质量要求、支持质量改进和全面实施质量管理"共识的重要工具。因此，企业的质量管理部门一般负责很重要的质量成本管理任务，其在企业质量成本管理体系中至少应具有以下职责：协助企业领导组织和推动质量成本管理工作，并进行相关的培训；编写、修订企业质量成本管理文件，研究、提出和推动实施质量成本管理的程序与方法；与财务部门一起研究和设置质量成本科目，并确定相应的责任人或部门；与财务部门一起研究和设计相关的原始凭证，以便于记录、汇总和核算；制定、组织落实企业质量成本计划，监督和考核质量成本计划的实施；负责企业质量成本的综合分析，撰写质量成本报告，并制定和组织落实对应的质量改进计划；负责处理企业质量成本管理体系运作中的紧急情况；对有争议的质量成本责任做出仲裁。

2. 财务部门的职责。企业质量成本管理是一项持久性的工作，需要大量与质量有关的财务数据作支撑。因此，无论是否是牵头单位，一旦缺少了财务部门的支持，企业质量成本管理工作的基本信息来源就得不到充分的保证，并且还可能导致质量成本的统计分析结果缺乏权威性甚至是失实性，从而难以取得预期的效果。作为重要支持单位的财务部门，在企业质量成本管理体系中至少应具有以下职责：配合质量管理部门研究和设置企业质量成本科目，力求与企业的会计科目相协调，以便更好地发挥财务支持作用；配合质量管理部门研究和设计相关的原始凭证，在企业实施质量成本管理活动中提供质量成本的原始凭证和数据；进行质量成本核算，并按照企业质量成本管理程序的要求进行财务数据分析，为质量管理部门进行质量成本综合分析提供依据；为质量管理部门监督和考核企业质量成本计划的实施情况提供财务支持；审核质量成本报告，核验有关数据的真实性，并证实企业质量改进方案实施后的经济效果。

3. 人事部门的职责。人事部门是企业质量成本管理中提供人力资源保证的重要因素。统一对质量成本管理概念的认识、掌握开展质量成本管理的方法、规范质量成本管理活动都有人事部门的贡献。为此，作为重要支持单位的人事部门在企业质量成本管理体系中至少应具有以下职责：(1) 组织质量成本管理方面的培训；(2) 明确各部门质量成本管理的职责；(3) 明确各部门、各过程中的质量成本源；(4) 提供相关人事工资等数据；(5) 实施质量成本管理的考核工作。

4. 其他各部门的职责。除了质量管理部门、财务部门和人事部门之外，企业中的其他部门在质量成本管理中也扮演着重要角色，归纳起来，这些部门在质量成本管理工作中主要有三方面的职责：(1) 积极组织参加质量成本管理的培训；(2) 确认本部门的质量成本责任，分析本部门质量成本发生的原因，制定纠正和预防措施；(3) 实施纠正和预防措施，并协助企业质量管理部门和财务部门检查实施效果，避免质量问题再次发生。

(三) 设置统一协调的工作网络与工作程序

为保证各项数据、各类报表和各个环节的相关活动能够有条不紊地进行，进而厘清各部门之间的关系，确保质量成本管理工作的顺利开展，组织内部需设置统一协调的工作网络与工作程序。尤其是在技术革命的背景下，诸如大数据、人工智能、移动互联、云计算等高新技术的发展日新月异，企业在进行质量成本管理工作时，也可以适当使用这些新技术，以求将传统的质量成本管理工作开展得更加科学、高效化。

(四) 制定质量成本管理的工作程序

制定质量成本管理的工作程序是质量成本管理程序的最后一步，也是至关重要的一步。程序制定过程大致如下。

1. 结合企业自身的实际情况，对质量成本的含义与管理内容进行普及宣传，并强调其重要意义。

2. 建立质量成本项目，落实各组织的职能，依据质量成本项目收集费用数据，归纳汇集质量成本的资料，得出各类科目和质量总成本的大小。

3. 与预定的质量成本（计划成本）进行比较，找出差距，进而查明原因，写出分析报告与改进建议，为领导和有关部门进行决策提供依据，详细内容如图 8-5 所示。

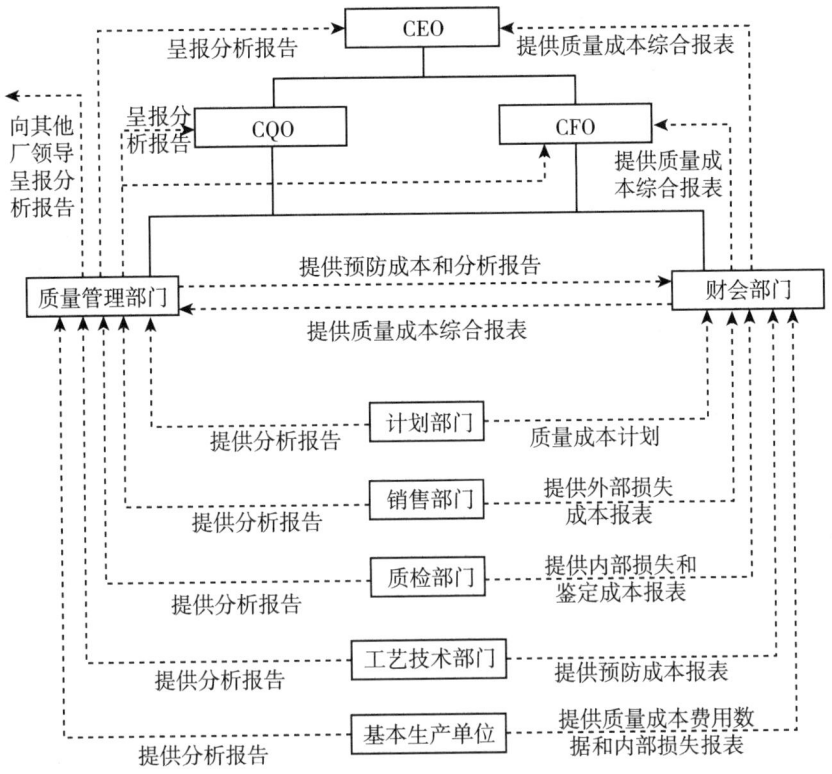

图 8-5 质量成本管理网络

资料来源：杨文培，《现代质量成本管理》，中国标准出版社 2016 年版。

延伸阅读 8-7

扫描右侧二维码可了解质量成本管理相关案例。

案例 8-1 ABC 家用电器公司质量成本管理案例[①]

ABC 家用电器公司是一家以制造小型家用电器为主营业务的公司。长期以来，ABC 公司一直以制造功能强大、可靠耐用的电器而闻名。然而，ABC 公司拥有的良好声誉却从 2015 年开始受到越来越多的质疑。竞争的不断加剧迫使 ABC 公司开始削减成本，并希望能利用多年积累下来的声誉，保持销售的稳定。然而，在这个过程中，削减成本导致了一系列的质量问题，严重损害了公司以良好品质著称的声誉，加上海外竞争的加剧，ABC 公司的销售额当年出现大幅下滑。

从 2016 年 1 月 1 日开始，ABC 公司针对质量控制进行了大规模的工作。在接下来的

[①] 资料来源：加拿大公认会计师协会（CGA）。

两年里,虽然销售额仍没有上升,但稳定在每年1 000万美元左右,抑制了销售额的进一步下滑。为了强化公司的质量控制工作,ABC公司建立了统计过程控制系统(SPCS),对存在缺陷的产品进行重新加工,并且投入大量资金用于产品测试,还加强了存在缺陷物品的检验等工作。

表8-4为ABC公司2015~2017年的质量成本报告。

表8-4 2015-2017年ABC公司的质量成本报告

	2015年		2016年		2017年	
	金额(美元)	占销售额比例(%)	金额(美元)	占销售额比例(%)	金额(美元)	占销售额比例(%)
预防成本:						
系统开发	64 000	0.64	106 000	1.06	117 000	1.17
质量工程	56 000	0.56	80 000	0.80	84 000	0.84
统计过程控制	0	0.00	74 000	0.74	78 000	0.78
小计	120 000	1.20	260 000	2.60	279 000	2.79
鉴定成本:						
设备测试摊销	22 000	0.22	34 000	0.34	30 000	0.30
检查	76 000	0.76	120 000	1.20	132 000	1.32
产品检测	98 000	0.98	160 000	1.60	170 000	1.70
测试用物料	4 000	0.04	6 000	0.06	7 000	0.07
小计	200 000	2.00	320 000	3.20	339 000	3.39
内部损失成本:						
次品处理	54 000	0.54	46 000	0.46	44 000	0.44
废品净成本	86 000	0.86	80 000	0.80	75 000	0.75
返工人力成本	140 000	1.40	120 000	1.20	100 000	1.00
小计	280 000	2.80	246 000	2.46	219 000	2.19
内部损失成本:						
产品召回	340 000	3.40	82 000	0.82	40 000	0.40
保修成本	420 000	4.20	140 000	1.40	70 000	0.70
换货成本	60 000	0.60	18 000	0.18	5 000	0.05
小计	820 000	8.20	240 000	2.40	115 000	1.15
质量成本合计	1 420 000	14.20	1 066 000	10.66	952 000	9.52

2015~2017年ABC公司质量成本投入构成与占销售额比例分别如图8-6、图8-7所示。

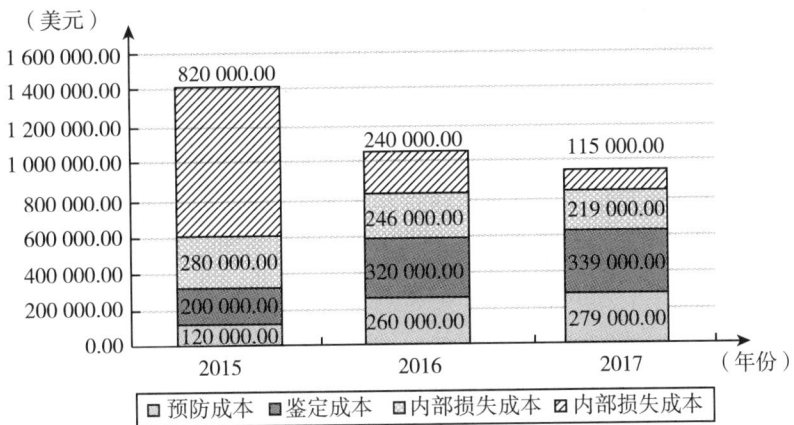

图 8-6 2015~2017 年 ABC 公司质量成本投入构成

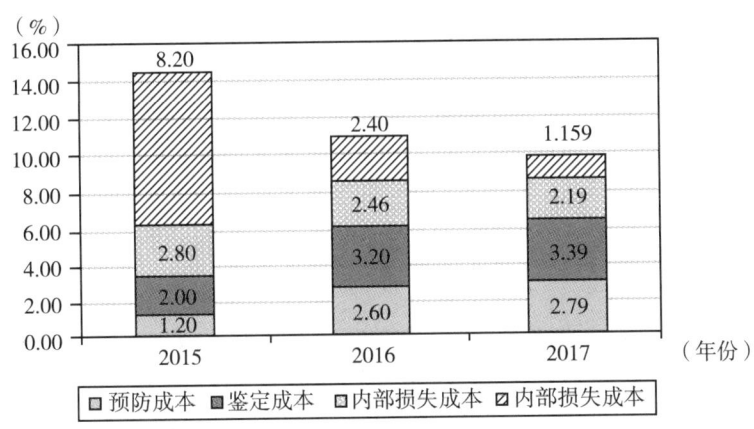

图 8-7 2015~2017 年 ABC 公司质量成本投入占销售额比例

从 ABC 公司的质量成本报告中不难发现，2015 年 ABC 公司的内部损失成本占据了相当大的比重，外部损失成本紧随其后。这两大质量成本的居高不下反映了 ABC 公司产品质量的下降，从而导致公司声誉受损，最终造成 ABC 公司的销售额迅速下降。相比较发现，公司投入的预防成本与鉴定成本较少，缺乏对产品质量的足够管控，是造成这一现象的重要原因之一。

ABC 公司痛定思痛，从 2016 年开始，不断提高了预防成本与鉴定成本的比重，这样的做法对于公司产品的质量起到了有效的保障作用，从而进一步降低了内外部损失成本，通过及时止损，有效防止了 ABC 公司销售额的进一步下降。

从这一案例可以看出，质量成本管理在企业经营活动中起着重要的作用。在现代企业经营过程中，只有严格重视质量成本的管理工作，加强产品或服务质量的管控，才能保证企业持续良好的经营效益。

参考文献

[1] 丁宁:《质量管理》,北京交通大学出版社 2013 年版。

[2] 国家质量技术监督局:《GB/T13339-1991 质量成本管理导则》,1992 年。

[3] 关田铁洪(T. Kanda):《精益落地之道——关田法》,机械工业出版社 2019 年版。

[4] [美] 金佰利·华生·赫姆希尔、[美] 克里斯汀·尼森·布莱德利著,刘东等译:《精益六西格玛创新实践之道》,机械工业出版社 2017 年版。

[5] [美] J. M. 朱兰:《朱兰质量手册》,中国人民大学出版社 2014 年版。

[6] 刘英、敬翠华:《精益企业之质量管理实践》,人民邮电出版社 2017 年版。

[7] 马凤才:《质量管理》,机械工业出版社 2013 年版。

[8] 马凤才、谷炜:《质量管理》,机械工业出版社 2017 年版。

[9] 亓四华:《六西格玛管理概论》,中国科学技术大学出版社 2017 年版。

[10] [法] 让·互丽·戈格:《工业社会中质量的挑战》,技术标准出版社 1982 年版。

[11] 宋献中、胡玉明:《管理会计:战略与价值链分析》,北京大学出版社 2006 年版。

[12] [美] W. 爱德华兹·戴明:《戴明论质量管理》,海南出版社 2003 年版。

[13] 万融:《商品学概论》,中国人民大学出版社 2013 年版。

[14] 杨文培:《现代质量成本管理》,中国标准出版社 2016 年版。

[15] 张公绪、孙静:《新编质量管理学》,高等教育出版社 2003 年版。

[16] 张勇、柴邦衡:《ISO9000 质量管理体系》,机械工业出版社 2016 年版。

[17] 中国质量协会:《全面质量管理》(第四版),中国科学技术大学出版社 2018 年版。

[18] Feigenbaum, A. V., Total Quality Control. New York: McGraw-Hill Book Company, 1993.

[19] Harrington, H. J., Poor Quality Cost. Milwaukee: ASQC Quality Press, 1987.